500 Years of Italian Furniture

500 Years of Italian Furniture
Magnificence and Design

a cura di / edited by
Luigi Settembrini
Enrico Colle
Manolo De Giorgi

SKIRA

Design
Marcello Francone

Coordinamento redazionale
Editorial Coordination
Vincenza Russo

Redazione / Editing
Anna Albano

Impaginazione / Layout
Paola Ranzini

Traduzione / Translation
Robert Burns, Lucian Comoy, Christopher
Evans per / for Language Consulting
Congressi, Milano

First published in Italy in 2009 by
Skira Editore S.p.A.
Palazzo Casati Stampa
via Torino 61
20123 Milano
Italy

Printed and bound in Italy. First edition

ISBN 978-88-572-0053-8

Distributed in North America by Rizzoli
International Publications, Inc., 300 Park
Avenue South, New York, NY 10010.
Distributed elsewhere in the world by Thames
and Hudson Ltd., 181A High Holborn,
London WC1V 7QX, United Kingdom.

Finito di stampare
nel mese di aprile 2009
a cura di Skira, Ginevra-Milano
Printed in Italy

www.skira.net

La prima edizione del presente voume
è stata pubblicata in occasione
della mostra "Magnificenza e Progetto -
Cinquecento anni di grandi mobili italiani
a confronto", svoltasi dal 22 aprile
al 21 giugno 2009
presso il Palazzo Reale di Milano.

*The first edition of this volume has
been published for the exhibition*
Magnificenza e Progetto - Cinquecento
anni di grandi mobili italiani a confronto,
*Palazzo Reale, Milan,
22 April - 21 June 2009.*

Cinquecento anni
di grandi mobili italiani
a confronto

*Magnificenza
e Progetto*

Milano, Palazzo Reale
22 aprile / April
21 giugno / June 2009

Milano
Comune di Milano
Cultura

Sindaco / Mayor
Letizia Moratti

*Assessore alla Cultura
Councillor for Culture*
Massimiliano Finazzer Flory

*Direttore centrale Cultura
Director of Culture*
Massimo Accarisi

✤PALAZZOREALE

*Responsabile coordinamento
e gestione mostre / Director
of Exhibition Coordination
and Management*
Domenico Piraina

*Coordinamento mostra
Exhibition Coordination*
Giuliana Allievi

*Responsabile Amministrazione
Administrative Director*
Roberto Sforni

Amministrazione / Administration
Laura Piermattei, Sonia Santagostino,
Luisella Vitiello

Organizzazione / Organisation
Luisella Angiari, Patrizia Lombardo,
Christina Schenk, Diego Sileo,
Giulia Sonnante, Maria Trivisonno,
Roberta Ziglioli

*Coordinamento tecnico
Technical Coordination*
Luciano Madeo, Valter Palmeri,
Annalisa Santaniello

*Responsabile Comunicazione
e promozione / Promotion and Public
Relations Director*
Luciano Cantarutti

*Comunicazione e promozione
Promotion and Public Relations*
Francesca La Placa, Maria Trivisonno

*Comunicazione visiva
Visual Communication*
Dalia Gallico, Art Lab

*Assistenza operativa
Operational Assistants*
Mario Critelli, Palma Di Giacomo,
Maria Loglisci, Giuseppe Premoli

Servizio Custodia / Security
Corpo di guardia Palazzo Reale

Ufficio stampa / Press Office
Comune di Milano, Martina Liut

Una iniziativa di Cosmit
realizzata da Fondazione Cosmit Eventi
in collaborazione con il Comune
di Milano in occasione dei Saloni 2009
sotto l'egida di Federlegno-Arredo

*A Cosmit initiative, produced
by Fondazione Cosmit Eventi
in partnership with the Municipality
of Milan on the occasion of the Saloni
2009 under the patronage
of Federlegno-Arredo*

COSMIT

co-funded by the Ministry
of Economic Development

Presidente / President
Carlo Guglielmi

Vicepresidente / Vice President
Rosario Messina

Amministratore delegato / C.E.O.
Manlio Armellini

Giuseppe Bini
Paolo Boffi
Guido Cesati
Alberto De Zan
Nicoletta Fontana
Vittorio Livi
Roberto Moroso
Roberto Snaidero
Pierpaolo Vaj
Antonio Zigoni

Direttore generale / General Manager
Marco Sabetta

Fondazione Cosmit Eventi

*Coordinamento generale
Coordination*
Petra Lossner

*Comunicazione
Corporate Communications*
Silvia Latis, Patrizia Malfatti

Ufficio stampa / Press Office
Marva Griffin Wilshire, Raffaella Pollini

Concept
Cristina Acidini e / and Luigi Settembrini

*Direzione del progetto
General Director*
Luigi Settembrini

Curatore / Curator
Enrico Colle

*Curatore per la parte contemporanea
Contemporary Section Curator*
Manolo De Giorgi

Assistenti / Assistants
Mariana Siracusa, Sylvie Wols

*Architettura e messa in scena
Architecture and Mise en Scène*
Mario Bellini
con la collaborazione di
with the collaboration of
Giovanni Cappelletti

Immagine grafica / Graphic Design
Italo Lupi

Produzione esecutiva / Production
Solares Fondazione delle Arti, Parma

Direzione di produzione
Stefano Caselli
con / with
Massimiliano Di Liberto,
Andrea Gambetta

*Coordinamento generale
Project Coordination*
Maura Dellanoce

*Progetto e realizzazione illuminotecnica
Lighting Design and Installation*
Pollice Illuminazione

Allestimento / Set-up
Solares Fondazione delle Arti, Parma

Trasporti / Transportation
Borghi International S.p.A.

Assicurazioni / Insurance
Epoca, Insurance Broker, Bologna
Reale Mutua Assicurazione

Circuito di prevendita / Presale
Vivaticket

*Sponsor della mostra
Exhibition Sponsor*

*Con un intervento di Gérard Depardieu
e Sergio Rubini coordinato
da Didi Gnocchi e Francesca Molteni
per 3D Produzioni*

*With the participation of Gérard
Depardieu and Sergio Rubini
coordinated by Didi Gnocchi and
Francesca Molteni for 3D Produzioni*

Prestatori / Lenders

Austria
Vienna
Kunsthistorisches Museum

France
Paris
Galleria Scagliola

Great Britain
London
Victoria & Albert Museum
Surrey
Mr and Mrs Mcconnell

Monaco
Monte Carlo
Collezione Terruzzi

Italy
Ariccia
Palazzo Chigi
Bovezzo
Flos
Bergamo
Accademia Carrara
Cantù
Collezione Bruno Longoni - Galleria
d'Arredamento
Collezione privata Cosmit - Galleria del
Design e dell'Arredamento, CLAC
Collezione Eredi Marelli
Crusinallo
Museo Alessi
Erba
Collezione Doreno Pontiggia
Figline Valdarno
Naos - La casa animata
Florence
Istituti Museali della Soprintendenza
Speciale per il Polo Museale Fiorentino:
Palazzo Pitti, Galleria d'Arte Moderna,
Galleria Palatina, Museo degli Argenti
Museo di Palazzo Vecchio
Fossadello di Caorso
Driade
Macherio
Glas Italia
Mariano Comense
Meritalia

Meda
Cassina
F.lli Longhi - Collezione Loveluxe
Milan
Archivio Fornasetti
Civiche Raccolte d'Arte Applicata del
Castello Sforzesco
Collezione Anna Patrassi
Collezione Luca Cipelletti
Collezione MK - Galleria Angelo Moioli
Azucena
Collezione Stefano Fazzini
Collezione Wanda Baia Curioni
Danese Srl
Galleria Annamaria Consadori
Galleria Esempi del Novecento
Galleria Nilufar
Galleria Rossella Colombari
Spazio 900 - Modernariato e Design
Zeus
Naples
Biblioteca Nazionale
"Vittorio Emanuele III"
Palazzo Reale
Soprintendente Speciale per il Polo
Museale Napoletano
Soprintendenza Speciale per i Beni
Archeologici di Napoli e Pompei
Nova Milanese
Zanotta Spa
Novedrate
B&B Italia
Parma
Rocca Meli Lupi di Soragna
Soprintendenza per il Patrimonio Storico
Artistico Etnoantropologico di Parma
e Piacenza
Pesaro
Musei Civici
Piacenza
Collegio Opera Pia Alberoni
Pregnana Milanese
Memphis
Rome
Collezione Apolloni
Collezione Barberini
Collezione M.sa Giovanna Sacchetti
Pinacoteca Capitolina
Soprintendenza Speciale per il Patrimonio
Storico Artistico ed Etnoantropologico
e per il Polo museale della città di Roma
Rovetta
Fondazione Fantoni

Siena
Accademia Musicale Chigiana
Banca Monte dei Paschi
Turin
Collezione Fulvio Ferrari
Fondazione Ordine Mauriziano, Palazzina
di Caccia di Stupinigi
Museo Civico d'Arte Antica
Palazzo Reale
Varedo
Collezione Arbo S.p.a.
Venice
Soprintendenza per i beni architettonici
e paesaggistici per le province di Venezia,
Belluno, Padova e Trieste

The exhibition has been made possible thanks to the advice and help of friends and colleagues, who have facilitated the research necessary by pointing out works and assisting with loans. Our thanks must go first of all to Anna Maria Giusti, director of Galleria d'Arte Moderna di Palazzo Pitti, Cristina Piacenti, director of Museo Stibbert of Florence and Fausto Calderai, a refined connoisseur of decorative arts, always generous with precious advice and useful suggestions. A particular thank you to the various institutional lenders and collectors for their willingness to lend the selected works for this exhibition, and for facilitating in every way the process of requests and loans, frequently personally supervising the restorations undertaken expressly for the occasion.

As regards the museums sector, we would like to thank Pietro Giovanni Guzzo, Superintendent of the Polo Archeologico di Napoli e Pompei, together with Marinella Lista of the Museo Archeologico of Naples; Nicola Spinosa, Superintendent of the Polo Museale Napoletano; Linda Martino, keeper of the collections at the Museo di Capodimonte; Mauro Giancaspro, director of the Biblioteca Nazionale of Naples, together with Maria Gabriella Mansi and Vincenzo Boni; Stefano Gizzi, Superintendent of the Beni Architettonici di Napoli, and Annalisa Porzio, director of Palazzo Reale of Naples; Giovanni Finazzo, prefect of Catania, together with Gesualdo Campo, Superintendent of the Edifici di Culto del Ministero degli interni, and Francesca Maria Migneco, director of Servizio per gli Edifici di Culto; Maria Elisa Tittoni, director of Musei Comunali of Rome, together with Sergio Guarino; Francesco Petrucci, director of Palazzo Chigi of Ariccia; Alberto Miniucchi, Erika Terenzi and Giuliana Cangini of Museo Civico of Pesaro; Ornella Casazza, director of the Museo degli Argenti di Palazzo Pitti; Alessandro Cecchi, director of Galleria Palatina di Palazzo Pitti, together with

Stefano Casciu; Elena Pianea, of Direzione Cultura del Comune di Firenze, together with Serena Pini; Lauro Mariani, director of Fondazione Accademia Chigiana di Siena, together with Lucia Donati; Ileana Della Puppa, keeper of the works of art at Villa Pisani of Strà; Anna Brughieri, president of Opera Pia Alberoni, together with Umberto Fornasari; Claudio Salsi, director of Civiche Raccolte del Castello Sforzesco of Milan, together with Francesca Tasso; Paola Zatti, director of Museo di Palazzo Morando in Milan; Giovanni Valagussa, director of Accademia Carrara of Bergamo; Emanuela Daffra, Amalia Pacia of the Soprintendenza ai Beni artistici di Milano, and Lidia Rigon, director of Fondazione Fantoni of Rovetta; Giuseppe Pedrocchi Fantoni, president of Fondazione Fantoni; Lucia Fornari Schianchi, Superintendent of Beni Artistici di Parma, together with Angelo Loda; Enrica Pagella, director of Museo Civico di Palazzo Madama in Turin, together with Clelia Arnaldi; Carla Enrica Spantigati, Superintendent of Beni Artistici del Piemonte; Francesco Pernice, Superintendent of Beni Architettonici del Piemonte; Daniela Biancolini, director of Palazzo Reale of Turin, together with Enrico Barbero; Giovanni Zanetti, Commissaire of the Fondazione Ordine Mauriziano of Turin, together with Antonella Golzio. Outside Italy, we cannot fail to record the assistance accorded us by James York and Rebecca Wallace of Victoria and Albert Museum of London; and Sabine Haag of the Kunsthistorisches Museum of Vienna.

Among the private collectors, who have contributed so much to the realisation of the exhibition, our thanks go to Marco Fabio Apolloni, Giovanna Barberini, Fabio Bedini, Ezio Benappi, Antonella Carminati, Gianni Giordano, Diofebo Meli Lupi di Soragna, Roberto Parenza, Giovanna Sacchetti, Guido Terruzzi, Nathanel Vitta and Guido Wannenes.

We must also thank those collectors and museum directors who, despite not having any of their works in the exhibition, nevertheless have provided constant support for the exhibition and, namely, in Palermo Eliana Calandra and Antonio Di Lorenzo; in Caserta Lucia Bellofatto; in Sorrento Alessandro Fiorentino; in Naples Luisa Martorelli, Rossana Muzii and Rita Pastorelli; in Rome Alberto Di Castro; in Florence Massimo Bartolozzi, Monica Bietti, Mirella Branca and Oliva Rucellai; in Venice Carlo Montanaro and Paola Chiapperino; in Imola Oriana Orsi; in Faenza Claudio Casadio; in Milan Marco Arosio, Bona Borromeo, Carlo Casana, Valentina Maderna, Marta Melotti, Matteo and Margherita Visconti di Modrone, Archivio Achille Castiglioni, Archivio Joe Colombo, Atelier Mendini and Studio Angelo Mangiarotti; in Brescia Luigi and Piero Lechi and Bernardo Falconi; in Genua Piero Boccardo and Luca Leoncini; in Racconigi Mirella Macera; in Vercelli Cinzia Lacchia and Alessia Schiavi; and, finally, in Berlin Andreas Menrad and Achim Stigel.

To conclude, we wish to recall the following for having generously given their valuable assistance for this exhibition: Annamaria Ambrosini, Gioacchino Barbera, Romolo Brandimarte, Roberta Della Seta, Giovanni Godi, Angela Griseri, Enrica Melossi, Andrea Milanese, Annalisa Scarpa and Maria Sframeli.

Luigi Settembrini
Enrico Colle
Manolo De Giorgi

Sommario / Contents

An International Objective

With *Rooms and Secrets* (Rotonda di via Besana, 2000); *1951-2001 Made in Italy?* (Milan Triennale, 2001); *GrandHotelSalone* (Events Area, Fiera Milano, 2002); *Imagining Prometheus* (Palazzo della Ragione and Loggia dei Mercanti, 2003); *Dining Design* (Events Area, Fiera Milano, 2004); *Entrez lentement* (in the current Fondazione Pomodoro, 2005); *The Devil of Hearth and Home* (Triennale, 2006); *Room with a View* (Palazzo Reale, 2007); Peter Greenaway's revisitation of Leonardo's *Last Supper* (Palazzo Reale and Santa Maria delle Grazie, 2008); and the latest *Magnificence and Design – Five Hundred Years of Italian Furniture* again at the Palazzo Reale, Cosmit has conceived, produced, and presented nine years of exhibitions and events of noteworthy cultural and entertainment value.

It has brought to Milan the work of many of the foremost critics, artists, directors, poets, dancers, mimes, actors, entertainers, architects, designers, photographers and contemporary talents. Among these, reciting from memory and in no particular order, no doubt leaving many out, I mention: Emir Kusturica, Robert Wilson, Peter Greenaway, Luca Ronconi, Pierluigi Pizzi, Massimo Bartolini, Marina Abramovic, Ghada Amer, Dumb Type, Daniel Spoerri, Michelangelo Pistoletto, Ilya Kabakov, Yoko Ono, Maria Teresa Hincapié, Eriko Horiki, Mladen Materic, Jacober & Vu, Joseph Kosuth, Julian Schnabel, Fura dels Baus, Gaetano Pesce, Denis Santachiara, Ron Arad, Zaha Hadid, Arata Isozaki, Toyo Ito, Jean Nouvel, Mario Bellini, Alvar Aalto, Matteo Thun, Vico Magistretti, Pierluigi Cerri, Matali Crasset, Gae Aulenti, Philip Glass, Pierluigi Nicolin, Ritsue Mishima, Robin Backen, Shirin Neshat, Fabrizio Plessi, Vanessa Beecroft, Sam Taylor-Wood, Alessandra Tesi, Monica Bonvicini, Angela Bulloch, Paola Di Bello, Tracey Emin, Lara Favaretto, Nan Goldin, Oliviero Toscani, Mona Hatoum, Eva Marisaldi, Irene Papas, Patti Smith, Wole Soyinka, Lygia Pape, Kiki Smith, Chiho Aoshima, Sarah Jones, Tessa Manon den Uyil, Sarah Lucas, Patrizia Valduga, Sarah Ciracì, Sandy Skoglund, Margherita Manzelli, Lily van der Stokker, Pae White, Rachel Whiteread, Jannis Kounellis, Mario Merz, Giulio Paolini, Francesco Clemente, Vedovamazzei, Patrick Tuttofuoco, Maurizio Cattelan, Achille Bonito Oliva, Claudia Gian Ferrari, Enrico Colle, Manolo De Giorgi, Franco Laera, Luciana Littizzetto...

Why has Cosmit decided to make this project a reality? Why does it continue every year to invest in culture? The number of people visiting its fairground, the world's largest, exceeds 300,000. It has no need to increase, through the returns guaranteed by significant cultural events, the already abundant success of its trade fairs. But it knows and understands that Milan needs novelty and fervour. It needs contemporary and cosmopolitan quality. Without information or quality the city shrinks. It is only through the knowledge and representation of the best that a universal role is attained. Those who do not cultivate this dream are marginalised. And Cosmit does not want this to happen. The Salone Internazionale del Mobile, being, as it says, international, cannot allow itself to have a provincial setting for its homeland.

Un obiettivo internazionale

Con "Stanze e Segreti" (Rotonda di via Besana, 2000); "1951-2001 Made in Italy?" (Triennale di Milano, 2001); "GrandHotelSalone" (Area eventi, Fiera Milano, 2002); "Immaginando Prometeo" (Palazzo della Ragione e Loggia dei Mercanti, 2003); "Dining Design" (Area eventi, Fiera Milano, 2004); "Entrez lentement" (Spazio dell'attuale Fondazione Pomodoro, 2005); "Il diavolo del focolare" (Triennale, 2006); "Camera con vista" (Palazzo Reale, 2007); la rivisitazione del Cenacolo di Leonardo da parte di Peter Greenaway (Palazzo Reale e Santa Maria delle Grazie, 2008); fino a quest'ultima "Magnificenza e Progetto – Cinquecento anni di grandi mobili italiani a confronto", ancora a Palazzo Reale, il Cosmit ha ideato, prodotto, presentato nove anni di mostre ed eventi, tutti di notevole spessore culturale e spettacolare. Ha portato a Milano il lavoro di molti tra i massimi critici, artisti, registi, poeti, danzatori, mimi, attori, *entertainers*, architetti, designer, fotografi, talenti contemporanei. Tra questi, a memoria e alla rinfusa, tralasciandone molti, cito: Emir Kusturica, Robert Wilson, Peter Greenaway, Luca Ronconi, Pierluigi Pizzi, Massimo Bartolini, Marina Abramovic, Ghada Amer, Dumb Type, Daniel Spoerri, Michelangelo Pistoletto, Ilya Kabakov, Yoko Ono, Maria Teresa Hincapié, Eriko Horiki, Mladen Materic, Jacober & Vu, Joseph Kosuth, Julian Schnabel, Fura dels Baus, Gaetano Pesce, Denis Santachiara, Ron Arad, Zaha Hadid, Arata Isozaki, Toyo Ito, Jean Nouvel, Mario Bellini, Alvar Aalto, Matteo Thun, Vico Magistretti, Pierluigi Cerri, Matali Crasset, Gae Aulenti, Philip Glass, Pier-

luigi Nicolin, Ritsue Mishima, Robin Backen, Shirin Neshat, Fabrizio Plessi, Vanessa Beecroft, Sam Taylor-Wood, Alessandra Tesi, Monica Bonvicini, Angela Bulloch, Paola Di Bello, Tracey Emin, Lara Favaretto, Nan Goldin, Oliviero Toscani, Mona Hatoum, Eva Marisaldi, Irene Papas, Patti Smith, Wole Soyinka, Lygia Pape, Kiki Smith, Chiho Aoshima, Sarah Jones, Tessa Manon den Uyil, Sarah Lucas, Patrizia Valduga, Sarah Ciracì, Sandy Skoglund, Margherita Manzelli, Lily van der Stokker, Pae White, Rachel Whiteread, Jannis Kounellis, Mario Merz, Giulio Paolini, Francesco Clemente, Vedovamazzei, Patrick Tuttofuoco, Maurizio Cattelan, Achille Bonito Oliva, Claudia Gian Ferrari, Enrico Colle, Manolo De Giorgi, Franco Laera, Luciana Littizzetto...

Perché Cosmit ha voluto realizzare questo progetto? Perché ogni anno investe in cultura? I visitatori che intervengono alla sua fiera, la più grande del mondo, sono oltre trecentomila. Non ha alcun bisogno di incrementare, attraverso il ritorno che garantiscono eventi culturali significativi, lo straripante successo della sua manifestazione. Però sa, capisce, che Milano ha bisogno di novità, fervore. Di informazione culturale. Di qualità contemporanea e cosmopolita. Senza informazione e qualità la città diventa piccola. È solo attraverso la conoscenza e la rappresentazione del meglio che ci si dà un ruolo universale. Chi non coltiva questo sogno si emargina. E Cosmit non vuole che questo accada. Il Salone Internazionale del Mobile, essendo appunto internazionale, non può permettersi di avere per patria una realtà provinciale.

Magnificence and Design – Five Hundred Years of Italian Furniture is an exhibition presented by Cosmit on the occasion of the 48th Salone Internazionale del Mobile. It is an ambitious exhibition that seeks to affirm the historical superiority of Italian furniture.

Magnificence and Design is informed by face-to-face comparison between two universes, both Italian, which parallel one another but are distant in time. One is the classical furniture growing out of the fifth- and sixth-century Humanistic period and its innovative offshoots in the eighteenth-century and Empire style furnishings. The other bears the label of "design" and dates from the second half of the twentieth century, with the conception and development of a series of unique and unrepeatable projects. It is a comparative review of the roots of the high-artisanal culture, whose complexity and variety has been a constant for over five centuries. The selection of necessarily unique pieces from the Classical period is flanked by that of equally unique pieces deriving from the culture of industrial production.

Along the chronological path through the furnishings of the various historical eras, each historical piece is juxtaposed with a modern counterpart in an ongoing dialogue between the old and the new which embodies the real challenge of the exhibition. The comparisons take distinct forms depending on the case, discussing similarities or dissimilarities or making other comments. The idea is to present an exhibition that astonishes for the extraordinariness of the pieces on display, one unlike any other attempted before, one that will clearly establish that the history of Italian furniture is like no other, that the quality and ingenuity of furniture and furnishing objects produced over the centuries in Italy has always been and is still superior to that of any other country in the world. This is an important reality that should always be remembered, especially in times of crisis such as those we are currently living through.

The preciousness and uniqueness of the pieces in the exhibition demanded an exhibition design that is both minimalist and visionary at the same time. Minimalist because precisely to accentuate the sparkle of furniture and objects, not to disturb the comparison among eras and exemplars, it must try to "disappear" as much as possible, to stay away from concepts such as "décor" and "scenography". Visionary because the contemporary moments, taking advantage of an intelligent ideological solution, are represented as apparitions.

The two experts responsible for the selection and interweave of the exhibition paths, each bringing his own special competence, will speak to you at length about "magnificence and design" in these pages. And they have succeeded in presenting an exhibition that is truly one of a kind.

In the last room at the end of the visit, the visitors will find a surprise: two great actors, Gérard Depardieu and Sergio Rubini, friends in real life, will comment on the exhibition in separate video installations. They will discuss and argue France and Italy, about how the two countries contemplate such questions as beauty, quality, civilisation, furniture, women and much else. A project within the project, an idea within the idea, a cameo that closes out the exhibition in a most anomalous, amusing and surprising way.

To Enrico Colle, the foremost Italian expert on decorative arts, and to Manolo De Giorgi, a major design critic, I extend my fullest thanks. The exhibition is theirs above all. Together they have known how to put together a complex, cultured, provocative and spectacular project. I wish to thank, together with Manolo, his assistants Mariana Siracusa and Sylvie Wols.

I wish to thank Cristina Acidini, Superintendent for Historical, Artistic and Ethno-Anthropological Heritage and for the Polo Museale of Florence, responsible together with myself for the concept, for her ever great and quick intelligence. The idea for the exhibition was born in the well organised chaos of her study in the Uffizi. It seems much easier to come up with ideas and hopes when breathing that air.

Thanks go to Mario Bellini for the staging of the exhibition. The exhibition design idea, brilliant in its simplicity, resolved the redoubtable problem of how to juxtapose the contemporary with the classic. Thanks also to the architect Giovanni Cappelletti.

Thanks to those who have made it possible for us to use the prestigious Palazzo Reale: Mayor Letizia Moratti and Cultural Commissioner Massimiliano Finazzer Flory. Special thanks to Domenico Piraina, Director of Exhibition Coordination and Management for the City of Milan and to his staff.

"Magnificenza e Progetto – Cinquecento anni di grandi mobili italiani a confronto" è la mostra che Cosmit presenta in occasione del 48° Salone Internazionale del Mobile. Un'esposizione ambiziosa che vuole affermare la superiorità storica dell'arredo italiano.

La mostra vive di un confronto all'americana tra due universi entrambi italiani, paralleli e lontani nel tempo: quello del mobile classico, che prende le mosse dal periodo umanista quattro-cinquecentesco con la propaggine innovativa nell'arredo d'autore settecentesco e Impero, e quello invece del design della seconda metà del XX secolo, con la scoperta e la riproposizione di una serie di progetti unici e irripetibili. Si tratta di una ricognizione-confronto sulle radici che stanno alla base della cultura alto-artigianale, la cui complessità e varietà appare come una costante da oltre cinque secoli. La scelta di pezzi necessariamente unici del periodo classico si affianca a quella di pezzi altrettanto unici nella cultura della produzione industriale.

Durante il percorso cronologico – qui la sfida che il progetto intende proporre – agli arredi delle varie epoche storiche vengono contrapposti altrettanti arredi contemporanei in un continuo rimando tra antico e moderno. Tale confronto si stabilisce di volta in volta per assonanza, commento, dissonanza. L'idea è stata quella di presentare una mostra sfolgorante per la straordinarietà dei pezzi e mai tentata finora: nella quale dimostrare che la storia del mobile italiano è unica. Che per quanto riguarda mobili e oggetti la qualità e l'ingegno prodotti nei secoli dal nostro Paese sono stati

e sono superiori a quelli di qualsiasi altro Paese al mondo. Una realtà importante da ricordare sempre e ancora di più in momenti di crisi come quelli che stiamo vivendo.

La preziosità e l'unicità dei pezzi in mostra ha richiesto un allestimento minimalista e visionario al tempo stesso. Minimalista perché proprio per accentuare lo scintillio di mobili e oggetti, per non disturbare il confronto tra epoche e presenze, doveva cercare di "sparire" il più possibile, di navigare lontano da concetti come "arredamento" e "scenografia". Visionario perché i momenti contemporanei, approfittando di una intelligente soluzione ideologica, sono stati rappresentati come delle apparizioni.

Ma di "Magnificenza e Progetto" su queste pagine vi parlano diffusamente, con la competenza che li distingue, i due esperti che hanno provveduto alla selezione e all'intreccio dei percorsi. E che sono riusciti a presentare un'esposizione davvero unica nel suo genere.

Al termine della visita, nell'ultima sala, il pubblico troverà una sorpresa: due grandi attori, Gérard Depardieu e Sergio Rubini, amici nella vita, commenteranno la mostra attraverso differenti installazioni video. Lo faranno discutendo e allegramente polemizzando su Francia e Italia, su come i due Paesi si interrogano su bellezza, qualità, civiltà, mobili, donne e così via. Un progetto nel progetto, un'idea nell'idea, un cammeo che chiude la mostra nel modo più anomalo, divertente, sorprendente.

A Enrico Colle, il maggiore esperto italiano di arti decorative, e Manolo De Giorgi, importante critico del design, va tutto il

mio ringraziamento. La mostra è soprattutto loro. Insieme hanno saputo mettere insieme un'operazione complessa, colta, provocatoria, spettacolare. Insieme a Manolo ringrazio le sue assistenti Mariana Siracusa e Sylvie Wols.

A Cristina Acidini, soprintendente per il Patrimonio Storico, Artistico ed Etnoantropologico e per il Polo Museale Fiorentino, responsabile insieme con il sottoscritto del *concept,* grazie per la grande consueta rapidissima intelligenza. L'idea della mostra è nata nell'organizzato caos del suo studio agli Uffizi. Respirando quell'aria è più facile farsi venire suggestioni e speranze.

Grazie a Mario Bellini per la messa in scena della mostra. L'idea di allestimento, geniale nella sua semplicità, ha risolto il problema di come contrapporre il contemporaneo al classico. Grazie anche all'architetto Giovanni Cappelletti.

Grazie a chi ci ha concesso la prestigiosa sede di Palazzo Reale: il sindaco Letizia Moratti, l'assessore alla Cultura Massimiliano Finazzer Flory. Un ringraziamento speciale a Domenico Piraina, responsabile del coordinamento e della gestione mostre del Comune di Milano, e al suo staff.

Né può davvero mancare il riconoscimento di quanto è stata forte – questa volta ancora più di sempre – la collaborazione che il consiglio d'amministrazione e il *management* di Cosmit hanno dedicato all'idea, al progetto e alla sua realizzazione.

Dal nuovo presidente Carlo Guglielmi, uomo e imprenditore particolarmente rapido nelle decisioni e creativo negli indirizzi; a Manlio Armellini, amministratore delegato, autentico *database* vivente del Salone

And an acknowledgement cannot be omitted for the collaboration—stronger than ever—that the Board of Directors and the top management of Cosmit have dedicated to the idea, the project and the concrete realisation of the exhibition.

Heartfelt thanks to the new President, Carlo Guglielmi, a man and entrepreneur who is particularly quick in taking decisions and creative in his orientations, to Manlio Armellini, C.E.O., an authentic living database for the Salone del Mobile, capable only of giving highly competent advice, and to Rosario Messina, President of Federlegno (a bit like saying the president of presidents…), another example of what is not wrongly termed volcanic capacity. Perhaps, given that he was born in Aci Castello, Mount Etna has something to do with this. I would also like to acknowledge the cordial and precise assistance of Marco Sabetta, General Director.

At this point, there is nothing left but to leave room for five very special women of Cosmit: Silvia Latis and Patrizia Malfatti for Public Relations, Petra Lossner for Operations Management, Raffaella Pollini of the Italian Press Office, and Marva Griffin of the SaloneSatellite and Foreign Press Office.

Warm thanks naturally to the friends and companions of many thrilling undertakings: I am talking about Stefano Caselli, Andrea Gambetta, Max Di Liberto and the entire Solares Fondazione delle Arti group, flawless as always in supervising the executive production and delivering a turnkey project with no lapses in quality.

Warm thanks to Roberto Rosati for his precious assistance.

Dulcis in fundo, I wish to express much gratitude to two lovely and highly capable girls, Francesca Molteni and Didi Gnocchi, who developed and realised the final part of the exhibition, the great idea that concludes the exhibition with the chat between Gérard Depardieu and Sergio Rubini. And thanks naturally to these great actors for their warm friendliness, their great efforts, and the authentic interest with which they participated in our adventure.

Milan, 17 March 2009

del Mobile, capace di dare solo consigli competenti; a Rosario Messina, presidente di Federlegno (un po' come dire il presidente dei presidenti…), altro esempio di capacità a dir poco vulcanica. Forse, visto che è nato ad Aci Castello, anche l'Etna c'entra per qualche cosa. Voglio ricordare la cordiale, precisa assistenza di Marco Sabetta, direttore generale.

Non resta, a questo punto, che lasciar spazio a cinque dame molto speciali del Cosmit: Silvia Latis e Patrizia Malfatti per la comunicazione, Petra Lossner della direzione operativa, Raffaella Pollini, dell'ufficio stampa Italia, Marva Griffin, del SaloneSatellite e dell'ufficio stampa estero.

Un ringraziamento naturalmente agli amici e compagni di tante emozionanti imprese: parlo di Stefano Caselli, Andrea Gambetta, Max Di Liberto, Maura Dellanoce e di tutto il gruppo di Solares Fondazione delle Arti, perfetto come sempre nel dirigere la produzione esecutiva e consegnare un lavoro chiavi in mano senza cadute di qualità.

Grazie a Roberto Rosati per la preziosa assistenza.

Dulcis in fundo, molta gratitudine a due belle e capacissime fanciulle, Francesca Molteni e Didi Gnocchi, che hanno elaborato e realizzato la parte finale della mostra, la bella idea che chiude l'esposizione con la chiacchierata tra Gérard Depardieu e Sergio Rubini. Un grazie naturalmente anche ai due attori per la grande simpatia, il grande impegno, l'interesse autentico con il quale hanno partecipato alla nostra avventura.

Milano, 17 marzo 2009

*Cristina Acidini**

*Superintendent for Historical, Artistic and Ethno- Anthropological Heritage and for the Polo Museale of the City of Florence

Precious Furniture

The idea for this exhibition originated in Florence in a room lined with books, crammed with folders and animated by a computer, a room whose barred windows give glimpses of pieces of the sky, edges of roofs and the central segment of a huge yellow construction crane. A palm tree doggedly clings to life next to a window. But the room—my office—is nestled in an annex of the Complesso Vasariano, the rooftops are those of the Galleria degli Uffizi, the crane is in the eastern worksite for the Nuovi Uffizi and the sky... well, the sky is the sky over Florence, a sky that has served as a backdrop over the centuries to an urban panorama unmatched anywhere else on earth, changeable in aspect—clear, cloudy, pearly or aflame—yet ever intent on exalting the cupolas, bell towers, merlons and cornices that thickly populate the city skyline.

This room is a sort of director's booth for a system of twenty state art museums: the Florentine Polo Museale, a structure answering to the Italian Ministry of Culture. In the extreme variety that differentiates the member museums—some originating in the former dwellings of the Medici dukes and grand dukes, others in convents, public buildings or private collections—they all share in the excellence of the works of art and collections that they keep and exhibit.

It is thus not surprising that this room, despite its austerity, was the seedbed where collective thinking among friends coalesced and germinated into a plan to unite into a single, unique and awesome exhibition the finest in precious furnishings from the noble courts of pre-unification Italy. Because

the Florentine museums of Medicean endowment still contain a large number and grand variety of highly representative items, carefully designed and crafted with prized materials and laborious techniques by highly refined creators. Because in Florence, Europe's oldest aggregation of artistic workshops is still alive and thriving, the Opificio delle Pietre Dure. It is the heir to the Galleria dei Lavori established in 1588 by the Grand Duke Ferdinando I de' Medici in the west wing of the Uffizi, and also to the earlier botteghe and foundries of the Casino Mediceo of San Marco, where Ferdinando's predecessor Francesco I had gathered together the best artist-artisans of his times, not disdaining to dirty his own hands with them in cutting gems, optimising qualities, polishing exotic seashells or chasing down the elusive recipe for oriental porcelain. The Opificio (which never interrupted its activity, not even during the tremendous crisis following the shift of the Italian capital from Florence to Rome after 1870) converted over to restoration work due to pure questions of survival in the nineteenth century. However, thanks to the presence of masters in restoration techniques training in the mid-twentieth century but drawing on centuries of skill and tradition, its fundamental endowment still includes mastery in all the original techniques.

This is particularly true for the technique known as *commesso* or "Florentine mosaic", which combines multicoloured marbles and soft and hard stones with millimetric precision into geometrical patterns, naturalistic motifs or figurative scenes in tabletops, wall cabinets and other priceless

Cristina Acidini*

Mobili preziosi

*Soprintendente
per il Patrimonio Storico,
Artistico ed Etnoantropologico
e per il Polo Museale
della città di Firenze

L'idea di questa mostra è nata a Firenze, in una stanza foderata di libri, ingombra di faldoni e animata da un computer, una stanza dalle cui finestre ferriate si vedono pezzi di cielo, orli di tetto e il segmento centrale di una gigantesca gru da cantiere, gialla. Una palma sopravvive coraggiosamente nel vano di una finestra. Ma la stanza – il mio ufficio – è annidata in un fabbricato collaterale al Complesso Vasariano, i tetti sono quelli della Galleria degli Uffizi, la gru è quella del cantiere di levante dei Nuovi Uffizi e il cielo... be', il cielo è il cielo sopra Firenze, abituato da secoli a far da sfondo a un panorama urbano che non ha uguali al mondo, prestandosi, ora sereno ora rannuvolato, ora di perla ora di fuoco, a esaltare le cupole e i campanili e le torri e i merli e i cornicioni che si addensano nello *skyline* cittadino.

A quella stanza fa capo un sistema di venti musei statali d'arte: il Polo Museale fiorentino, dipendente dal ministero per i Beni e le Attività culturali. Nella varietà estrema che li differenzia – giacché vi sono musei originati da dimore della dinastia dei duchi e granduchi Medici, da conventi, da palazzi pubblici, da collezioni private – hanno in comune l'eccellenza delle opere d'arte e delle collezioni che conservano ed espongono.

E dunque non sorprende che in quella stanza, per quanto austera, da ragionamenti fatti tra amici abbia preso forma il proposito, e poi il progetto, di riunire in una rassegna unica e sbalorditiva i mobili più preziosi della storia dell'Italia delle corti pre-unitarie; perché nei musei fiorentini di lascito medico sono ancora presenti in gran numero e in bella varietà arredi di altissima rappresentanza accuratamente progettati, e realizzati con materie pregiate e tecniche laboriose da artefici raffinatissimi; perché a Firenze è ancor vivo e vegeto il più antico aggregato di laboratori artistici d'Europa, l'Opificio delle Pietre Dure, erede della "Galleria dei Lavori" stabilita nel 1588 dal granduca Ferdinando I de' Medici nel braccio di ponente degli Uffizi, e prima ancora delle botteghe e fonderie del Casino Mediceo di San Marco, dove il predecessore Francesco I aveva riunito i migliori artigiani-artisti del suo tempo, non rinunciando a unirsi a loro a cesellare gioie, a distillare tempre, a lustrare conchiglie esotiche, a inseguire l'elusiva ricetta della porcellana orientale. L'Opificio (che non sospese mai la sua attività, neppure durante la tremenda crisi che seguì lo spostamento della capitale d'Italia a Roma dopo il 1870) fu convertito al restauro per ragioni di mera sopravvivenza nel XIX secolo; ma grazie alla presenza di maestri del restauro formatisi nel cuore del Novecento entro il solco di tradizioni plurisecolari, è ancora in grado di padroneggiare tecniche di lavorazioni identiche a quelle originali.

Questo è particolarmente vero per il "commesso" o "mosaico fiorentino" di marmi policromi e pietre dure e tenere, accostati con millimetrica esattezza a comporre partiti geometrici, motivi naturalistici e persino scene con figure in piani di tavolo, stipi e altri preziosissimi elementi d'arredo sacro e secolare. Di questa tecnica messa a punto nella seconda metà del XVI secolo i granduchi fiorentini fecero il prestigioso "biglietto da visita" della città, esportando molte suppellettili così lavorate come omaggi a

items of sacred and secular furnishings. The Florentine grand dukes used this technique, which was refined in the second half of the sixteenth century, as the city's prestigious "calling card", exporting many *commesso* objects as gifts to the powerful or as dowries for the princesses of the noble courts. And they also competed among one another in the embellishment of the artistic sanctuaries that were their palazzi. This is the case of the Tribuna, the original heart of the Uffizi. Its founder, Francesco I de' Medici, had a stupendously adorned small temple placed at its centre, with bas relief in gold foil on jasper and amethyst. His brother and successor, Ferdinando I, balanced it with a richly bejewelled wall cabinet, in which he included some of the bas reliefs prepared for his deceased predecessor. Yet even this wall cabinet would be "cannibalised" several decades later, with the removal of the refined oval *Perspective View of Piazza Signoria*, now in the Museo degli Argenti, and a number of gems and pearls, which have been lost.

The expertise of the Opificio artisans in the restoration of objects in *pietra dura* has attained such renown that, more than once, objects originating from the Medici and donated to other dynasties have made a "homecoming" to Florence when need arose for restoration. This occurred with an early seventeenth-century tabletop made in Florence and later turning up in the storehouses of the Prado Museum in Madrid in the early years of the eighteenth. The top (previously belonging to the nobleman don Rodrigo Calderón and then, after he fell into disgrace, becoming a possession of the Span-ish Crown) bore a stupendous mosaic and inlaid pattern of plants and birds against a white background. Its vivid polychromatic effect was achieved with brightly coloured stones, alabaster, breccia, coral and lapis lazuli. These last two materials, particularly prized, had been pilfered using sharp instruments, causing damage to many of the adjacent tesserae. Its poor state of conservation necessitated lengthy restoration work in the workshops of the Opificio, directed by Annamaria Giusti. The numerous missing parts were reconstructed (including those in precious materials) in a perfect imitation of the intact portions of the motifs. The tabletop could thus be returned to Madrid whole and in fully renewed splendour.

The idea of the exhibition partially grew out of this familiarity that was not only visual, but also physical, with the magnificence of these princely objects, and partially from the shared conviction that in order to give them the chance to be appreciated as they so rightly deserved, it was necessary to remove them from their customary settings—whether these were museums or the rooms of historical dwellings—and reorganise them in an exhibition format that would exalt the fascinating characteristics of each. In a gallery filled with works of painting or sculpture, who pays any attention to furniture? The visitor's gaze, soon surfeited with masterpieces or the plethora of images passing in review from room to room, flits quickly across the *pietra dura* in a polychrome mosaic tabletop with white ivory inlay accentuated against an ebony field, the curling gilded wood volutes of a Baroque console table, the bronze appliqué on blond Neoclassical woods... Furniture that required ingenuity of design, a careful selection of materials, supreme skill in the hours and hours of handcraft... Furniture of exorbitant cost entrusted with the task of alluding, through its mute presence, to the buying power, taste, and modernity of its patrons and owners. And furniture that now finds itself relegated to the margins of our sphere of attention like the now unfamiliar words of a disused language, or perhaps even found distasteful, like the reminders of past lifestyles that are receding into dim insignificance at the speed of retreating galaxies.

This is the tenor of our thinking as the first glimmerings of the exhibition acquired illumination in the company of our brilliant friend Luigi Settembrini, thinking which was further developed with the curator of the exhibition, the great expert Enrico Colle, who, after having consulted with the friends and connoisseurs Cristina Piacenti, Annamaria Giusti and Fausto Calderai, chose to dedicate this event to Alvar González-Palacios, the author of fundamental studies in this field and a central reference for anyone delving into it.

Other modifications and enrichments were introduced during the process of plotting out this line of approach. A fundamental aspect for the final result was the inclusion in each room of nuclei of furniture from the twentieth century, selected by the preeminent Italian expert in design, Manolo De Giorgi. Products of workshops driven by another sort of creativity—the one to which we are used to appending the label of "design"—they are nevertheless linked by

potenti o in dote alle principesse della casata, ma anche facendo a gara per abbellire i santuari artistici dei loro palazzi. È il caso della Tribuna, cuore originario degli Uffizi, dove il suo fondatore Francesco I de' Medici fece porre al centro un tempietto stupendamente adorno, con bassorilievi in lamina d'oro su diaspro e ametista, e il fratello e successore Ferdinando I gli contrappose uno stipo riccamente incrostato, nel quale incluse alcuni dei bassorilievi approntati per il defunto predecessore. Anche il suo stipo, tuttavia, sarebbe stato "cannibalizzato" qualche decennio dopo, con l'asportazione del raffinato ovale *Veduta prospettica di Piazza Signoria,* oggi nel Museo degli Argenti, e delle gemme e perle, invece perdute.

E per tornare all'Opificio, tanto il suo specialismo nel restauro degli oggetti in pietre dure è riconosciuto a livello nazionale e internazionale, che è accaduto più d'una volta che "tornassero" a Firenze oggetti di provenienza medicea donati ad altre dinastie, quando si fosse reso necessario un restauro. Fu il caso del piano di tavolo di fattura fiorentina, del primo XVII secolo, rinvenuto nei depositi del Museo del Prado a Madrid nei primi anni del nuovo secolo. Il piano (già proprietà del nobile don Rodrigo Calderón e poi, caduto questi in disgrazia, entrato fra i beni della corona di Spagna) era stupendamente commesso e intarsiato con vegetali e uccelli su fondo bianco, e la sua viva policromia era dovuta a pietre dai vivaci colori, ad alabastri, a brecce, a corallo e a lapislazzuli. Questi ultimi due materiali, di particolare pregio, erano stati asportati con strumenti acuminati, cosicché anche molte lastre adiacenti erano rimaste

danneggiate. Il suo pessimo stato di conservazione richiese un lungo intervento nel laboratorio dell'Opificio, diretto da Anna Maria Giusti, nel quale furono colmate le numerose lacune ricostruendo le parti mancanti (comprese quelle preziose) a imitazione perfetta dei motivi rimasti intatti: il piano poté così tornare a Madrid in una ritrovata condizione di integrità e di splendore.

L'idea della mostra partì da questa consuetudine non solo visiva, ma fisica con la magnificenza degli oggetti principeschi; e, insieme, dalla condivisa certezza che per farli apprezzare come meritano occorreva estrarli dai loro ambienti abituali, fossero musei o sale di dimore storiche, e riorganizzarli in un percorso espositivo che esaltasse di ognuno le affascinanti caratteristiche. In una galleria gremita d'opere di pittura o scultura, infatti, chi si accorge dei mobili? Gli sguardi dei visitatori, ben presto saturi di capolavori o, semplicemente, delle tante immagini su cui scorrono di sala in sala, sfiorano appena le pietre dure di un piano lavorato "a commesso" policromo, il nero dell'ebano su cui risalta il bianco dell'incrostazione d'avorio, le arricciate volute in legno dorato d'una *console* barocca, le applicazioni in bronzo sui biondi legni neoclassici... Mobili che richiesero ingegno nella progettazione, cura nell'approvvigionamento dei materiali, perizia suprema nella lavorazione in ore e ore di lavoro umano; mobili dal costo irragionevole, ai quali fu affidato il compito di alludere, con la propria muta presenza, alla capacità di spesa, al gusto, all'aggiornamento dai committenti e proprietari. E che oggi si trovano incompresi e relegati ai margini dell'attenzione co-

me le parole desuete di una lingua non più parlata, quando non addirittura mal tollerati, come retaggi di stili di vita passati che si allontanano da noi con la velocità di galassie in fuga.

Questo il tenore dei ragionamenti svolti, intorno all'embrionale primo spunto della mostra, con il geniale amico Luigi Settembrini; e poi approfonditi con il curatore della mostra, il grande esperto Enrico Colle, che, consultati gli amici e conoscitori Cristina Piacenti, Anna Maria Giusti, Fausto Calderai, ha voluto dedicare questo evento ad Alvar González-Palacios, autore di studi fondamentali nel settore cui si fa tutti, e continuamente, riferimento.

Nello sviluppo di questo lineamento progettuale, altre modifiche e altri arricchimenti furono introdotti. Fondamentale, per il risultato definitivo, l'inserimento sala per sala di nuclei di mobili del Novecento, selezionati dal maggior esperto italiano di design Manolo De Giorgi. Usciti dalle officine di un'altra e diversa creatività – quella cui, appunto, si applica l'etichetta di design – sono tuttavia legati agli antichi, sontuosi relitti di un obsoleto modo d'abitare da sottili rapporti di sintonia: non foss'altro per l'ineludibile rapporto tra le proporzioni del mobile e quelle del corpo umano, che riconduce gli oggetti attraverso i secoli a moduli dimensionali non facilmente eludibili (a meno che non venga perseguita di proposito l'esagerazione, come avvenne con lo *Stipo Badminton,* ultimo grandioso "studiolo" in commesso di pietre dure di una lunga genealogia fiorentina, eccedente nelle misure qualsiasi precedente esempio e ragionevole rapporto con l'essere umano).

subtle harmonies to the time-honoured, sumptuous relics of an obsolete way of living. If for nothing else than the inescapable relation between the proportions of the furniture and those of the human body. This canon of proportions applied to objects has resulted over the centuries in dimensional modules that cannot easily be done without (unless exaggeration is a deliberate goal, as we see in the *Stipo Badminton*, the last grandiose *studiolo* (wardrobe with drawers) in *pietra dura* in a long genealogy of Florentine works, going beyond any previous exemplar in its dimensions and abandoning any reasonable relation to the human being).

The Enlightenment laid the groundwork for sweeping away all useless pomp and heralds of discomfort. Or at least so it seemed, if we read the pithy record of intolerance of the Franciscan Carlo Lodoli (the one who said that "it is up to the shoulders to shape the chair back and up to the derriere to shape the seat") regarding one of the excessively ornamented grand seats of a Venetian or Venetan wood sculptor in comparison to a simple chair inspired by the models of the ancient Romans: "One day he placed the chair he had invented next to one of those grand seats upholstered in Russian leather, squarish, heavy, loaded with metal studs and engravings, precisely there on the armrests where you could no longer rest your elbows without suffering offence, and if you wanted to sit on one, it would be best to leap upon it and then slide down into position, given the inconvenient height, and the hard and almost sharp rise of the seat [...]. 'Carve them, paint them, gild them as you please to serve your indispensable lux-ury; but do not forget about comfort,' he said, 'and proper durability'." (Andrea Memmo, *Elementi di architettura lodoliana ossia l'arte del fabbricare con solidità scientifica e con eleganza non capricciosa* [Elements of Lodolian architecture, or the art of building with scientific solidity and elegance free of caprice], 1786). But there was actually a long still to go, including the passages through Napoleonic Neoclassicism, the international version of the Boulle style, historicist eclecticism and Art Nouveau, before the affirmation of twentieth-century rationalism finally came, doing justice (summary, in certain respects) to each "ornamentation", and opening the way to the establishment of a revitalised creative approach that would find expression in designer-made objects.

But let us get back to the precious furniture embellishing Italy's past. With the proliferation of scientific studies of furniture—of which Enrico Colle is master—and in a close relationship with the ever deepening documentary knowledge of the powerful and money-draining "machines" constituted by the aristocratic courts of the *ancien régime*, appreciation has grown for the complicated and costly "pieces" produced over the centuries by the able hands of talented artisans, who were precious repositories of sophisticated and specialised skills. Taking a historical view, on the one hand, the magnificent furniture pieces reveal their nature as manifestations of power and statements of dynastic and territorial identity, i.e., their inclusion as part of a broad range of *instrumenta regni* [instruments of imperial rule]. On the other, they tell us of a very robust creative and productive fabric, capable of generating and absorbing that which today we would call skilled labour, a means for passing down knowledge and skills and generating employment. Emilio de' Cavalieri, the Roman gentleman named Prime Superintendent of the Arts in Florence in 1588 (you will forgive me for returning to the Medicean sphere), had an astounding range of trades at his command: he oversaw in fact "all the jewellers, & all the wood sculptors or carvers of any sort, cosmographers, goldsmiths, miniaturists, gardeners of the Galleria [degli Uffizi], & lathe workers, confectioners, clockmakers, distillers, ceramicists, sculptors, & painters, & the glass furnace". And that is without mentioning the performing arts, which brought in luthiers, musicians and singers. In the following century the specialisations would become even more nuanced, with distinctions, for example, between workers in *pietra dura*, *sceglitori* ("selectors" with the delicate task of assessing and choosing materials of geological origin and discerning the most appropriate local nuances), *fioranti* (specialised in the representation of flowers) and *fruttanti* (specialists in fruit). A painting by Anton Mozart in the castle of Sczcecin offers extremely singular testimony of the variety of specialisation that went into the works, as well as the reverence held for such furniture. The painting depicts the *Consignment of the collector's wall cabinet by Philipp Hainhofer to Duke Philip II of Pomerania-Szczecin on August 30, 1617*. The monumental cabinet, already filled (for the Duke's convenience) with rare and precious collector's items, was accompanied

L'illuminismo provvide i presupposti per spazzar via ogni fasto inutile e foriero di scomodità. O almeno così parrebbe, a leggere il gustoso resoconto dell'insofferenza del francescano Carlo Lodoli (quello che diceva "che spettava alle spalle di dar la forma alle spalliere delle sedie, ed al deretano la forma del sedere") per uno dei sovraccarichi seggioloni d'intagliatore veneziano o veneto, a paragone d'una sua semplice sedia ispirata a modelli romani antichi: "Collocò un giorno quella sua sedia da lui inventata presso uno di que' gran seggioloni foderati di bulgaro, quadrati, pesanti, carichi di bollettoni di metallo e d'intagli, appunto nei poggi ove non si potevano più mettere i gomiti senza sentirsi offendere, e sopra i quali volendo sedersi conveniva scagliarsi per sdrucciolare poi giù, attesa l'altezza inconveniente, ed il rialzo quasi acuminato e duro del sedere [...]. Intagliate pure, inverniciate, indorate quanto volete per servire al necessario vostro lusso; ma senza scordarvi del comodo, diceva, e della resistenza opportuna" (Andrea Memmo, *Elementi di architettura lodoliana ossia l'arte del fabbricare con solidità scientifica e con eleganza non capricciosa*, 1786). In realtà, molta strada doveva ancora esser percorsa, compresi i passaggi per il neoclassicismo napoleonico, lo stile Boulle versione internazionale, l'eclettismo storicistico e l'art nouveau, prima che si affermasse il razionalismo novecentesco, facendo giustizia (per certi aspetti sommaria) di ogni "ornato", e aprendo la strada alla fondazione d'una rinnovata progettualità che si esprime nel design d'autore.

Ma per tornare ai mobili preziosi del nostro passato, col moltiplicarsi degli studi scientifici sull'arredamento, di cui Enrico Colle è maestro, e in stretta relazione con la sempre più approfondita conoscenza documentaria di quelle "macchine" possenti e dispendiose che erano le corti aristocratiche dell'*ancien régime*, è cresciuto l'apprezzamento per i complicatissimi e costosi "pezzi" che uscivano dalle mani di artigiani provetti, detentori di sofisticati specialisti. Entro una visione storicamente articolata, dall'un lato quei magnifici mobili in sé rivelano la loro natura di manifestazioni di potere e dichiarazioni di identità dinastica e territoriale, e per farla breve, la loro appartenenza alla vasta gamma degli *instrumenta regni*. E dall'altro lato, ci raccontano di un tessuto creativo e produttivo molto robusto, in grado di generare e assorbire quella che oggi chiameremmo manodopera qualificata, tramandando sapere e generando lavoro. Emilio de' Cavalieri, il gentiluomo romano nominato primo soprintendente delle arti a Firenze nel 1588 (mi si perdonerà se torno allo scenario mediceo) aveva ai propri comandi una gamma sbalorditiva di mestieri: soprintendeva infatti "a tutti li gioiellieri, & a tutti gl'intagliatori di qualsivoglia sorte, cosmografi, orefici, miniatori, giardinieri della Galleria [degli Uffizi], & tornitori, confettieri, oriolai, distillatori, artefici di porcellane, scultori, & pittori, & fornace di cristallo"; per non parlare del settore *performing arts*, che annoverava liutai, musicisti, cantori. E nel secolo successivo si sarebbe giunti a specializzazioni ancora più sottili, distinguendo fra gli artefici delle pietre dure gli "sceglitori" (col delicato compito di individuare i materiali della natura geologica e della sfumatura locale più appropriate), i fioranti, i fruttanti. Dello specialismo con il quale venivano eseguiti, nonché della reverenza in cui venivano tenuti mobili di tal fatta, è singolarissima testimonianza il dipinto di Anton Mozart nel castello di Stettino, che raffigura niente di meno che la *Consegna dello stipo da collezionista di Philipp Hainhofer al duca Filippo II di Pomerania-Stettino il 30 agosto 1617*. Il monumentale stipo, già ripieno (per comodità del duca) di collezioni rare e pregiate, è accompagnato e mostrato con fierezza da una compagine di ben ventisette artigiani, ognuno responsabile di una lavorazione particolare, ognuno ritratto fedelmente e identificabile grazie a un elenco dei nomi.

Non meraviglia dunque che, con tante competenze dedicate, a Firenze come nelle altre capitali dell'Italia preunitaria si costruissero, dal pieno Cinquecento in poi, mobili di lusso memorabile dotati di elementi identitari nei materiali come nello stile, accogliendo intagli di bizzarra complicazione (specie a Venezia e a Genova, per radicamento dell'abilità nella lavorazione dei legni propria della marineria), commessi di pietre dure (a Firenze e a Roma), inserti di corallo (nel meridione e specialmente a Trapani). Nella Roma del XVII secolo, splendidi disegni oscillanti fra Gian Lorenzo Bernini e Giovanni Paolo Schor detto "tedesco" furono all'origine di suppellettili e arredi pienamente espressivi del barocco, investendo anche i mobili di una qualità figurativa e talora di una drammatica narrativa: come nel tavolo con il *San Lorenzo sulla graticola* nella collezione Contini Bonacossi agli Uffizi a Firenze. Scopi di sotto-

and exhibited with pride by no fewer than twenty-seven artisans, each responsible for a specific part of the workmanship, each one faithfully portrayed and identifiable thanks to an attached list of names.

With so many specifically dedicated areas of competence, it comes as no wonder that, from the mid-sixteenth century on, Florence, like other capitals of pre-unification Italy, produced memorable items of luxury furniture. And their lineage was clear, thanks not only to their styles but also to their materials, with bizarrely complicated sculptural work (especially in Venice and Genoa, due to the seafaring origins of woodworking), mosaics in *pietra dura* (in Florence and Rome), and inserts in coral (in southern Italy, especially around Trapani). In seventeenth-century Rome, splendid designs oscillating between Gian Lorenzo Bernini and Giovanni Paolo Schor ("the German") gave origin to objects and furnishings that fully expressed the Baroque, investing the furniture with a figurative quality and at times even a narrative drama, as seen in the table with *Saint Lawrence on the Gridiron* in the Contini Bonacossi Collection in the Uffizi in Florence. The encomiastic emphasis of the general theme of the Galleria Colonna in Rome (the glorification of the winner at Lepanto, Marcantonio Colonna) underpinned the symbolic—nay grandiloquent—nature of the carved and gilded console tables embellished with panoplies of weapons and banners.

If furnishings of this nature, kept closed up in residences or museums, have come down to us in surprisingly large numbers, it is scarcely imaginable how many have been lost by accident or avidity. An emblematic case is the "silvered" furniture, i.e., furniture embellished with embossed foils made of the precious metal. These came into fashion in the seventeenth and eighteenth centuries among most of the European noble courts, especially those north of the Alps. They were also some of the first to fall prey to the recurring need for liquid assets, and only a few nuclei have survived—for example, in the Rosenborg Castle in Copenhagen—to suggest the breathtaking splendour of entire rooms decorated in this genre.

And do we want to talk about the care dedicated to protecting these furnishings and other prized decorative objects? Covers, linings, protective bags in cloth, velvet or leather that not only protected tables and cabinets from dust and accidental impacts, but preserved their mystery during ordinary days. They would only be revealed in special circumstances to evoke surprise and general admiration. This also happened for sacred images that were particularly important objects of worship, and even for certain paintings, which were concealed behind curtains (usually deep blue) on weekdays. The emperor Charles V of the Habsburgs referred to this sensible practice on a visit to Florence in 1536 when he observed that the bell tower of Giotto was such a rare and precious thing that it should be kept covered and exhibited only on grand occasions. This wise practice has vanished in our age, when we are used to having everything always in plain view. The protective covers have been lost (except for the prized cases for certain splendid liturgical objects) and each piece of furniture remains permanently on display and at the mercy of its environment.

I am happy—and this is no rhetorical device—that the exhibition, organised, thanks to Cosmit, with deep commitment and farsightedness, will benefit from the truly exceptional and generous loans from museums (Florentine and other) that will be juxtaposed with selected counterparts from contemporary design. The exhibition draws merited and extremely fitting attention to the "applied arts" and provides a stimulus not only to dwell longer with our gaze on furniture that has been solemnly conceived and richly ornamented, and that still embellishes the décor of antique dwellings and public galleries, but also to accord beauty its rightful weight in our own lives, investing as much as possible in the quality of the objects that adorn our daily existence (at work or at home), confident that they will be valued companions along a path of aesthetic and critical growth and that we will be all the better for it.

lineatura encomiastica del tema generale della Galleria Colonna a Roma, la glorificazione del vincitore di Lepanto Marcantonio Colonna, furono all'origine della fattura "parlante", anzi magniloquente delle *consoles* intagliate e dorate con panoplie d'armi e di bandiere.

Se arredi di tal fatta, custoditi nel chiuso delle dimore o dei musei, sono giunti fino a noi in numero sorprendentemente alto, è tuttavia appena immaginabile quel che si è perduto, per accidente o per avidità. È emblematico il caso dei mobili "d'argento", ovvero rivestiti di lamine sbalzate del prezioso metallo, che vennero di moda nel Sei-Settecento presso le maggiori corti d'Europa e specialmente a nord delle Alpi: prime vittime del ricorrente bisogno di denaro liquido, ne sono rimasti alcuni nuclei – per esempio, nel castello di Rosenborg a Copenaghen – che suggeriscono lo sfarzo di intere sale così arredate.

E vogliamo parlare delle premure dedicate a questi mobili, così come ad altre suppellettili pregiate? Coperte, fodere, custodie di tela, di velluto o di cuoio, che non solo proteggevano tavoli e stipi dalla polvere e dagli urti accidentali, ma ne serbavano il mistero nella vita d'ogni giorno, per rivelarlo in circostanze speciali tra la sorpresa e l'ammirazione generale; cosa che accadeva anche per le immagini sacre particolarmente venerate e perfino per certi importanti dipinti, coperti nei giorni feriali da tende, sovente turchine. A questa assennata usanza si riferì l'imperatore Carlo V d'Asburgo quando, in visita a Firenze nel 1536, osservò che il campanile di Giotto era cosa tanto rara e preziosa da meritare di star co-

perto, ed esser mostrato solo nelle grandi occasioni. Svanita questa buona pratica nella nostra epoca abituata a volere tutto sempre visibile, le protezioni sono andate perdute (tranne le pregiate custodie di alcune splendide suppellettili liturgiche) e ogni mobile resta esposto in permanenza ai rischi propri del suo ambiente.

Sono lieta, e non formalmente, che la mostra organizzata, grazie al Cosmit, con lungimiranza e impegno possa avvalersi di prestiti davvero eccezionali dai musei (fiorentini ma non soltanto), cui corrispondono le selezionate controparti nel design contemporaneo. Ne viene richiamata sulle "arti applicate" un'attenzione quanto mai opportuna e se ne deduce uno stimolo: non solo a indugiare un po' più a lungo con lo sguardo sui mobili solennemente concepiti e riccamente ornati che ancora arredano antiche dimore e gallerie pubbliche; ma anche a dare nella propria vita il peso che merita alla bellezza, investendo per quanto possibile nella qualità degli oggetti che ci accompagnano nella quotidianità domestica o lavorativa, certi che saranno nostri compagni in un percorso di crescita estetica e di consapevolezza critica che ci renderà, comunque, migliori.

Nineteen sixty. Palazzo Reale, Milan. The emotion of staging a grand exhibition on the Compasso d'Oro Prize in the Sala delle Cariatidi marks the beginning of my life as architect and designer. From that time on, my passion for exhibition installations—those bona fide architectonic *vanitas*, short-lived but intense and fast-paced—would always be with me.

Two thousand nine. Palazzo Reale, Milan. Luigi Settembrini asks me to stage *Magnificence and Design*, Cosmit's cultural event of the year. It immediately proved to be a challenging—nay, formidable—exhibition to enact. It isn't just another antiquarian exhibition, nor one of the many showcases of design—much less a new rendition of the old fable of the "modern" going arm-in-arm with the antique, which once held a sort of transgressive allure. *Magnificence and Design – Five Hundred Years of Italian Furniture* is not an excursion through the past five centuries of furniture history along the axis of time in keeping with a facile criterion of developmental continuity. It is not this because it could not be this.

Magnificence and Design is a much more ambitious exhibition, an exhibition unlike any before it, one that seeks to make us reflect on the material culture of domestic furnishings—from Mannerism to the present—from a discomfiting virtual perspective, a perspective that bridges the vast political-social and productive-economic schism that marked the traumatic passage from aristocratic classicism to democratic modernity in the nineteenth century. A rift that ushered in a radical rethinking of an accumulated system of codes and an affirmation of new linguistic,

cultural and productive models, now multicentric, in a continual state of experimentation and change.

Palazzo Reale of Milan. A sequence of ten large vaulted rooms, soberly devoid of decoration and natural lighting, immersed in half-shadow and indeterminate within the "grey distance" of the walls.

Fifty-six splendid pieces of contoured, carved, inlaid and gilded Italian furniture, ranging from Mannerism to Empire style, collected from palazzi, museums and collections from all over Europe, are arranged in a historic and thematic order along the *enfilade* of the rooms. In order not to detract in any way from the exceptionality, richness and diversity (different historical periods, different schools and different geographical-cultural origins) of these masterpieces, they float as if suspended in the neutral space of the rooms. They do not stand on the floor, nor are they arranged in an orderly sequence along the walls of the rooms to which they must not and cannot belong. This is to banish even the tiniest suspicion of a summary reconstruction of "furniture" in complicity with the historical palazzo.

These fifty-six masterpieces instead are literally put on stage in a sequence of thirty-one "freely arranged" mobile platforms, which are made of noble gun oxidized iron from the rolling mill, and placed dramatically in the spotlight with theatre lamps. After the protagonist, Magnificence, has made its entrance into what will certainly be remembered as one of the most notable antiquarian shows of its kind ever to be staged, the cue comes for Italian furniture of the twentieth century to step on stage. And what

an entrance! The dramatic tension rises and the entire perspective is overturned. The visitor suddenly beholds five centuries of history through the "multi-focal" lens of our time. And vice versa.

Twentieth-century Italian furniture thus plays a deuteragonist role, but it is more than a mere supporting act. This carefully selected collection of works, responding promptly to each one of the historical pieces in a sort of spectacular debate or cross examination, instead ends up playing a starring role that alternates between antagonist and co-protagonist.

These still-warm expressions of our time, too close to us to be mixed with or even take up a place at the end of the line of objects that history has made into museum pieces, stand on a circular platform in the centre of each of the ten rooms. They are present but veiled behind an enigmatic and scenographic gauze screen that rises in a cone toward the ceiling, enclosing a source of light of fluctuating intensity. They are present yet almost absent as a result of the combined effect of the gauze, which either hides or reveals its contents depending on the degree of luminosity. Before each of the twentieth-century pieces, strategically juxtaposed with a historical piece for comparison, the viewer will thus be provoked into thought, to find new interpretations, unexpected intuitions and sudden flashes of insight illuminating both our times and times past.

Let the show begin.

Millenovecentosessanta. Palazzo Reale di Milano. L'emozione di mettere in scena nella Sala delle Cariatidi una grande mostra sul premio Compasso d'Oro segna l'inizio della mia vita di architetto e designer.

Da allora la mia passione per le installazioni espositive – vere e proprie *vanitas* architettoniche, caduche ma veloci e intense – mi accompagnerà per sempre.

Duemilanove. Palazzo Reale di Milano. Luigi Settembrini mi chiede di mettere in scena "Magnificenza e Progetto", l'evento culturale Cosmit dell'anno.

Una mostra che si rivela subito difficile. Anzi difficilissima: non una delle tante mostre di antiquariato né una delle tantissime di "design". E tanto meno la riproposizione della vecchia favola del "moderno" a braccetto con l'antico, che una volta faceva tanto "trasgressivo". "Magnificenza e Progetto" – cinquecento anni di mobili italiani a confronto – non è un *excursus* attraverso gli ultimi cinque secoli di storia del mobile lungo l'asse del tempo secondo un comodo criterio di continuità evolutiva. Non lo è perché non potrebbe esserlo.

"Magnificenza e Progetto" vuole essere una mostra molto più ambiziosa: una mostra mai fatta prima che vuole farci riflettere sulla cultura materiale degli arredi domestici – dal manierismo a oggi – con lo scomodo privilegio di colui che la osserva da una posizione virtuale. Ponendosi a cavallo, cioè, di quella vasta linea di frattura politico-sociale e produttivo-economica che, durante il XIX secolo, ha segnato il passaggio traumatico dal classicismo aristocratico alla modernità democratica. Alla radicale messa in discussione, quindi, di un sedimentato sistema di co-

dici con l'affermarsi di nuovi modelli linguistici, culturali e produttivi, ormai policentrici, cangianti e in continua sperimentazione.

Palazzo Reale di Milano. Una sequenza di dieci ampie sale voltate, sobriamente prive di decori, tenute in penombra con l'assenza di fonti di luce diurna e l'aiuto di un "grigio lontananza" dato alle pareti.

I cinquantasei splendidi arredi italiani – compresi tra il manierismo e l'Impero – modellati, intagliati, intarsiati e dorati... raccolti da palazzi, musei e collezioni di tutta Europa, sono disposti in sequenze storico-tematiche lungo l'*enfilade* delle sale. Per non svilire la loro eccezionalità, ricchezza e diversità (diversi periodi storici, diverse scuole e ambiti geo-culturali) questi capolavori galleggiano come sospesi nelle stanze che mantengono solo il ruolo di spazi neutri per l'osservatore. Non poggiano sul pavimento, né si dispongono ordinatamente lungo le pareti delle stanze alle quali non devono e non possono appartenere. Per scongiurare anche il solo sospetto di una sommaria ricostruzione di "arredamenti" con la complicità dello storico palazzo.

Questi cinquantasei capolavori sono invece letteralmente messi in scena su una sequenza "liberamente disposta" di trentuno piattaforme mobili con fondale – costruite in nobile ferro ossidato di laminatoio – e messi drammaticamente in luce con fari teatrali.

Messo in scena il protagonista, la Magnificenza – con quella che comunque sarà ricordata come una delle più importanti mostre d'antiquariato del genere mai fatte fino a oggi – tocca ora al mobile italiano del Novecento di venire alla ribalta. Venire alla ribalta, innalzare la tensione drammatica e ri-

baltare l'intera prospettiva permettendo all'osservatore di sondare quei cinque secoli di storia attraverso la lente multifocale del nostro tempo. E viceversa.

Il mobile del Novecento italiano come deuteragonista quindi, ma non solo: perché questo insieme di opere con la sua calibrata selezione, mirata a rispondere colpo su colpo a ciascuno degli arredi storici come in uno spettacolare dibattito-contraddittorio, finirà piuttosto per giocare il ruolo più importante dell'antagonista e alternativamente dello stesso protagonista.

Queste testimonianze ancora calde del nostro tempo, troppo vicine a noi per potersi miscelare o anche soltanto per andare in coda alla sequenza dei reperti museificati dalla storia, saranno però presenti nel centro di ciascuna delle dieci stanze della mostra su una piattaforma circolare. Presenti ma dietro un enigmatico schermo di garza scenica che si innalza a cono verso il soffitto a catturare una sorgente di luce di intensità alternativamente crescente e decrescente. Saranno presenti e quasi assenti per l'effetto combinato, appunto, della garza scenica che al variare della luminosità interna li cela e li rivela. Stimolando per ciascuno degli arredi del Novecento – strategicamente collocato in vista dell'arredo storico scelto come suo termine di paragone – letture, riflessioni, inaspettate intuizioni e improvvisi lampi di senso in entrambe le direzioni.

Lo spettacolo comincia.

Pomp and Splendour in Italian Furnishings

1. Niccolò Gaddi, progetto per un tavolo di marmo intarsiato, ottavo decennio del XVI secolo. Firenze, Gabinetto dei Disegni e Stampe degli Uffizi

Niccolò Gaddi, Design for an inlaid marble tabletop, 1580s. Florence, Gabinetto dei Disegni e Stampe degli Uffizi

To Alvar González-Palacios,
teacher and friend, and my precursor
in these studies

An exhibition like the one here today would have been difficult to organise without the critical contributions of scholars who have preceded me, and first and foremost, those of Alvar González-Palacios. For many years we have shared the passion for research in a field, the decorative arts, that has too long been relegated by twentieth-century aesthetes to the margins of the history of art. "So there is a grand art and a small art", mused Alfredo Melani at the beginning of the past century, "a noble art and a plebeian art. And decorative art is one that has neither the ways nor the means to rise to the dizzying heights rightly attained by painting and sculpture. A eunuch art in the conception of history's aesthetes, decorative art is truly incapable of arousing the strong stirrings that a statue or painting can generate in lofty souls." The Crocean critic, with his idealistic division among the arts—"between that which was Poetry and that which was not", to put it in González-Palacios' own words—and his method based on the so-called pure visibility, raised an insurmountable barrier between the "major arts" and the "minor arts", demoting the latter category to a mere matter of artisanry. It would not be until the publications of Giuseppe Morazzoni (1883–1959), the first Italian art historian to undertake a painstaking cataloguing of furniture, porcelain, silver work and fabrics, before vigour returned to the tradition of archival study and investigation that had underlain the research of nineteenth-century scholars. It is a vigour nourished today by the unflagging commitment of Alvar González-Palacios, who has succeeded in merging rigorous philosophical inquiry, learned in the Longhi school, with the refinement and erudition of the writings of Mario Praz. The scholar has analysed in depth the various aspects of the complex panorama of Italian decorative arts, banishing useless and often over-narrow specialisation in his quest to shed light on complicated interweaves in the genesis of art objects. The unifying aspect of artistic endeavour that characterised many of the projects from past centuries is highlighted by the fact that many of these objects were initially conceived and designed by renowned artists and then crafted by the hands of able artisans.

Indeed, starting in the sixteenth century, it was the architects, sculptors and painters working in the service of the Italian noble courts who developed the original stylistic manifestations that would go on to identify the reigns of the various sovereigns. Rome and Florence were the most generative centres in this sense: the former in virtue of the magnificence of its archaeological relics, an inexhaustible source for study and inspi-

Ad Alvar González-Palacios,
maestro e amico, che di questi studi
è stato il precursore

2. Anonimo, progetto per un tavolo ottagonale, metà del XVI secolo. New York, The Metropolitan Museum of Art

Anonymous, Design for an octagonal table, mid-sixteenth century. New York, The Metropolitan Museum of Art

*U*na mostra come questa oggi sarebbe stata difficilmente realizzabile senza i contributi critici degli studiosi che mi hanno preceduto, e in primo luogo quelli di Alvar González-Palacios, con il quale da tempo condivido la passione per la ricerca in un campo, quello delle arti decorative, troppo a lungo tenuto ai margini della storia dell'arte dagli esteti del Novecento. "Dunque esiste un'arte grande e una piccola", si chiedeva a questo proposito agli inizi del secolo scorso Alfredo Melani, "un'arte nobile e una plebea; e l'arte decorativa è quella che non sa né può innalzarsi all'altezze vertiginose cui facilmente assorge la scultura e la pittura. Arte eunuca, la decorativa, nel concetto dei vecchi estetici è realmente incapace di promuovere le forti impressioni che una statua e una pittura promuovono negli animi ben elevati". La critica crociana, con la sua divisione idealistica tra le arti – "fra ciò che Poesia era e ciò che non lo era", per dirla con le parole dello stesso González-Palacios – e con il suo metodo basato sulla cosidetta pura visibilità, aveva innalzato una insormontabile barriera tra le "arti maggiori" e le "arti minori", relegando queste ultime a semplici fatti artigianali. Bisognerà aspettare le pubblicazioni di Giuseppe Morazzoni (1883-1959), il primo storico dell'arte italiano che si cimentò nell'attenta catalogazione di mobili, porcellane, argenti e stoffe, perché quella tradizione per lo studio e l'indagine archivistica, che era stata alla base delle ricerche degli eruditi ottocenteschi, riprendesse vigore. Una forza mantenuta viva ai giorni nostri grazie al costante impegno di Alvar González-Palacios, che è riuscito a fondere la rigorosa indagine filologica, appresa alla scuola di Longhi, con la finezza e l'erudizione presente negli scritti di Mario Praz. Lo studioso ha infatti analizzato in profondità vari aspetti del complesso panorama delle arti decorative italiane eliminando inutili, e spesso dannosi, specialismi e facendo così luce sui complicati intrecci della genesi degli oggetti d'arte, in gran parte ideati da artisti di fama e poi realizzati da abili artigiani, mettendo in evidenza quell'unitarietà dell'operare artistico che aveva caratterizzato la committenza dei secoli passati.

A partire dal Cinquecento, infatti, sono gli architetti, gli scultori e i pittori al servizio delle principesche corti italiane a elaborare le originali sigle stilistiche che da allora in poi caratterizzeranno i regni dei vari sovrani: Roma e Firenze furono i centri più attivi in questo senso, il primo in virtù della magnificenza dei reperti archeologici, fonte inesauribile di studio e di ispirazione, il secondo per la presenza di un nutrito gruppo di geniali artisti in grado di passare dalla realizzazione di un edificio o di

3. Jacopo Ligozzi, *Allegoria macabra*,
fine del XVI - inizi del VII secolo.
Vienna, Graphische Sammlung Albertina

Jacopo Ligozzi, *Macabre allegory*,
end of sixteenth – beginning
of the seventeenth centuries. Vienna,
Graphische Sammlung Albertina

ration; the latter for the presence of a numerous group of brilliant artists capable of passing from the construction of a building or the creation of entire pictorial or sculptural cycles to the design of fine princely décor. Such was the case of Giorgio Vasari, who assumed the role of head architect for the Medici in 1550, thus becoming the overseer of the tastes of the Florentine court until his death in 1574, a few months after that of his patron, Cosimo I. Vasari would be succeeded initially by Bartolomeo Ammannati and later by Bernardo Buontalenti, the trusted architect of the late grand duke's two sons, Francesco I and Ferdinando I. The work of these two architects would be a determining force in the development of the Florentine style, especially in the field of furnishings, which tended toward increasingly sumptuous creations, with a strong supporting role played by the new Medicean *pietra dura* manufactory, firmly instituted by Ferdinando I in 1588.

Not only the few surviving exemplars of furnishings but also Vasari's written descriptions provide us with documentation of Ammannati's and Buontalenti's contributions. In his "Life of Buontalenti", Vasari records a monumental wall cabinet designed by the architect for Ferdinando I. Its face was cadenced by several orders of columns in heliotrope, oriental jasper and lapis lazuli, with plinths and capitals in embossed silver. Silver was also used to cast all the enframements on the surface of the cabinet, which was entirely veneered in ebony with decorative relief in engraved gold crafted by renowned artists such as Benvenuto Cellini, Ammannati, Giambologna and Raffaello Danti. Another precious furnishing type were the tables inlaid with antique marble or actual gemstones, such as the exemplars designed by Vasari for the grand dukes and crafted by the artisan Bernardino di Porfirio. The coloured marbles that embellished the ancient Roman buildings were, for that matter, the focus of much of the collecting at that time on the part of the nobles throughout Europe, and the Medici had made them the fulcrum of their own repertories, adapting them to the new ornamental designs for the tabletops created in Rome by Vignola and Giovanni Antonio Dosio. The latter had been sent expressly to Rome to study the new versions of the *opus sectile*, which he would then introduce to Florence, partially through the work of Niccolò Gaddi (Fig. 1).

The strongly architectonic profiles of the wall cabinets, as well as those of the armoires in the sacristies, the frames, tables or sculpture supports created in Tuscany in this period, derive from the façade designs of the buildings. These architectural elements also provided models for the sober decorations taking the form of corbels, leonine protomas or festoons (Fig. 2), which were further embellished over the course of the sixteenth century—partially following the example of the decorative arts in the court of Francis I in Fontainebleau, where Rosso and Primaticcio worked on the decorations and furnishings of the castle—with carving work comprising a continuous interweave of scrollwork largely inspired by German engravings, such as those by Cornelis Matsys (ca 1511–1580) or the later ones of Hans Vredeman de Vries (1527–1623). In particular, these artists provided inspiration for Jacopo Ligozzi in four of his macabre allegories (Fig. 3) where monstrous figures, dolphins, bucrania and other fantastic elements drawn from the tradition of grotesquery make their appearance in stylised metallic scrollwork.

Mannerist ornamentation found application also in the decorations and furnishings produced in Veneto during the second half of the seventeenth century through the work of Jacopo Sansovino, who introduced the Venetian artisans—such as Cristoforo Sorte, author of the wood ceiling of the hall of the Council Major in Palazzo Ducale—to the eccentric ornamental inventions from Tuscany and the Fontainebleau school. These

4. Bottega di Perin del Vaga, disegno per un cassone, seconda metà del XVI secolo. Londra, Courtauld Institute of Art, Witt Collection

Perin del Vaga's Workshop, Design for a cassone, second half of sixteenth century. London, Courtauld Institute of Art, Witt Collection

interi cicli pittorici e scultorei alla progettazione di arredi principeschi. È il caso di Giorgio Vasari, che dal 1550 ricoprì la carica di primo architetto dei Medici, divenendo così il regista del gusto della corte fiorentina fino alla morte avvenuta nel 1574, a pochi mesi di distanza da quella del suo protettore Cosimo I. Gli succederanno nell'incarico prima Bartolomeo Ammannati e poi Bernardo Buontalenti, architetti di fiducia dei due figli del granduca scomparso, Francesco I e Ferdinando I. La loro opera sarà infatti determinante per l'evoluzione dello stile fiorentino, soprattutto nel campo della mobilia, verso sempre più sontuose realizzazioni, alle quali concorse in modo speciale la nuova manifattura medicea delle pietre dure, stabilmente fondata da Ferdinando I nel 1588.

Ne sono una testimonianza, insieme ai pochi esemplari di arredi superstiti, le descrizioni che di essi fa lo stesso Vasari: nella *Vita* di Buontalenti, ad esempio, egli ricorda un monumentale stipo costruito su disegni dell'architetto per Ferdinando I e formato da una facciata ritmata da più ordini di colonne di eliotropo, diaspri orientali e lapislazzuli, con basi e capitelli d'argento sbalzato. Con lo stesso materiale erano state fuse tutte le cornicette fissate sulle superfici del mobile, interamente impiallacciato d'ebano, mentre i rilievi che lo abbellivano erano stati cesellati nell'oro da artisti di fama come Benvenuto Cellini, Ammannati, Giambologna e Raffaello Danti. Un'altra tipologia di arredo prezioso era costituita dai tavoli intarsiati di marmi antichi o con vere e proprie gioie, come gli esemplari disegnati da Vasari per i granduchi ed eseguiti dall'intagliatore Bernardino di Porfirio. I marmi colorati che abbellivano gli antichi edifici romani, d'altronde, erano allora al centro degli interessi collezionistici dei principi di tutta Europa e i Medici ne avevano fatto il fulcro delle loro raccolte adattandoli ai nuovi disegni ornamentali per i piani dei tavoli elaborati a Roma da Vignola e da Giovanni Antonio Dosio, inviato espressamente nell'Urbe a studiare nuove versioni dell'"opus sectile", che poi l'architetto divulgherà a Firenze anche attraverso l'opera di Niccolò Gaddi (fig. 1).

Per quanto riguarda le sagome fortemente architettoniche degli stipi, così come quelle degli armadi delle sagrestie, delle cornici, dei tavoli o dei supporti per sculture, realizzati in Toscana in questi anni, esse dipendono dai progetti per le facciate degli edifici e da questi spesso derivano anche le sobrie decorazioni a motivo di mensoloni, protomi leonine e festoni (fig. 2) che, nel corso del Cinquecento – anche sull'esempio di quanto si andava facendo in Francia alla corte di Francesco I a Fontainebleau, dove lavoravano alla decorazione e all'arredo del castello Rosso e Primaticcio –, si arricchiranno con intagli formati da un intreccio continuo di cartigli ricavati in gran parte dalle incisioni tedesche, come quelle di Cornelis Matsys (circa 1511-1580) o quelle successive di Hans Vredeman de Vries (1527-1623). Da queste ultime in particolare Jacopo Ligozzi aveva attinto lo spunto per quattro allegorie macabre (fig. 3) dove, all'interno di stilizzati *Rollwerk* o cartigli metallici, fanno la loro comparsa figure mostruose, delfini, bucrani e altri elementi fantastici tratti dalla tradizione delle grottesche.

L'ornamentazione manierista trovò una sua applicazione anche nella decorazione e nel mobilio prodotto in Veneto durante la seconda metà del XVII secolo grazie all'attività di Jacopo Sansovino, che portò a conoscenza degli artigiani veneziani, quali ad esempio Cristoforo Sorte – autore del soffitto ligneo della sala del Maggior Consiglio in Palazzo Ducale –, le eccentriche invenzioni ornamentali toscane e della scuola di Fontainebleau, queste ultime conosciute attraverso le incisioni, divulgate soprattutto tra il 1542 e il 1547, e grazie all'opera di intagliatori provenienti dalla Francia, come il normanno Riccardo Taurino che, entro il 1572, realizzò il coro nuovo della basilica di Santa Giustina a Padova.

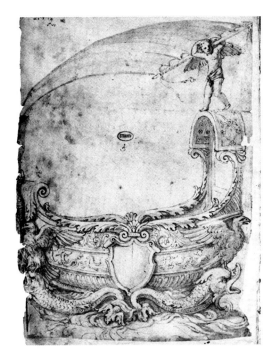

5. Giulio Romano, disegno per una culla, secondo quarto del XVI secolo. Praga, biblioteca del monastero di Strahov

Giulio Romano, Design for a cradle, 1525–1550. Prague, Library of the Strahov Monastery

6. Anonimo, progetto per inginocchiatoio, prima metà del XVII secolo. Siena, Biblioteca degli Intronati

Anonymous, Design for a prie-dieu, first half of seventeenth century. Siena, Biblioteca degli Intronati

7. Anonimo, progetto per uno stipo, metà del XVII secolo. Firenze, Gabinetto dei Disegni e Stampe degli Uffizi

Anonymous, Design for a wall cabinet, mid-seventeenth century. Florence, Gabinetto dei Disegni e Stampe degli Uffizi

inventions were known via engravings published mainly in the years 1542–1547 and thanks to the work of carvers hailing from France, such as the Norman Riccardo Taurino, who had completed work on the new choir for the Basilica of Santa Giustina in Padua prior to the end of 1572.

In Rome, the artists of the early sixteenth century, after having discovered fantastic ornamentations with motifs of monstrous animals and painted or stuccoed plant elements in the ruins of ancient buildings, elaborated the type of decoration that would go by the name of "grotesquery" and enjoy great fortune not only among decorators, but also among carvers and inlayers, thus becoming the preferred ornamental motif for cassoni, chair backs, pilaster strips and doors. In the school of Raphael, who is the first to be credited with an original interpretation of surreal ancient paintings in the Vatican Loggias, various artists got their training and went on to disseminate the new decorative manner, applied to furniture as well, in other cities on the Italian peninsula. Noteworthy among these artists are Perin del Vaga, who would work in Genoa for Prince Doria and train a group of pupils in his workshop specialised in the creation of ornamentation and furnishings inspired by ancient classical relief work (Fig. 4), and Giulio Romano, who worked for the court of Mantua. Romano is known for a number of designs for silver pieces and furniture conceived with such a flourish of creative fantasy that in some cases they stand as preludes to the spectacular inventions of the Baroque style. Emblematic in this regard are the designs for a canopy bed conceived to resemble a pergola supported on caryatids, and those for a cradle (Fig. 5) shaped like a ship riding the waves and supported on the backs of dolphins.

The affirmation of the Baroque style in Italy took place gradually, especially regarding the design of ornamentation and furnishings, which until mid-century would mainly adhere to models from the sixteenth-century tradition (Fig. 6). The decorative motifs of the Fontainebleau school and early seventeenth-century German engravings, such as those of the miniaturist Friedrich Brentel (ca 1580–1651), appear to have inspired both the Lombardy stucco artists working in northern Italy and the Jesuit carvers who circulated continuously between Milan, Genoa, Rome, Naples and Palermo. The figurative precedents for this type of decoration, in addition to the engravings cited above and the carved and stucco decorations created in Italy and France during the second half of the sixteenth century, may be considered to be the engravings of the architect and decorator Cornelis Floris (1514–1575) published in 1554, where the scrollwork is transformed into a fluid membrane giving birth to monstrous figures. This metamorphosis is observed in a number of scrolls designed by Federico Zuccari around 1600, in the later engravings of Thomas Lutma (ca 1584 – 1669) dating to 1654, and in the elaborate structure of the fireplaces conceived by the French architect and carver Jean Marot (1619–1679) in 1661 to illustrate his *Livre de cheminées*. In the seventeenth century, this decorative tradition flowed together into the decorative genre commonly known as the Auricular style. The salient characteristics of this style lay in the transposition into a fantastic key of elements drawn from the plant and animal worlds fused together with others that call to mind the cartilaginous parts of vertebrates. This was seen in Florence in the sculptures of Pietro Tacca and Giovan Francesco Susini, or in the furnishings created for Cardinal Leopoldo de' Medici (1617–1675) shortly after mid-century, where the scroll motif underwent a monstrous metamorphosis in which its volutes were transformed into bat wings, claws, fish scales, harpy heads, mascarons and other fantastic figures (Fig. 7).

German engravings, for example those with the elaborate grotesques of Johann Heel (1637–1709) or Johann Conrad Reuttiman (active from 1676 to 1691), provided artisans working up and down the Italian peninsula with models for ivory inlay and

A Roma gli artisti del primo Cinquecento, dopo aver scoperto gli ornati fantastici a motivi di animali mostruosi e gli elementi vegetali dipinti o stuccati nei ruderi degli edifici dell'antichità, elaborarono quel tipo di decorazione, conosciuta col nome di grottesca, che godette di grande fortuna non solo presso i decoratori, ma anche presso gli intarsiatori e gli intagliatori, divenendo così l'ornato preferito per l'esecuzione di cassoni, spalliere, lesene e battenti per porte. Alla scuola di Raffaello, cui per primo spetta, nelle Logge Vaticane, una originale interpretazione delle surreali pitture antiche, si formarono vari artisti che diffusero la nuova maniera decorativa, applicata anche alla mobilia, negli altri centri della penisola: tra questi merita segnalare Perin del Vaga, che lavorerà a Genova per il principe Doria formando nella sua bottega un gruppo di allievi specializzati nell'ideazione di ornati e arredi, le cui forme traevano ispirazione dai rilievi dell'antichità classica (fig. 4), e Giulio Romano, attivo per la corte di Mantova. Di quest'ultimo artista si conoscono alcuni progetti per argenti e mobili concepiti con una fantasia che, in taluni casi, prelude alle spettacolari invenzioni dello stile barocco: emblematici, a questo proposito, i disegni per un letto a baldacchino concepito come un finto pergolato sorretto da cariatidi o quello per una culla (fig. 5), pensata in forma di vascello tra i flutti sorretto da delfini.

L'affermazione del gusto barocco avvenne infatti in Italia in modo graduale, soprattutto per quanto riguardò la progettazione degli ornati e degli arredi, che fino alla metà del secolo seguirono per lo più modelli di tradizione cinquecentesca (fig. 6). Ai motivi decorativi della scuola di Fontainebleau e alle incisioni tedesche del primo Seicento, come quelle del miniaturista Friedrich Brentel (circa 1580-1651), sembrano rifarsi sia gli stuccatori lombardi attivi nel nord Italia che gli intagliatori gesuiti in continuo spostamento tra Milano, Genova, Roma, Napoli e Palermo. Precedenti figurativi per questo tipo d'ornato, oltre le citate stampe e le decorazioni a intaglio e a stucco eseguite in Italia e in Francia durante seconda metà del Cinquecento, possono essere considerate le incisioni dell'architetto e decoratore Cornelis Floris (1514-1575) edite nel 1554, dove il *Rollwerk* si trasforma in una fluida membrana da cui nascono figure mostruose. Tale metamorfosi si riscontra in alcuni cartigli progettati da Federico Zuccari intorno al 1600, nelle più tarde incisioni di Thomas Lutma (circa 1584 - 1669), risalenti al 1654, e nelle elaborate strutture dei camini ideati dall'architetto e incisore francese Jean Marot (1619-1679) nel 1661 per illustrare il suo *Livre de cheminées*. Nel Seicento questa tradizione decorativa confluì in quel genere comunemente conosciuto sotto il nome di stile auricolare, la cui caratteristica consisteva nella trasformazione in chiave fantastica di elementi tratti dal mondo vegetale e animale fusi insieme ad altri che richiamano alla mente le parti cartilaginee dei vertebrati, come si può vedere a Firenze nelle sculture di Pietro Tacca e di Giovan Francesco Susini, o negli arredi eseguiti per il cardinal Leopoldo de' Medici (1617-1675) poco dopo la metà del secolo, dove il motivo del cartiglio subisce una metamorfosi mostruosa mutando le sue volute in ali di pipistrello, artigli, scaglie di pesce, teste di arpie, mascheroni e altre figurazioni fantastiche (fig. 7).

Dalle incisioni tedesche, come ad esempio quelle con elaborate grottesche di Johann Heel (1637-1709) o di Johann Conrad Reuttiman (attivo tra il 1676 e il 1691), gli artigiani attivi nella penisola ricavarono pure i modelli per gli intarsi in avorio, e per le applicazioni in bronzo dorato o argento da inserire sulle superfici impiallacciate di ebano di tavolini e stipi spesso menzionati negli inventari seicenteschi. Le rigogliose volute di foglie d'acanto arricchite con l'inserimento di putti, mascheroni, vasi con nature morte e gustose scenette di genere alternate a variegate composizioni di fiori presenti nei citati fogli costituirono, insieme ai disegni forniti dagli architetti, una sicura fonte

8. Gian Lorenzo Bernini, disegno
per lo specchio per Cristina di Svezia,
circa 1675. Windsor Castle,
Royal Collection

Gian Lorenzo Bernini, Design
for a mirror for Christina of Sweden,
ca 1675. Windsor Castle,
Royal Collection

9. Giovanni Paolo Schor, letto di parata
della principessa Colonna, 1663,
da un'incisione di Pietro Santi Bartoli.
Roma, Gabinetto dei Disegni
e delle Stampe

Giovanni Paolo Schor, Bed
for the Princess Colonna, 1663,
from an engraving by Pietro Santi
Bartoli, Rome, Gabinetto dei Disegni
e delle Stampe

for appliqué work in gilt bronze or silver to be incorporated into the ebony-veneered surfaces of the tables and wall cabinets that are often mentioned in seventeenth-century inventories. The luxuriant volutes of acanthus leaves enriched with cherubs, mascarons, vases with still-lifes and charming genre scenes alternating with variegated floral compositions present in these engravings constituted, together with designs provided by the architects, a sure source of inspiration also for inlayers working in the service of the Italian noble courts. Inlay artists worthy of mention in this period include Leonardo van der Vinne. Working in Florence and well ahead of his times, he elaborated a type of inlay using floral subjects where the iridescent nuances of tulips and peonies were taken as models for virtuoso inlay work in coloured woods, tortoiseshell and ivory. In the Botteghe Granducali, for that matter, the court ornamentalists had been engaged in the creation of ever-new decorative models to apply mainly in the creation of the celebrated mosaics in *pietra dura* since the times of Ligozzi. This was a type of artistic artisanry that aroused interest among the European sovereigns who wanted to immerse themselves in furnishings and décor made using precious materials. To that end, Louis XIV, following the advice of Colbert, acquired the properties of the Gobelins family in Paris in 1662 with the objective of using the facilities for his tapestry workshops and other court manufactories. Thus, on December 21, 1668, he issued the edict "pour l'établissement d'une Manufacture des Meubles de la Couronne, aux Gobelins". In the new institution, founded along the lines of the Medicean patronage, work was begun immediately to manufacture all the articles such as fabrics, furniture, and works in bronze or silver used to decorate the royal dwellings and conceived in accordance with the grandiose tastes of the sovereign by the court painter and director of the royal manufactory, Charles Le Brun (1619–1690).

At that time, Gian Lorenzo Bernini had already been active in Italy for a number of years. He deserves the distinction of having been the first to formulate, in harmony with the scenographic frescoes of Pietro da Cortona, a new concept for the interior design of the sumptuous Roman residences: the typical Mannerist compositional order was replaced by an illusory expansion of space achieved via the strategically sceno-

di ispirazione anche per gli intarsiatori al servizio delle corti italiane. Tra questi merita citare Leonardo van der Vinne che a Firenze, in netto anticipo sui tempi, elaborò un tipo di tarsia a soggetto floreale dove le iridescenti sfumature dei fiori di tulipano e di peonia erano prese a campione per virtuosistici intarsi in legni colorati, tartaruga e avorio. Nelle Botteghe Granducali, d'altronde, fin dai tempi di Ligozzi gli ornatisti di corte erano stati impegnati nella creazione di sempre nuovi modelli d'ornato da applicare soprattutto nella realizzazione dei celebri commessi di pietre dure. Un tipo di artigianato artistico, questo, che suscitò l'interesse dei sovrani europei desiderosi di circondarsi di arredi realizzati in materiali preziosi: a tal fine, nel 1662, Luigi XIV acquistò, su consiglio di Colbert, le proprietà immobiliari della famiglia Gobelins a Parigi con lo scopo di concentrarvi l'arazzeria e le altre manifatture di corte per le quali emanò, il 21 dicembre 1667, l'editto "pour l'établissement d'une Manufacture des Meubles de la Couronne, aux Gobelins". Nella nuova istituzione, nata sulla scia del mecenatismo mediceo, si iniziarono subito a fabbricare tutti quegli oggetti, come tessuti, mobili, bronzi e argenti, destinati all'arredamento delle dimore reali e concepiti secondo il gusto grandioso voluto dal sovrano, dal pittore di corte e direttore della manifattura reale Charles Le Brun (1619-1690).

A quella data, in Italia, già da diversi anni era attivo Gian Lorenzo Bernini, al quale spetta il merito di aver concepito per primo, in sintonia con gli scenografici affreschi di Pietro da Cortona, un nuovo modo di intendere la decorazione e l'arredamento degli interni delle sontuose dimore romane: all'ordine compositivo tipico del manierismo si sostituiva ora l'illusoria apertura degli spazi ottenuta sia attraverso la scenografica disposizione degli affreschi sulle pareti, sia con il mobilio (fig. 8) che assumeva le forme più disparate e inaspettate proprio grazie alle geniali invenzioni di Bernini. Scrisse infatti Filippo Baldinucci che l'artista "nell'Opere sue, o grandi, o piccole ch'elle si fussero, cercava per quanto era in se, che rilucesse quella bellezza di concetto, di che l'Opera stessa si rendeva capace, e diceva che non minore studio, ed applicazione egli era solito porre nel disegno d'una lampana, di quello, che si ponesse in una Statua, o in una nobilissima fabbrica".

Le idee di Bernini in fatto di arredi furono fatte proprie, nel corso della seconda metà del XVII secolo, da alcuni suoi allievi, tra i quali merita citare Giovanni Paolo Schor, a Roma dal 1640 circa e a lungo attivo al fianco del maestro per poi passare al

10. Giovanni Paolo Schor (?), progetto per un interno, circa 1660. Parigi, Louvre

Giovanni Paolo Schor (?), Design for an interior, ca 1660. Paris, Louvre

11. Filippo Passarini, tavolo da muro con specchiera, incisione tratta da *Nuove Inventioni d'ornamenti...*, Roma 1698

Filippo Passarini, Console table with mirror, engraving from *Nuove Inventioni d'ornamenti...*, Rome, 1698

12. Giovanni Giardini, tavolo da muro, incisione tratta da *Disegni diversi...*, Roma 1714

Giovanni Giardini, Console table, engraving from *Disegni diversi...*, Rome, 1714

graphic placement of wall frescoes and with furnishings that assumed the most varied and unexpected forms (Fig. 8), thanks precisely to Bernini's brilliant inventions. Indeed, Filippo Baldinucci wrote that the artist "in his works, large or small as they might be, sought with all he had in him to make shine forth the beauty of concept contained within each work, and said that he put no less study or effort into the design of a lamp than he would normally put into that of a statue or noble building".

Bernini's ideas on interior decoration were assimilated over the course of the second half of the seventeenth century by some of his pupils, most notably GiovannI Paolo Schor, who came to Rome sometime around 1640 and worked for years alongside the master. He later passed into the service of Lorenzo Onofrio Colonna, designing many embellishments for his palazzo, including the sumptuous bed for the birth of Colonna's firstborn (Fig. 9). Other able designers of ornamentation to be applied to furniture include Ludovico Geminiani, Giovan Battista Leinardi and Ciro Ferri, famous for his carriage designs and greatly admired by the Veneto wood sculptor Andrea Brustolon.

The taste for sumptuous décor that characterised not only the interior decoration of the dwellings of Roman aristocrats (Fig. 10) but also life in the city with festivals and parades, had an early influence on Genovese families such as the Doria, who Carlo Giuseppe Ratti reports as having placed in the corners of the rooms in their palazzo, in keeping with Roman custom, "many figures" in carved wood. The new palazzi in Genoa, spread out on many levels, were well suited for creating the settings for mythological fables in direct continuity with the gardens, and conceived in accordance with scenographic criteria aiming to draw the spectator into a magical illusory game. Here all boundaries between real and imaginary space were definitively obliterated by the unexpected reflections in the great numbers of mirrors placed in the rooms, with the purpose of diffusing the light, entering through ample windows opening onto hanging gardens and loggias, onto the magically frescoed heavens on the ceilings of the salons.

These were years during which the Roman Baroque style was spreading deeply through the various regions of Italy thanks partially to the publication in 1698 of a collection of engravings by Filippo Passarini titled *Nuove inventioni d'ornamenti d'architettura e d'intagli diversi* [New Inventions of Architectural Ornamentation and Various Carving Techniques] comprising thirty-two plates illustrating various types of furnishings (Fig. 11). This was followed in 1714 by Giovanni Giardini's repertory printed under the title *Disegni diversi inventati e delineati da Giovanni Giardini da Forlì* [Various Designs Invented and Drawn by Giovanni Giardini of Forlì] (Fig. 12). In southern Italy, the spread of Berninian stylistic elements came about thanks to the work of architects and ornamentalists such as Giacomo Amato and Antonio Grano, who were active in Palermo toward the end of the seventeenth century (Fig. 13). Meanwhile, in Florence a decisive shift toward the Roman style was felt under the rule of Cosimo III, and more specifically, with the appointment as court architect of Giovan Battista Foggini (Fig. 14). This architect would be responsible for the particular sumptuous lines that would characterise the interiors of the Florentine palaces with a great ostentation of furnishings crafted in precious materials, in line with the sixteenth-century tradition of spectacle that juxtaposed dark backgrounds in ebony or touchstone with the glitter of gold and precious stones. Additionally, during the fifth decade of the century, Florence witnessed the revival of the technique of floral motif wood inlay, crafted in the Botteghe Granducali and applied to furniture and later imitated by Parisian, Venetian and Roman inlay artists.

The monumental sculptural complexes created in Rome inspired, in part, the articulate allegorical structures of the sculptural work of Francesco Pianta and Andrea

13. Giacomo Amato e Antonio Grano,
"Disegno per un piede di Specchio"
per il duca D'Uzeda, 1687-1696.
Palermo, Galleria nazionale della Sicilia

Giacomo Amato and Antonio Grano,
"Design for a mirror support"
for the Duke of Uzeda, 1687–1696.
Palermo, Galleria nazionale della Sicilia

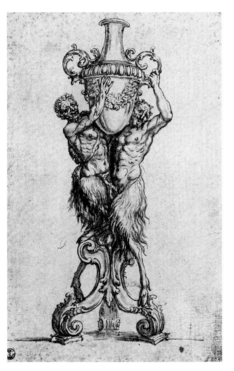

14. Giovan Battista Foggini, disegno
per due satiri reggivaso, fine del XVII -
inizi del XVIII secolo. Firenze, Gabinetto
dei Disegni e Stampe degli Uffizi

Giovan Battista Foggini, Design for vase
stand with two satyrs, late seventeenth
– early eighteenth century. Florence,
Gabinetto dei Disegni e Stampe
degli Uffizi

servizio di Lorenzo Onofrio Colonna, per il cui palazzo progettò non pochi abbellimenti, tra i quali il fastoso letto per la nascita del primogenito (fig. 9). Abili disegnatori di ornati da applicare alla mobilia furono anche Ciro Ferri, famoso per i suoi disegni per carrozze assai apprezzati dall'intagliatore veneto Andrea Brustolon, Ludovico Geminiani e Giovan Battista Leinardi.

Il gusto per i fastosi allestimenti, che coinvolgevano non solo la decorazione degli interni delle aristocratiche dimore capitoline (fig. 10), ma anche la vita cittadina con feste e cortei, influenzò precocemente famiglie genovesi come i Doria che, secondo quanto riporta lo storico Carlo Giuseppe Ratti, avevano disposto agli angoli delle sale del loro palazzo, secondo l'uso romano, "molte figure" in legno intagliato. I nuovi palazzi genovesi, con le loro strutture articolate su più livelli, ben si prestavano a divenire il luogo artificioso dove ambientare, in diretta continuità con il giardino, favole mitologiche ideate secondo criteri scenografici che dovevano coinvolgere lo spettatore in un magico gioco illusorio: qui ogni confine tra spazio reale e mondo fittizio era definitivamente cancellato dalle inaspettate riflettenze degli specchi posti in grande quantità nelle sale, con lo scopo di diffondere la luce, proveniente dalle ampie finestre aperte sui giardini pensili e sulle logge, sui magici cieli affrescati sulle volte dei saloni.

Sono anni, questi, durante i quali lo stile barocco romano si diffonde capillarmente nelle varie regioni italiane grazie anche alla pubblicazione, nel 1698, della raccolta di incisioni di Filippo Passarini intitolata *Nuove inventioni d'ornamenti d'architettura e d'intagli diversi*, un insieme di trentadue tavole aventi per soggetto arredi di diversa destinazione (fig. 11), seguita, nel 1714, dal repertorio di Giovanni Giardini dato alle stampe col titolo *Disegni diversi inventati e delineati da Giovanni Giardini da Forlì* (fig. 12). Nel sud d'Italia, la circolazione degli stilemi berniniani avviene grazie all'opera di architetti e ornatisti quali Giacomo Amato e Antonio Grano, attivi a Palermo verso la fine del Seicento (fig. 13), mentre a Firenze un deciso orientamento verso lo stile romano si avverte con il regno di Cosimo III e, più precisamente, con la nomina ad architetto di corte di Giovan Battista Foggini (fig. 14), responsabile di quella particolare sigla sontuosa che caratterizza gli ambienti delle regge fiorentine connotate da grande sfoggio di arredi eseguiti con materiali pregiati, in linea quindi con la tradizione spettacolare cinquecentesca che abbinava ai bruni fondi di ebano o di pietra di paragone lo sfavillio dell'oro e delle pietre preziose. Non solo, a Firenze negli anni cinquanta del secolo si assiste alla rinascita, all'interno delle Botteghe Granducali, della tecnica dell'intarsio ligneo a motivo floreale che, applicato alla mobilia, fu poi imitato dagli intarsiatori parigini, veneziani e romani.

Dai monumentali complessi scultorei realizzati a Roma dipendono, in parte, le articolate strutture allegoriche presenti negli intagli di Francesco Pianta e di Andrea Brustolon, quest'ultimo autore di elaborati arredi (fig. 15) scolpiti nel noce e nel bosso per gli aristocratici veneziani tra la fine del Seicento e i primi decenni del secolo successivo: in un periodo, quindi, che vedeva attivo Andrea Fantoni (fig. 16), i cui lavori erano richiesti anche al di fuori del Bergamasco e in special modo a Venezia.

L'eco degli elaborati allestimenti creati a Roma dai seguaci del Bernini durante la seconda metà del XVII secolo – unitamente alla conoscenza dei repertori decorativi di matrice francese – influenzò la generazione d'artisti e artigiani attivi negli Stati della penisola durante gran parte della prima metà del Settecento, dando origine a soluzioni ornamentali e strutturali che talvolta preludono all'imminente stile *rocaille*. Quest'ultimo, frutto dell'estro creativo degli ornatisti parigini, si cominciò a diffondere in Italia intorno alla metà del secolo, da principio in Piemonte e a Roma per poi coinvolgere le maestranze di decoratori e mobilieri operose nelle altre città italiane.

15. Andrea Brustolon, studio per tre tavoli da muro, inizi del XVIII secolo. Belluno, Museo Civico

Andrea Brustolon, Study for three console tables, early eighteenth century. Belluno, Museo Civico

Brustolon. The latter was the author of the elaborate furnishings (Fig. 15) sculpted in walnut and boxwood for Venetian aristocrats in the late seventeenth and early eighteenth centuries. He was thus active in the same period as Andrea Fantoni (Fig. 16), whose works were very much in demand even outside of the Bergamo area, and especially in Venice.

The echo of the elaborate décor created in Rome by Bernini's followers during the second half of the seventeenth century, together with knowledge of the decorative repertoires of French origin, influenced the generation of artists and artisans active in the Italian city-states during much of the first half of the eighteenth century, giving origin to ornamental and structural solutions that at time appeared to be preludes to the incipient Rococo style. Fruit of the creative imagination of the Parisian interior designers, the Rococo style began its spread in Italy around mid-century, initially in Piedmont and Rome and then spreading to draw in the decorators and furniture makers working in the other Italian cities.

Following the wave of Parisian fashions, at the end of the 1740s, a modification in tastes in interior decoration occurred in Italy. It brought with it changes in the production of the various furnishing objects, now designed in accordance with a conception whereby the compositional rules of the Baroque gave way to creative liberty. The artist was called upon to satisfy the changeable and at times bizarre demands of the noble patrons, who would soon be joined by the new bourgeois class with its immense wealth and ready to emulate with renewed pomp the models of life suggested by the aristocracy. The same thing happened regarding the distribution of interior spaces: with respect to the previous century, dwellings were enriched with new rooms in an increasing and broad variety of shapes and uses to better suit the various and sundry worldly occupations of their inhabitants.

The international scope of the Rococo style was fundamentally bolstered by the broad circulation of collections of engravings of décor. Starting with the publication in 1734 of Juste-Aurèle Meissonier's (1695–1750) Oeuvre, the entire century witnessed a flourishing of publications that provided incentives for the manufacturing capabilities of the individual countries, both stimulating the production of ever-new furnishing objects based on designs conceived by artists and by publishing printed images. In addition to the engravings created in France and England, the Rococo grotesquery conceived by the fervid imaginations of German ornamentalists enjoyed wide fame among European artisans and decorators. The intricate cartouches and the fringed volutes marking Meissonnier's work were re-elaborated in infinite variants by Jeremias Wachsmuth (1712 –1779), Gottlieb Leberecht Crusius (1730–1804) and Johann Joseph Anton Hueber (1737–1815)—just to mention a few of the many German designers active around mid-century—while the scenographic creations for interiors and the various types of furniture produced by Franz Xavier Habermann (1721–1796) spread beyond the confines of Bavaria, where they won, for example, the favour of the Milanese furniture makers, who were among the first to adapt to the new fashion.

Lombardy's shift from Spanish to Austrian domination marked a decisive change in taste with the abandonment of the Baroque, which had characterised the period of Spanish rule, in favour of the new dictates of the Rococo style. Families such as the Clerici, Litta, or Cusani, protagonists of the artistic and worldly life in the cities, engaged such famous artists as Giovan Battista Tiepolo, who worked in Milan off and on from 1730 to 1740, Giuseppe Antonio Castelli "Il Castellino", an early proponent of ornamentation with fringed and undulating forms during the first two decades of the century, or the brothers Carlo Innocenzo and Diego Carloni who, starting in 1737,

16. Andrea Fantoni, studio per cornice, circa 1715. Rovetta, Fondazione Fantoni

Andrea Fantoni, Study for a frame, ca 1715. Rovetta, Fondazione Fantoni

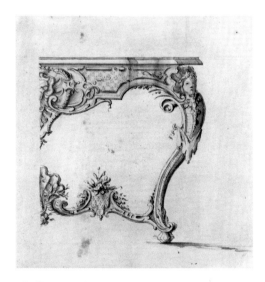

17. Giovan Battista Natali, progetto per un tavolo da muro, quinto decennio del XVIII secolo. New York, The Metropolitan Museum of Art

Giovan Battista Natali, Design for a console table, 1750s. New York, The Metropolitan Museum of Art

Sull'onda delle mode parigine in Italia, con la fine degli anni quaranta del Settecento, si assiste a un cambiamento del gusto per la decorazione degli interni e quindi anche per la fabbricazione dei vari oggetti destinati all'arredamento, ora concepiti secondo un disegno dove le regole compositive barocche cedevano il passo alla libertà creativa dell'artista, chiamato a soddisfare le mutevoli e spesso bizzarre richieste della committenza di corte, cui presto si sarebbe aggiunta quella del nuovo ceto borghese detentore di immense ricchezze e pronto a emulare con rinnovato sfarzo i modelli di vita proposti dall'aristocrazia. Avviene così anche per la distribuzione degli ambienti: rispetto al secolo precedente, le abitazioni si arricchiscono di nuove sale dalle forme sempre più variate e destinate alle diverse occupazioni mondane dei loro abitatori.

All'internazionalità dello stile rococò contribuì in modo fondamentale la grande circolazione delle raccolte di incisioni d'ornato: a partire dall'*Œuvre* di Juste-Aurèle Meissonnier (1695-1750), pubblicata nel 1734, durante tutto il secolo fu un fiorire di iniziative editoriali destinate a incentivare le manifatture dei singoli stati sia stimolando la produzione di sempre nuovi oggetti d'arredamento attraverso i disegni ideati dagli artisti, sia pubblicizzandoli attraverso le immagini a stampa. Oltre alle incisioni realizzate in Francia e in Inghilterra, anche le bizzarrie *rocaille* concepite dalla fervida fantasia dagli ornatisti tedeschi godettero di larga fama presso gli artigiani e i decoratori europei. Gli intricati cartocci e le sfrangiate volute alla base dei lavori di Meissonnier furono rielaborate in infinite varianti da Jeremias Wachsmuth (1712-1779), da Gottlieb Leberecht Crusius (1730-1804) e da Johann Joseph Anton Hueber (1737-1815), per citare solo alcuni fra i molti disegnatori tedeschi attivi intorno alla metà del secolo, mentre le scenografiche creazioni per interni e mobili di vario genere di Franz Xaver Habermann (1721-1796) si diffusero anche al di fuori dei confini della Baviera incontrando, ad esempio, il favore dei mobilieri milanesi, tra i primi ad adattarsi alla nuova moda.

Il passaggio della Lombardia dal dominio spagnolo a quello austriaco significò un deciso cambio del gusto con l'abbandono delle mode barocche, che avevano scandito i tempi della dominazione spagnola, per aderire ai nuovi dettami dello stile rococò: famiglie come i Clerici, i Litta, o i Cusani, protagoniste della vita artistica e mondana della città, impegnarono artisti di fama come Giovan Battista Tiepolo, presente a Milano, a più riprese, dal 1730 al 1740, Giuseppe Antonio Castelli, detto il Castellino, precoce autore, entro i primi due decenni del secolo, di ornati dalle forme frastagliate e mosse, o i fratelli Carlo Innocenzo e Diego Carloni che, dal 1737, diffusero presso la facoltosa committenza lombarda gli spettacolari ornati *rocaille* adottati dagli architetti e decoratori tedeschi. L'attività poi, dei fratelli Galliari, dal 1749 impegnati nelle decorazioni delle ville della locale nobiltà, aveva fatto della Lombardia un centro di scambi tra gli ambienti artistici bolognesi e romani con quelli delle altre corti europee.

Di ciò si dovette accorgere ben presto l'ornatista pontremolese Giovan Battista Natali (1698-1765) che, dopo aver lavorato a Piacenza, Genova e Lucca si trasferì, nel 1749, a Napoli dove introdusse presso la corte di Carlo III i nuovi stilemi *rocaille* evidenti in alcuni suoi disegni (fig. 17), negli ornati progettati per il Gabinetto di Porcellana della reggia di Portici e nella struttura della mobilia poi intagliata da Gennaro Di Fiore. Tale gusto fu proseguito da Luigi Vanvitelli, chiamato l'anno seguente dal sovrano a dirigere i cantieri di corte. A Roma, nel campo dell'architettura e della decorazione d'interni spettò infatti a Luigi Vanvitelli il compito di raccogliere l'eredità artistica di Filippo Juvarra, incentrando le sue opere giovanili su una studiata disposizione dei partiti decorativi dove gli scenografici allestimenti di matrice berniniana ce-

18. Luigi Vanvitelli, progetto
per un tavolo da muro, quinto decennio
del XVIII secolo. Caserta, Palazzo Reale

Luigi Vanvitelli, Design for a console
table, 1750s. Caserta, Palazzo Reale

19. Anonimo, "*Progetto per una sedia
da eseguirsi in pietre dure*", 1746.
Firenze, Archivio di Stato

Anonymous, "*Design
for a chair in pietra dura*", 1746.
Florence, Archivio di Stato

disseminated among the wealthy Lombard patrons their spectacular Rococo ornamentations adopted from German architects and decorators. Later, the work of the Galliari brothers, who were involved in the decoration of the villas of the local nobility starting in 1749, made Lombardy a centre of exchange between the artistic circles in Bologna and Rome and those in other European noble courts.

Giovan Battista Natali (1698–1765), an ornamentalist from Pontremoli, must have recognised this early on. After having worked in Piacenza, Genoa and Lucca, he moved to Naples in 1749, where he introduced the new Rococo stylistic elements into the court of Carlo III. These are evident in some of his designs (Fig. 17), in the decorations designed for the Gabinetto di Porcellana in the Portici palace and in the structure of the furniture which was crafted by Gennaro Di Fiore. This style was continued by Luigi Vanvitelli, who was summoned the following year by the sovereign to supervise the interior design projects for the noble court. In Rome, in the field of interior design, Luigi Vanvitelli was the heir of Filippo Juvarra's artistic legacy, focussing his youthful works on a studied arrangement of decorative elements, where the scenographic decorations of Berninian inspiration gave way to the illusionistic expansion of space achieved through the use of stuccoes now seen, like furniture, no longer as a simple theatrical backdrop, but as an integral part of the frescoed decorations. Surviving designs by the architect include one for a console table (Fig. 18), which well documents this innovative orientation that was soon adopted by wood sculptors, such as Giovan Antonio Muggetti and Giuseppe Corsini, in the creation of their furnishings.

The shift to the new style came late to Tuscany, after 1765, when the Grand Duke Pietro Leopoldo arrived in Florence. The absence of a noble court after the extinction of the Medici dynasty had brought a halt to decorative work in the ducal dwellings, and only the Gallery of *Pietra Dura* Works, promoted by Francis Stephen of Lorraine, still produced works that could rival the interior decoration work going on in other city-states. Hence, in 1746, the new director, Luigi Siries, wrote to Vienna that the manufactory was capable of producing for the emperor not only entire rooms decorated with *pietra dura* mosaics, but also furnishings based on designs that he provided (Fig. 19). These years thus witnessed some of the finest works of this particular technique: the panels with the series of the *Four Elements*, created in 1750, the *Liberal Arts*, created in 1753–1755, and the tabletop with the *Triumph of Europa among the Four Seasons*.

In Genoa, with the progressive abandonment of the fashion of grand celebrative cycles that had captured the interest of the aristocratic patrons in the Baroque era, at around mid-century there was a shift toward the creation of settings decorated in French taste: fringed cartouche motifs and flowers were used not only to adorn the walls and ceilings of the rooms, but also the furniture, as we see in the surviving exemplars in the Genoese palazzi and in designs for a room prepared in 1770 by the ornamentalist Gregorio Petondi (Fig. 20). But it was in Piedmont that the sumptuous mark of the Louis XV style would become the decorative language peculiar to the Savoy family for much of the eighteenth century. The author and director of the prodigious decorative works in the Turin palace was Benedetto Alfieri, appointed head architect of the court in 1738. Alfieri's work for the Piedmont rulers would serve the political purposes of Carlo Emanuele III, who was oriented favourably toward the French monarchy. In the interiors designed by the architect, the outmoding of the Baroque style, which under Juvarra's direction had characterised the previous reign of Vittorio Amedeo II, came about in a discerning continuity and not in a sudden and jarring change of route. In fact, from Juvarra, Alfieri borrowed the practice of enriching the interiors with in-

20. Gregorio Petondi, progetto
per la parete di una sala, 1770.
Ubicazione sconosciuta

Gregorio Petondi, Design for an interior
wall, 1770. Location unknown

21. Nicola Di Fiore, progetto
per la parete della Stanza di Compagnia
della Reggia di Caserta, 1775.
New York, Cooper-Hewitt Museum

Nicola Di Fiore, Design for the wall
in the Stanza di Compagnia
of the Reggia di Caserta, 1775.
New York, Cooper-Hewitt Museum

devano il posto alle illusionistiche dilatazioni degli spazi ottenuti grazie all'uso degli stucchi, intesi, al pari del mobilio, non più come mera quinta teatrale ma come parte integrante della decorazione ad affresco. Tra i disegni dell'architetto se ne conserva uno per un tavolo parietale (fig. 18) che ben documenta questo innovativo orientamento presto adottato da intagliatori, quali Giovan Antonio Muggetti o Giuseppe Corsini, per l'esecuzione dei loro arredi.

In Toscana, l'adeguamento al nuovo stile avvenne tardi, dopo il 1765, quando giunse a Firenze il granduca Pietro Leopoldo: l'assenza di una corte, dopo l'estinzione della dinastia medicea, aveva infatti determinato uno stallo dei cantieri decorativi delle residenze granducali e solo all'interno della Galleria dei Lavori in pietre dure, promossa da Francesco Stefano di Lorena, si realizzavano opere in grado di rivaleggiare con quanto si veniva facendo negli altri Stati nel campo dell'arredamento. A questo scopo, nel 1746 il nuovo direttore, Luigi Siries, scriveva a Vienna che nella manifattura si era in grado di approntare per l'imperatore non solo intere stanze rivestite con commessi di pietre dure, ma anche degli arredi di cui forniva i progetti (fig. 19). Nascevano così in questi anni alcune delle migliori creazioni in questa particolare tecnica: i pannelli con la serie dei *Quattro elementi*, eseguita nel 1750, quelli raffiguranti le *Arti liberali*, realizzati dal 1753 al 1755, e il piano con il *Trionfo d'Europa tra le quattro Stagioni*.

A Genova, con il progressivo abbandono della voga dei grandi cicli celebrativi che avevano destato l'interesse della committenza aristocratica in epoca barocca, intorno alla metà del secolo si assiste alla creazione di ambienti decorati secondo un gusto filofrancese: sfrangiati motivi a *cartouches* e fiori furono infatti disposti a ornare non solo le pareti e le volte delle sale ma anche gli arredi, come si può notare negli esemplari superstiti dei palazzi genovesi e in un progetto per sala eseguito nel 1770 dall'ornatista Gregorio Petondi (fig. 20). Ma è in Piemonte che la sigla sontuosa tipica dello stile Luigi XV si configurerà come linguaggio decorativo peculiare dei Savoia per buona parte del XVIII secolo. Autore e regista dei prodigiosi allestimenti delle sale delle regge torinesi fu Benedetto Alfieri, nominato nel 1738 primo architetto di corte. L'attività di Alfieri per i sovrani piemontesi si dimostrò funzionale al preciso indirizzo politico di Carlo Emanuele III, orientato verso la monarchia francese. Negli interni progettati dall'architetto il superamento dello stile barocco che, con Juvarra, aveva caratterizzato il precedente regno di Vittorio Amedeo II, avveniva nella continuità intelligente e non in un brusco e disomogeneo cambiamento di rotta. Dallo Juvarra, infatti, Alfieri riprende l'uso di arricchire gli interni con inserti di materie preziose spesso realizzati dalle abili mani di Pietro Piffetti, alla cui scuola si formò gran parte dei minusieri torinesi.

Se l'aristocrazia genovese e quella piemontese erano le più interessate ai canoni compositivi della *rocaille* parigina, quella veneziana risulta più propensa ad adottare, grazie anche all'attività dell'architetto Giorgio Massari, i coevi modelli inglesi portati a conoscenza degli artigiani veneziani dai residenti stranieri, tra i quali il più rinomato fu il console Joseph Smith. Per quasi tutta la seconda metà del Settecento furono infatti realizzati arredi dalle forme bizzarre e volutamente esasperate dalle continue contorsioni degli intagli, resi ancor più vibranti dalle dorature eseguite sui fondi laccati in più colori.

Proprio mentre l'egemonia del gusto rococò si stava diffondendo in tutta Europa, in Francia – grazie agli scritti di alcuni teorici e critici d'arte quali l'Abbé Le Blanc (1706-1781) e Jacques-François Blondel (1705-1774) – e poi in Italia, come si può vedere in alcuni progetti per interni (fig. 21), si veniva maturando una corrente più classicista che, pur acconsentendo a un tipo di ornamentazione in linea col gusto *rocaille*, rac-

22. Giovan Battista Piranesi, disegno per due cassettoni, ante 1769. Gahlin Collection

Giovan Battista Piranesi, Design for two chests of drawers, ante 1769. Gahlin Collection

23. Luigi Valadier, disegno per cornice, 1775. Collezione privata

Luigi Valadier, Design for a frame, 1775. Private collection

serts in precious materials often crafted by the able hands of Pietro Piffetti, in whose school many of the Turinese carpenters got their training.

While the Genoese and Piedmontese aristocracies were predominantly taken by the compositional canons of the Parisian Rococo, those in Venice leaned more toward the adoption, thanks partially to the work of the architect Giorgio Massari, of the coeval English models introduced to the Venetian artisan community by the city's foreign residents, the most renowned of whom was the British Consul Joseph Smith. For almost the entire second half of the eighteenth century, furnishings with bizarre forms that were deliberately exaggerated in the ceaseless sculpted contortions were created, their vibrancy enhanced by the gilt work on multicoloured lacquered backgrounds.

Precisely as the Rococo style was extending its hegemonic domain across Europe, in France—thanks to the writings of certain theoreticians and art critics such as Jean-Bernard, abbé Le Blanc (1706–1781) and Jacques-François Blondel (1705–1774)—and later in Italy, as seen in certain interior design projects (Fig. 21), a more classicist current was developing. While allowing a type of ornamentation in line with the Rococo taste, it called for a more symmetrical arrangement of the elements and greater simplicity in the distribution of the various decorative motifs.

The debate on the new formal canons based on the recovery of ancient models and the shift toward the spirit of brevity and functionality found in France at the dawn of the Neoclassical era touched on, first and foremost, architecture and the decorative arts, which now abandoned the sumptuous variations demanded by Baroque ceremony to take up company, in elegant discretion, with the indications of style emanated by the culture of the Enlightenment.

A generation of architects trained in Paris following the examples of Ange-Jacques Gabriel and Jacques-Germain Soufflot during the sixth decade of the century. They were interested in developing the new construction and decoration theories championed by the older masters and to give them concrete form using the most captivating formal proposals deriving from Rome. The Roman art scene was dominated by Giovan Battista Piranesi (1720–1778) and Jean-Laurent Legeay (ca 1710 – post 1786), whose designs and engravings brought classical antiquity back to life in fantastic and scenographic ways (Fig. 22).

Almost in competition with one another, foreign artists sojourning in Rome worked assiduously to give their own, original interpretations of the "majestic remains" of ancient art visible in the city, while they pressed to be included among the international ranks of intellectuals who gravitated around the academies and salons of the Illuminist wing of the Roman aristocracy. Their champions gathered in the Academy of Arcadia, which was then the unrivalled place for encounter and cultural interchange to favour and interpret the most recent directions taken in literature and the arts.

The Roman Neoclassical style, exemplified in the decorative arts through the work of able artisans such as Giuseppe Valadier (Fig. 23) and Francesco Righetti, soon spread to other capitals on the Italian peninsula. Naples was one of the first, where the excavations of Herculaneum and Pompeii provided new and varied models for local artisans to follow in developing their own decorations. Parma soon followed suit, having become a favoured cultural crossroads for the theoreticians of Neoclassicism and the new generations of artists coming southward from northern Europe on their *Grand Tour*. The city was a point of passage for ornamentalists such as Agostino Gerli (1744–1817) and Giocondo Albertolli (1742–1839) and for all the young apprentices who wanted to learn the new theories in architecture and interior design promoted by the court architect Ennemond-Alexandre Petitot (former pupil of Soufflot in Paris,

comandava una sua più simmetrica disposizione e una maggiore semplicità nella distribuzione dei vari motivi decorativi.

Il dibattito sui nuovi canoni formali basati sul recupero dei modelli antichi e sull'adeguamento allo spirito di sintesi e funzionalità presente in Francia alla vigilia del neoclassicismo investe dunque, in primo luogo, l'architettura e le arti decorative, che depongono ora le sontuose variazioni richieste dai cerimoniali barocchi per accompagnare con elegante discrezione le indicazioni di stile provenienti dalla cultura dei Lumi.

Sugli esempi di Ange-Jacques Gabriel e di Jacque-Germain Soufflot, durante gli anni sessanta del secolo si formò a Parigi una generazione di architetti interessata a sviluppare le nuove teorie costruttive e decorative propugnate dai più anziani maestri, fondendole con le più accattivanti proposte formali provenienti dall'ambiente romano, dove la scena artistica era dominata da Giovan Battista Piranesi (1720-1778) e da Jean-Laurent Legeay (circa 1710 - dopo il 1786), che nei loro disegni e nelle incisioni facevano rivivere in modo fantastico e scenografico l'antichità classica (fig. 22).

Quasi in gara gli uni con gli altri, gli artisti stranieri che soggiornavano a Roma si impegnarono assiduamente a dare una propria e originale interpretazione dei "maestosi avanzi" dell'arte antica visibili nella città e, allo stesso tempo, fecero pressione per entrare a far parte di quella schiera internazionale di intellettuali che gravitava intorno alle accademie e ai salotti tenuti dall'ala illuminista dell'aristocrazia capitolina i cui esponenti si radunavano nel circolo dell'Arcadia, allora indiscusso tramite d'incontri e scambi culturali intesi a favorire e interpretare i più recenti indirizzi delle lettere e delle arti.

Lo stile neoclassico romano – esemplificato, nel campo delle arti decorative, dalle opere di abili artigiani quali Giuseppe Valadier (fig. 23) e Francesco Righetti – si irradiò ben presto nelle altre capitali degli Stati della penisola: a cominciare da Napoli, dove gli scavi di Ercolano e Pompei fornirono alle locali maestranze di decoratori sempre nuovi e variati modelli cui attingere per i loro manufatti; per proseguire con Parma, divenuta privilegiato punto d'incontro degli interessi culturali dei teorici del neoclassici-

24. Ennemond-Alexandre Petitot, progetto per la decorazione di una delle pareti del Salone del Palazzo Ducale di Colorno, circa 1755. Parma, Fondazione Museo Glauco Lombardi

Ennemond-Alexandre Petitot, Design for the decoration of one of the walls in the Salon of the Palazzo Ducale of Colorno, ca 1755. Parma, Fondazione Museo Glauco Lombardi

25. Giocondo Albertolli, *Tavola V raffigurante uno sgabello e un sofà per la villa di Monza*, tratta dal volume *Alcune decorazioni di nobili sale...*", Milano 1787

Giocondo Albertolli, *Illustration V showing a stool and a sofa for the Villa of Monza*, from the volume *Alcune decorazioni di nobili sale...*, Milan, 1787

26. Leonardo Marini, progetto per un tavolo parietale, 1780-1790. Torino, Biblioteca Reale

Leonardo Marini, Design for a console table, 1780–1790. Turin, Biblioteca Reale

retiring to Rome in 1750), author of much of the remodelling work in noble residences (Fig. 24).

But it was mainly in Milan, initially in the projects sites of the new Habsburg court and subsequently in the halls of the Accademia di Brera, that the new orientations in decorative tastes would find their major development thanks principally to the work of Giuseppe Piermarini, followed by Gerli and Albertolli (Fig. 25). These last two were the first to succeed in translating the indications on methodology proposed by Giuseppe Parini—then in heated opposition to the more futile aspects of Rococo—into sober realisations. The task of converting the precepts elaborated by the theoreticians of the Enlightenment regarding practicality and decorum into the functional outlines of furniture then fell to Giuseppe Maggiolini (1738–1814) and his son Francesco.

All these artists and artisans—to whom we must add the ornamentalist Leonardo Marini (active from 1760 to 1806), one of whose designs is illustrated here (Fig. 26), and the wood sculptor Giuseppe Bonzanigo (1745–1820), both working for the Piedmont court—were engaged in different ways by their sovereigns to develop and elaborate new and varied "manners of ornamentation" hewing to classicist aesthetic canons. This was the general scene through to the end of the eighteenth century, when the governments of the *ancien régime* were swept away by Napoleon's invading troops and the advent of the Empire.

Reflecting an administrative model similar to that of the Carolingian Dynasty, the establishment of the Kingdom of Italy in 1805 added much territory to the Napoleonic Empire: the Kingdom of Naples (in the hands of Joachim Murat); Rome and its territories, reduced to the status of French vassal states after the arrest of Pius VII in 1809; the former Kingdom of Etruria with the principalities of Lucca and Piombino annexed to the *Département* of the Arno governed by Elisa Baciocchi; and Piedmont together with Liguria and the former duchies of Modena and Parma, united under the administration of Camillo Borghese, who succeeded Luigi Buonaparte as governor of the new State having its capital in Turin.

The new political makeup of the States on the Italian peninsula brought with it, starting in 1808, significant remodelling work in the Italian noble dwellings, now inhabited by members of Napoleon's family. In some cases, such as in Florence and Rome, apartments were also created for the imperial couple during their sojourns in Italy, with a complete complement of new furnishings (Fig. 27). The government in Paris undertook to provide the necessary funds for the new decoration and furnishing work. Given the bureaucratic difficulties inherent to a centralised administration such as that of the Napoleonic Empire, this work was delayed and so protracted that when Napoleon finally fell from power much was still left to be done. While in the early years of the nineteenth century the ornamentalists and interior decorators enlisted by the new governments to decorate the royal apartments and the spaces used for public festivals followed a late Neoclassical style imbued with cultured citations of the Classical age, in 1808 the Empire style began to make inroads, with furniture initially being imported directly from Paris and later crafted by local workshops.

In Florence, Naples and Milan, the patronage of Napoleon's family superimposed itself upon the artistic quest of the previous courts, but without actually aborting it. Instead, the new overlords became the standard-bearers, as emphasised by Sandra Pinto, of a "more eye-catching and spectacular decorative taste and of sensible and appropriate scholastic reforms". This policy, which affected all fields of art, from architecture, painting and sculpture all the way to the decorative arts, would use exhibitions as the most appropriate instrument for the dissemination of the new taste and

27. Anonimo, progetto per il letto di Napoleone, 1810-1814. Firenze, Archivio di Stato

Anonymous, Design for Napoleon's bed, 1810–1814. Florence, Archivio di Stato

28. Leopoldo Pollack, progetto per un cassettone, inizi del XIX secolo. Milano, Civica Raccolta delle Stampe Achille Bertarelli

Leopoldo Pollack, Design for a chest of drawers, early nineteenth century. Milan, Civica Raccolta delle Stampe Achille Bertarelli

smo e delle nuove generazioni d'artisti che dal nord Europa intraprendevano il *Grand Tour*. Dalla città transitarono ornatisti come Agostino Gerli (1744-1817) e Giocondo Albertolli (1742-1839), e tutti quei giovani allievi che volevano conoscere le nuove teorie in fatto di architettura e di decorazione d'interni portate avanti dall'architetto di corte Ennemond-Alexandre Petitot (già allievo di Soufflot a Parigi e pensionato a Roma nel 1750), autore del rinnovamento delle residenze di corte (fig. 24).

Ma è soprattutto a Milano, prima nei cantieri delle nuova corte asburgica e poi nelle aule dell'Accademia di Brera, che meglio si svilupperanno i nuovi orientamenti del gusto nel campo della decorazione e dell'arredo, grazie principalmente all'attività di Giuseppe Piermarini, seguito da Gerli e da Albertolli (fig. 25), che per primi seppero tradurre in sobri allestimenti le indicazioni di metodo propugnate da Giuseppe Parini, allora in accesa polemica con gli aspetti più futili del rococò. Spettò poi a Giuseppe Maggiolini (1738-1814) e al figlio Francesco il compito di tradurre nelle funzionali sagome dei mobili i precetti elaborati dai teorici dell'illuminismo in fatto di praticità e decoro.

Tutti i citati artisti e artigiani, cui si devono aggiungere l'ornatista Leonardo Marini (attivo dal 1760 al 1806) – del quale si illustra un disegno (fig. 26) – e l'intagliatore Giuseppe Bonzanigo (1745-1820), entrambi attivi per la corte piemontese, furono dunque in diverso modo impegnati dai loro sovrani a elaborare nuove e variate "maniere d'ornare" secondo i rinati canoni estetici di matrice classicista fino allo scadere del Settecento, allorché i governi dell'*ancien régime* furono travolti dall'invasione delle truppe napoleoniche e dall'avvento dell'Impero.

Con la creazione del Regno Italico, comprendente la Lombardia, il Veneto e le ex Legazioni pontificie, nel 1805 entrarono a far parte dell'Impero napoleonico, secondo un modello amministrativo che ricalcava quello carolingio, il Regno di Napoli (affidato a Gioacchino Murat); Roma e alcuni dei suoi territori ridotti al rango di Stati vassalli di Francia, dopo l'arresto nel 1809 di Pio VII; l'ex Regno d'Etruria con i principati di Lucca e Piombino, ricongiunti al Dipartimento dell'Arno governato da Elisa Baciocchi; il Piemonte insieme alla Liguria e agli ex ducati di Modena e Parma, riuniti sotto l'amministrazione di Camillo Borghese, subentrato a Luigi Buonaparte nel governo del nuovo Stato con sede a Torino.

A partire dal 1808, con il nuovo assetto politico degli Stati della penisola, si intrapresero consistenti lavori di ammodernamento delle regge italiane ora abitate dai napoleonidi. In alcuni casi, come a Firenze e a Roma, si provvide anche alla creazione di appartamenti destinati ad accogliere la coppia imperiale durante gli eventuali soggiorni in Italia con la realizzazione di nuova mobilia (fig. 27). A tale scopo, il governo di Parigi si impegnò a fornire i finanziamenti necessari ai lavori di decorazione e ammobiliamento che, date le difficoltà burocratiche insite in un'amministrazione centralizzata come era quella dell'Impero, si protrassero a lungo, tanto che al momento della caduta di Napoleone non erano stati ancora terminati. Se per i primi anni dell'Ottocento gli ornatisti e i decoratori d'interni, assunti dai nuovi governi per allestire gli apparati destinati alle pubbliche feste e gli appartamenti delle regge, adottarono un tardo stile neoclassico venato da colte citazioni classiche, è solo a partire dal 1808 che fanno la loro comparsa arredi Impero, inizialmente importati direttamente da Parigi e poi eseguiti dalle locali botteghe di artigiani.

A Firenze, a Napoli e a Milano il mecenatismo promosso dai napoleonidi si innestò sulle forme di promozione artistica intraprese dalle precedenti corti senza per questo capovolgerle, ma facendosi portatore – come sottolinea Sandra Pinto – di un "gusto decorativo più vistoso e spettacolare e di riforme scolastiche sensate e adeguate agli

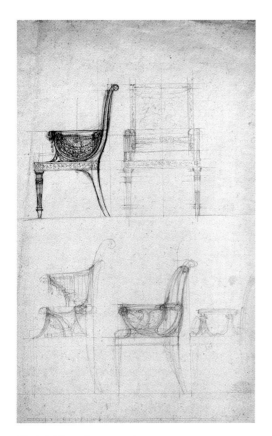

29. Luigi Canonica, progetti
per poltrone, 1807-1815. Lugano,
Biblioteca Cantonale

Luigi Canonica, Armchair designs,
1807–1815. Lugano, Biblioteca
Cantonale

the establishment of fruitful and virtuous competition among the arts and sciences. Common events during the Napoleonic period, the art and manufacturing exhibitions generally held in spaces provided by the fine arts academies contributed to an economic revitalisation and relaunch of the image of the Italian States, which were struggling to raise their heads again after the tumultuous events of the revolutionary period.

Regarding the design of furniture for the courts, we find the following architects at work in their respective locales: Antonio De Simone in Naples, Giuseppe Cacialli in Florence, Antonio Asprucci in Rome, Leopoldo Pollack (Fig. 28) and Luigi Canonica (Fig. 29) in Milan, and Giuseppe Antolini in Venice. Venice was also field of operations for Giuseppe Borsato, whose ornamental work would soon move away from the elements of the Neoclassical style in favour of a francophilic embracement of the suggestions coming from Percier and Fontaine. This resulted in sumptuous settings well suited to the interiors of the new Palazzo Reale, where previously the imperial couple's furnishings had been shipped from Milan, including the throne, which is illustrated in a number of designs from the era (Fig. 30).

In Bologna, on the other hand, Antonio Basoli's (1774–1848) works enriched the traditional scenographic arrangement of decorations in enframements, a technique established in Europe by the Bolognese quadraturists in the previous centuries. His inspirations were taken from the grotesque decorations of the sixteenth century and he succeeded in achieving results of great variety and effect. Greatly admired in Veneto and in the area around Trieste, Basoli proved to be an adherent of late eighteenth-century Neoclassicism in the field of interior decoration. However, in the field of furniture design he created items of notable originality. This is seen in a number of designs (Fig. 31) elaborated in 1804 for "furniture to adorn the room of a Prime Magistrate" that are closer to the daring inventions of Piranesi than to an academic Neo-mannerist style, and that would stand as precursors for the singular creations characterising the work of Pelagio Palagi for the Savoy court during Restoration.

What tended to prevail in the Italian States was an evolving style that provided a completely original connotation of the tastes of the court and also a showcase for the products of artisans trained in the academies and schools of arts and trades who always sought to rise above the fashions entering from abroad, without, however, totally refusing them. The incipient currents of Gothic and Renaissance revival were grafted upon the rootstock of the Empire style, stripped of any reference to the recent Napoleonic domination and seen a direct offshoot of late eighteenth-century Neoclassicism. Each kingdom on the peninsula thus became a generative force for new ornamental solutions that were capable of competing with their counterparts in France, England and Germany.

The Italian architects, furniture makers and interior decorators working in the service of the noble courts from the sixteenth to the beginning of the nineteenth centuries merit the distinction of having developed, within a solid architectonic tradition of Classical derivation, various and diverse "manners" of decorating and furnishing that were often adopted as models by European rulers. In this selection of a large number of furnishings created by the finest woodworkers and furniture makers who were active in the period from the early sixteenth century to the fall of the Napoleonic Empire, we have sought to highlight the creative genius in the artistic work coming out of the Italian workshops. Fruit of the union between the fervid and fertile minds of the artists and the great handcraft tradition of the artisans, this brilliance still imbues the objects created by the modern designers who are included in the exhibition in order to provide further emphasis of the importance of the unity between the conceivers and the crafters that has been the lifeblood of centuries of magnificent design.

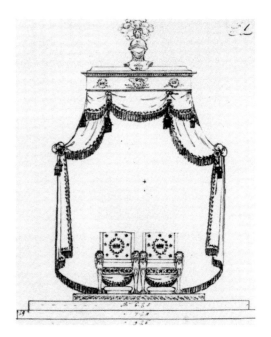

30. Anonimo, disegno per il trono
di Napoleone, 1811. Venezia, Archivio
di Stato

Anonymous, Design for Napoleon's
throne, 1811. Venice, Archivio di Stato

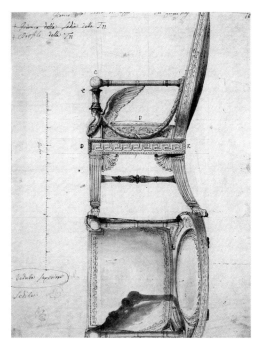

31. Antonio Basoli, disegno per la sedia
di un Primo Magistrato, 1804.
Bologna, Accademia di Belle Arti

Antonio Basoli, Design for the chair
of a Prime Magistrate, 1804.
Bologna, Accademia di Belle Arti

scopi". Tale promozione, che investiva tutti i settori dell'arte, dall'architettura, pittura e scultura fino alle arti decorative, troverà nelle esposizioni lo strumento più adatto per la diffusione del nuovo gusto e per stabilire una fruttuosa competizione tra le arti e le scienze. Eventi tipici del periodo napoleonico, le mostre di arti e manifatture, tenute per lo più nei locali messi a disposizione dalle accademie di belle arti, contribuirono al risveglio economico e al rilancio dell'immagine degli Stati italiani, che allora uscivano faticosamente dalle tumultuose vicissitudini legate al periodo rivoluzionario.

Per quanto riguardò la progettazione del mobilio destinato alle corti, troviamo all'opera gli architetti Antonio De Simone a Napoli, Giuseppe Cacialli a Firenze, Antonio Asprucci a Roma, Leopoldo Pollack (fig. 28) e Luigi Canonica (fig. 29) a Milano, Giuseppe Antolini a Venezia. In quest'ultima città è attivo anche Giuseppe Borsato, la cui attività di ornatista lascerà ben presto da parte gli stilemi neoclassici per aderire agli esempi francesi di Percier e Fontaine secondo una linea di gusto sfarzosa appropriata agli ambienti del nuovo Palazzo Reale per il quale, da Milano, si facevano arrivare gli arredi compreso il trono per la coppia imperiale, illustrato in alcuni disegni dell'epoca (fig. 30).

A Bologna, invece, Antonio Basoli (1774-1848) arricchì nelle sue opere il tradizionale impianto scenografico delle decorazioni a finte quadrature, che avevano reso celebri in Europa i quadraturisti bolognesi dei secoli precedenti, con citazioni tratte dalle decorazioni a grottesca del Cinquecento, giungendo così a esiti di grande effetto e varietà. Se riguardo le decorazioni d'interni, assai apprezzate nell'area veneta e triestina, Basoli si dimostrava tutto sommato un seguace del neoclassicismo di fine Settecento, nell'ambito della progettazione d'arredi giunse invece a soluzioni formali di notevole originalità. Ne sono la dimostrazione alcuni disegni (fig. 31), elaborati nel 1804 per i "mobili destinati ad ornare la camera di un Primo Magistrato", più vicini alle spericolate invenzioni piranesiane che non ai modi del neomanierismo d'accademia e precursori delle singolari realizzazioni che caratterizzeranno, durante la Restaurazione, l'attività di Pelagio Palagi per la corte sabauda.

Negli Stati italiani prevalsero infatti l'elaborazione di uno stile teso a connotare in modo del tutto originale il gusto della corte e contemporaneamente la produzione artigianale che, attraverso l'attività didattica promossa dalle accademie e dalle scuole d'arti e mestieri, cercò sempre di imporsi sulle mode provenienti dall'estero, senza per questo rifiutarle totalmente. Sullo stile Impero, spogliato di ogni riferimento al recente dominio napoleonico e inteso come diretta emanazione del neoclassicismo di fine Settecento, si innestarono le incipienti correnti dei *revivals* gotico e rinascimentale che spesso generarono, in ciascun regno della penisola, nuove soluzioni ornamentali in grado di competere con quanto si andava facendo in Francia, Inghilterra e Germania.

Ai decoratori d'interni e agli architetti italiani attivi per le corti dal Cinquecento fino agli inizi dell'Ottocento va dunque il merito di aver elaborato, entro una salda struttura architettonica di ascendenza classica, varie e diverse "maniere" di ornare e arredare, che furono spesso prese come modello dai sovrani europei. Attraverso la selezione di un cospicuo numero di mobili eseguiti dai migliori intagliatori ed ebanisti operosi dal XVI secolo fino all'Impero napoleonico, si è dunque cercato di mettere in evidenza la genialità dell'operare artistico delle botteghe italiane, frutto dell'unione tra la fervida mente dell'artista e la grande tradizione artigianale, tuttora presente negli oggetti creati dai moderni designer inseriti nel percorso espositivo per sottolineare, una volta ancora, l'importanza di un'unione, quella appunto tra gli ideatori e gli esecutori di un'opera, che ha attraversato i secoli con successo.

1. A View from Afar

At an identification parade the barrier that separates the witnesses from the suspects is a one-way mirror or a darkened pane of glass. This screen, which makes it possible to see and make an assessment without being seen, places the body to be examined at a distance, creating a space for reappraisal and allowing time for a judgement, a margin for doubt.

In this exhibition at Palazzo Reale a simple piece of gauze has been chosen as a screen to create a little bit of critical distance between the past and the present. For once it is the past-past of Italian classic furniture that has been laid bare on its chronological axis in order to reconstruct a continuity, while the almost-present of design has been placed at a distance, caged, pushed a little away from us and rendered problematic or mysterious by the way it is illuminated and obscured by light of progressive intensity inside cones constructed like laboratory cells. As if to say: you, design of the almost-present so present everywhere, so massively present in images, so promotionally present in slogans that you sometimes seem boring, for once you're just going to play second lead or be a mere

1. Tavolo piemontese, XVI secolo.
Saluzzo, Museo Civico

Piedmontese table, sixteenth century.
Saluzzo, Museo Civico

1. *Uno sguardo da lontano*

el confronto all'americana il vetro che separa i testimoni dal riconoscimento dei presunti imputati è un falso specchio o un vetro oscurato. Questo diaframma, che consente di vedere e valutare senza essere visti, distanzia il corpo da esaminare, crea una zona di ripensamento, il tempo di un giudizio, il margine di un dubbio.

In questa mostra a Palazzo Reale è stato scelto come diaframma una semplice garza scenica perché tra il passato e la contemporaneità si stabilisse quel tanto di distanza critica. Per una volta è stato il passato-passato del mobile classico italiano a essere messo a nudo sul suo asse cronologico a ricostruire una continuità, mentre il quasi-presente del design è stato invece da Mario Bellini, ideatore di questa messa in scena, distanziato, ingabbiato, un poco allontanato da noi e reso problematico o misterioso dal suo accendersi e spengersi in una luce a intensità progressiva dentro coni costruiti come celle da laboratorio. Come dire: tu design del quasi-presente così presente dappertutto, così massicciamente presente in immagini, così pubblicitariamente presente

2. Alessandro Guerriero, scrivania
da centro stanza. Produzione Alchymia,
1983

Alessandro Guerriero, desk for use
at the centre of the room. Produced
by Alchimia, 1983

3. Antonia Astori, sistema *Oikos*, abaco combinatorio delle varie configurazioni. Produzione Driade, 1973

Antonia Astori, *Oikos* system, an arrangement of possible configurations. Produced by Driade, 1973

extra in order to comment on a scene that is only partially yours, a scene that comes from faraway. Have you really gone beyond that scene? Have you stayed on this side? So your task is this: to comment each time in a sharp (but not chronological) way on your own roots and your own lineage or the progressive rejection of those same roots that you have managed to carry out over the space of little more than fifty years.

What lies in the middle of this comparison of such distant extremes? Certainly in the interval between the sixteenth century and the post-war era of design the exhibition has wanted to exclude in the first instance the scientific concept of evolution. If it had wished to focus on the evolutionary aspect of design it would have had to do so in relation to a whole other technical and cultural universe, like the one that developed out of the industrial culture of the nineteenth century. It would have been easier to speak of "evolution" with respect to that conceptually "homogeneous" world, while the scale of the epistemological rupture that occurred between the manual mode of production in the sixteenth century and the industrial era is such as to stimulate other types of comparison.

So here we go much further back in order to find a sort of radicalism of typologies, to plumb the invariants in domestic patterns of behaviour, to seek constants of morphology and scale, to trace repetitive motifs, even if they are sometimes solely decorative. In doing so the universe of furnishings of all time is revealed to be one of the slowest and most stable of elements, little inclined to change, as well as the most complex in the history of the material culture of a civilization.

In this comparison everyone will be able to establish the distance or proximity between the two poles that he or she finds most convincing, and side with one or the other. A subject, therefore, that shifts the sense of this double track much more in the direction of an anthropological perspective than that of a taxonomic reconstruction of the history of art. So a very long temporal gap has been set between the two terms of comparison (leaving out the whole of the nineteenth century) in order not to utilize chronology as a reassuring axis that plays down differences, when differences and inherited elements ought instead to mark breaks and links.

According to this not very "evolutionistic" hypothesis, then, there will come a time, in two hundred or in five hundred years, when to the eyes of an anthropologist (or rather a techno-anthropologist) this comparison between an object of the sixteenth century and one of the twentieth century will seem highly plausible and methodologically possible.

Today, from the viewpoint of the length of time examined, the comparison seems uneven: three hundred and fifty years on the one hand, sixty years on the other. And yet such is the scale of transformation of the processes that we are witnessing just after crossing the threshold of the twenty-first century that even today the sixty years of modern design can be weighed against the three hundred and fifty of classic furniture, demonstrating that time has a structure which is more logical than chronological (anthropologists with a long perspective do not believe in this convention). The intensification of the progress in technology during the twentieth century, the constant shifting of technical goalposts and the geometric progression with which innovative materials have been adopted and then abandoned, has been so compressed in time that it is broadly equivalent to the four centuries of the classic period. From an anthropological perspective it could be said that it took about four thousand years to put five people on comfortable seats on which they can stay for more than an hour (three on a sofa, two on armchairs), and then in just fifty years this scene has been revolutionized, generating thousands of extremely different solutions, passing from a height of 45 cm for the seats of the fifties to the ground level of the seventies and the 35 cm with no upright posture of the extended and peninsular padded furniture of the eighties.

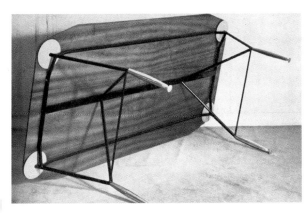

4. Carlo de Carli, tavolo con piani
a più strati in compensato di mogano
e struttura in ferro verniciato nero, 1951

Carlo de Carli, table with top and
shelves in mahogany ply and supporting
iron structure finished with black paint,
1951

5. Carlo de Carli, tavolo con piano
in compensato di betulla tagliati
inclinati lungo il perimetro, gambe
a crociera in legno di olmo,
a sezione romboidale, 1952

Carlo de Carli, table with top made
of sheets of birch ply cut at an angle
along the edge; legs and crosspiece
in elm wood; the section of the leg is
rhomboidal, 1952

in slogan da risultare talvolta stucchevole, per una volta sarai solo attore comprimario o semplice comparsa a commentare una scena solo parzialmente tua, una scena che viene da lontano. Sei andato effettivamente oltre quella scena? Sei rimasto al di qua? Il tuo compito, quindi: commentare di volta in volta in modo puntuale (ma non cronologico) le tue proprie radici e la tua propria genealogia o il progressivo rifiuto che sei riuscito a costruire in poco più di cinquant'anni di quelle stesse radici.

Che cosa sta in mezzo a questo confronto dagli estremi così lontani? Certamente nell'intervallo tra il XVI secolo e l'era del design del dopoguerra la mostra ha voluto escludere in prima battuta il concetto scientifico di evoluzione. Se avesse voluto puntare sull'aspetto evolutivo il design avrebbe dovuto farlo rapportandosi a tutt'altro universo tecnico-culturale quale quello che è venuto sviluppandosi a partire dalla cultura industriale del XIX secolo. Rispetto a quel mondo concettualmente "omogeneo" si sarebbe potuto parlare più facilmente di "evoluzione", mentre la portata della rottura epistemologica che si è creata tra il modo di produrre manuale di un XVI secolo e l'età industriale è tale da stimolare altri tipi di raffronto.

Qui si va allora più addietro a cercare una sorta di radicalità delle tipologie, a scandagliare nelle invarianti dei comportamenti domestici, nelle costanti morfologiche e scalari, a rintracciare dei motivi ripetitivi talvolta anche solo decorativi che riconoscano l'universo dell'arredo di tutti i tempi come uno degli elementi più lenti, stabili, poco propensi al cambiamento e complessi della storia della cultura materiale di una civiltà.

In questo confronto ognuno potrà costruirsi la distanza o la prossimità che crede tra i due poli e parteggiare per l'uno o l'altro degli schieramenti. Materia, quindi, che sposta il senso di questo doppio binario molto più sul versante del gioco antropologico che non della ricostruzione tassonomica della storia dell'arte. Si è così stabilito un vuoto temporale molto lungo tra i due termini del confronto (con tutto l'Ottocento assente), per non utilizzare la cronologia come asse rassicurante che ricompatta tutte le differenze quando differenze ed elementi ereditari dovrebbero invece segnare fratture e legami.

Secondo questa ipotesi poco "evoluzionista" verrà allora un tempo fra duecento o cinquecento anni in cui all'occhio di un antropologo (o meglio di un tecno-antropologo) questo confronto tra un oggetto del XVI secolo e uno del XX secolo sembrerà molto verosimile e metodologicamente possibile.

Oggi il confronto dal punto di vista del tempo in esame è apparentemente impari: trecentocinquanta anni da una parte, sessanta anni dall'altra. Eppure è tale l'azione di trasformazione dei processi a cui stiamo assistendo appena varcato l'angolo del XXI secolo che già oggi i sessanta anni del design moderno valgono i trecentocinquanta del mobile classico, a dimostrazione di come il tempo abbia una struttura più logica che non cronologica (a questa convenzione non credono gli antropologi dallo sguardo lungo). L'azione di intensificazione degli atti tecnici compiuti e susseguitisi nel XX secolo, la sostituzione dei traguardi tecnici, la progressione geometrica con cui si adottano e si abbandonano dei materiali innovativi è stata talmente compressa nel tempo da valere largamente i trecentocinquanta anni del confronto tra il XX secolo e i quattro secoli del classico. Con occhio antropologico si potrà dire che ci sono voluti circa quattromila anni per mettere a sedere cinque persone su sedute confortevoli su cui possano sostare per più di un'ora (tre su un divano due su singole poltrone) e poi in soli cinquant'anni questa scena è stata setacciata a tutte le sue quote possibili generando migliaia di soluzioni tra loro diversissime, passando dai 45 centimetri di altezza delle sedute degli anni cinquanta, al livello zero degli anni settanta, ai 35 centimetri senza postura degli imbottiti estesi e peninsulari degli anni ottanta.

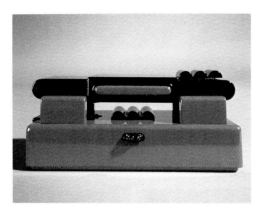

6. Ettore Sottsass, telefono *Enorme*,
struttura in polimero.
Produzione Brondi, 1986

Ettore Sottsass, *Enorme* telephone,
polymer structure.
Produced by Brondi, 1986

The anthropologist of the future will wonder what could have prompted one group (the Italians), following a great war and a defeat (the Second World War), to embark on such an unusual form of acceleration of its own technical universe in an artistic direction. And how this could have happened in a period of poverty and scarcity of means, almost disregarding the demand for basic durable goods (in contrast to the German example) in favour of a pre-eminence of design that today looks broadly unjustified by the conditions of the time and yet resulted in one of the most interesting and risky chapters of technical and industrial experimentation of the twentieth century. And how all this could have been so deeply rooted as a characteristic of what is universally recognized as "Italian".

Could it have been a way of gaining a foothold in the market and sidestepping the competition with economies that were better equipped to look for new territories not covered by others? Could it have been in the ethnic sense a way of consolidating the group characteristics that had gradually been diminishing in the endless changes of field or shifts in political alignment brought about by the war itself? Was it an attempt to take refuge in design as one of the few primary structures of the collective unconscious (made up of so many localisms) in a country incapable of identifying with the national values of a modern state?

2. A Magnificence for the Twentieth Century

What forms does this concept of high representativeness take in the modern object?

How can the world of serial reproduction, expanded reproduction and reproduction through models guarantee magnificence? Does not the broadening of the object's user base, its numerical democratization, come into structural conflict with the very principle of magnificence?

One of the main factors that characterize the modernity of design is the fact that the object is no longer ordered or commissioned by anybody (as for the work of art from the French Revolution onwards). The object is sent off into the world so that it can make its own way, not under the remote control of any precise request and not guided by anything except its own force. But what appears fairly ruthless for the world of art, where the abandonment of the artist to himself has only been partially mitigated by the figure of the gallery owner, has been resolved brilliantly by Italian design.

Italian post-war society did not abandon the designers, who found an interesting form of mediation in the figure of the entrepreneur.

Dino Gavina, Bruno Danese, Aurelio Zanotta and Piero Busnelli did not belong to an age in which princes or patrons embraced the cause of design, but were businessmen with the courage to take high risks that they willingly shared with designers in a market that still had to be almost entirely invented (this may be the only thing they had in common with princes, the fact of immediately taking account of values that were being lost). However, these champions of the "off-market" always thought that they would be able to make a profit out of these experimental experiences by changing the world a little (some of them) or at least the world of the object (others).

In any case the post-war period saw high craftsmanship continue to play a role in Italian design, although to a varying degree, while the myth of mass production grew and was fed in a more variegated scene where the concept of magnificence split into more than one position. On the one hand it was not possible to make a clean sweep of the concept of the artist's recognizability and the characterization of the piece of furniture to the point where it touches on the extraordinary or the exceptional, while on the other this principle was the first to be abandoned by a series of designers as a hangover

7.Tavolo piemontese, 1630. Torino,
Museo Civico

Piedmontese table, 1630. Turin,
Museo Civico

L'antropologo del futuro si chiederà che cosa possa aver spinto un gruppo (gli italiani) in seguito a una grande guerra e a una sconfitta (la seconda mondiale) a una insolita forma di accelerazione del proprio universo tecnico in senso artistico. E come, in un periodo di povertà e di penuria di mezzi, questo possa essere avvenuto quasi disattendendo la richiesta di beni durevoli di base a più largo consumo (vedi l'esempio tedesco), a favore di un primato del progetto (e del disegno) che oggi appare largamente ingiustificato dalle condizioni del tempo e come uno dei più interessanti e rischiosi capitoli di sperimentazione tecnica e industriale del Novecento. E come tutto questo si sia così profondamente radicato come caratteristica di ciò che si riconosce universalmente come "italiano".

Sarà forse stato un modo per rientrare nel mercato, per schivare il confronto con economie meglio attrezzate alla ricerca di nuovi territori non coperti da altri? Sarà stato in senso etnico una via per rinsaldare delle caratteristiche del gruppo venute via via assottigliandosi negli infiniti cambi di campo o salti di schieramento politici inscenati dallo stesso conflitto bellico? Sarà stato il rifugio nel disegno come in una delle poche strutture primarie dell'inconscio di gruppo (pur fatto di tanti campanili) in un paese incapace di riconoscersi nei valori nazionali di uno stato moderno?

2. Una magnificenza per il XX secolo

Come si declina questo concetto di alta rappresentatività nell'oggetto moderno?

Il mondo della riproduzione seriale, della riproduzione allargata e della riproduzione mediante modelli, come può garantire magnificenza? L'allargamento della base di utenza dell'oggetto, la sua numerica democratizzazione non entrano in conflitto strutturale con il principio stesso della magnificenza?

Uno dei fattori principali che segnano la modernità del design è costituito proprio dal fatto che l'oggetto non è più comandato o incaricato da chicchessia (come per l'opera d'arte dalla Rivoluzione francese in avanti). L'oggetto viene espulso nel mondo perché vada avanti da solo, non telecomandato da alcuna precisa richiesta né guidato se non dalla sua stessa forza. Ma ciò che risulta piuttosto spietato per il mondo dell'arte, dove l'abbandono dell'artista a sé stesso è solo parzialmente lenito dalla figura del gallerista, il design italiano lo risolve brillantemente.

La società italiana del dopoguerra non abbandona i progettisti, che trovano un'interessante forma di mediazione nella figura degli imprenditori.

Dino Gavina, Bruno Danese, Aurelio Zanotta o Piero Busnelli non erano, all'epoca in cui hanno sposato la causa del design, dei principi o dei mecenati, ma degli imprenditori con il coraggio di prendersi degli alti rischi che avrebbero volentieri condiviso con dei progettisti in un mercato quasi tutto da inventarsi (questo può essere l'unico fattore in comune con dei principi, il fatto di mettere in conto fin da subito dei valori in perdita) Per il resto questi campioni del "fuori mercato" hanno sempre pensato che da queste esperienze sperimentali avrebbero potuto trarre tutto il profitto possibile cambiando in buona parte il mondo (alcuni), o almeno un po' il mondo dell'oggetto (altri).

Il dopoguerra vede sussistere comunque nel design italiano, sia pure con pesi diversi, l'alto artigianato, mentre cresce e si alimenta il mito della grande serie in una scena più variegata dove il concetto di magnificenza si sdoppia in più posizioni. Da una parte non si può fare definitivamente piazza pulita del concetto di riconoscibilità dell'artista e di caratterizzazione dell'opera di arredo fino a toccare il fuori norma o l'eccezionale, dall'altra questo principio è il primo a essere abbandonato da una serie di progettisti come residuo di una logica premoderna, di quel "su misura" o di quel

8.Ignazio Gardella, tavolo da lavoro in noce
con piano in cristallo, 1950

Ignazio Gardella, work table in walnut
with glass top, 1950

from a pre-modern logic, from those restrictive "made to measure" or "ad hoc" approaches that the modern rejected on principle. Thus on one hand Italian design worked on a surplus value that still lay in the signature and in an explicit recognizability of a high level of craftsmanship (what would a prince be willing to pay for if not this exceptionality?), and on the other Italian design itself would bring another and wholly new characteristic of modern magnificence into play: a magnificence of the impersonal.

Thus there is one axis that runs from the decorative arts in a constant relationship with history and with a highly personalized artistic character like that of the Viennese Secession, and it is the one constituted by the succession Nizzoli-Ponti-Sottsass-Mendini; and then there is the axis that runs from industrial abstract-rational culture in the form of the analytic sequence Castiglioni-Mari and the technical-expressive one of Zanuso-Bellini-Meda. So while the axis of designers who worked on the elaboration of the icon once again generated an aura around the signature, the culture endogenous to industry produced objects that were expressive but of an anonymous beauty. To believe in the idea that the designer should be able to arrive at the highest expressive and functional level independently of the fact of knowing that client means betting on a certain widespread neutrality of the users. Given certain characteristics, there will always be a user in some part of the peninsula who identifies with certain morphological, technical and typological properties of an object, feeling that object to be intimately his and himself to belong to a group. This magnificence is the magnificence of the modern as it was epitomized by an artist very close to material and to design like Luciano Fabro: "There has been a long search for simplicity and this is to some extent the history of Western art: starting out from complex arrangements and then gradually, with maturity, making them simpler, more synthetic, more essential, more abridged. So that the work should not be seen [...] owing to the cult of naturalness which prohibits it from being seen out of decency".[1] Not seeing the artist's work but sensing the concept that lies behind the organization of the work: this is the magnificence and luxury of the modern.

3. The Merry-go-round of Typologies

In the beginning there was the container of the architecture, out of which all the furnishings seemed to grow (just as happened with art, which owed everything to that container). Creating supports, shelves, receptacles, niches and significant differences in the thickness of the walls, the architecture went along with the body as far as it was possible for it to do so, and with the means at its disposal formed something very close to furniture, although in a totally immobile state. Until furniture began to gradually acquire its autonomy (from the Bronze Age onwards), its morphology was in the hands of architecture.

At the outset flat surfaces, especially horizontal ones and tables, and then supports and surfaces like beds and later benches, while above them all the seat and the throne appeared on and off as a wholly exceptional element: a block of stone or wood in which a hollow had been carved. The raising of the seat above the ground was not in the first instance a functional solution, but a deeply symbolic act of formalization. Before meeting anthropometric needs, adopting a seated position was a way of underlining the right of some to view things from a higher level, of establishing a political or religious distance by means of a spatially conditioning object. Firmly anchored to the theme of the representation of power, the chair (a collectivized extension of the throne) can be placed right at the end of the historical sequence of typologies, asserting itself in domestic space as an already modern conquest.

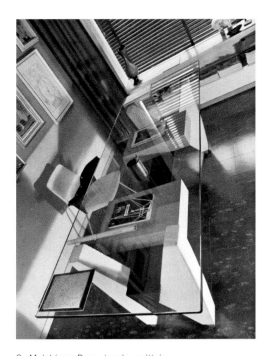

9. Melchiorre Bega, tavolo-scrittoio
con sostegni a traversa in legno ricoperti
di Flexan e piano in cristallo, 1950

Melchiorre Bega, table-desk: supports
and crosspiece in wood covered with Flexan,
glass top, 1950

"ad hoc" limitativi che il moderno rifiuta per principio. Da una parte quindi il design italiano lavora su un surplus di progetto che sta ancora nella firma e in una riconoscibilità esplicita di un superlavoro artigiano (e cosa sarebbe disposto a pagare un principe se non questa eccezionalità?), dall'altra lo stesso design italiano metterà in gioco un'altra e del tutto nuova caratteristica di magnificenza moderna: una Magnificenza dell'impersonale.

C'è quindi un asse che viene dalle arti decorative in un costante rapporto con la storia e con un grado di artisticità altamente personalizzato quale quello della Secessione viennese, ed è quello costituito dalla catena Nizzoli-Ponti-Sottsass-Mendini; e c'è l'asse che viene dalla cultura astratto-razionale industriale nella forma dell'asse analitico Castiglioni-Mari, così come in quella tecnico-espressivo degli Zanuso-Bellini-Meda. Così, mentre l'asse dei progettisti che lavorano sull'elaborazione dell'icona genera ancora una volta aura attorno alla firma, la cultura endogena a quella industriale produce oggetti espressivi ma di un'anonima bellezza. Nell'idea che il progettista debba poter arrivare al livello espressivo-funzionale più alto indipendentemente dal fatto di conoscere quel cliente si scommette su un certo neutro diffuso dell'utenza. Date certe caratteristiche ci sarà sempre in qualche angolo della nostra penisola un utente che si riconoscerà in certe proprietà morfologiche, tecniche e tipologiche di un certo oggetto facendo sentire quell'oggetto come intimamente suo e lui come appartenente a un gruppo. Questa magnificenza è la magnificenza del moderno così come la sintetizza un artista molto vicino alla materia e al progetto quale era Luciano Fabro: "C'è una lunga ricerca verso la semplicità e questa è un po' la storia dell'arte occidentale: partire da sistemazioni complesse e poi man mano, con la maturità renderle più semplici, più sintetiche, più essenziali, più ridotte. Che il lavoro non si veda... per il culto della naturalezza che proibisce di vederlo per pudore"[1]. Non vedere il lavoro dell'artista ma intuirne il concetto che sta dietro all'organizzazione dell'opera: è la magnificenza e il lusso del moderno.

3. La giostra delle tipologie

In principio c'è il contenitore dell'architettura da dove sembra partire tutto l'arredo (come del resto avviene con l'arte, che deve tutto a quel contenitore). Creando appoggi, scansi, ricettacoli, nicchie, scarti negli spessori rilevanti delle murature l'architettura asseconda il corpo per quanto è nelle sue possibilità, e con i mezzi a disposizione configura qualcosa di molto vicino al mobile anche se in una condizione del tutto immobile. Finché il mobile acquisisce una sua progressiva autonomia (dall'età del Bronzo) la morfologia del mobile è nelle mani dell'Architettura.

All'inizio piani, soprattutto piani orizzontali e tavoli e poi appoggi e piani come giacigli e poi panche, mentre al di sopra di tutto compaiono a intermittenza come elementi del tutto eccezionali lo scanno e il trono, una massa di materia lapidea o un grande massello di legno dove è stato scavato un pozzetto. Lo stacco da terra della seduta non è in prima istanza una soluzione funzionale, ma un atto di formalizzazione profondamente simbolico. Prima di risolvere una posizione antropometrica lo stare seduti è un modo di ribadire la visione da parte di alcuni da una quota altimetrica superiore, di costruire una distanza politico-religiosa attraverso un oggetto spazialmente condizionante. Saldamente ancorata al tema della rappresentatività del potere la sedia (estensione collettivizzata del trono) si collocherà piuttosto in fondo alla catena storica delle tipologie, affermandosi nello spazio domestico come una conquista già moderna.

Così le sedute appaiono come la cartina di tornasole più significativa di una avvenuta democratizzazione del mobile, a conferma di come la loro comparsa di mas-

10. Pozzetto gotico della Valle d'Aosta, 1450-1450.

Italian Gothic tub seat from the Val d'Aosta, 1450–1500.

11. Eugenio Gerli, poltroncina a pozzetto *P 28*, struttura in legno, seduta e schienale imbottiti e rivestiti in pelle. Produzione Tecno, 1963

Eugenio Gerli, *P28* tub armchair. Wooden structure, seat and back padded and upholstered in leather. Produced by Tecno, 1963

Thus seats appear to be the most significant litmus test of a democratization of furniture, in confirmation of the fact that its appearance on a mass scale as mature objects did not occur until the mercantile and secular age of the seventeenth century.

This is why the typological adventures of classic Italian furniture between the sixteenth century and the beginning of the nineteenth and the designer furniture of the postwar period cannot be regarded as perfectly homogeneous.

On the one hand there are undeniable points of contact and evolutionary trajectories that can be interpreted as a continuum, but on the other we find gaps and breaks due not so much to the typology of the object or its actual function (which remained substantially unchanged and stable, sometimes even from a very early date) as to the system of decoration and morphological transformation that brought it up to date and continually altered its significance. A tub seat made in the Val d'Aosta in 1450 already had the same dimensional relations as a low tub armchair like the *P28* designed by Eugenio Gerli for Tecno in 1963, even though their meanings are diametrically opposed. By lowering its level of use the Val d'Aostan seat indicated an opening up to a new sense of community, but it was essentially a one-way process. The significance of Gerli's *P28*, designed with the same height of seat but with its diameter widened and the sides hollowed out until they have been reduced to the frame (i.e. by removing material from a shape that is almost identical to the Val d'Aostan archetype), changes because it allows the sitter to establish a relationship with the surrounding space that can span at least 180° and to converse with more than one person at a time.

The law formulated by Leroi-Gourhan that there is always an underlying technical problem which is solved fairly quickly by various civilizations is true, and it is equally true that this relatively rapid phase of technical and functional advance is accompanied by a very slow process of continual transformation and elaboration of a series of distinctive traits that lasts for centuries. This phase of "resistance" corresponds to the cultural system of decoration and customization of the furniture, which is always in search of a specificity as a primary form of defence of the autochthonous cultural values of one civilization with respect to another. It is a form of demarcation of the territory that persists to this day (for a while, at least).

For every typology that is consolidated, another moves forwards. From the typological viewpoint, then, the ancient history of furniture is a story of tables and supports, while the history of the second half of the twentieth century is a story of seats, of zones to be illuminated, of different postures at different times of day (culminating in the chaise longue, the ultimate conquest of a flexible horizontality with a variable configuration for brief periods of use). The comparative eye of the techno-anthropologist cannot fail to recognize that the theme of a decoration "stuck on" to these technical and typological advances is an archaic trait that needs to be surmounted: "Absolute aesthetic value is directly proportional to the adequacy of form to function. Tracing the development of many technical objects over time, we observe their gradual integration in increasingly balanced forms."[2]

This attribution to the typology of a sort of control over the operations on the object in the delicate passage from the ancient to the modern is not shared by all designers.

In the contrasts and couplings of the exhibition, there are two designers who more than any other constantly represent in their work a continual toing and froing between contemporaneity and historic typologies, tackling them from two diametrically opposite poles. The first is Ettore Sottsass, for whom research into furniture could not be carried out without a continual reference to the typology of the archaic monolith, investigating the substance of the role played by the monolith or the totem in the home, whatever the age. In this updating of the totem there is a total rejection of a Eurocentric vision, a re-

Relax psichico

12. Joe Colombo, poltrona *Elda*, schizzo di studio, pennarello su carta, 1962

Joe Colombo, *Elda* armchair, study sketch, felt-tip pen on paper, 1962

sa in quanto oggetto maturo sia esplosa solo nell'epoca mercantile e laica del XVII secolo.

Ecco allora che le avventure tipologiche a confronto tra il mobile classico italiano compreso tra il XVI secolo e l'inizio del XIX e il mobile di design del dopoguerra non possono essere tra loro perfettamente omogenee.

Da una parte ci sono punti di contatto e curve evolutive innegabili e interpretabili come *continuum*, dall'altra si leggono stacchi ed elementi di frattura dovuti non tanto alla tipologia dell'oggetto o alla sua funzione espletata (che rimangono sostanzialmente invariate e stabili a volte anche fin da molto presto) quanto al sistema della decorazione e della trasformazione morfologica che ne attualizzano e ne spostano continuamente il significato. Una seduta a pozzetto valdostana del 1450 ripropone già tipologicamente gli stessi rapporti dimensionali di una poltrona a pozzetto bassa come la *P28* del 1963 progettata da Eugenio Gerli per la Tecno anche se il loro significato è diametralmente diverso. La seduta valdostana, abbassando il suo livello d'uso, indica un'apertura verso una nuova coralità ma è sostanzialmente monodirezionale. La *P28* di Gerli, progettata alla stessa quota di seduta allargando il diametro del sedile e svuotandone i fianchi fino a ridurli al telaio (togliendo cioè materia da una sagoma pressoché identica rispetto all'archetipo valdostano), sposta il proprio significato perché è previsto che il suo rapporto con lo spazio circostante possa avvenire almeno a 180 gradi e con più di un interlocutore.

È vera la legge che enuncia Leroi-Gourhan secondo la quale c'è sempre alla base un problema tecnico che viene risolto dalle varie civiltà in modo abbastanza rapido ed è altrettanto vero che a questa fase relativamente rapida dell'acquisizione tecnico-funzionale corrisponde poi una continua trasformazione ed elaborazione molto lenta di una serie di tratti distintivi che si protrae per secoli. Questa fase di "resistenza" corrisponde al sistema culturale della decorazione e della personalizzazione dell'arredo, che è sempre alla ricerca di uno specifico come forma precipua di difesa dei valori culturali autoctoni di una civiltà rispetto a un'altra. È una forma di demarcazione del territorio che tutt'oggi persiste (ancora per un po', almeno).

Per tipologie che si consolidano, altre tipologie slittano in avanti. Da un punto di vista tipologico, quindi, la storia dell'arredo antico è una storia di tavoli e di appoggi, la storia della seconda metà del XX secolo è una storia di sedute, di zone da illuminare, di posture di riposo diverse nelle varie ore della giornata (fino ad arrivare alla chaise longue, massima conquista di una orizzontalità flessibile a configurazione variabile per brevi periodi di utilizzazione). L'occhio comparativo del tecno-antropologo non può non riconoscere come il tema di una decorazione "incollata" e sovrapposta a queste conquiste tecno-tipologiche sia un tratto arcaico da superare: "Il valore estetico assoluto è direttamente proporzionale all'adeguamento della forma alla funzione. Seguendo infatti attraverso il tempo la evoluzione di numerosi oggetti tecnici, si può assistere alla loro integrazione progressiva in forme sempre più equilibrate"[2].

Questa attribuzione alla tipologia di una sorta di comando delle operazioni sull'oggetto nel delicato passaggio dall'antico al moderno non è prerogativa di tutti i progettisti.

Nelle contrapposizioni e negli abbinamenti della mostra due progettisti più di ogni altro rappresentano costantemente nella loro opera un percorso di continua andata e ritorno tra la contemporaneità e le tipologie storiche, affrontandolo da due poli diametralmente opposti. Il primo è Ettore Sottsass, per il quale la ricerca sull'arredo non può prescindere da un continuo rimando alla tipologia del monolite arcaico interrogandosi sulla consistenza che al di là di ogni epoca il monolite o il totem rive-

13. Ettore Sottsass, tavolino portariviste
con piano in colore verde mandorla
e liste in faggio naturale, 1949

Ettore Sottsass, magazine-rack table
with almond green top and slats
in natural beech. Wall-mounted desk
in natural beech, 1949

14-18. Sgabello basso, Africa Centrale;
sgabello pieghevole a tre gambe
per la caccia alla foca, Groenlandia;
sgabello con struttura in legno
e seduta in cuoio, Africa Centrale;
mobile contenitore a ripiani
per pranzo-cucina, Asia Centrale;
armadio aperto in legno, Estremo
Oriente (tratto da André Leroi-Gourhan,
Milieu et Technique, Albin Michel, Paris
1992)

Low stool, Central Africa; three-legged
folding stool for seal hunting,
Greenland; stool with wooden structure
and leather seat, Central Africa; storage
unit with shelves for kitchen, Central
Asia; wooden open closet, Far East
(from André Leroi-Gourhan, *Milieu et
Technique*, Paris: Albin Michel, 1992)

jection of rationalism as legacy and supreme product of the Europe-centred culture of the twentieth century. It was the sculptural, totemic force of the mass of material, structured into vaguely anthropomorphic forms (at least from the viewpoint of scale rather than from a figurative one) that interested Sottsass more than the whole of the design of the Modern Movement. He looked at all the household typologies, going on to translate into furniture the concretions he had observed on his travels around the world since the beginning of the fifties, whether permanent or temporary or in the form of spontaneous assemblages dictated by the basic and minimal functional necessities of urban survival, turning them into wooden volumes with which to hold a dialogue within our metropolitan habitat.

It was an approach that came from faraway and that over the years was applied to machines as well, when he was called on to design teleprinters or other kinds of hardware for Olivetti. If there is an approach to design that is remote from the idea of furniture as prosthesis and direct extension of our body, it is the one represented by Sottsass's understanding of typologies: the furniture is there, we perceive its presence as mystery, its function is not enough to make us hold a dialogue with it.

It is not possible to do without its massive presence as it has in some way to command respect: it is always the human being who adapts to the furniture, in homage to its underlying association with the sacred, an association that is more intellectual than physical.

"There is always a desire to construct for oneself and possess somewhere a patch of space different from the others, an exceptional patch that one usually defends: it seems that cats, monkeys and worms do the same thing. Then there is the fact that we naturally tend to see those areas as sacred, to charge them with meanings and values that we almost consider out of our reach," he would say in 1971.[3]

The second designer is Achille Castiglioni (or rather the Castiglioni brothers), for whom every typology, quite apart from the substance that it may have had in a particular historical period, was always the bearer of a residual (structural) functionality that went beyond its utilitarian value at any one time and that could be revisited through the analytical mechanism of disassembly, reassembly and the assignment of a new function, even if only a semantic one.

Here it is the furniture that adapts to the human being, but this functionalism plays with typologies, rightly keeping them at a distance from the idea of efficient machinery that can do everything. The disjointed manner in which the Castiglioni brothers investigated typologies and sub-typologies was itself a sign of attention to and curiosity about modern functions that are dispersed in a thousand different rivulets, demonstrating how in this work of distillation of design the culture of the object can perhaps aspire to being timeless if it is seen from the perspective of its cultural relativism.

4. An Archaeological Stroll

Playing with typologies at a distance is just one way of seeing the object (and the modern one in particular) from a different angle.

Have we still come to the exhibition to see the object itself? Have we come to recognize it again?

Rather than seeing isolated pieces or masterpieces as "monads", the Italian object of the twentieth century seems to have been designed on purpose to establish relationships and a landscape of relationship.

These relationships can be arbitrary, so long as they are relationships. They can be our own, autobiographical relationships or those suggested by the organization of the exhibition: it doesn't matter.

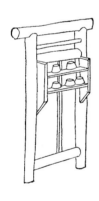

stono nella casa. In questa attualizzazione del totem c'è tutto il rifiuto possibile di una visione eurocentrica, un rifiuto del razionalismo come eredità e prodotto sovrano della cultura euro-centrata del Novecento. È la forza scultorea, totemica, di massa materica, strutturata in forme vagamente antropormorfiche (se non altro da un punto di vista scalare, più che figurativo) che interessa Sottsass prima ancora di tutto il design del Movimento Moderno. Egli visita tutte le tipologic della casa andando a tradurre in mobili ciò che ha annotato in giro per il mondo fin dall'inizio degli anni cinquanta. Sul suo taccuino le concrezioni murarie, le strutture precarie, gli assemblaggi spontanei dettati da necessità funzionali di base, minime e di sopravvivenza urbana si trasformano in volumetrie in legno da trasferire in modo interrogativo nel nostro habitat metropolitano.

È un percorso che viene da lontano e che ha coinvolto negli anni anche le macchine, quando Sottsass si è trovato a disegnare telescriventi o hardware per Olivetti. Se c'è un atteggiamento di progetto lontano dall'idea del mobile come protesi ed estensione diretta del nostro corpo, quella è proprio rappresentata dal modo di intendere le tipologie di Sottsass: il mobile sta lì, noi ne avvertiamo la presenza come mistero, la sua funzione non basta per farci dialogare con lui.

Non si può fare a meno di una sua presenza massiccia perché questo volume totemico deve in qualche modo incutere rispetto: è pur sempre l'uomo che si adatta al mobile, in omaggio a un suo sottostante collegamento con il Sacro, un collegamento più intellettuale che fisico.

"Si ha sempre voglia di costruirsi e di possedere da qualche parte una zona dello spazio diversa dalle altre, una zona eccezionale che poi di solito si difende: pare lo facciano anche i gatti, le scimmie e i vermi. Poi c'è il fatto che naturalmente quelle zone tenderemo a vederle come sacre, a caricarle di significati e valori che quasi consideriamo fuori dalla nostra portata", dirà nel 1971[3].

Il secondo progettista è Achille Castiglioni, o meglio i Castiglioni, per i quali ogni tipologia al di là della consistenza che può aver avuto in un determinato periodo storico è sempre portatrice di una funzionalità residua (strutturale) che va oltre il valore d'uso di un'epoca e che può essere rivisitata attraverso il meccanismo analitico dello smontaggio, del rimontaggio e della sua ri-funzionalizzazione anche semantica.

Qui è il mobile che si adatta all'uomo, ma questo funzionalismo gioca con le tipologie, le tiene debitamente a distanza dall'idea di macchinari efficienti che tutto risolvono. La frammentarietà stessa con cui i Castiglioni indagano le tipologie e le sotto-tipologie è un segnale di attenzione e di curiosità per le funzioni moderne che si dissipano in mille rivoli dimostrando come in quest'opera di distillazione del design la cultura dell'oggetto, se viene intesa nel suo relativismo culturale, forse può aspirare a essere senza tempo.

4. Una passeggiata archeologica

Il gioco a distanza con le tipologie è solo uno stratagemma per vedere l'oggetto (quello moderno in modo particolare) sotto un'altra angolazione.

Siamo venuti ancora a vedere in mostra l'oggetto in sé? Siamo venuti per riconoscerlo ancora una volta?

Più che a vedere "monadi", a godere del pezzo isolato o del capolavoro l'oggetto italiano del XX secolo suggerisce la visione di un mondo tutto connesso dove stabilire relazioni e paesaggi di relazione.

Che queste relazioni siano pure arbitrarie, purché siano relazioni. Che siano le nostre relazioni più autobiografiche o quelle suggerite da paletti in mostra: è indifferente.

The twentieth century was the great century of the Object (in art as well), of an Object forcefully projected towards modernity, even if in an undoubtedly elitist dimension.

The twenty-first century, on the other hand, looks like becoming the great century of hyper-democratic expression, but of an object that is a pale shadow of what it used to be, constructed by means of copy and paste, out of citations: almost a simulacra of itself.

Design today has largely turned into "styling". It is consumed everywhere and the recipe for it seems to be almost automatic: put in a bit of morphological synthesis (a bit of reduction of the elements), a bit of geometrical destructuring (the modern to be cited), a bit of absence of connections (the adhesive that allows everything), a bit of transparency (the permeability that makes it possible to see through something, even if there is nothing on the other side) and a bit of loss of weight (covering things with plates instead of using thick materials) and the object is ready to live for a while.

Conversely, the modern furniture of the post-war period in the exhibition puts the whole of its muscular system on display, just as the old furniture reveals its skeleton and its own, powerful bone structure.

But these pieces of furniture still had a sense of the future, a sense of tomorrow (a sense that is a long one in design terms), while since the turn of the century furniture seems to be intent on living at all costs a sense of today and therefore of a congenital transience. In this sense the exhibition is not so much a historical survey as an archaeological stroll.

[1] Original Italian version in Luciano Fabro, *Arte torna arte*, Turin: Einaudi, 1999, p. 16.
[2] André Leroi-Gourhan, *Gesture and speech*, trans. by A.B. Berger, Cambridge (Mass.): MIT Press, 1993, p. 299.
[3] Original Italian version in Ettore Sottsass, *Scritti*, Vicenza: Neri Pozza, 2002, p. 280.

19. Alberto Meda, tavolo *X Light*, disegni di studio per la connessione delle gambe al piano in carbonio, 1988

Alberto Meda, *XLight* table, study sketches for the connection of the legs with the carbon fibre top

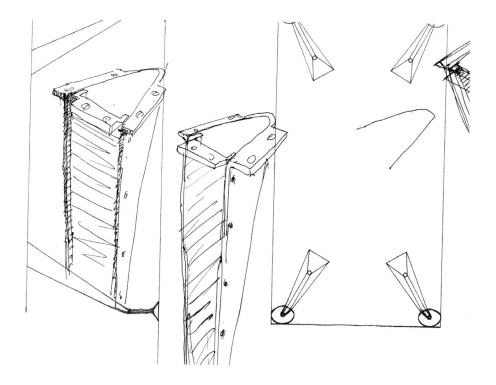

Il XX secolo è stato il grande secolo dell'Oggetto (anche in arte), di un oggetto prepotentemente proiettato verso la modernità anche se in una dimensione certamente elitaria.

Il secolo XXI è invece avviato a diventare il grande secolo dell'espressione iperdemocratica ma di un oggetto pallidamente ridimensionato, costruito sul copia e incolla, sulla citazione: quasi il simulacro di sé stesso.

Il design oggi è oramai diffuso come "stile", lo si consuma dappertutto e la sua ricetta sembra essere quasi automatica: mettete un po' di sintesi morfologica (un po' di riduzione degli elementi), un po' di destrutturazione geometrica (il moderno da citare), un po' di assenza di connessioni (i collanti che tutto consentono), un po' di trasparenza (la permeabilità che consente di vedere attraverso anche se attraverso non v'è nulla), un po' di perdita di peso (il placcaggio in lastre in luogo del materiale in spessore) e l'oggetto è pronto per vivere un po'.

Viceversa il mobile moderno del dopoguerra in mostra espone tutto il suo sistema muscolare, così come anche il mobile antico evidenzia il proprio scheletro e la propria struttura ossea possenti. Ma questi mobili avevano ancora il senso del futuro, il senso del domani (un senso progettualmente lungo) mentre, doppiata la boa del XXI secolo, il mobile sembra intenzionato a vivere a tutti i costi un senso dell'oggi e quindi di un effimero congenito. In questo senso questa mostra non è tanto una rassegna storica quanto piuttosto una passeggiata archeologica.

[1] Luciano Fabro, *Arte torna arte*, Einaudi, Torino 1999, p. 16.
[2] André Leroi-Gourhan, *Il gesto e la parola*, Einaudi, Torino 1977, p. 349.
[3] Ettore Sottsass, *Scritti*, Neri Pozza, Vicenza 2002, p. 280.

20. Roberto Mango, sedia a dondolo conica. Produzione Allan Gould Design, 1952

Roberto Mango, conical rocking chair. Produced by Allan Gould Design, 1952

Le corti, i committenti, gli artisti: origine e sviluppo degli stili moderni

Courts, Patrons and Artists: Origin and Development of Modern Styles

Courts, Patrons and Artists:
Origin and Development of Modern Styles

1. Fra Raffaele da Brescia, badalone,
1520. Monteoliveto Maggiore, abbazia

Fra Raffaele da Brescia, Lectern, 1520.
Monteoliveto Maggiore, Abbey

*D*uring the sixteenth century, contemporaneous with the progressive political affirmation of the Italian noble courts, autonomous artistic centres arose under the patronage of a sovereign who, partially by means of promoting the arts, sought to ensure for himself and his family the power he had acquired. With respect to the magnificent but uniform tastes of the Late Gothic style that had characterised the fifteenth-century (*Quattrocento*) courts, the new nobles entrusted to the artists the task of developing and elaborating eccentric stylistic variations for their royal palaces. The idea was to recover the Classical style, and the artisans were to create original artefacts exploiting the chromatic variety of all the precious materials that bounteous nature put at their disposal.

For much of the century, the interest in Classical art for interior decoration took concrete form in the infinite interpretations of the "grotesque" ornamentation derived from the encaustic art and stuccoes discovered with the unearthing of the buildings of Ancient Rome. Outstanding among the many artists who broadly addressed themselves to this genre we have Pinturicchio (1454–1513), followed by Raphael (1483–1520), Giovanni da Udine (1487–1564), Perin Del Vaga (1501–1547) and all the way to Pirro Ligorio (1510–1583). The sixteenth century in Italy was marked by the flourishing of decorative projects where imaginative new works inspired by the inventiveness of the ancients were reinterpreted by artists and artisans with an increasing liberty of expression. In furnishings, this grotesquery was used by inlayers and wood carvers (Fig. 1) to decorate the surfaces of cassoni,

frames and panelling. Tapestry makers did not disdain this decorative genre in their fabrics, nor did goldsmiths or ceramics painters in their creations.

This extraordinary painting genre, in fact, provided an infinite array of decorative cues to the era's decorators such as the German Cornelis Matsys (ca 1511–1580), creator of a series of engravings including monstrous figures, dolphins, bucrania and other fantastic elements liberally taken from the grotesque tradition and incorporated into stylised *Rollwerk*, or metallic cartouches.

The strongly architectonic outlines of the wall cabinets, the armoires in the sacristies, the cornices, tables and supports for sculptures were embellished in this period with carving work composed of a continuous intertwining of cartouches strongly inspired by the carving work of Matsys and Hans Vredeman de Vries (1527–1623). These artists were certainly known to Florentine artists—take for example Giorgio Vasari (1511–1574) or Bernardo Buontalenti (1536–1608) and their decorative details embellishing a variety of different furnishing elements—and to Tuscan carvers. This is documented by the table base, on exhibit here, from the Chigi Saracini Collection composed of four leonine paws surmounted by an equal number of interwoven scrolls terminating in female heads. These are similar to the sphinx heads in a table now at Palazzo Pitti (Fig. 2) created for the Medici in all probability by Dionigi Nigetti in 1570 based on designs by Vasari. During the second half of the century, Tuscan furniture in fact developed a clear tendency toward a more majestic allure, in parallel with an increasing precision in the ornamental carving, to the

Le corti, i committenti, gli artisti: origine e sviluppo degli stili moderni

*D*urante il XVI secolo si assiste, contemporaneamente alla progressiva affermazione politica delle corti italiane, alla nascita di autonomi centri artistici legati alla committenza di un sovrano che, anche attraverso la promozione delle arti, tendeva ad assicurare per sé e per la propria famiglia il potere conquistato. Rispetto al gusto magnifico, ma uniforme, dello stile tardogotico che aveva caratterizzato le corti quattrocentesche, ora i nuovi principi affidano agli artisti il compito di elaborare per le loro regge eccentriche variazioni stilistiche sul tema del recupero classico e agli artigiani originali manufatti, realizzati sfruttando le varietà cromatiche di tutti i materiali preziosi che la natura metteva loro a disposizione.

Per gran parte del secolo l'interesse per l'arte classica si concretizzò, nel campo della decorazione degli interni, nelle infinite declinazioni degli ornati "a grottesca" derivati dagli encausti e dagli stucchi scoperti nei disseppolti edifici della Roma antica: a partire da Pinturicchio (1454-1513) per giungere, attraverso le opere di Raffaello (1483-1520), di Giovanni da Udine (1487-1564) e di Perin Del Vaga (1501-1547), fino a Pirro Ligorio (1510-1583) – per citare solo alcuni dei molti artisti che trattarono ampiamente questo genere decorativo –, nel corso del Cinquecento in Italia è tutto un fiorire di cantieri decorativi dove le capricciose novità offerte con dovizia dall'estro inventivo degli antichi erano rilette dagli artisti e dagli artigiani con sempre maggiore libertà espressiva. Nel cam-

2. Dionigi Nigetti (attr.), tavolo, 1570. Firenze, Palazzo Pitti, Museo degli Argenti

Dionigi Nigetti (attr.), Table, 1570. Florence, Palazzo Pitti, Museo degli Argenti

detriment of the inlaid portions, a technique which had been widely used during the previous century. In the sphere of wood craft, the greatest matching sets created for private or ecclesiastic environments were the works of Baccio d'Agnolo (1462–1543) and Giorgio Vasari.

During the sixteenth century, in line with what the best painters, sculptors and architects were doing, carvers and inlayers also sought inspiration more frequently from Classical models. As was seen in the coeval internal architecture and decoration, the surfaces of pieces of furniture were initially embellished with a decoration composed of simple squares enclosing ornaments borrowed from the tradition of Roman sculpture, such as vases, plant volutes, cherubs and foliage, which, as the fifteenth century progressed, became more and more complex with the insertion of mascarons, festoons and mythological scenes in relief. One example is a group of cassoni (Fig. 3), probably Genoese, which Alvar González-Palacios hypothesises may have been based on drawings from the workshop of Perin del Vaga. These are items with an austere style, after Roman sarcophaguses, but decorated with panels carved in full relief depicting mythological scenes created following the lively and articulate style typical of the

master's work, and probably datable to the second half of the sixteenth century. Solemn and magnificent furnishings, such as the above-mentioned cassoni, were also created in Rome, where the palazzi housed large tables resting on sculpted marble supports and a top characterised by variously coloured geometric marble inlay work, as we may observe today in the monumental table at Palazzo Farnese (Fig. 4), built in the early 1560s based on designs by Jacopo Vignola (1507–1573) for Cardinal Alessandro Farnese.

For the entire second half of the sixteenth century, it was widespread custom in Rome to decorate the rooms in palazzi with antique marble wall work. These marbles, a typical product of Roman artistic artisans, were also used during the early years of the seventeenth century, especially to adorn the plinth courses of the monumental salons of the Papal palaces with the chromatic vivacity of their geometrical panels. An example of this may be found in the Sala Clementina in the Vatican, inaugurated in 1602.

Artistic exchange between Rome and Florence favoured the resurgence of the art of inlay, with the Grand Dukes sending their artists to Rome to seek out the rare "mixed" marbles and the porphyry to be used in the construction of the precious tabletops. Many

3. Manifattura genovese, cassone con le *Storie d'Ercole*, seconda metà del XVII secolo. Torino, Palazzo Reale

Genovese craftsmanship, Cassone with the *Fables of Hercules*, second half of seventeenth century. Turin, Palazzo Reale

po della mobilia le grottesche furono utilizzate dagli intarsiatori e dagli intagliatori (fig. 1) per ornare le superfici di cassoni, cornici e pannelli da disporre lungo le pareti; ma anche gli arazzieri non disdegnarono di impiegare questo genere decorativo sui loro tessuti, così come gli orefici e i pittori di vasellami sugli oggetti da loro prodotti.

Questo straordinario genere di pittura fornì infatti infiniti spunti decorativi agli ornatisti dell'epoca, come ad esempio al tedesco Cornelis Matsys (circa 1511-1580), autore di una serie di incisioni dove, all'interno di stilizzati *Rollwerk*, o cartigli metallici, facevano la loro comparsa figure mostruose, delfini, bucrani e altri elementi fantastici liberamente tratti dalla tradizione delle grottesche.

Le sagome fortemente architettoniche degli stipi, così come quelle degli armadi delle sagrestie, delle cornici, dei tavoli o dei supporti per sculture furono abbellite in questo periodo con intagli formati da un viluppo continuo di cartigli ricavati in gran parte dalle incisioni tedesche del citato Cornelis Matsys e di Hans Vredeman de Vries (1527-1623), sicuramente conosciute dagli artisti fiorentini – basti pensare ai disegni di Giorgio Vasari (1511-1574) o di Bernardo Buontalenti (1536-1608) per particolari decorativi destinati ad abbellire arredi di vario genere

– e dagli intagliatori toscani, come documenta la base del tavolo qui esposta proveniente dalla collezione Chigi Saracini e formata da quattro zampe leonine da cui si dipartono altrettante volute intrecciate terminanti in teste muliebri, simili a quelle delle sfingi di un tavolo ora a palazzo Pitti (fig. 2), eseguito per i Medici con tutta probabilità da Dionigi Nigetti nel 1570 su disegni di Vasari stesso. La mobilia toscana sviluppa, infatti, durante la seconda metà del secolo, una decisa tendenza alla maestosità che procede parallela a una sempre maggiore accuratezza degli intagli che la ornano, a tutto discapito delle parti a intarsio: tecnica, quest'ultima, ampiamente usata nel secolo precedente. Nell'ambito dell'artigianato del legno spettano a Baccio d'Agnolo (1462-1543) e a Giorgio Vasari le migliori realizzazioni di omogenei insiemi di mobilia a destinazione sia privata sia ecclesiastica.

Nel corso del Cinquecento, in linea con quanto andavano facendo i migliori pittori, scultori e architetti, anche gli intagliatori e gli intarsiatori cercarono sempre più frequentemente di ispirarsi ai modelli classici. Come accade per la coeva architettura e decorazione d'interni, le superfici dei mobili si abbelliscono inizialmente di una decorazione formata da semplici riquadri all'interno

dei quali si dispongono ornati ripresi dalla scultura romana quali vasi, girali, putti, fogliami che, con l'avanzarsi del XV secolo, si faranno sempre più complessi con l'inserimento di mascheroni, festoni e scene mitologiche intagliate a rilievo. Un esempio può essere considerato un gruppo di cassoni (fig. 3), probabilmente genovesi, per i quali Alvar González-Palacios ha avanzato l'ipotesi che possano dipendere da alcuni disegni della bottega di Perin del Vaga. Si tratta di mobili dalla foggia austera, ripresa da quella dei sarcofagi romani, ma impreziosita da pannelli intagliati a tutto rilievo raffiguranti scene mitologiche realizzate seguendo lo stile vivace e articolato tipico delle opere del maestro, e che dovrebbero essere datati dopo la metà del Cinquecento. Arredi solenni e magnifici, come i citati cassoni, furono realizzati anche a Roma, dove all'interno dei palazzi trovavano posto grandi tavole poggiate su sostegni di marmo scolpito il cui piano era formato da intarsi geometrici di marmi di vari colori, come ancora oggi documenta il monumentale tavolo Farnese (fig. 4) eseguito nei primi anni sessanta su disegni di Jacopo Vignola (1507-1573) per il cardinale Alessandro Farnese.

Per tutta la seconda metà del Cinquecento, a Roma era invalso l'uso di abbellire

4. Guglielmo della Porta e Giovanni Mynardo (attr.) su disegno di Jacopo Barozzi da Vignola, *Tavolo Farnese*, 1568-1573. New York, The Metropolitan Museum of Art

Guglielmo della Porta and Giovanni Mynardo (attr.) based on designs by Jacopo Barozzi da Vignola, *Farnese Table*, 1568–1573. New York, The Metropolitan Museum of Art

of the antique marble tabletops created during the sixteenth century and interpreting in various ways the geometric decorative themes typical of the *opus sectile* derive from the designs of Vignola and Giovanni Antonio Dosio(1533–1609), a Florentine architect and long-time scholar of Roman marble inlay. This technique was later imported to Florence and perfected with the introduction of *pietra dura* by Ferdinando I in 1588, when the Grand Duke founded the Botteghe Granducali in the Uffizi. A splendid example is seen in the octagonal tabletop in the Chigi Saracini Collection. Tabletops inlaid with jasper cornelian, agate, lapis lazuli and other precious stones—of the type described by Vasari, originally made for the wealthy Florentine banker Bindo Altoviti and now part of the Banca di Roma Collection (Fig. 5)—had existed for some time among the furniture in the Grand Duke's residence, and certainly since 1568. These are wooden tabletops where various types of jasper were set within an ivory inlay in a braided pattern of Moorish taste according to a fashion. Based on what Vasari wrote in 1568, this genre gained popularity in Florence during the second half of the century and produced, at the turn of the seventeenth century, the refined creations coming out of the Botteghe Granducali based on designs by Jacopo Ligozzi (1547–1626). These works include the tabletop portraying the view of the Livorno harbour created in 1604, or the later Stipo di Ferdinando II, completed in the years 1642-1646 based on models by the court architect Matteo Nigetti (1560–1649), or the prodigious one created for the Tribuna degli Uffizi (Fig. 6) based on designs by Bernardino Poccetti (1548–1612) in the years 1633–1649. By this time, the unquestionable skill of the Florentine inlay artists had reached its highest level. Via the careful choice of the great chromatic variety offered by the *pietra dura* technique, they composed original and innovative pictorial effects that went well beyond mere decoration, spilling over into the field of portraiture and landscapes. This latter genre is represented in the exhibition by the scenographic *veduta* of the Petraia Villa located in the centre of the wall cabinet that once belonged to Don Lorenzo de' Medici.

Coloured marbles which are inserted into arabesque enframements highlighted by gold against a dark background are found on wall cabinets, cornices and tabletops crafted in Venice. This decoration was influenced by the ornamentation deriving from Eastern art and partially incorporated into the coeval goldwork and marble inlay on the façades of the city's buildings. The decorative exuberance and the Islamic character of the refined decorations of the above-mentioned furnishings provided a basis for the creation of another furniture group (Fig. 7). Rediscovered by Alvar González-Palacios, this furniture is characterised by dense ivory and mother-of-pearl inlay work arranged so as to decorate all the wooden surfaces according to a design which, alternating a geometrical pattern with floral elements, is evocative of the patterns on Turkish carpets and Iznik majolica. The skill of the Venetian inlayers specialised in working with prized woods, ivory and nacre was widely recognised. For example, the Gonzaga family of Mantua, through their ambassador, Ercole Udine, acquired five ebony chests, a bedstead and a table with ivory decorations in 1602, followed three years later by several small tables crafted by German cabinetmakers who had set up shop in Venice many years earlier. Already by the end of the sixteenth century, Francesco Sansovino, in his guide to Venice, wrote that there were many palazzi "with the ceilings of the bed chambers and other rooms worked in gold and other colours and decorated with paintings and excellent artifices" and with the walls of the rooms covered with "highly noble tapestries, silk cloth, gilt leathers, panels and other things according to the tastes of the time". Regarding the furnishings, Sansovino mentioned "bedsteads" and "gold wrought chests, with paintings and frames rich in gold work", followed by "sideboards" rich in silver and precious "porcelain, pewter, and worked copper

5. Bernardino Porfirio da Leccio su disegno di Giorgio Vasari, piano di tavolo, post 1557. Roma, collezione della Banca di Roma

Bernardino Porfirio da Leccio based on designs by Giorgio Vasari, Tabletop, post 1557. Rome, Banca di Roma Collection

6. Jacopo di Gabriello detto il Monica
su disegni di Bernardino Poccetti,
Jacopo Ligozzi e Baccio del Bianco,
particolare del piano del tavolo della
Tribuna, 1649. Firenze, Galleria
degli Uffizi, Tribuna

Jacopo di Gabriello "il Monica" based
on designs by Bernardino Poccetti,
Jacopo Ligozzi and Baccio del Bianco,
detail of tabletop on the Tribuna, 1649.
Florence, Galleria degli Uffizi, Tribuna

le sale dei palazzi con rivestimenti parietali in marmi antichi. Questi ultimi, tipico prodotto dell'artigianato artistico romano, furono utilizzati anche durante i primi anni del Seicento, soprattutto per adornare, con la vivacità cromatica dei loro pannelli geometrici, le zoccolature dei monumentali saloni dei palazzi papali, dei quali una testimonianza ci è fornita ancora oggi dalla decorazione della sala Clementina in Vaticano, inaugurata nel 1602.

Gli scambi artistici tra Roma e Firenze favorirono il recupero dell'arte del commesso da parte dei granduchi, che inviarono i loro artisti nell'Urbe per ricercare i rari marmi "mischi" e i porfidi da impiegare nella costruzione dei preziosi piani di tavolo. Dai disegni di Vignola e da quelli eseguiti da Giovanni Antonio Dosio (1533-1609), un architetto fiorentino a lungo indagatore dell'intarsio marmoreo romano, dipendono molti dei piani in marmi antichi eseguiti durante il XVI secolo e che – come si può vedere nel piano ottagonale della collezione Chigi Saracini – interpretano in varie maniere i temi decorativi geometrizzanti tipici dell'"opus sectile", successivamente importata a Firenze e perfezionata con l'introduzione delle pietre dure da Ferdinando I nel 1588, allorché il granduca fondò le Botteghe Granducali degli Uffizi. A quella data, tra i mobili delle residenze granducali si trovavano da tempo, almeno dal 1568, piani di tavoli intarsiati con diaspri, corniole, agate, lapislazzuli e altre pietre preziose, sul genere di quello descritto da Vasari e destinato al fiorentino Bindo Altoviti e ora conservato presso le raccolte della Banca di Roma (fig. 5). Si tratta di un piano di legno dove, all'interno di un intarsio in avorio a intrecci di gusto moresco, furono incastonati vari tipi di diaspri secondo una moda che, stando a quanto scrive lo stesso Vasari nel 1568, si diffuse a Firenze durante la seconda metà del secolo per giungere, alle soglie del Seicento, alle raffinate creazioni uscite dalle Botteghe Granducali su disegni di Jacopo Ligozzi (1547-1626), quali il piano raffigurante la veduta del porto di Livorno realizzato nel 1604, oppure il più tardo stipo di Ferdinando II, condotto a termine tra il 1642

e il 1646 su modelli dell'architetto di corte Matteo Nigetti (1560-1649), o il prodigioso piano eseguito per la Tribuna degli Uffizi (fig. 6) su disegni di Bernardino Poccetti (1548-1612) tra il 1633 e il 1649. A queste date l'abilità indiscussa dei committori fiorentini era giunta ai più alti livelli riuscendo, attraverso un'attenta scelta della varietà cromatica offerta dalle pietre dure, a comporre inusitati effetti pittorici che andavano ben oltre la mera decorazione, sconfinando nel campo della ritrattistica e del paesaggio: quest'ultimo rappresentato nella mostra dalla scenografica veduta della villa della Petraia posta al centro dello stipo appartenuto a don Lorenzo de' Medici.

Marmi colorati inseriti entro incorniciature ad arabeschi lumeggiati d'oro su fondo scuro si trovano disposti su stipi, cornici e piani di tavoli realizzati a Venezia tenendo presente gli ornati derivati dall'arte orientale, in parte ripresi dalle coeve oreficerie e dagli intarsi marmorei delle facciate degli edifici cittadini. L'esuberanza decorativa e il carattere islamico dei raffinati decori dei citati arredi è alla base della creazione di un altro gruppo di mobili (fig. 7) ritrovati da Alvar González-Palacios e caratterizzati da un fitto intarsio in avorio e madreperla disposto a rivestire tutte le superfici lignee secondo un disegno che, alternando a un'ornamentazione geometrica elementi floreali, si avvicina agli ornati dei tappeti turchi e alle maioliche Iznik. L'abilità degli intarsiatori veneziani specializzati nelle preziose tarsie in legni pregiati, avorio e madreperla era d'altronde ben nota, ad esempio, a Mantova presso la corte dei Gonzaga che, tramite il loro ambasciatore Ercole Udine, nel 1602 facevano acquistare ben cinque casse di ebano, una lettiera e una tavola con ornati in avorio, seguiti, tre anni dopo, da alcuni tavolini la cui lavorazione fu fatta eseguire da ebanisti tedeschi trasferitisi da tempo nella Serenissima. Già alla fine del Cinquecento Francesco Sansovino, nella sua *Guida di Venezia*, avvertiva che erano molti i palazzi "con i palchi delle camere e dell'altre stanze, lavorate à oro, e altri colori, historiati con pitture e con artifici eccellenti" e con le pareti delle sale ricoperte "di nobilissimi razzi, di

and bronze" and by racks with war trophies, fruit of battles fought over the centuries by the forebears of the illustrious owners of these splendid dwellings.

Analogous furnishings with gold decorations were produced in Milan, a city which passed under direct Spanish domination in 1535 after the extinction of the Sforza dynasty. The city was a European centre of importance for certain crafts which had earned it fame in the fifteenth and sixteenth centuries. These included metal working, gold spinning and silk and wool weaving. These activities, together with scientific research furthered by such men of science as Girolamo Cardano, Ludovico Settala and Alessandro Tadino, were destined to disappear over the course of the seventeenth century due to the short-sighted economic policies of the Spanish, which would bring about a slow decline of Milanese artisanry. Regarding these furnishings, we point out the wall cabinet on display in the exhibition, made of gold and silver damascened steel from the Kunsthistorisches Museum of Vienna, created in 1567 by Giuseppe De Vico, who autographed the bronze statuettes above. Also meriting note in the field of ligneous decorations is the work carried out by the heirs of Rizzardo Taurino, Giovanni, Giacomo and Gian Paolo (who was long active in Genoa, Palermo and Rome, where he died

in 1656) and later continued by Daniele Ferrari, creator of the cabinets in the sacristy of the Church of San Fedele in 1639. At about mid-century, this work was carried forward by Carlo Garavaglia, who took up residence in Milan in 1633. In 1640, he was honoured with the designation of *maestro legnamaro* [master woodworker], a qualification that enabled him to undertake a host of jobs for churches in Milan and in nearby towns and cities. An example of the skill achieved by the Milanese cabinetmakers at the turn of the seventeenth century is represented by the monumental wall cabinet created in 1613 for the priest Quintilio Lucini Passalacqua, whose sober structure in walnut was enriched with precious stones, small painted copper plates and ivory statuettes (Fig. 8). Now on display in the Museum of the Castello Sforzesco, the "highly masterful scriptorium", as Passalacqua himself termed it, was conceived, as was often the case with furnishings in this period made for the erudite or powerful, to represent an allegory or moral precept. In this case the figure is Reason, which leads man to ruin when subjugated by the senses ("when Reason lets herself be guided by Sensation things go awry", stated the priest in his explanatory writing about the piece of furniture). And in effect, when the cabinet is opened it exhibits a complex iconographical apparatus culmi-

nating in the centre with the figure of Reason on a carriage. She has dropped the reins that once kept the Senses under control and is now dragged off by them, "not in a triumphant act, as it should be, but falling".

Regarding the crafting of the ebony wall cabinets inlaid with ivory, quite in demand among the sovereigns and nobles throughout Europe, most of them were built in Naples between the end of the sixteenth and the beginning of the seventeenth centuries. A foreign cabinet maker was working there, Jacobo Fiamengo, who availed himself of highly skilled ivory carvers and lathe workers such as Giovanni Battista De Curtis to create his precious furnishings. Alvar González-Palacios attributes the wall cabinet, now at the Victoria and Albert Museum of London, to the two craftsmen in virtue of the clear affinity of style with other analogous furnishings created by the able hands of the two artisans, where the decorative repertoire of northern extraction was used to enframe the scenes engraved in the ivory plates. In Naples as in Sicily, the late sixteenth-century artistic tradition also met with the favour of the patrons during the first half of the seventeenth century, as is evident in the interior decorations and furniture that follows on styles and types that were already in fashion during the previous century. (*Enrico Colle*)

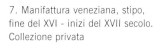

7. Manifattura veneziana, stipo, fine del XVI - inizi del XVII secolo. Collezione privata

Venetian craftsmanship, Wall cabinet, late sixteenth – early seventeenth century. Private collection

8. Manifattura milanese, *Stipo Passalacqua*, 1613. Milano, Castello Sforzesco

Milanese craftsmanship, *Passalacqua wall cabinet*, 1613. Milan, Castello Sforzesco

panni di seta, di corami d'oro, di spalliere, e di altre cose secondo le stagioni de i tempi". Per quanto riguarda l'arredo, Sansovino citava "lettiere" e "casse fatte à oro, con pitture e con cornici parimente cariche d'oro" seguite da "credentiere" colme di argenti lavorati e di preziosi "fornimenti di porcellane, di peltri, e di rami, ò bronzi lavorati" e da rastrelliere con trofei d'armi, frutto delle battaglie combattute nei secoli dagli antenati degli illustri proprietari di quelle splendide residenze.

Analoghi arredi rivestiti con decorazioni in oro furono prodotti a Milano, città passata nel 1535, con l'estinzione della dinastia sforzesca, sotto la diretta dominazione spagnola: la città era un centro di importanza europea per alcune attività artigianali che, tra Quattro e Cinquecento, l'avevano resa famosa, come ad esempio i lavori in metallo, la filatura dell'oro e la tessitura della seta e della lana. Attività queste, insieme alla ricerca scientifica portata avanti da scienziati quali Girolamo Cardano, Ludovico Settala e Alessandro Tadino, destinate, nel corso del Seicento, a scomparire causa la miope politica economica attuata dagli spagnoli, che porterà a una lenta decadenza dell'artigianato milanese. A questo proposito si può menzionare lo stipo esposto in mostra in acciaio damaschinato d'oro e d'argento del Kunsthistorisches Museum di Vienna, realizzato nel 1567 da Giuseppe De Vico, che appose la sua firma sulle statuette di bronzo del coronamento, e, nel campo degli ornati lignei, l'attività svolta dai figli di Rizzardo Taurino, Giovanni, Giacomo e Gian Paolo (quest'ultimo a lungo attivo a Genova, a Palermo e a Roma, dove morì nel 1656), poi continuata da Daniele Ferrari, autore, entro il 1639, degli armadi della sagrestia della chiesa di San Fedele e, intorno alla metà del secolo, da Carlo Garavaglia, dal 1633 presente a Milano dove nel 1640 divenne "maestro legnamaro", qualifica che gli permise di affrontare numerosi lavori sia per le chiese milanesi sia per quelle dei paesi vicini. Un esempio dell'abilità raggiunta dagli ebanisti milanesi agli inizi del Seicento è rappresentato dal monumentale stipo realizzato nel 1613 per il canonico Quintilio Lucini Passa-

lacqua, la cui sobria struttura di noce fu arricchita con l'inserimento di pietre preziose, piccole lastre di rame dipinto e statuette d'avorio (fig. 8). Oggi visibile nel Museo del Castello Sforzesco, l'"artificiosissimo scrittorio", come lo definì il Passalacqua stesso, fu concepito, come lo erano spesso i mobili di questo periodo destinati agli eruditi o ai potenti della terra, per rappresentare una allegoria o una riflessione morale, che nel nostro caso è quella relativa alla Ragione che soggiogata dai Sensi porta l'uomo alla rovina ("quando la Ragione si lascia guidare dal Senso le cose vanno male", avvertiva infatti il canonico nel suo scritto esplicativo dell'arredo); e in effetti lo stipo, aprendosi, esibisce tutto un complesso apparato iconografico culminante al centro con la figura della Ragione su di un carro che, lasciate le redini con cui teneva a bada i Sensi, viene trainato da questi ultimi, "non in atto trionfante come dovrebbe, ma cadente".

Per quanto riguarda la realizzazione degli stipi di ebano intarsiati d'avorio, assai ricercati dai sovrani e dalla nobiltà di tutta Europa, essi furono costruiti per la maggior parte, tra la fine del Cinquecento e gli inizi del secolo successivo, a Napoli, dove era attivo un ebanista straniero, Jacobo Fiamengo, il quale per approntare i suoi preziosi arredi si serviva di abilissimi incisori e tornitori d'avorio, come Giovanni Battista De Curtis. Ai due artefici Alvar González-Palacios attribuisce lo stipo ora al Victoria and Albert Museum di Londra in virtù di evidenti affinità di stile con altri arredi analoghi usciti dalle abili mani dei due artigiani, dove il repertorio decorativo di derivazione nordica fu impiegato per contornare le scene incise sulle lastre d'avorio. A Napoli come in Sicilia la tradizione artistica tardocinquecentesca incontrò infatti il favore della committenza anche durante tutta la prima metà del Seicento, come risulta evidente nelle decorazioni d'interni e nel mobilio che segue tipologie già in voga nel secolo precedente. (*Enrico Colle*)

Vico Magistretti
(Milano, 1920-2006)
Tavolo ampliabile ad ali mobili
produzione Tecno, 1957
80 x Ø 100 cm

Vico Magistretti
(Milan, 1920–2006)
Expandable table with movable flaps
made by: Tecno, 1957
80 x Ø 100 cm

I.2

Manifattura fiorentina (o romana)
Piano di tavolo, fine del XVI secolo
Ø 90 cm

Florentine (or Roman) workshop
Table top, late sixteenth century
Ø 90 cm

I.3

Manifattura fiorentina
Base per tavolo, fine del XVI secolo
85,5 x 149,5 cm

Florentine workshop
Base for a table, late sixteenth century
85,5 x 149,5 cm

Il tavolo a fusto centrale di matrice
secentesca si arricchisce di un fusto
tecnico attrezzato.
In stato di riposo le due bandelle ad ali
di gabbiano lasciano disegnato un tavolo
per quattro, ma non appena se ne alza
una il tavolo diventa per sei, e alzata
la seconda il tutto si trasforma
cerimonialmente in un tavolo per otto
persone.

The seventeenth-century-style table with
central support takes on new life
with a technical stem.
When not in use, the two "seagull wing"
flaps evidence a table seating four, but
when one is raised, the table can seat six,
and when the second is raised, the table
takes on a ceremonial appearance
and can seat eight.

I.4

Giovan Battista Panzeri, detto
Zarabaglia, e Marco Antonio Fava
e Giuseppe De Vico
Stipo, 1560-1567
90,5 x 68,5 x 47,5 cm

Giovan Battista Panzeri, called
Zarabaglia, and Marco Antonio Fava
and Giuseppe De Vico
Cabinet, 1560–1567
90,5 x 68,5 x 47,5 cm

I.5

Luigi Caccia Dominioni
(Milano, 1913)
Scaletta bar
produzione Azucena, 1972
100 x 50 x 50 cm

Luigi Caccia Dominioni
(Milan, 1913)
Bar ladder
made by: Azucena, 1972
100 x 50 x 50 cm

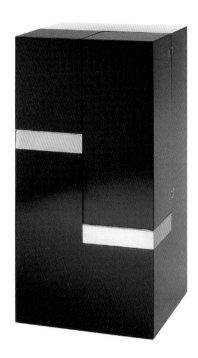

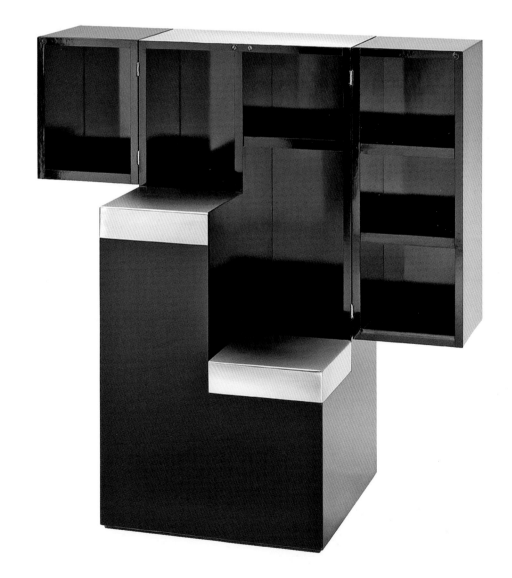

Lo stipo degli anni sessanta non racchiude più solo beni ma vizi privati. Cassaforte ermetica come un cubo di Rubik disassemblabile, il mobile bar è pensato per dissimulare il peccato e solo da aperto rivela la sua funzione di alloggiamento per superalcolici.

The 1960s cupboard no longer encloses just virtues but also private vices. A safe as hard to open as a Rubik's cube is to take apart, the bar unit has been designed to hide the vice and only when open does it reveal its true function: that of storing liqueurs.

I.6

Jacobo Fiamengo (1594-1602)
(disegno ed esecuzione) e Giovanni
Battista De Curtis (?) (incisore)
Stipo, fine del XVI - inizi del XVII secolo
96,7 x 104,8 x 51,7 cm

Jacobo Fiamengo (1594–1602)
(design and execution) and Giovanni
Battista De Curtis (?) (engraver)
Cabinet, late sixteenth century – early
seventeenth century
96,7 x 104,8 x 51,7 cm

I.7

Eugenio Gerli
(Milano, 1923)
Mobile bar *Jamaica*
produzione Tecno, 1966
60 x 90 x 45 cm

Eugenio Gerli
(Milan, 1923)
Jamaica bar unit
made by: Tecno, 1966
60 x 90 x 45 cm

Una cerniera continua messa in evidenza come quella che tiene uniti i due gusci di una noce. *Jamaica* fende l'aria del salotto muovendosi su ruote e porta qui e là soccorso mobile senza tentennamenti grazie ai cerchi portabottiglie disegnati nelle sue viscere.

A continuous hinge highlighted like that holding the two halves of a walnut together. Jamaica *carves its way through the living room on wheels, bringing mobile succour here and there without wavering thanks to the bottle-holders within.*

I.8

Botteghe Granducali, su disegno
di Giovanni Bilivert
Stipo, secondo decennio del XVII secolo
80 x 132 x 47 cm

Botteghe Granducali,
after a design by Giovanni Bilivert
Cabinet, second decade of the
seventeenth century
80 x 132 x 47 cm

Dopo l'architettura, anche nel mobile razionalista il telaio fa la parte di primo attore. Parte portante e parte portata di un mobile devono essere chiaramente leggibili. Ma la cassa della vetrina non è più una massa: è un volume completamente penetrabile dove, grazie al vetro, gli oggetti galleggeranno trapassati dalla luce.

As occurs with rationalist architecture, so in furniture of the same style the framework plays a highly visible role. The load-bearing and supported parts of a piece of furniture are both to be clearly legible as such. But the main frame of the display case is no longer a mass: it is a completely penetrable volume in which, thanks to the glass, the objects appear to float pierced by the light.

I.9

Mario Asnago
(Barlassina, 1896 - Monza, 1981)
Claudio Vender
(Milano, 1904 - Saronno, 1986)
Mobile vetrina per la VI Triennale
di Milano
produzione artigianale, 1936
200 X 200 x 45 cm

Mario Asnago
(Barlassina, 1896 – Monza, 1981)
Claudio Vender
(Milan, 1904 – Saronno, 1986)
Display case for the VIth Milan
Triennale
handmade, 1936
200 x 200 x 45 cm

Magnificenze barocche

Baroque Magnificence

The transition from the sophisticated decorative inventions typical of international Mannerism to the more exquisitely Baroque taste came about gradually in Italy, especially regarding the design of ornamentation and furnishings, which until the mid-seventeenth century would continue to adhere to models from the sixteenth-century tradition. The strongly architectonic outlines of the wall cabinets as well as those of the armoires in the sacristy, the frames and cornices, tables or stands for sculptures were embellished in this period with carving composed of a continuous interweave of cartouches. Much of this carving work traced its origin to German

1. Veduta della galleria di palazzo Colonna a Roma

View of the gallery in Palazzo Colonna, Rome

*I*l passaggio dalle sofisticate invenzioni decorative tipiche del manierismo internazionale al gusto più propriamente barocco avvenne in Italia in modo graduale, soprattutto per quanto riguardò la progettazione degli ornati e degli arredi, che fino alla metà del XVII secolo seguirono per lo più modelli di tradizione cinquecentesca. Le sagome fortemente architettoniche degli stipi, così come quelle degli armadi delle sagrestie, delle cornici, dei tavoli o dei supporti per sculture, furono abbellite in questo periodo con intagli formati da un intreccio continuo di cartigli ricavati in gran parte dalle incisioni tedesche a motivo di figure mostruose, che a Firenze generarono quel particolare stile auricolare applicato anche alla mobilia, come si può vedere in alcune cornici intagliate per il cardinal Leopoldo de' Medici (1617-1675) poco dopo la metà del secolo e nella torciera con figura di satiro della collezione Chigi Saracini esposta alla mostra.

Ma è a partire dagli anni trenta del Seicento, con opere come il baldacchino di San Pietro (realizzato da Gian Lorenzo Bernini [1598-1680] tra il 1624 e il 1630) o il grande affresco della volta di palazzo Barberini (iniziato da Pietro da Cortona [1596-1669] nel 1633 e concluso nel 1639), che si assiste a Roma a un radicale rinnovamento della decorazione degli interni e dell'arredo: sotto il pontificato di Urbano VIII Barberini (1623-1644) si iniziarono infatti a progettare e costruire edifici le cui strutture e decorazioni furono concepite secondo un inedito gusto scenografico tendente a cancellare il confine tra lo spazio reale e quello illusorio, ideato dalla fervida fantasia creatrice di artisti quali Gian Lorenzo Bernini, Francesco Bor-

romini (1599-1667), Pietro da Cortona, Alessandro Algardi (1595-1654), Carlo Rainaldi (1611-1691), Carlo Fontana (1634-1714) e padre Andrea Pozzo (1642-1709), principali autori del volto barocco di Roma e sostenitori di un nuovo modo emozionale di intendere il rapporto con lo spettatore, che mirava principalmente a commuovere e a persuadere mediante l'aiuto di una immaginazione che sembra non conoscere limiti.

Il citato baldacchino di San Pietro può essere preso come modello di questo nuovo orientamento dell'arte romana, che di lì a poco coinvolgerà anche l'allestimento degli interni dei palazzi cittadini con grandiosi cicli di affreschi ed elaborati arredi. L'originale forma dell'opera, mirabile trasposizione in chiave monumentale di un arredo liturgico quale appunto il baldacchino, presenta tutti quei caratteri stilistici, come ad esempio la resa vibrante dei particolari naturalistici e la percezione ingannevole di un costante movimento, che si ritroveranno negli anni seguenti anche nella mobilia progettata da Bernini (e un esempio può essere il tavolo da muro ideato per i Chigi) e dai suoi seguaci, secondo un criterio che non conosceva confini tra le arti a tutto favore di una unitarietà dell'operare artistico.

Le artificiose invenzioni di Bernini si ritrovano, poco dopo la metà del Seicento, variamente rielaborate nei disegni e negli ornati immaginati da Giovanni Paolo Schor, un artista di origine tedesca vissuto a Roma dal 1640 circa fino al 1674 e attivo insieme a Bernini in Vaticano, dove eseguì gli ornati della Cattedra di San Pietro e, nel 1655, in occasione dell'ingresso nell'Urbe di Cristina di Svezia, sovrintese ai lavori per gli intagli delle carrozze e all'allestimento del banchetto

2. Filippo Parodi, tavolo con specchiera, ultimo quarto del XVII secolo. Albisola, villa Durazzo

Filippo Parodi, Table with mirror, 1675–1700, Albisola, Villa Durazzo

renditions of monstrous figures, which in Florence generated a particular Auricular style that was also applied to furnishings, as we see in some frames carved for Cardinal Leopoldo de' Medici (1617–1675) shortly after mid-century and in the candlestick with satyr on display at this exhibition from the Chigi Saracini Collection.

But it was starting in the 1630s, with works such as the baldachin in the Basilica of Saint Peter (created by Gian Lorenzo Bernini in the years 1624–1630) or the large frescoed ceiling of Palazzo Barberini (begun by Pietro da Cortona in 1633 and finished in 1639), that a radical innovation of interior decoration was witnessed in Rome. During the papacy of Urban VIII Barberini (1623–1644), design and construction work began on buildings whose structure and decoration were conceived according to a new scenographic taste that tended to obliterate the boundary lines between real and illusory space. Works were ideated by the fervid creative imaginations of artists such as Gian Lorenzo Bernini (1598–1680), Francesco Borromini (1599–1667), Pietro da Cortona (1596–1669), Alessandro Algardi (1595–1654), Carlo Rainaldi (1611–1691), Carlo Fontana (1634–1714) and father Andrea Pozzo (1642–1709), the principal authors of the Baroque face of Rome and exponents of a new emotive way of conceiving the relationship with the beholder, aiming mainly to stir and induce emotions by means of an imagination that seemed to recognise no limits.

The baldachin in Saint Peter's can be cited as a model for this new orientation in Roman art, which would soon spread to the interior décor of the city's palazzi with grandiose fresco cycles and elaborate furnishings. The original form of the work, an admirable transposition into a monumental key of this liturgical fixture, presents all the stylistic characteristics—such as the vibrant rendition of the naturalistic details and the illusory perception of constant movement—that would be found in the following years also in furnishings designed by Bernini (one example might be the console table designed for the Chigi family) and his followers, in accordance with a criterion that did not

recognise a boundaries between the arts and thus did much to favour great unity among different artistic works.

Bernini's artful inventions are found again, shortly after the mid-seventeenth century, variously re-elaborated in the designs and ornamentation conceived by Giovanni Paolo Schor, an artist of German origin who lived in Rome from circa 1640 to 1674. He worked with Bernini in the Vatican, where he created the decorations for the Cathedra of Saint Peter and, in 1655, on the occasion of the arrival in Rome of Christina of Sweden, he supervised the carving work on the carriages and the decorations for the banquet offered in honour of the queen by Alessandro VII. Schor also worked for Lorenzo Onofrio Colonna (1637–1689), who ordered most of the internal embellishments of the family palazzo to the Santi Apostoli. These include the designs for the monumental bed made for Maria Mancini, niece of Cardinal Giulio Mazzarino and bride of Constable Colonna in 1661, although the two would later separate in 1672 upon the birth of their firstborn, Filippo II (1663–1714). The bed was conceived as a huge seashell pulled by seahorses. These were sumptuous furnishings and the only remnant still visible today is a carving by Pietro Santi Bartoli. Bartoli was well attuned to the new sensibility for scenographic décor conceived by the Roman architects on a par with the ephemeral decorative apparatuses for feasts, where the spectacularity of the overall setting must have been astounding for the originality of its decorative inventions. We find the same inventions in the elaborate framings on the ceiling of the Gallery of Palazzo Colonna (Fig. 1) and in certain gala rooms in Palazzo Altieri and Palazzo Borghese. The spectacular sculptural groups embellishing those settings, in the same genre as those realised for the carriages or for Maria Mancini's bed, are still suggested today in the four large tables in the Gallery of Palazzo Colonna, created certainly after 1688, taking as their inspiration the sculptural models of the monuments and fountains that were being built in various parts of Rome at that time. An example of the superb furnishings generously embellish-

che venne offerto alla sovrana da Alessandro VII. Schor fu attivo per Lorenzo Onofrio Colonna (1637-1689), alla cui volontà si deve la maggior parte degli abbellimenti interni del palazzo di famiglia ai Santi Apostoli, tra i quali si annoverano i disegni per il monumentale letto approntato per Maria Mancini – nipote del cardinale Giulio Mazzarino, andata in sposa al connestabile Colonna nel 1661 per poi ben presto separarsi nel 1672, in occasione della nascita del figlio primogenito Filippo II (1663-1714) – e pensato come una enorme conchiglia trascinata da cavalli marini. Si trattava dunque di un arredo fastoso, la cui unica testimonianza visiva ci è offerta oggi dall'incisione di Pietro Santi Bartoli, che ben si adattava alla nuova sensibilità per interni scenograficamente concepiti dagli architetti romani al pari degli effimeri apparati delle feste, dove la spettacolarità dell'insieme doveva stupire per l'originalità delle invenzioni decorative: le stesse che ritroviamo nelle elaborate quadrature eseguite sulla volta della Galleria di palazzo Colonna (fig. 1) e in alcuni ambienti di parata di palazzo Altieri e di palazzo Borghese. Gli spettacolari gruppi scultorei, sul genere di quelli realizzati per le carrozze o per il citato letto, si possono ancora oggi vedere evocati nei supporti dei quattro grandi tavoli della Galleria di palazzo Colonna, eseguiti sicuramente dopo il 1688 prendendo come modello gli esempi scultorei dei monumenti e delle fontane realizzate a Roma in questo giro d'anni; mentre un campione dei superbi arredi disposti con dovizia nei sontuosi ambienti dei palazzi può essere la vetrina doviziosamente intagliata per i Chigi, collocata nella mostra accanto alla spettacolare testa di unicorno concepita, al pari delle figure allegoriche che popolavano gli affreschi e le sculture disposte lungo le pareti delle sale, col fine di generare quel senso di sorpresa tanto ricercato dagli esteti del barocco.

Gli insegnamenti di Bernini, il quale soleva dire che che "per ben imitare la natura bisogna fare ciò che la natura non è", erano stati ben assimilati sia da Schor sia dagli altri artisti, come ad esempio Ciro Ferri (1634-1689), Ludovico Geminiani (1643-

1697) o Giovan Battista Leinardi (1656-1704), attivi a Roma durante la seconda metà del Seicento soprattutto nel campo delle arti decorative. Si sa che lo stile barocco si diffuse ben presto, tra la fine del Seicento e gli inizi del secolo successivo, anche nelle altre regioni italiane: Genova, ad esempio, fu una delle prime città ad adottare il nuovo stile grazie ai frequenti scambi artistici con la capitale degli Stati Pontifici. Le innovative proposte decorative romane influenzarono infatti l'attività di Filippo Parodi (1630-1702) che fin da giovane, nella bottega del padre, studiava come introdurre nei suoi intagli nuovi e vari ornati di gusto barocco. La precoce frequentazione di Parodi degli artisti di "casa Piola" – l'"accademia" di famiglia istituita con intelligenza dal pittore Domenico Piola (1627-1703) con i figli Antonio Maria e Paolo Gerolamo – stimolò sicuramente lo scultore a intraprendere un primo viaggio di studio a Roma, da dove fece ritorno entro il 1667. Nell'Urbe Parodi fece però nuovamente ritorno, qualche anno più tardi, nel 1671, quando fu ingaggiato per eseguire la carrozza nuziale "a forma di trionfo" di Giovanni Andrea III Doria e Anna Pamphili. La prestigiosa commissione, che metteva lo scultore genovese al pari degli altri artisti romani, era il risultato di una maturazione artistica alla cui formazione contribuì sicuramente la conoscenza delle opere di Gian Lorenzo Bernini. È impossibile, infatti, pensare allo straordinario gioco di finzioni presente in arredi quali la specchiera di Albisola (fig. 2), concepita come uno scenografico insieme di riflessi che coinvolge anche lo spettatore, senza la conoscenza diretta delle complesse macchine allegoriche ideate da Bernini: nell'opera Narciso si ammira compiaciuto nello specchio inserito nel piano del tavolo a simulare la sorgente dove egli troverà la morte, mentre la lastra verticale rimanda, al contempo, l'immagine dell'osservatore integrato nel mito, secondo un'invenzione che ritornerà anche nella cornice della Galleria Nazionale di palazzo Spinola.

Alle *Nuove invenzioni d'ornamenti d'architettura e d'intagli diversi...* date alle stampe a Roma nel 1698 da Filippo Passarini e

3. Giacomo Setti, cornice, 1697-1698.
Piacenza, chiesa di San Sisto

Giacomo Setti, Frame, 1697–1698.
Piacenza, Church of San Sisto

ing the sumptuous spaces of the palazzi is the richly carved showcase crafted for the Chigi family and located in the exhibition alongside a spectacular unicorn's head. Similar to the allegorical figures that populate the frescoes and sculptures along the walls of the rooms, this head was conceived with the aim of generating the sense of surprise that was so sought after by aesthetes of the Baroque.

The teachings of Bernini, who was fond of saying that "in order to imitate nature, it may be necessary to add that which is not there", were well assimilated by Schor and by other artists as well, such as Ciro Ferri (1634–1689), Ludovico Geminiani (1643–1697) and Giovan Battista Leinardi (1656–1704), active in Rome during the second half of the seventeenth century and especially in the decorative arts. It is known that the Baroque style quickly spread, between the end of the seventeenth century and the beginning of the eighteenth, into other regions of Italy. Genoa, for example, was one of the first cities to adopt the new style thanks to frequent artistic exchanges with the capital of the Papal States. The innovative Roman decorative proposals influenced, as a matter of fact, the work of Filippo Parodi (1630–1702), who began at a young age, as apprentice in his father's workshop, to study ways to introduce new and various Baroque ornamentations into his carvings. While still in his budding years, Parodi began frequenting the artists of "casa Piola"—the Piola family academy instituted by the painter Domenico Piola (1627–1703) along with his sons Antonio Maria and Paolo Gerolamo—and this certainly stimulated the sculptor to undertake his first journey to Rome, returning home before the end of 1667. Parodi would return to Rome a few years later, in 1671, when he was asked to create the nuptial carriage "in triumphal style" for Giovanni Andrea III Doria and Anna Pamphilj. The prestigious commission, which elevated the Genoese artist onto a par with his Roman colleagues, was the result of his artistic maturity, to which familiarity with the work of Gian Lorenzo Bernini certainly must have contributed. It is, in fact, impossible to comprehend the extraordinary interplay of illu-

sion found in furnishings such as the Albisola mirror (Fig. 2), conceived as a scenographic collection of reflections that draw in the viewer as well, without direct knowledge of the complex allegorical machines ideated by Bernini. In the work, Narcissus admires himself in the mirror incorporated into the tabletop to simulate the spring where he would meet his death, while the vertical mirror reflects the observer and integrates him or her into the myth, using an invention that would be seen again in the frame found in the Galleria Nazionale of Palazzo Spinola.

Filippo Passarini's *Nuove invenzioni d'ornamenti d'architettura e d'intagli diversi…* [New Inventions of Architectural Ornamentation and Various Carving Techniques…], printed in Rome in 1698, along with the designs by Schor, provided inspiration not only to Genovese ornamentalists, but also to the carvers Giovanni Setti and Lorenzo Haili, who were active in the nearby duchy of Parma starting in the last quarter of the seventeenth century. Likewise, the intense activity of the stucco workers active in Modena after 1662 in the Church of Sant'Agostino and that of the Reti, a family of stucco artists working in Parma from 1612 to 1734, must have constituted an endless source of inspiration for the entire generation of artisans who developed during the second half of the century. These include Giacomo Bertesi, working for Ranuccio II Farnese, and Haili, the probable author of a part of the furnishings in the Fortress of Soragna, among which the allegorical sculpture on display in the exhibition.

And it was precisely the stucco cherubs by Domenico and Leonardo Reti, placed in various poses on the walls and ceiling of the chapel of the Madonna di Costantinopoli in the Church of San Vitale in Parma, and the carving of a mirror by Passarini that probably provided inspiration to Setti in 1698 when he was commissioned by the Abbott Prospero da Cremona to create the frame for Raphael's *Sistine Madonna* (Fig. 3). The grandiose and elaborate altarpiece, composed of colossal acanthus leaf volutes joining above into two large sunflowers, cherubs and garlands, constituted the highest expression of this art for all the carvers working in that

ai disegni di Schor si ispirarono, oltre che gli ornatisti genovesi, anche gli intagliatori Giovanni Setti e Lorenzo Haili, attivi nel vicino ducato di Parma a partire dall'ultimo quarto del Seicento; mentre l'intensa attività degli stuccatori presenti a Modena dopo il 1662 nella chiesa di Sant'Agostino, unitamente a quella dei Reti, una famiglia di stuccatori operosi a Parma dal 1612 al 1734, dovette costituire una fonte inesauribile di ispirazione per tutta quella generazione d'artigiani che si era formata durante la seconda metà del secolo e della quale fecero parte Giacomo Bertesi, attivo per Ranuccio II Farnese, o Haili, probabile autore di parte degli arredi della rocca di Soragna, tra i quali la scultura allegorica esposta alla mostra.

E proprio ai putti in stucco di Domenico e Leonardo Reti, disposti tra il 1666 e il 1669, in varie attitudini sulle pareti e sulla volta della cappella della Madonna di Costantinopoli in San Vitale a Parma, e all'incisione raffigurante una specchiera di Passarini, guardò probabilmente Setti quando nel 1698 gli venne commissionata dall'abate Prospero da Cremona la cornice per la *Madonna Sistina* di Raffaello (fig. 3). La grandiosa ed elaborata ancona, formata da colossali volute di foglie d'acanto che si riuniscono in alto in due grandi fiori di girasoli, putti e ghirlande, costituì un modello insuperato per tutti gli intagliatori operanti nell'area padana durante i primi decenni del Settecento, tanto da trovarne echi nella pala d'altare eseguita nel 1711 da Odoardo Perfetti per la chiesa di san Fermo a Piacenza, nelle cornici eseguite a Bologna in questo giro d'anni e nelle opere di Andrea Fantoni (1659-1734) che ebbe modo, a partire dal 1685, di soggiornare a Parma ottenendo nel 1702 una "patente di familiarità" dal duca Francesco Farnese.

A Parma, dunque, lo stile barocco propugnato dai Reti, che sovrapponeva all'"ordine" compositivo dei prototipi cinquecenteschi la "vaghezza" sfolgorante di monumentali strutture decorative, fu favorevolmente accolto dagli artigiani residenti nel ducato, che lo interpretarono variamente nelle loro opere anche durante i primi decenni del Settecento fino all'arrivo dei Borbone, quando la cultura artistica della nuova corte prenderà un diverso orientamento filofrancese.

Diversamente, nel ducato di Milano, la cui architettura era caratterizzata da un sobrio impianto di tradizione cinquecentesca, le articolate soluzioni compositive e spaziali tipiche del barocco romano non trovarono una immediata applicazione: la ferrea disciplina controriformistica promossa dal clero, unita all'assenza di una corte o di un cospicuo gruppo di ricche famiglie – come ad esempio accadeva a Venezia o a Genova –, non permise infatti l'elaborazione di una originale linea stilistica, che invece si formò al di fuori della capitale del ducato, nei territori della Valtellina, del Comasco e delle valli bergamasche e bresciane dove personalità come Giovan Pietro Ramus, Andrea Fantoni, Giovanni Battista Caniana, Giovanni Albiolo da Bellagio o Giovanni Giuseppe Piccini riuscirono ad aggiornare, durante gli ultimi due decenni del Seicento, il settore della scultura lignea e dell'intaglio allo stile barocco romano conosciuto grazie alla presenza nell'Urbe di artisti provenienti dal Canton Ticino, come Carlo Maderno (1556 -1629) e Francesco Borromini.

Alla scuola di Pietro Ramus (1639-1682), autore, tra il 1673 e il 1681, della elaborata ancona del santuario della Beata Vergine delle Grazie di Grossotto, compirono il proprio apprendistato vari intagliatori tra i quali Andrea Fantoni, proveniente da una nota famiglia di scultori in legno e marmo che a Rovetta, in Val Seriana, dette origine a una bottega attiva con successo dal Quattrocento fino agli inizi dell'Ottocento. L'officina dei Fantoni era allora famosa per la creatività e l'ingegno dei suoi componenti, notevoli plasticatori, intagliatori e, all'occorrenza, arredatori disponibili sia per realizzare l'intera decorazione di una chiesa, sia per allestire gli interni di case signorili. È infatti con Grazioso il Vecchio e poi con il figlio Andrea che la produzione artistica dei Fantoni si svincolò dai consueti repertori stilistici tardomanieristi, allora in auge nelle valli della Lombardia, per elaborare un proprio e originale stile decorativo – maturato a contatto con le opere d'intaglio realizzate a Parma, dove Andrea compì il suo apprendistato – che li farà d'ora in avanti operare per oltre un secolo anche al di fuori della ristretta cerchia della committenza ecclesiastica valligiana, stringendo relazioni con esponenti di spicco della ricca borghesia e nobiltà bergamasche, milanesi e veneziane. I rapporti di Andrea e dei fratelli con Venezia non avvennero soltanto in occasione delle commissioni di sculture: sono infatti documentati anche viaggi, dei quali resta ampia testimonianza nelle carte d'archivio, per procurarsi buoni modelli per ornati e figure da inserire nelle loro opere. Gli ampi e avvolgenti cartocci di foglie d'acanto degli arredi, usciti dalla bottega dei Fantoni durante la prima metà del Settecento, rappresentano infatti una personale rielaborazione degli intagli veneziani di Giacomo Piazzetta (1643-1705) e di Andrea Brustolon (1662-1732).

Con la fine del Seicento, infatti, la componente emiliana, ravvisabile nelle ampie e carnose volute vegetali disposte simmetricamente intorno alle sagome delle cornici delle pale d'altare, si andrà via via attenuando a tutto favore di ornati derivati dal variegato repertorio decorativo elaborato dai decoratori veneziani, che erano ben a conoscenza degli sviluppi del gusto barocco romano, di cui Andrea Fantoni aveva avuto modo di vedere modelli magari tramite la corte dei Farnese, tanto che una variante della cornice disegnata da Bernini per la regina Cristina di Svezia, esposta alla mostra, si trova ancora oggi nel Museo di Rovetta. I teatrali drappeggi posti ai lati dello specchio furono variamente rielaborati da Fantoni anche nella sedia vescovile del duomo di Bergamo e nel monumentale confessionale, oggi nella basilica di Santa Maria Maggiore, ma in origine intagliato, tra il 1704 e il 1705, per la chiesa di San Zanobio.

Durante il Seicento Venezia, nonostante le lunghe ed estenuanti guerre contro i turchi, divenne un importante centro di produzione di oggetti di lusso destinati sia all'ammobiliamento delle dimore patrizie, sia all'esportazione in altri stati italiani. Nella città, ancora al centro degli scambi commerciali europei, erano attive, oltre alle famose vetrerie di Murano, raffinate manifatture di

part of the Padana Plain in the first decades of the eighteenth century. It echoes in the altarpiece created in 1711 by Odoardo Perfetti for the Church of San Fermo in Piacenza, in the frames crafted in Bologna during the period and in the works of Andrea Fantoni (1659–1734), who had the opportunity, starting in 1685, to sojourn in Parma, obtaining a "license of familiarity" (a sort of letter of recommendation) in 1702 from the Duke Francesco Farnese.

Hence, in Parma, the Baroque style championed by the Reti family, which superimposed upon the compositional "order" of the sixteenth-century prototypes the dazzling "vagueness" of monumental decorative structures, was favourably received by the artisans residing in the Duchy, who interpreted it in various ways in their works even during the early decades of the eighteenth century prior to the arrival of the Bourbons, who marked a shift in the artistic culture toward an orientation inspired more by French styles.

Dissimilarly, in the Duchy of Milan, whose architecture was characterised by a sober sixteenth-century composition, the complex compositional and spatial solutions typical of the Roman Baroque style did not find immediately application. The steely counter-reformist discipline promoted by the clergy, paired with the absence of a noble court or a significant group of wealthy families—as were found, instead, in Venice or Genoa—prevented the development of an original stylistic line. This would take form instead outside of the capital city of the Duchy, in the lands of Valtellina, Como and the valleys around Bergamo and Brescia, where personalities such as Giovan Pietro Ramus, Andrea Fantoni, Giovanni Battista Caniana, Giovanni Albiolo da Bellagio and Giovanni Giuseppe Piccini succeeded in bringing the wood sculpting and carving art into line with the Roman Baroque style, which was known to them thanks to the presence in Rome of artists from Switzerland's Canton Ticino, such as Carlo Maderno (1556 - 1629) and Francesco Borromini.

The school of Pietro Ramus (1639–1682), who created the elaborate altarpiece in the Sanctuary of the Beata Vergine delle Grazie in Grossotto in the period 1673-1681, was the place of apprenticeship for various carvers. One of them was Andrea Fantoni, member of a noted family of wood and marble sculptors whose workshop in the town of Rovetta in Val Seriana was successfully active from the fifteenth to the early nineteenth century. In Andrea's day, the Fantoni workshop was famous for the creativity and ingenuity of its artisans, who were noteworthy model makers, carvers and, when needed, interior decorators available to do the entire interior of a church or the rooms of a lordly manor. Grazioso il Vecchio, Andrea's father, and later Andrea himself steered the artistic production of the Fantoni away from the usual late-Mannerist-style repertoires, then in vogue in the valleys of Lombardy, toward their own original decorative style. This style developed in contact with the carved works created in Parma, where Andrea did his apprenticeship. It would bring the family for more than the next century to work outside of the tight circle of the ecclesiastic patrons in the valleys, establishing relations with high profile figures from the wealthy bourgeoisie and noble families of Bergamo, Milan and Venice. The relations between Andrea and his brothers and Venetian customers went beyond commissions for sculptures. There are also well documented trips they took to procure good models for ornamentations and figures to incorporate into their own works. The ample and enwrapping acanthus-leaf cartouches in the furnishings emerging from the Fantoni workshop in the first half of the eighteenth century represent a personal re-elaboration of the Venetian carving work of Giacomo Piazzetta (1643–1705) and Andrea Brustolon (1662–1732).

With the close of the seventeenth century, the Emilian component, represented by ample, florid vegetative volutes arranged symmetrically around the altarpiece frames, would slowly be attenuated in favour of ornamentation deriving from the variegated decorative repertoire developed by the Venetian decorative artists, who were well familiar with developments in the Roman Baroque style. Andrea Fantoni would have had the opportunity to view exemplars of this style, perhaps by virtue of his contact with the Farnese court, and a variant of the frame designed by Bernini for Queen Christina of Sweden, on display in the exhibition, is still found today in the Museum of Rovetta. The theatrical draperies framing the mirror were variously re-elaborated by Fantoni also in the Episcopal seat in the Cathedral of Bergamo and in the monumental confessional now in the Basilica of Santa Maria Maggiore but originally carved, in the years 1704–1705, for the Church of San Zanobio.

During the seventeenth century, in spite of its long and exhausting wars against the Turks, Venice became a major centre of production of luxury goods destined both to furnish Venetian patrician residences and for exportation to other Italian city-states. In addition to its role as an important locus for European trade, the city was also home to highly refined fabric producers and up-to-date carving and cabinetry workshops, not to mention the famous glassworks on Murano.

The ornamentation of furnishings created in the second half of the seventeenth century became increasingly complex and luxuriant, replacing the abstract late-Mannerist volutes with elements drawn from the variegated naturalistic repertoire and allegorical figures in full relief. This is seen in the ample cartouches that frame the canvases on the ceiling of the Archive Room in the Scuola dei Carmini, datable to the fourth decade of the seventeenth century, in the figures incised by Francesco Pianta (1634–1692) starting in 1657 in the ornamental covers of the Scuola di San Rocco, which bears notable similarities with the *prie-dieu* decorated with the allegory of the Temple at the Museo Civico of Turin, included in this exhibition, and with those crafted by Giacomo Piazzetta in the years 1666–1672 for the hall of the Hotel of the Scuola di San Giovanni dei Battuti in Murano. The shift of Venetian tastes toward the new Baroque models was notably helped by the works of the architect Baldassare Longhena (1598–1682). He created, among other things, designs for the new library of the Benedictine fathers in San Giorgio Maggiore, which was eventually built, with a number of varia-

stoffe e aggiornate botteghe di intagliatori e di ebanisti.

Per quanto riguarda gli ornati disposti sulla mobilia realizzata durante la seconda metà del Seicento, essi si fecero sempre più complessi e rigogliosi sostituendo alle astratte volute tardomanieriste elementi tratti dal variegato repertorio naturalistico e figure allegoriche scolpite a tutto tondo. È il caso degli ampi cartigli che incorniciano le tele del soffitto della sala dell'Archivio nella Scuola dei Carmini, databili al quarto decennio del Seicento, delle figure intagliate da Francesco Pianta (1634-1692) a partire dal 1657 nei dossali della Scuola di San Rocco, a cui è possibile avvicinare l'inginocchiatoio con l'allegoria del Tempo del Museo Civico di Torino ora in mostra, e di quelle realizzate da Giacomo Piazzetta, tra il 1666 e il 1672, per la sala dell'Albergo della Scuola di San Giovanni dei Battuti a Murano. All'evoluzione del gusto veneziano verso i nuovi modelli barocchi concorse notevolmente l'opera dell'architetto Baldassare Longhena (1598-1682), autore, tra l'altro, dei progetti per la nuova biblioteca dei padri benedettini a San Giorgio Maggiore poi realizzata, con alcu-

ne varianti, fra il 1665 e il 1671, dall'intagliatore Francesco Pauc.

La ricchezza degli interni dei palazzi veneziani progettati da Longhena si andrà ulteriormente impreziosendo verso la fine del Seicento con l'opera del suo più diretto seguace e collaboratore, l'architetto Antonio Gaspari, attivo tra il 1680 e il 1738 con numerosi progetti per la costruzione e la decorazione sia di edifici civili sia di chiese. Gaspari completò infatti la costruzione di palazzo Pesaro e rinnovò, tra le altre, le residenze dei Michiel, dei Barbaro, degli Zenobio e degli Albrizzi, ideando per quegli interni fastose decorazioni a stucco che con i loro elaborati disegni superarono del tutto i richiami alle decorazioni "alla Sansovino" ancora presenti in alcuni ambienti veneziani della seconda metà del Seicento, quali lo scalone della Scuola Grande dei Carmini, progettato dallo stesso Longhena, o il soffitto di una delle sale al piano nobile di palazzo Pesaro, completato entro il 1682.

La moda per gli ornati modellati a tutto tondo investì ben presto anche gli intagliatori in legno che, a partire dalla fine del XVII secolo, concepirono arredi formati da

4. Michele Fanoli, tavolo da muro, 1701. Soragna, Rocca Meli Lupi

Michele Fanoli, Console table, 1701. Soragna, Rocca Meli Lupi

tions, in the years 1665–1671 by the carver Francesco Pauc.

The interior opulence of the Venetian palazzi designed by Longhena would be rendered even more sumptuous toward the late seventeenth century with the work of the architect's most direct follower and collaborator, the architect Antonio Gaspari, who created numerous designs in the period 1683–1738 for the construction and decoration of civil buildings and churches. Gaspari also completed construction of Palazzo Pesaro and renovated, among others, the dwellings of the Michiel, the Barbaro, the Zenobio and the Albrizzi families, creating sumptuous stucco decorations, whose elaborate designs completely eclipsed the allure of the "Sansovinesque" works that were still found in certain mid-seventeenth-century Venetian settings. Examples of these new decorations include the grand staircase of the Scuola Grande dei Carmini, designed by Longhena, and the ceiling of one of the halls on the *piano nobile* of Palazzo Pesaro, completed in 1682.

The fashion of full relief ornamentations soon invaded the wood carvers' workshops. Starting at the end of the seventeenth century, these shops would create furnishings composed of elaborate sculptural groups, following the genre of those crafted in Rome and Genoa, to embellish the sumptuous patrician dwellings in those cities. Andrea Brustolon began sculpting, starting precisely in the 1680s, the furniture for Palazzo Venier, and Michele Fanoli completed the marine figures at the base of the tables in the Fortress of Soragna (Fig. 4) following styles taken from Antonio Corradini (1688–1752), who supervised, in the years 1719–1729, the construction of the new Bucentaur and from Matteo Calderoni, who, after also having worked for the princes of Soragna in 1701, was called in 1731 to do the carvings for the royal Savoy "peota" (a midsized boat propelled by eight oarsmen). Scenographic apparatuses with angels on the wing carrying lamps or other liturgical emblems were ideated by Brustolon in the early decades of the eighteenth century to decorate the altars of the churches of Venice and Belluno, in ad-

herence to a model borrowed from Francesco Bernardoni, who in 1726–1727 sculpted analogous angels on the ceiling cornice of the Chapel of San Domenico in the Basilica of Santi Giovanni e Paolo.

The desire to amaze both through the imitation of nature and through the continuing variations on the theme of metamorphosis, already found in the carvings of Francesco Pianta, began a new artistic season in the sculpture of Brustolon (Fig. 5). The work of the Belluno wood sculptor contains an echo of Bernini's style tempered by Auricular or German late-Mannerist images, known to him thanks to the many engravings circulating in Veneto and certainly studied by the artist, who united a notable skill in carving boxwood and ebony with an extraordinary capacity for invention. The design for a mirror frame, conceived as an allegory of the virtues of the person reflected in it, demonstrates to the highest degree Brustolon's up-to-date culture. Not undeservedly, he was described by Balzac as the "Michel Ange du bois" (the Michelangelo of wood), whose works stood for much of the eighteenth century as a model to be followed for entire generations of carvers working in the Venetian domains.

Soon architects and ornamentalists active during the seventeenth century in southern Italy, and especially in Sicily, aligned themselves with the Baroque style. This was partially the result of the construction work commissioned by religious orders, who communicated to the local artists what was being done in the fields of architecture and ornamentation by the principal Roman artists, such as Guarino Guarini (1624–1683). Guarini was commissioned in 1660 by his order, the Teatini, to build the Church of the Annunziata in Messina and on the same occasion designed the church of the Somaschi Fathers.

However, it would not be until the end of the century that the Baroque style became widely diffused, by merit of architects such as the Jesuit Angelo Italia (1628–1701), Paolo Amato (1634–1714) and his pupil Giacomo Amato (1643–1732). After sojourning in Rome in the 1670s, Giacomo worked almost

exclusively in Palermo, soon becoming a part of the group of artists working in the courts of the Viceroy and local nobles, for whom he designed furniture and interior decorations, at times with the collaboration of Pietro Dell'Aquila. These works were often built with the assistance of the painter Antonio Grano and the stucco-worker Giacomo Serpotta (1652–1732). Of the work of the Palermo architect, who was profoundly influenced by the Roman works of Carlo Fontana (1634–1714), a rich corpus of designs still exists that documents his activities as a designer of elaborate interior decorations and fanciful furnishings (exemplified by the credenza from the Church of San Niccolò in Catania included in the fourth section of the exhibition) conceived in line with the Roman Baroque taste brought to Sicily also by Dell'Aquila. Having frequented the Roman circle of artists gathering around Christina of Sweden, Dell'Aquila designed the chancels of the Church of the Pietà in 1689. They are decorated in a strongly plastic manner with symbols of virility alternating with animals, a model that would soon catch on among wood sculptors active in the late seventeenth and early eighteenth centuries, such as Antonio Rallo and Alberto Orlando, creators of the elaborate armoires in the Sacristy of the Chapel of the Crucifix in the Cathedral of Monreale (Fig. 6). (*Enrico Colle*)

5. Andrea Brustolon, portavasi, fine
del XVII - inizi del XVIII secolo. Venezia,
Museo di Ca' Rezzonico

Andrea Brustolon, Vase holders, late
seventeenth - early eighteenth century.
Venice, Museo di Ca' Rezzonico

6. Antonio Rallo e Alberto Orlando,
particolare degli armadi, 1690.
Monreale, duomo, sagrestia della
Cappella del Crocifisso

Antonio Rallo and Alberto Orlando,
Armoire detail, 1690. Monreale,
Cathedral, Sacristy of the Chapel
of the Crucifix

elaborati gruppi scultorei, sul genere di quelli intagliati a Roma e a Genova, per abbellire le sontuose dimore patrizie di quelle città: Andrea Brustolon iniziava infatti a scolpire, proprio a partire dagli anni ottanta del Seicento, i mobili per palazzo Venier, mentre di lì a poco, nel 1701, Michele Fanoli portava a termine le figure marine poste alla base dei tavoli della rocca di Soragna (fig. 4) secondo un gusto ripreso pure da Antonio Corradini (1688-1752) che sovrintese, tra il 1719 e il 1729, alla costruzione del nuovo Bucintoro, e da Matteo Calderoni che, dopo aver lavorato anch'egli nel 1701 per i principi di Soragna, fu chiamato nel 1731 a eseguire gli intagli della "peota" reale sabauda. Scenografici apparati con angeli in volo in atto di reggere lampade o altri emblemi liturgici furono ideati da Brustolon intorno ai primi decenni del Settecento per ornare gli altari delle chiese veneziane e bellunesi, secondo un modello ripreso pure da Francesco Bernardoni che, tra il 1726 e il 1727, scolpì analoghi angeli sulla cornice della volta della cappella di San Domenico nella basilica dei Santi Giovanni e Paolo.

La volontà di stupire sia attraverso l'imitazione della natura sia tramite le continue variazioni sul tema delle metamorfosi, già presente negli intagli di Francesco Pianta, rivive ora nelle sculture di Brustolon una nuova stagione artistica (fig. 5). Nelle opere dell'intagliatore bellunese il riflesso dello stile berniniano si stempera nelle fantasie auricolari o tardomanieriste tedesche conosciute grazie alle numerose incisioni che circolavano in Veneto e certamente studiate dall'artista, che a una notevole maestria nell'intagliare il bosso e l'ebano univa una straordinaria capacità inventiva. Il disegno per una cornice di specchio, concepita come un'allegoria delle virtù di chi vi si rifletteva, dimostra al più alto grado la cultura aggiornata di Brustolon, non a caso definito da Balzac "le Michel Ange du bois", le cui opere costituirono per buona parte del Settecento un modello su cui applicarsi per intere generazioni di intagliatori attivi nei domini della Serenissima.

Allo stile barocco si adeguarono ben presto anche gli architetti e gli ornatisti at-

tivi durante il Seicento nell'Italia meridionale, e soprattutto in Sicilia, grazie anche all'attività edilizia degli ordini religiosi, che portarono a conoscenza degli artisti presenti nell'isola quanto andavano elaborando nel campo dell'architettura e dell'ornato i principali artisti romani, come ad esempio Guarino Guarini (1624-1683) che nel 1660, a Messina, costruì su commissione del suo ordine, quello dei teatini, la chiesa dell'Annunziata e nella stessa occasione disegnò la chiesa dei padri somaschi.

Bisognerà però aspettare la fine del secolo per assistere a una capillare diffusione del gusto barocco, per merito di architetti quali il gesuita Angelo Italia o Paolo Amato (1634-1714) e il suo allievo Giacomo Amato (1643-1732). Quest'ultimo, dopo un soggiorno negli anni settanta a Roma, lavorò quasi esclusivamente a Palermo, entrando ben presto a far parte degli artisti impegnati dalla corte vicereale e dalla locale nobiltà, per la quale disegnò, talvolta in collaborazione con Pietro Dell'Aquila, mobili e decorazioni d'interni alla cui realizzazione chiamò spesso a collaborare il pittore Antonio Grano e lo stuccatore Giacomo Serpotta (1652-1732). Dell'architetto palermitano, profondamente influenzato dalle opere romane di Carlo Fontana (1634-1714), rimane un ricco *corpus* di disegni che documenta la sua attività di progettista di elaborate decorazioni d'interni e di fantasiosi arredi – dei quali la credenza della chiesa di San Niccolò a Catania nella quarta sala della mostra è un esempio – concepiti in linea col gusto barocco romano diffuso in Sicilia anche da Dell'Aquila. Quest'ultimo, che aveva frequentato a Roma la cerchia degli artisti di Cristina di Svezia, realizzò nel 1689 i disegni per le cantorie della chiesa della Pietà ornate, con un forte senso plastico, di figure virili alternate ad animali, secondo un modello presto seguito anche dagli intagliatori attivi tra la fine del secolo e gli inizi del Settecento, come ad esempio Antonio Rallo e Alberto Orlando, autori degli elaborati armadi della sagrestia della cappella del Crocefisso nel duomo di Monreale (fig. 6). (*Enrico Colle*)

II.1

Antonio Chicari, su disegno di Gian
Lorenzo Bernini
Tavolo da muro, 1663
95,5 x 158 x 70 cm

Antonio Chicari, after a drawing
by Gian Lorenzo Bernini
Console, 1663
95,5 x 158 x 70 cm

II.2

Paolo Buffa
(Milano, 1903-1970)
Console a sei cassetti
esecuzione Marelli e Colico, 1957
90 x 130 x 45 cm

Paolo Buffa
(Milan, 1903–1970)
Six-drawer console
made by: Marelli e Colico, 1957
90 x 130 x 45 cm

L'infinito ragionamento di Buffa sulla *console* stretta da ingresso. Le chiavi, gli spiccioli, l'accendino, la posta, che ingombrano prima di uscire o appena rientrati in casa, trovano in questa fascia di poco spessore con gambe il complemento d'arredo rassicurante del borghese moderno.

An example of Buffa's infinite interpretations of the narrow entrance console. Keys, loose change, lighters and mail, which are all in the way before leaving home or having just returned, find a perfect spot in this example of a reassuring item of furniture for the modern middle-class, comprising a narrow strip with legs.

Giostra funzionale da salotto che determina sotto-zone nella parte giorno della casa. Questa edicola per piccoli oggetti o libri serve ora me, ora te in un'area intermedia che sta a cavallo tra il living e la zona pranzo.

A functional living-room merry-go-round creating sub-zones in the daytime accommodation of a home. This kiosk for small objects or books serves first one person, then another, in an intermediate area between the living room and dining area.

II.3

Manifattura romana
Scarabattola, 1675-1700
215 x 100 x 60 cm

Roman workshop
Show case, ca 1675–1700
215 x 100 x 60 cm

II.4

Claudio Salocchi
(Milano, 1934)
Libreria pivotante
produzione Sormani, 1960
210 x 60 x 60 cm

Claudio Salocchi
(Milan, 1934)
Pivoting bookcase
made by: Sormani, 1960
210 x 60 x 60 cm

Elemento segnaletico, quasi magico,
è una stele moderna senza spessore.
Borsani lo fa coincidere con una linea
che può disegnare lo spazio anche a
centro stanza. La sua forza innovativa
sta nel suo alone luminoso.

*An almost magical symbolic element,
it is a modern, two-dimensional stele.
Borsani uses it to form a line that can
delineate a space even from the centre
of a room. Its innovative strength lies
in its luminous halo.*

II.5

Osvaldo Borsani
(Varedo, 1911 - Milano, 1986)
Lampada da terra a navetta *LT8*
produzione Tecno, 1959
300 x 15 x 15 cm

Osvaldo Borsani
(Varedo, 1911 – Milan, 1986)
LT8 floor lamp
made by: Tecno, 1959
300 x 15 x 15 cm

II.6

Manifattura romana
Testa di unicorno, seconda metà
del XVII secolo
225 x 65 x 25 cm

Roman workshop
Unicorn's head, second half
of the seventeenth century
225 x 65 x 25 cm

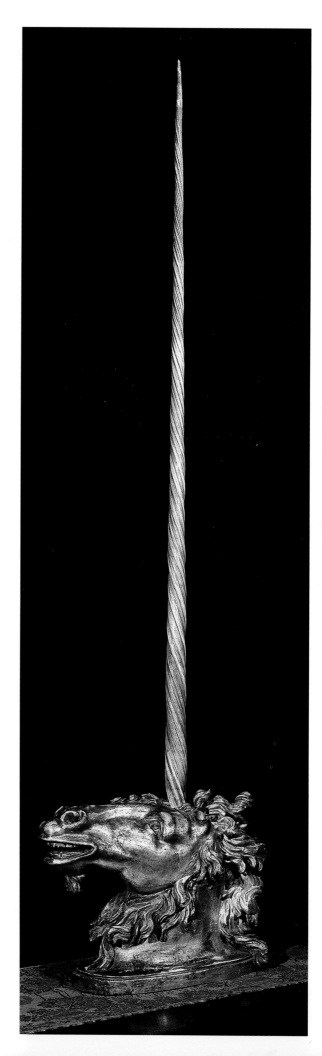

Scale, fontane, modanature costituivano
solitamente il territorio della pietra
serena. Qui Mangiarotti prova il
materiale nel suo uso estremo attraverso
i grandi sbalzi e il principio di mensola
di un'architettura preistorica,
avvalendosi di un incastro a gravità per
regalare anche al moderno un altare.

*Pietra serena was usually employed
for stairs, fountains, mouldings. Here,
Mangiarotti tests the material to
extremes through the use of unsupported
lengths and the idea of a sort of
prehistoric shelf, with the join between
top and legs assured by gravity,
providing an altar for the modern world.*

II.7
Filippo Parodi (Genova, 1630-1702)
Tavolo da muro, fine del XVII secolo
103 x 175 x 62 cm

Filippo Parodi (Genoa, 1630–1702)
Console, late seventeenth century
103 x 175 x 62 cm

II.8
Angelo Mangiarotti
(Milano, 1921)
Console *Incas*
produzione Skipper, 1978
72 x 200 x 55 cm

Angelo Mangiarotti
(Milan, 1921)
Incas console
made by: Skipper, 1978
72 x 200 x 55 cm

II.9

Manifattura toscana
Reggitorciera, 1675-1700
155 x 53 cm

Tuscan workshop
Torchbearer, ca 1675–1700
155 x 53 cm

II.10

Achille Castiglioni
(Milano, 1918-2002)
Piergiacomo Castiglioni
(Milano, 1913-1968)
Lampada *Toio*
produzione Flos, 1962
170 x 21 x 21 cm

Achille Castiglioni
(Milan, 1918–2002)
Piergiacomo Castiglioni
(Milan, 1913–1968)
Toio lamp
made by: Flos, 1962
170 x 21 x 21 cm

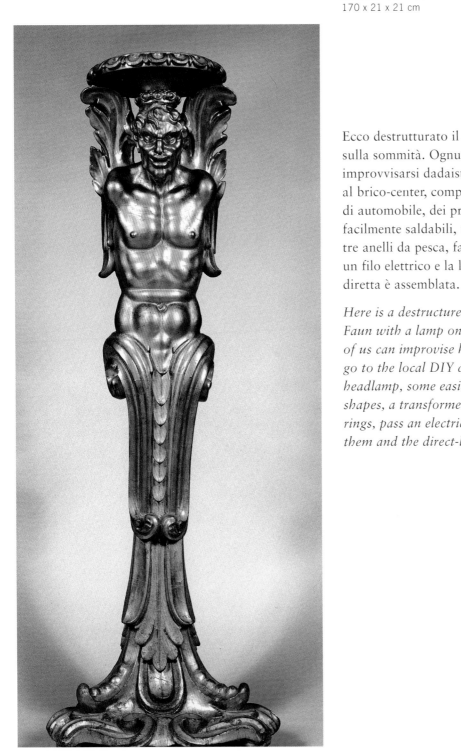

Ecco destrutturato il Fauno con la torcia sulla sommità. Ognuno di noi può improvvisarsi dadaista, andare al brico-center, comprare un fanale di automobile, dei profili metallici facilmente saldabili, un trasformatore, tre anelli da pesca, farvi passare dentro un filo elettrico e la lampada a luce diretta è assemblata.

Here is a destructured version of the Faun with a lamp on his head. Each of us can improvise himself as a Dadaist, go to the local DIY centre, buy a car headlamp, some easily weldable metal shapes, a transformer, three fishing rod rings, pass an electrical cable through them and the direct-light lamp is ready.

II.11

Lorenzo Haili (Fisto [Trento],
1643 - Parma, 1702) (attr.)
Estate, fine del XVII – inizi del XVIII
secolo
h 159 cm

Lorenzo Haili (Fisto [Trento],
1643 – Parma, 1702) (attr.)
Summer, late seventeenth – early
eighteenth century
h 159 cm

II.12

Roberto Gabetti
(Torino, 1925-2000)
Ajmaro d'Isola
(Torino, 1928)
Lampada *Bul-bo*
produzione Arbo, 1969
230 x variabile circa 80 cm

Roberto Gabetti
(Turin, 1925–2000)
Ajmaro d'Isola
(Turin, 1928)
Bul-bo lamp
made by: Arbo, 1969
230 x variable ca 80 cm

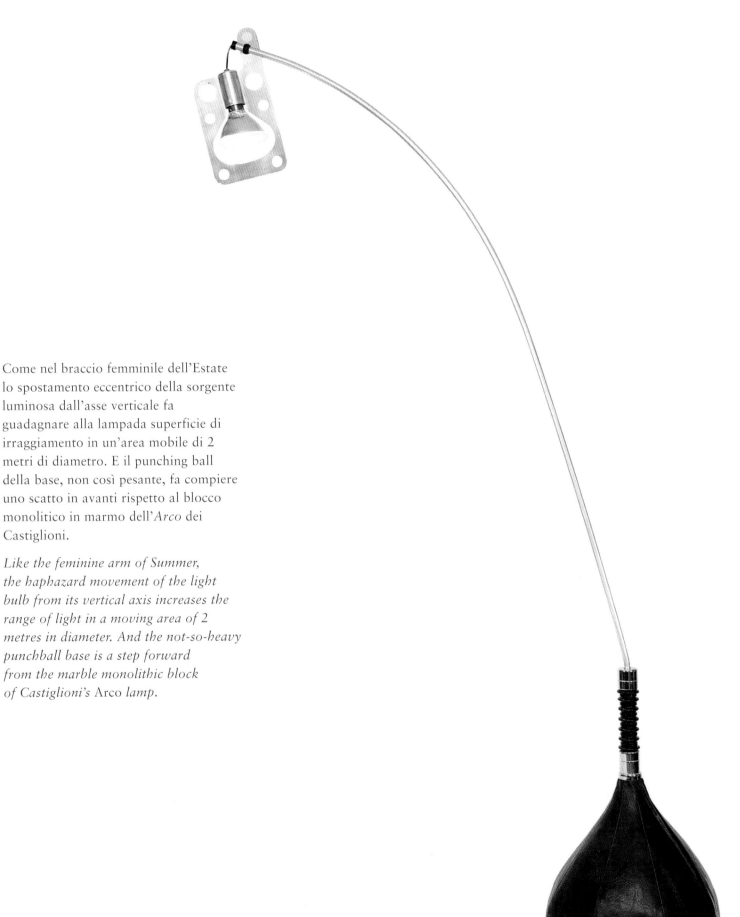

Come nel braccio femminile dell'Estate lo spostamento eccentrico della sorgente luminosa dall'asse verticale fa guadagnare alla lampada superficie di irraggiamento in un'area mobile di 2 metri di diametro. E il punching ball della base, non così pesante, fa compiere uno scatto in avanti rispetto al blocco monolitico in marmo dell'*Arco* dei Castiglioni.

Like the feminine arm of Summer, the haphazard movement of the light bulb from its vertical axis increases the range of light in a moving area of 2 metres in diameter. And the not-so-heavy punchball base is a step forward from the marble monolithic block of Castiglioni's Arco lamp.

103

II.13

Antonia Astori
(Melzo, 1940)
Sistema *Oikos*
produzione Driade, 1972
298 x 300 x 45 cm

Antonia Astori
(Melzo, 1940)
Oikos system
made by: Driade, 1972
298 x 300 x 45 cm

Il mobile si fa parete, anzi interparete. Astratto meccano fatto di astratte geometrie promuove il contenitore a generatore di spazi facendo in modo che qualsiasi locale venga ugualmente attrezzato. Attraverso una divisione degli spazi meno categorica del muro, il mobile fa compiere modernamente all'alloggio quell'incremento di flessibilità che in Italia non è stata in grado di fare l'edilizia.

Furniture becomes wall or, indeed, divider. An abstract Meccano formed of abstract geometries, promoting the container to generator of spaces, ensuring that any room is equally well-equipped. A division of space that is less categorical than a wall. This item of furniture fulfils a modern flexible role in the home that building alone is unable to do.

Bottega di Donato Andrea Fantoni
(Rovetta, 1746-1817)
Alcova, terzo quarto del XVIII secolo
425 x 480 x 144 cm

Studio of Donato Andrea Fantoni
(Rovetta, 1746–1817)
Alcove, third quarter of the eighteenth
century
425 x 480 x 144 cm

La maniglia, da sempre elemento nascosto, dissimulato o relegato ad accessorio decorativo per eccellenza, diventa addirittura spia del suo funzionamento. Deborda dal volume del cassettone e ci invita all'atto comportamentale di aprire cassetti.

The handle, which has always been either hidden or camouflaged or relegated to decorative accessory here becomes the indicator of its function. It stands out from the body of the chest of drawers and invites us to open the drawers.

II.15

Manifattura siciliana
Credenza, inizi del XVIII secolo
256 x 260 x 95 cm

Sicilian workshop
Sideboard, early eighteenth century
256 x 260 x 95 cm

II.16

Ettore Sottsass
(Innsbruck, 1917 - Milano, 2007)
Cassettoncino *Bastonio*
produzione Poltronova, 1966
100 x 100 x 60 cm

Ettore Sottsass
(Innsbruck, 1917 – Milan, 2007)
Bastonio chest of drawers
made by: Poltronova, 1966
100 x 100 x 60 cm

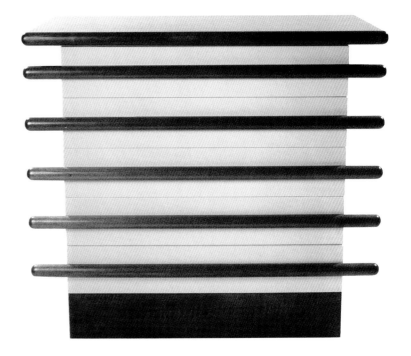

II.17

Gaetano Pesce
(La Spezia, 1939)
Poltrone / *Feltri*
produzione Cassina, 1987
100 x 80 x 80 cm

Gaetano Pesce
(La Spezia, 1939)
I Feltri armchairs
made by: Cassina, 1987
100 x 80 x 80 cm

II.18

Ottavio Calderoni
Poltrona, 1701
130 x 123 x 90 cm

Ottavio Calderoni
Armchair, 1701
130 x 123 x 90 cm

La veste cerimoniale o cardinalizia che si associa a chi occupa troni regali diventa essa stessa trono. L'antica tipologia coincide con un vestito diventato strutturale, un super-manto aiutato dalla resina epossidica che lo rende portante. A terra il feltro disegna i suoi artigli che lo assicurano al pavimento in modo tentacolare.

The ceremonial or cardinal-like character associated with whoever occupies royal thrones becomes itself a throne.
This ancient typology is like a garment become something structural, a super-cape assisted by epoxy resin that make it load-bearing. On the ground, the felt sets out its claws to grip the floor in a tentacular manner.

II.19

Manifattura veneziana
Tavolo da muro, inizi del XVIII secolo
100 x 171 x 68 cm

Venetian workshop
Console, early eighteenth century
100 x 171 x 68 cm

II.20

Ettore Sottsass
(Innsbruck, 1917 - Milano, 2007)
Console *Tartar*
produzione Memphis, 1985
78 x 195 x 85 cm

Ettore Sottsass
(Innsbruck, 1917 – Milan, 2007)
Tartar console
made by: Memphis, 1985
78 x 195 x 85 cm

Una *console* bifrontale all'epoca dell'estetica decostruttivista. Il mobile tira in tante direzioni, assembla piani a varie altezze, gambe diverse per struttura e foggia. Sottsass coniuga il mobile colto con lo "spontaneo" o lo "sgangherato" al limite del crollo visto in qualche baracca di bidonville asiatica.

A two-fronted console from the period of a deconstructivist aesthetic. The piece of furniture pulls in many directions, displays tops on various levels, and legs that vary in structure and form. Sottsass here combines the fine piece with the "spontaneous" and the "ramshackle" items, seemingly ready to collapse, that one might find in some hut in an Asian slum.

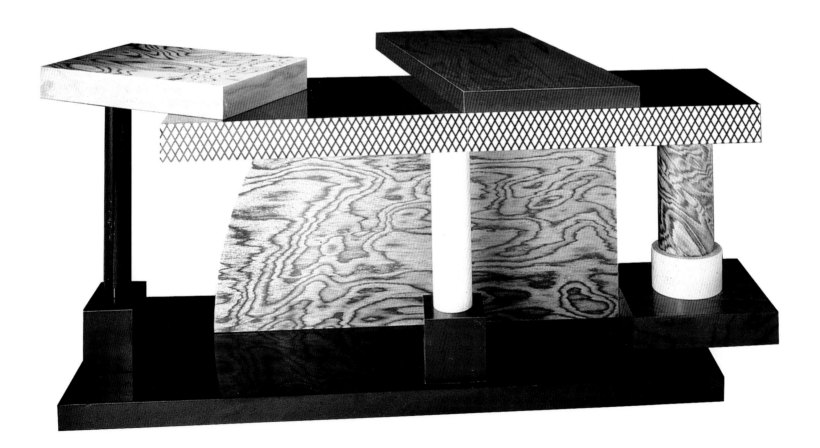

La lastra incisa degli anni trenta è stata sostituita dal cristallo massiccio a elementi colorati per segnare in modo chiaroscurale un sole a spicchi.

The plate engraved in the thirties has been replaced by a heavy sheet of glass with coloured elements that traces a shaded image of a sun in segments.

II.21
Manifattura veneta
Specchiera, inizi del XVIII secolo
214 x 160 x 47 cm

Veneto workshop
Mirror, early eighteenth century
214 x 160 x 47 cm

II.22
Fontana Arte
Specchio circolare, circa 1958
Ø 65 x 3 cm

Fontana Arte
Circular mirror, ca 1958
Ø 65 x 3 cm

II.23
Bottega di Andrea Fantoni
Specchiera celebrativa,
circa 1693-1698
160 x 260 cm

Workshop of Andrea Fantoni
Celebratory mirror, ca 1693–1698
160 x 260 cm

II.24
Nanda Vigo
(Milano, 1934)
Specchio *Maya*
produzione Glas Italia, 2007
200 x 100 x 29 cm

Nanda Vigo
(Milan, 1934)
Maya mirror
made by: Glas Italia, 2007
200 x 100 x 29 cm

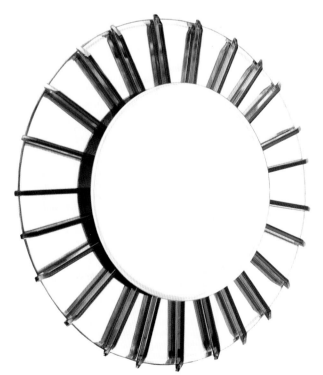

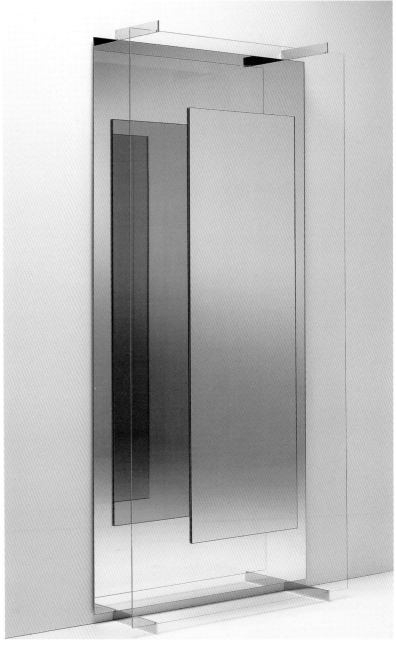

Per specchi successivi, per lastre
successive una camera di riflessione dove
vedersi in più di un modo: incorniciati,
scomposti, a tutta altezza. Uno specchio
che fa guadagnare volumetria alla
percezione della figura.

For successive mirrors, for successive
slabs; a reflecting chamber in which
to see oneself in more than one manner:
framed, in sections, full height. A mirror
assuring the volumetric perception
of the figures.

Joe Colombo
(Milano, 1930-1971)
Poltrona *Elda*, 1963
produzione Comfort, 1963
92 x 92 x 92 cm

Joe Colombo
(Milan, 1930–1971)
Elda armchair, 1963
made by: Comfort, 1963
92 x 92 x 92 cm

Ambito dei Pianta
Inginocchiatoio, seconda metà
del XVII secolo
70 x 57 x 114 cm

Circle of the Pianta
Prie-dieu, second half
of the seventeenth century
70 x 57 x 114 cm

Il raccoglimento individuale a-tu-per-tu
con il sacro si trasforma nel
raccoglimento laico del dopo otto-ore-di-
lavoro. Il "relax psichico" del manager
alle sette di sera si può costruire con una
conchiglia stampata in poliestere che
lo isola parzialmente dal resto della casa.
Ne scherma la testa mentre una
serpentina di imbottitura ne massaggia
la schiena.

*The individual contemplation with
the sacred is transformed into a profane
contemplation of the post-eight-hours-of-
work. The "psychic relaxation"
of the manager at seven in the evening
can be constructed using a moulded
polyester shell partially isolating him
from the rest of the house. The head
is protected while a whirl of padding
massages his back.*

Ebano e bronzo dorato

Ebony and Gilded Bronze

*A*long with the carved and gilded wooden candlesticks portraying mythological figures and the elaborate outlines of the console tables, often surmounted by massive mirrors framed in a great abundance of twining acanthus leaves, the interiors of princely seventeenth-century abodes did not lack furnishings that were conceived as rare and precious collector's items, the fruit of the talents of artisans in transforming and shaping materials that were not easily worked, such as metals, *pietre dure* and prized wood veneers, and of the inventive fancy of architects and ornamentalists working in the service of the Italian noble courts.

The prized materials used to create these objects and furnishings were the exclusive prerogative, since the previous century, of sovereigns and pontiffs. In Florence, the Medici were the first to acquire furnishings of this type, embellished with jewels set against dark backgrounds in ebony to set off the varied chromatic brilliance of the *pietre dure* and the dazzle of the chiselled and gilded bronze enframements. Early examples of these furnishings are the *prie-dieu* created in 1621–1625 for Ferdinando II de' Medici probably based on designs by Ligozzi, and the monumental wall cabinet, now in the Tribuna degli Uffizi, completed in or before 1646 for the Botteghe Granducali (Fig. 1). Both works derive stylistically from coeval German cabinetry, whence they adopted the practice of covering the severe wooden structures with ebony veneer. And the finest cabinet makers employed by the Italian grand dukes hailed from Germany. Those working in Florence during the second half of the seventeenth century included Mattia Verz, Cosi-

These are the same jewels we find in the decorations for a throne described in 1692 with decorations portraying Saint John in the desert using "122 cartloads of pearls set in enamelled gold … two cartloads of mother-of-pearl … four emeralds … an amethyst, twenty garnets [and] fifteen topazes", while the seat and back, covered in silver-plated copper relief, had armrests embellished with a mosaic of jasper chips with shelves on either side supporting "two gilded figures representing rivers".

The strong chromatic contrast achieved by juxtaposing black and gold was not reserved exclusively to the use of precious materials but was also extended to other techniques, such as lacquer work. In Florence from the late sixteenth and throughout the following century it was common practice to decorate tables (Fig. 3), chairs, pedestals for sculptures or candles, wall cabinets and beds using a special painting technique referred to as "India style" because of the motifs crafted in gold against a dark background that evoked Persian and Indian art.

Special painting techniques were also used in Venice for a brief period between the late seventeenth century and the first decades of the eighteenth to create black lacquered furniture enlivened with tortoiseshell, mother-of-pearl and ivory inlay work. According to sources at the time, one of the artists specialised in this type of inlay was Domenico Rossetti (1650–1736). Recent research has also revealed that there were artisans, perhaps of northern-European origin, in the city who were skilled in working with prized woods and precious metals. This is the case, for example, of Sebastiano Novale and Giovanni Calegari, the creators of tabletops for the Soragna Fortress or the mysterious De Lucci family,

1. Botteghe Granducali su disegno
di Matteo Nigetti, *Stipo di Ferdinando II
de' Medici*, 1642-1646. Firenze,
Galleria degli Uffizi, Tribuna

Botteghe Granducali based on designs
by Matteo Nigetti, *Wall cabinet of
Ferdinando II de' Medici*, 1642–1646.
Florence, Galleria degli Uffizi, Tribuna

Accanto alle torciere in legno intagliato e dorato con soggetti mitologici e alle elaborate sagome dei tavoli parietali, spesso sovrastati da imponenti specchiere le cui cornici erano costituite da ridondanti viluppi di foglie d'acanto, negli interni delle principesche dimore seicentesche non mancavano arredi concepiti come preziose rarità collezionistiche frutto dell'abilità degli artigiani nel trasformare e plasmare materie prime di difficile lavorazione, quali i metalli, le pietre dure e le essenze destinate alle impiallacciature, e dell'estro inventivo degli architetti e ornatisti al servizio delle principesche corti italiane.

Si trattava di oggetti e mobili costruiti con materiali pregiati il cui approvvigionamento era prerogativa, fin dal secolo precedente, di sovrani e pontefici: a Firenze, i Medici furono tra i primi a realizzare questo genere di mobilia abbellita con gioie spesso incastonate sui fondi scuri dell'ebano, al fine di far risaltare tutta la brillantezza delle varietà cromatiche delle pietre dure unite ai bagliori dei bronzi cesellati e dorati che le contornavano. Primi esempi di tali arredi possono essere considerati l'inginocchiatoio eseguito tra il 1621 e il 1625 per Ferdinando II de' Medici su probabili disegni di Ligozzi e il monumentale stipo, ora nella Tribuna degli Uffizi, terminato entro il 1646 all'interno delle Botteghe Granducali (fig. 1). Entrambe le opere dipendono stilisticamente dalla coeva produzione dell'ebanisteria tedesca, dalla quale riprendono l'usanza di rivestire le severe strutture lignee con le impiallacciature in ebano. E proprio dalla Germania provenivano i migliori ebanisti impiegati dai granduchi, quali Mattia Verz,

Cosimo Maures, Baldassar Sedelmar, Niccolò Chint e Adamo Suster, solo per citare alcuni di quelli operosi a Firenze durante la seconda metà del Seicento. A loro si deve quindi la realizzazione dei massimi tra i capolavori della mobilia del tempo quali lo stipo con pannelli in avorio intagliati da Vittorio Crosten (doc. dal 1663 al 1704) nel 1704 (fig. 2), vera meraviglia dell'attività dell'intagliatore di corte che seppe tradurre nel candore dell'avorio, contrapposto alla cupa profondità dell'ebano, il vibrante naturalismo presente nei disegni di Giovan Battista Foggini (1652-1725), cui si deve anche l'ideazione della articolata struttura di un altro stipo, quello dell'Elettore Palatino, portato a termine nel 1709, e dell'inginocchiatoio destinato alla consorte del principe Anna Maria Luisa de' Medici, qui esposto. In entrambi gli arredi Foggini adotta una inedita soluzione compositiva che riesce a unire tutte le parti in un'unica struttura omogenea preziosamente ornata. I bronzi dorati e le pietre dure furono infatti disposti su tutte le superfici dei mobili in un crescendo decorativo che culmina, nel primo, nell'elaborato frontone e, nel secondo, nei ridondanti festoni di frutta saldamente avviluppati alle dilatate volute di ebano. Anche nei piani per tavoli in pietre dure usciti dalle botteghe granducali si assiste all'assimilazione dello stile fogginiano: in essi i motivi floreali di matrice ligozziana furono tradotti nelle magie iridescenti scaturite dai meandri e dai cartocci inventati dall'artista per riempire, senza soluzione di continuità, le nere superfici della pietra di paragone o della scagliola.

Questa particolare declinazione tutta fiorentina del barocco romano, che abbinava al bruno dell'ebano o della pietra di paragone

2. Vittorio Crosten e Adamo Suster,
stipo, 1704. Firenze, palazzo Pitti,
Appartamenti reali

Vittorio Crosten and Adamo Suster, Wall
cabinet, 1704. Florence, Palazzo Pitti,
Royal Apartments

mo Maures, Baldassar Sedelmar, Niccolò
Chint and Adamo Suster. We owe to them the
greatest masterpieces of furniture of the time,
such as the wall cabinet with ivory panels incised by Vittorio Crosten (doc. 1663–1704)
in 1704 (Fig. 2), a true marvel of the handcraft of the court carver, who artfully trans-
posed the vibrant naturalism of the designs
of Giovan Battista Foggini (1652–1725) into the white purity of ivory, contrasted with
the dark profundity of ebony. Foggini was also responsible for the design of the complex
structure of another wall cabinet, that of the
Palatine Elector, completed in 1709, and of
the *prie-dieu* for the prince's consort, Anna
Maria Luisa de' Medici, which is exhibited
here. In both works, Foggini opted for an innovative composition that succeeds in unit-
ing all the parts into a single homogeneous
and preciously ornamented structure. Gilded
bronzes and *pietre dure* embellished all surfaces of the furniture in a decorative crescendo culminating, in the wall cabinet, in the
elaborate pediment, and in the *prie-dieu*, in
the luxuriant festoons of fruit firmly entwined
around the ample ebony volutes. And the
jewelled tabletops from the Botteghe Granducali also showed the assimilation of the Foggini style. Here, floral motifs *à la* Ligozzi were
translated into the iridescent magic produced
by the meanders and scrolls invented by the
artist to completely fill in the black surfaces
of the touchstone or scagliola.

This particular and exquisitely Florentine interpretation of the Roman Baroque,
which combined the darkness of ebony or
touchstone with the scintillating dazzle of the
gildwork and precious stones, found its most
imaginative creators initially in the court architects Giovan Battista Balatri and Pier Maria
Baldi, and later, after 1694, in Foggini. Furnishings that used the designs of these artists
are now rare; most of them were destroyed
as tastes changed in the second half of the
eighteenth century. However we may still have
an idea of their magnificence thanks to documents in the archives that describe the apartments of the grand dukes in Palazzo Pitti,
splendidly arrayed with furnishings in embossed silver, gold-embroidered partitions and
mirrors framed with jewelled inlay work.

gli scintillanti bagliori delle dorature e delle pietre preziose, ebbe negli architetti di corte Giovan Battista Balatri e Pier Maria Baldi prima e, dopo il 1694, in Foggini i suoi più fantasiosi creatori. Sono rari oggi gli arredi realizzati su disegni dei citati artisti, essi andarono per la maggior parte distrutti col mutamento del gusto avvenuto durante la seconda metà del Settecento, ma un'idea del loro sfarzo ci è stata tramandata dai documenti d'archivio, che descrivono gli appartamenti dei granduchi nella reggia di Pitti sfarzosamente arredati con mobili rivestiti in argento sbalzato, parati ricamati in oro e cornici per gli specchi con intarsi di "gioie"; le stesse che troviamo descritte nel 1692 in un ricamo destinato a rivestire un trono raffigurante *San Giovanni nel deserto* per cui vennero impiegati "122 barocchi di perle legate in oro smaltato [...] due barocchi di madreperla [...] quattro smeraldi [...] un ametista venti granati [e] quindici topazi", mentre il fusto, ricoperto di rilievi in rame argentato, aveva i braccioli commessi di diaspro a scaglie con due mensole ai lati sorreggenti "due figure di getto dorato che rappresentano due fiumi".

Il forte contrasto cromatico ottenuto dall'accostamento del nero e dell'oro non fu solo riservato all'utilizzo delle materie preziose ma si estese anche ad altre tecniche, come quella della lacca. Sempre a Firenze, fin dal tardo Cinquecento e per tutto il secolo successivo, era infatti invalso l'uso di decorare tavoli (fig. 3), sedie, sgabelloni per sculture o per lumi, stipi e letti con una speciale tecnica di pittura, detta "all'indiana" a motivo dei suoi ornati che, eseguiti con l'oro su un fondo scuro, si rifacevano all'arte persiana e indiana.

Sempre con speciali tecniche di pittura a vernice a Venezia, per un breve periodo tra la fine del Seicento e i primi decenni del secolo successivo, si realizzarono mobili laccati di nero e ravvivati da intarsi in tartaruga, madreperla e avorio. Stando alle fonti dell'epoca, un artista specializzato in questo tipo d'intarsio fu Domenico Rossetti, vissuto dal 1650 al 1736. Recenti ricerche hanno evidenziato come nella città fossero attivi anche artigiani, forse di origine nordica, in grado di lavorare essenze pregiate e metalli preziosi. È il caso, ad esempio, di Sebastiano Novale e di Giovanni Calegari, autori dei piani di tavolo della rocca di Soragna, o dei misteriosi De Lucci, attivi almeno a partire dal 1686 e quindi contemporanei di quel Zuane Sugioldi che un agente del duca di Modena, nel 1690, definiva il miglior mobiliere e intarsiatore allora attivo a Venezia.

Si erano invece specializzati nella produzione di specchiere e stipi con intarsi di vetri colorati Vincenzo Della Vedra e Giovanni Antonio Brughi: il primo consegnò ai

3. Manifattura fiorentina, piano di tavolo con decorazioni all'indiana, inizi del XVII secolo. Siena, collezione Chigi Saracini

Florentine craftsmanship, Tabletop with Indian-style decorations, early seventeenth century. Siena, Chigi Saracini Collection

4. Manifattura lombarda, stipo, 1670.
Isola Bella, collezione Borromeo

Lombard craftsmanship, Wall cabinet,
1670. Isola Bella, Borromeo Collection

who were active since 1686 or earlier, and thus contemporaries of Zuane Sugioldi, who was defined by an agent of the Duke of Modena, in 1690, as the best furniture maker and inlay artist in Venice at the time.

Vincenzo Della Vedra and Giovanni Antonio Brughi, on the other hand, were specialised in the production of mirrors and wall cabinets with coloured glass inlay. The former created a number of furniture pieces incorporating multicoloured glass panels for the Meli Lupi family of Soragna, while documents show that the latter worked among the counts of the Guardaroba Medicea and provided the court with "two completely gilded, finely incised [table or hand] mirrors … and lovely frames for various [large] mirrors" on January 4, 1733, followed by two other exemplars "with fluted or finely carved decoration … and a high carved pediment, and carved parts around an oval mirror in the pediment". The liking for luminous chromatic effects deriving from an interplay of lighting and reflections in the various juxtaposed materials, almost as if emulating the most Caravaggesque style of Italian painting of the time, filtered into Milan via objects and works of art collected by some of the city's noble families such as the Visconti, whose coat-of-arms appears in a design of the plans for the sumptuous decoration of a room, or the Borromeo, who had contacted Carlo Fontana (1634–1714), probably toward the end of the century, in order to commission him to design the decorations for the rooms of the palazzo on Isola Bella, where painted marble and ebony wall cabinets and pedestals made their appearance starting in 1670 (Fig. 4). These furnishings, with their multicoloured floral decorations, were created along the lines of the artisanry tradition furthered in Lombardy by the workshop of the Sacchi, a family specialised in coloured marble and *pietra dura* inlay work who were active near the end of the century in the Certosa di Pavia, and by master scagliola-workers such as Ludovico Leoni and Pietro Solari.

Carlo Fontana also provided the ideas for the grandiose wall cabinet (Fig. 5) completely covered with ebony and ivory and crafted in 1678–1680 by the Germany sculptors Franz I and Dominikus Stainhart, with the help of the cabinet maker Giacomo Herman, for the Colonna family. In addition to ebony and ivory, precious and semi-precious stones were also used often during the seventeenth century in Rome to make wall cabinets, cabinets for clocks or reliquaries and at times bed frames, such as the ones recorded by Richard Lassesl in Villa Ludovisi, completely adorned with gems of inestimable value, with pillars of oriental jasper and with a "tablet" containing "a view of a town with a breakwater in amethyst, a mountain of chalcedony, the beach in lapis lazuli and a golden carriage with eleven small diamonds and a rose containing another sixteen, making a total of twenty-seven set in small settings with the figure of Diana riding on the carriage, her skin made of chalcedony and sleeveless clothes in garnet". In the treatise on decoration completed by Nicodemus Tessin the Younger (1654–1728) in 1717, but begun thirty or forty years earlier during his sojourns in the city in 1675–1678 and again in 1687–1688, it is written additionally that among the furnishings possessed by the Borghese prince there was a mirror with a frame inlaid with alabaster, jasper, lapis lazuli and other semi-precious stones, while in Palazzo Altieri there was one in rock crystal magnificently adorned with diamonds, sapphires and topaz. (*Enrico Colle*)

Meli Lupi di Soragna alcuni mobili eseguiti con l'inserimento di variopinti pannelli di vetro, mentre il secondo è documentato tra i conti della Guardaroba medicea per aver fornito alla corte il 4 gennaio 1733 "due spere tutte messe a oro con intaglio fine [...] e contorno vago di vari specchi", seguite da altri due esemplari "con ornamento scanellato o intagliato fine [...] e frontone alto intagliato, e intagli dalle parti con specchio ovato in detto frontone". Il gusto per le accensioni cromatiche scaturite dal gioco di luci e riflettenze dei diversi materiali contrapposti tra loro, quasi a emulare la linea più caravaggesca della coeva pittura italiana, fu filtrato a Milano attraverso gli oggetti e le opere d'arte collezionate da alcuni degli esponenti della nobiltà cittadina, come i Visconti, il cui stemma appare su un disegno raffigurante il progetto per il fastoso allestimento di una sala, o i Borromeo, che avevano interpellato, probabilmente sul finire del secolo, Carlo Fontana (1634-1714) allo scopo di commissionargli i progetti per la decorazione delle

sale del palazzo all'Isola Bella, dove fin dal 1670 avevano trovato posto stipi e piedistalli di ebano e marmi dipinti (fig. 4). Arredi questi ultimi che, colle loro variopinte decorazioni floreali, furono eseguiti in linea con quella tradizione artigianale portata avanti in Lombardia dalla bottega dei Sacchi, una famiglia di intarsiatori in marmi colorati e pietre dure attiva verso la fine del secolo nella certosa di Pavia, e da maestri scagliolisti come Ludovico Leoni e Pietro Solari.

E proprio alle idee di Carlo Fontana spetta la messa in opera del grandioso stipo (fig. 5) interamente rivestito di ebano e avorio realizzato tra il 1678 e il 1680 dagli scultori tedeschi Franz I e Dominikus Stainhart per i Colonna, alla cui realizzazione prese parte anche l'ebanista Giacomo Herman. Oltre all'ebano e all'avorio, durante il Seicento a Roma furono spesso utilizzate pietre preziose e semipreziose per realizzare stipi, casse di orologi o reliquiari e talvolta i fusti dei letti, come quello ricordato da Richard Lassels nella villa Ludovisi, tutto di pie-

tre di inestimabile valore, con i pilastri di diaspro orientale e con una "cartella" entro cui era raffigurata "una veduta di un paese con uno scoglio di mare d'amatista ed una montagna di calcedonia, la marina di lapislazzari con un carro d'oro con undici diamantini piccoli ed una rosa con altri sedici diamantini, che in tutto sono numero 27 legati in castoncini piccoli con una figura di Diana sopra detto carro, con carnagione di calcidonia, et panni di granata senza braccia". Nel *Trattato sulla decorazione* scritto da Nicodemus Tessin il Giovane (1654-1728) nel 1717, ma iniziato trenta o quaranta anni prima, durante i suoi soggiorni nella città tra il 1675 e il 1678 e poi tra il 1687 e il 1688, si riporta inoltre che tra gli arredi posseduti dal principe Borghese vi era uno specchio con la cornice intarsiata di alabastro, diaspro, lapislazzuli e altre pietre semipreziose; mentre in palazzo Altieri se ne poteva ammirare uno di cristallo di rocca magnificamente ornato di diamanti, zaffiri e topazi. (*Enrico Colle*)

5. Franz I e Dominikus Stainhart, stipo, 1678-1680. Roma, palazzo Colonna, galleria, sala dei Paggi

Franz I and Dominikus Stainhart, Wall cabinet, 1678–1680. Rome, Palazzo Colonna, Galleria, Sala dei Paggi

III.1.
Botteghe Granducali su disegno
di Giovan Battista Foggini
Inginocchiatoio, 1706
92 x 68 x 52 cm

Botteghe Granducali after a drawing
by Giovan Battista Foggini
Prie-dieu, 1706
92 x 68 x 52 cm

III.2.
Manifattura veneziana
Inginocchiatoio, primo quarto del XVIII
secolo
117 x 96 x 52

Venetian workshop
Prie-dieu, first quarter of the eighteenth
century
117 x 96 x 52 cm

Come nelle sedute di un antico coro
di monaci cistercensi i moduli
si organizzano a semicerchio a disegnare
un raccoglimento da comune hippy.

*As in the seats of an ancient choir
of Cistercian monks, the modules are
arranged in a semicircle to permit
a gathering in the manner of a hippie
commune.*

III.3

Superstudio
(Adolfo Natalini, Cristiano Toraldo
di Francia, Pietro Frassinelli,
Roberto Magris, Alessandro Poli)
Seduta *Bazaar*
produzione Giovannetti, 1968
149 x 84 x 90 cm

Superstudio
(Adolfo Natalini, Cristiano Toraldo
di Francia, Pietro Frassinelli,
Roberto Magris, Alessandro Poli)
Bazaar seating environment
made by: Giovannetti, 1968
149 x 84 x 90 cm

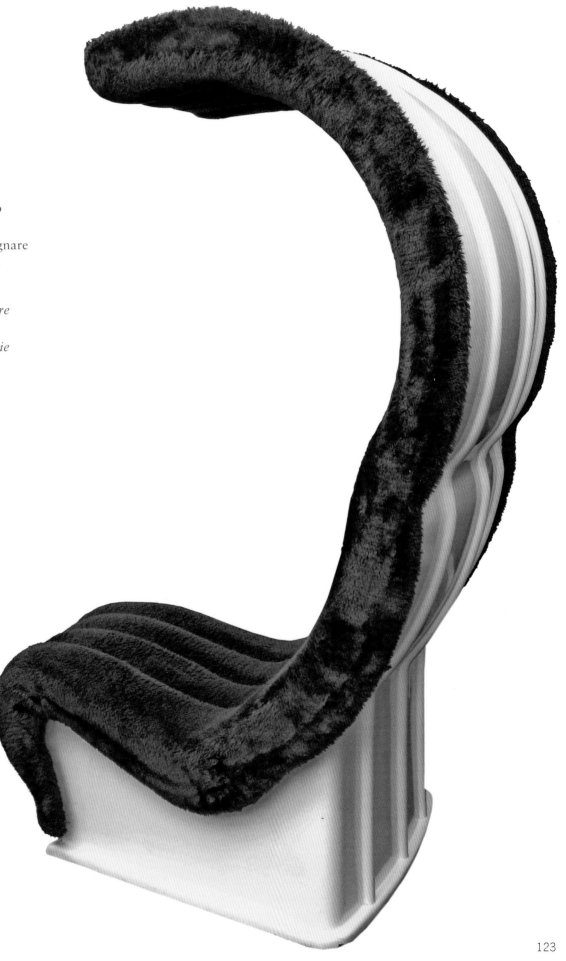

Cocktail di tipologie da anticamera: *console*, mensola, specchio in un unico pezzo. Le gambe si innestano nel piano, gli specchi si innestano nell'alzata. Nella fusione del tutto, tracce di tipologie remote.

A cocktail of waiting room typologies: console, shelf, mirror all in one. The legs slot into the top, the mirrors into the upper part. Traces of remote typologies appear in the fusion of the whole.

III.4

Martino Gamper
(Merano, 1971)
Console
edizione Nilufar, 2007
140 x 170 x 50 cm

Martino Gamper
(Merano, 1971)
Console
Nilufar edition, 2007
140 x 170 x 50 cm

III.5

Manifattura genovese
Tavolo parietale, seconda metà del XVII
secolo
103 x 180 x 53 cm

Genoese workshop
Console, second half of the seventeenth
century
103 x 180 x 53 cm

III.6

Pier Tommaso Campani e Francesco
Trevisani
Orologio notturno con la *Fuga in Egitto*,
circa 1680-1690
160 x 115 x 47 cm

Pier Tommaso Campani and Francesco
Trevisani
Night clock with the *Flight into Egypt*,
ca 1680–1690
160 x 115 x 47 cm

III.7

Angelo Mangiarotti
(Milano, 1921)
Orologio *Secticon*
produzione The Universal
Escapement Ltd, 1956
25 x 12 x 10 cm

Angelo Mangiarotti
(Milan, 1921)
Secticon clock
made by: The Universal
Escapement Ltd, 1956
25 x 12 x 10 cm

L'orologio non guarda più
all'architettura, come nel Settecento,
ma alla figura umana. Come in una
immagine dechirichiana la testa è la cassa
e il quadrante è la faccia. Un personaggio
nuovo nella casa, reso possibile dallo
stampaggio delle resine termoindurenti.

The clock is no longer part of the
architecture as in the eighteenth century
but part of the human figure. Like
in a painting by De Chirico, the head
is the case and the dial is the face. A new
figure in the home made possible
by the moulding of thermosetting resins.

I maestri dell'intarsio

The Masters of Inlay

1. Leonardo van der Vinne, stipo, 1667.
Firenze, Palazzo Pitti, Museo degli
Argenti

Leonardo van der Vinne, Wall cabinet,
1667. Florence, Palazzo Pitti, Museo
degli Argenti

The creation of furniture in precious materials was soon joined in Italy—initially in Florence and later in Rome, Venice and Turin—by exuberant inlay work in coloured wood depicting floral scenes used to finish the surfaces of furnishings in accordance with a style that had characterised Italian furniture during the fifteenth and much of the sixteenth centuries. This rebirth came about at the height of the Baroque period thanks to the presence in Italy of expert inlayers from northern Europe. First among them was Leonardo van der Vinne (doc. 1659–1713), a cabinet maker probably of Flemish origin who arrived in Italy after a period in Paris, where his particular "floral" style was able to come to maturity. Toward mid-century he began to be in vogue, especially among painters of still-lifes. He established contacts at that time with the tapestry maker Pietro Fevère, who later—having been engaged by the Medici in the meantime as head tapestry maker—would welcome him into his Florentine studio and perhaps introduce him into the grand duke's court. The earliest information we have about Van der Vinne's activity dates back to 1659, when he signed a receipt for certain works done for the Guardaroba Medicea. We learn from this document that in spite of the fact that he was defined a master, he did not yet have his own workshop. Five years later, in 1664, Leonardo van der Vinne completed his masterpiece: the table now found in the Museo degli Argenti in Palazzo Pitti, but originally exhibited, together with the wall cabinet (Fig. 1) crafted in 1667, in the Galleria degli Uffizi alongside the precious rarities in the Medici collection. At that date, Van der Vinne appears to have fully mastered the technical and inventive means that characterise his extremely sophisticated inlay work, enough to gain him his own workshop, at least since 1677, in the Botteghe Granducali. This was a clear sign that the master had achieved a high profile position in the densely populated group of artists and artisans producing the decorative work commissioned by the nobles. This group was characterised principally by the determining presence of Giovan Battista Foggini and Diacinto Maria Marmi, with whom Van der Vinne himself collaborated on the execution of many other works such as the decoration of wall cabinets, perfume chests, firearms and musical instruments until his death in 1713.

Both the table on display in the exhibition and the wall cabinet still in Palazzo Pitti, together with other furnishings in private collections similarly inlaid with prized woods, may be considered a precious testament to the taste for the floral ornamentation created by the Flemish cabinet makers and exported to many other European states. The abundant inlaid decorations derive from the fashion known as "tulipmania", which originated in 1630–1640 and was very popular especially in England, Germany and France. In Tuscany, this decorative solution may be seen as a further development of Ligozzi's naturalism, which started with a minute and emblematic analysis of floral motifs and extended to the elaborate and refined organisation of ornamentation interwoven with very colourful bouquets of flowers and fringed petals, for the most part based on the many types cultivated with passion in the Grand Duke's greenhouses. This type of inlay was further developed, with the inclusion of luxuriant

Alla realizzazione di mobili in materiali preziosi si affiancò ben presto in Italia, prima a Firenze e poi a Roma, Venezia e Torino, la fattura di esuberanti tarsie in legni colorati a soggetti floreali, usate per rivestire le superfici degli arredi secondo un gusto che aveva caratterizzato la produzione della mobilia italiana durante il Quattrocento e per buona parte del secolo successivo. Tale rinascita avvenne nel pieno dello sviluppo dello stile barocco grazie alla presenza nella penisola di provetti intarsiatori provenienti dal nord Europa: il primo fra questi fu Leonardo van der Vinne (doc. dal 1659 al 1713), un ebanista originario forse delle Fiandre e arrivato in Italia dopo una sosta a Parigi – dove avrebbe avuto tempo di maturare il suo particolare stile "fiorito", che verso la metà del secolo iniziava a essere di moda soprattutto presso i pittori di nature morte, e di stringere contatti con l'arazziere Pietro Fevère che più tardi, anche lui nel frattempo entrato al servizio dei Me-

dici come capo arazziere, lo accoglierà nella sua bottega fiorentina introducendolo forse presso la corte granducale. La prima notizia che riguarda l'attività di Van der Vinne risale al 1659, quando egli appose la propria firma in calce a una ricevuta per alcuni lavori fatti per la Guardaroba medicea e da questo documento si apprende che, pur essendo definito maestro, l'ebanista non aveva ancora una propria bottega. Cinque anni dopo, nel 1664, Leonardo van der Vinne consegnò il suo capolavoro: il tavolo oggi al Museo degli Argenti di palazzo Pitti, ma in origine esposto, insieme allo stipo (fig. 1) eseguito nel 1667, nella Galleria degli Uffizi accanto alle preziose rarità del collezionismo mediceo. A queste date il maestro appare pienamente padrone dei mezzi tecnici e inventivi che caratterizzano la sua sofisticatissima opera di intarsiatore, tanto da fargli avere una propria officina all'interno delle Botteghe Granducali documentata almeno dal 1677, segno evidente che il maestro aveva acquisito una posizione di rilievo nel folto gruppo degli ar-

2. Sebastiano Novale, piano di tavolo, 1701. Soragna, Rocca Meli Lupi

Sebastiano Novale, Tabletop, 1701. Soragna, Rocca Meli Lupi

and imaginatively intertwined volutes of acanthus leaves, by other inlay artists active in the Florentine court, such as Riccardo Bruni (or Ricard Lebrun, as the artisan is mentioned in the archival document), an inlay artist who got his training in Paris in the late 1670s and later entered the service of the Grand Duke, where he completed a number of works, among them the door to the alcove of the Gran Principe Ferdinando in 1686. These years near the end of the century marked the period during which decorations using dense interweaves of volutes including flowers, leaves, fruit and ribbons also won over the artists active for the court of *Le Roi Soleil*. These artists drew inspiration for that type of ornamentation from the floral motifs in *pietra dura* crafted in Florence during the first half of the seventeenth century and sent to Paris, a type of ornamentation that was soon picked up by Charles Le Brun, who introduced it to the artisans working at the Gobelins Manufactory. Shortly after the mid-seventeenth century in Florence and Paris, a bona fide interest has been documented on the part of decorators and artisans for floral ornamentation applied not only to wood or *pietra dura* inlay, but also to carving and textile production, in accordance with a completely new stylistic elaboration that would enjoy notable fortune for the entire second half of the seventeenth century and during the first decades of the eighteenth.

In Venice too in this period, the fashion of floral inlay enjoyed a certain success among the nobles. Two tabletops, autographed by Antonio De Lucio and Lucio De Lucci and dated 1686, attest to the presence in the city of able artisans capable of crafting furniture embellished with this type of ornamental composition. At the dawn of the eighteenth century, the artists would tend to abandon the characteristic organisation as squares containing battle scenes or perspective views in favour of a freer arrangement of leaves and flowers on backgrounds of rare wood veneers. Such ornamentations were most frequently used to embellish the surfaces of chests of drawers, and the master here was Zuane Sugioldi, whom a document

of the time defines as the best furniture maker and inlay artist of the age. At the start of the eighteenth century, inlay work with coloured woods was joined by that making broad use of mother-of-pearl as characterised by the creations of Sebastiano Novale (Fig. 2) and Giovanni Calegari, who exhibited a completely particular style that was the fruit of a discerning combination of artisanal skill rooted in the Renaissance, and the introduction of techniques imported from the Orient.

The first half of the eighteenth century, and precisely the year 1731, was also when two tables were created by the Parisian woodworker Pierre Daneau, who was active in Rome during the second quarter of the century. These works vary significantly from the typical Roman wood craft of the time. They reflect the style of the inlayers Pierre Gole (d. 1684) and André-Charles Boulle (1642–1732), whom Daneau had known from his native city, or that of the Florentines Van der Vinne and Bruni, but with the sophisticated addition of a *trompe-l'œil* effect, such as the book and pen casually laid in the corner of the exemplar on display in the exhibition, or the deck of cards at the upper border of the corresponding piece. The two pieces of furniture represent an important testament to the development of the history of furniture making, not only in Rome, but more generally in Italy. In 1730, the Piedmontese inlay artist Pietro Piffetti (1700–1777) was also working in Rome. Years later, in Turin, he would rework the same decorations in a number of articles that are now found in the former royal residence. Born in Turin in 1700, Piffetti was trained in his native city and then went to Rome to perfect his skill in the inlay technique as part of the artistic interchange between the two capitals promoted by the sovereigns in the house of Savoy, for whom the artisan worked as court cabinet maker after returning to Turin in 1731. Piffetti produced many works after this date to furnish the Savoy palace (Fig. 3). They were initially created following the style of Juvarra's designs. The presence of this architect from Messina in Turin had produced a sudden revolution in the Piedmontese style which

can easily be seen in the interiors, where the complicated Baroque scenography dictated by the erudite Emanuele Tesauro was replaced with a new representation of space conceived as an illusory continuation of nature and crafted almost exclusively using precious materials; and Piffetti's elegant floral inlay work was considered a precious material. (*Enrico Colle*)

3. Pietro Piffetti, rivestimento parietale con librerie, 1734-1755. Roma, palazzo del Quirinale

Pietro Piffetti, Wall panelling with bookshelves, 1734–1755. Rome, Palazzo del Quirinale

tisti e artigiani responsabili delle attività decorative promosse dalla corte, dipendenti soprattutto dalla presenza determinante di Giovan Battista Foggini e del guardarobiere Diacinto Maria Marmi, a cui lo stesso Van der Vinne risulterà legato per l'esecuzione di molti altri lavori quali le decorazioni di stipi, cassette per profumi, armi da fuoco e strumenti musicali fino alla morte, avvenuta nel 1713.

Sia il tavolo esposto in mostra sia lo stipo ancora oggi a palazzo Pitti, insieme ad altri arredi in collezioni private parimenti intarsiati con essenze pregiate, possono essere considerati una preziosa testimonianza del gusto per gli ornati floreali creati dagli ebanisti fiamminghi e da loro esportati in gran parte degli stati europei. Le rigogliose decorazioni a intarsio del piano del tavolo si rifanno infatti a quella particolare moda definita "tulipomania" che, nata tra il 1630 e il 1640, ebbe largo seguito specialmente in Inghilterra, Germania e Francia. In Toscana, tale soluzione decorativa può essere intesa come un ulteriore sviluppo del naturalismo ligozziano, che, partendo da un'analisi minuziosa ed emblematica dei motivi floreali, giunge alle elaborate e raffinate organizzazioni degli ornati intrecciati ai coloratissimi mazzi di fiori dai petali sfrangiati, per lo più ripresi dai molti esemplari coltivati con passione nelle serre granducali. Questa tipologia d'intarsio fu ulteriormente sviluppata, con l'inserimento di rigogliosi girali di foglie d'acanto fantasiosamente intrecciati tra loro, da altri intarsiatori attivi per la corte fiorentina, come Riccardo Bruni – o meglio Ricard Lebrun, come appare menzionato l'artigiano nei documenti d'archivio –, un intarsiatore formatosi a Parigi verso la fine degli anni settanta per poi passare al servizio del granduca dove realizzò diverse opere, tra le quali, nel 1686, la porta dell'alcova del Gran Principe Ferdinando. Sono anni, questi, che volgono verso la fine del secolo, durante i quali la decorazione a fitti intrecci di volute includenti fiori, foglie, frutta, nastri aveva conquistato anche gli artisti attivi per la corte del Re Sole, che proprio dai piani di pietre dure a soggetto floreale eseguiti a Firenze durante la prima metà del Seicento e inviati a Pa-

rigi avevano tratto ispirazione per tale tipologia d'ornamenti ben presto ripresi da Charles Le Brun, che li introdusse presso gli artigiani attivi nella manifattura dei Gobelins. Poco dopo la metà del XVII secolo a Firenze e a Parigi è documentato dunque un vero e proprio interesse da parte di decoratori e artigiani per l'ornato floreale applicato non solo alle tarsie lignee o in pietre dure, ma anche all'intaglio e alla produzione tessile, secondo una inedita elaborazione stilistica che godrà di una notevole fortuna per tutta la seconda metà del Seicento e durante i primi decenni del secolo seguente.

Anche a Venezia, in questo periodo, la moda per la tarsia floreale godette di un certo successo presso la nobiltà: due piani di tavolo, firmati da Antonio De Lucio e Lucio De Lucci e datati 1686, attestano infatti la presenza nella città di abili artigiani in grado di realizzare mobili abbelliti con questo genere di composizioni ornamentali, che agli inizi del Settecento tenderanno ad abbandonare la caratteristica divisione in riquadri includenti scene di battaglie o vedute prospettiche, a tutto favore di una più libera disposizione dei racemi di foglie e fiori sui fondi impiallacciati in essenze rare. Tali ornati furono per lo più disposti ad abbellire le superfici dei cassettoni, di cui maestro era un tal Zuane Sugioldi, che un documento dell'epoca definisce come il miglior mobiliere e intarsiatore dell'epoca. Con l'avvento del XVIII secolo agli intarsi in legni colorati si affiancarono quelli condotti con largo uso della madreperla da Sebastiano Novale (fig. 2) e da Giovanni Calegari secondo un gusto tutto particolare, frutto di una sapiente miscela tra l'abilità artigianale sviluppata fin dal rinascimento e l'introduzione di tecniche importate dall'Oriente.

Alla prima metà del Settecento, e più precisamente al 1731, risale anche l'esecuzione di due tavoli realizzati dall'ebanista parigino Pierre Daneau, attivo a Roma durante il secondo quarto del secolo. Si tratta di opere del tutto inconsuete per l'ebanisteria romana dell'epoca e che riflettono ancora il gusto dei lavori degli intarsiatori Pierre Gole (m. nel 1684) o André-Charles Boulle (1642-1732), che Daneau aveva potuto ve-

dere nella sua città natale, oppure quello dei fiorentini Van der Vinne e Bruni, ma con la sofisticata aggiunta di effetti a *trompe-l'œil*, quali il libro e la penna distrattamente appoggiati in un angolo dell'esemplare esposto alla mostra, o il mazzo di carte scompaginato sul bordo superiore del piano del *pendant*. I due mobili costituiscono quindi una importante testimonianza circa l'evoluzione della storia del mobile non solo romano, ma più in generale italiano: nel 1730 era presente infatti nell'Urbe anche l'intarsiatore piemontese Pietro Piffett (1700-1777) i che anni dopo, a Torino, avrebbe rielaborato i medesimi ornati in alcuni arredi ancora oggi visibili nelle ex residenze di corte. Nato a Torino nel 1700, Piffetti aveva compiuto la propria formazione nella città natale per poi recarsi a Roma a perfezionarsi nella tecnica dell'intarsio all'interno di quegli scambi artistici tra le due capitali promossi dai sovrani di casa Savoia, per cui l'artigiano lavorò, in qualità di ebanista di corte, a partire dal suo ritorno nel luglio del 1731. Da questa data in poi molti furono i lavori consegnati da Piffetti per arredare le regge sabaude (fig. 3) ed eseguiti, in un primo tempo, seguendo le indicazioni di stile presenti nei progetti di Juvarra. La presenza dell'architetto messinese a Torino aveva infatti impresso allo stile piemontese una brusca inversione di rotta, evidente negli arredamenti delle sale, dove le complicate scenografie barocche dettate dall'erudito Emanuele Tesauro erano state sostituite da una nuova rappresentazione dello spazio concepito in un'illusoria continuità con la natura e realizzato quasi esclusivamente con l'utilizzo di materiali preziosi, quali appunto potevano essere le ricercate tarsie floreali di Piffetti. (*Enrico Colle*)

Il cavalletto antico o il mobile da lavoro alleggeriti nella forma di un meccano in legno e ferro. Dadi, boccole di ottone, tiranti metallici, elementi assottigliati in pianta e in sezione collaborano all'impresa di un mobile "classico" eppure interamente smontabile.

The antique easel or work table made lighter in the form of a wood and metal Meccano frame. Nuts, brass bushings, metal stays; elements that are slender in profile and cross-section constitute a "classic" piece that can be taken apart completely.

IV.1

Leonardo van der Vinne
Tavolo, circa 1664
78 x 117 x 79 cm

Leonardo van der Vinne
Table, ca 1664
78 x 117 x 79 cm

IV.2

Franco Albini
(Robbiate, 1905 - Milano, 1977)
Tavolo *TL2*
produzione Poggi, 1952
70 x 180 x 70 cm

Franco Albini
(Robbiate, 1905 – Milan, 1977)
TL2 table
made by: Poggi, 1952
70 x 180 x 70 cm

Il tavolo ridotto a foglio grazie a un
materiale super-prestazionale come
la fibra di carbonio. Il piano è un foglio
pronto a "volare", ma anche le gambe
nel determinare il loro volume
si costruiscono attorno a un foglio
di alluminio piegato, a cilindro svasato.

*The table reduced to a sheet thanks
to the use of high-performance carbon
fibre. The top is a sheet ready to "fly",
but in determining their volume, the legs
also set themselves around a sheet of
folded aluminium, an unrolled cylinder.*

IV.3
Alberto Meda
(Tremezzina, 1945)
Tavolo *X Light*
produzione Alias, 1989
72 x 210 x 90 cm

Alberto Meda
(Tremezzina, 1945)
X Light table
made by: Alias, 1989
72 x 210 x 90 cm

IV.4
Lucio De Lucci
Tavolo, fine del XVII secolo
190 x 171 x 88 cm

Lucio De Lucci
Table, late seventeenth century
190 x 171 x 88 cm

Presenze animali in gambe esili come zampe di gazzella agli spigoli di un grande piano. Per rendere il tutto strutturalmente solidale Branzi disegna un grande cilindro centrale con una controventatura che ingloba le zampette e fa il verso alle traverse basse dei tavoli secenteschi.

Animals in legs as slender as those of a gazelle at the corners of a large surface area. In order to render the whole structurally solid, Branzi designed a large central cylinder with a rib supporting the legs echoing the low crosspieces of eighteenth-century tables.

IV.5

Pierre Daneau
Tavolo, 1731
91 x 185 x 87 cm

Pierre Daneau
Table, 1731
91 x 185 x 87 cm

IV.6

Andrea Branzi
(Firenze, 1938)
Tavolo *Animali Domestici*
produzione Zabro, 1985
80 x 200 x 90 cm

Andrea Branzi
(Florence, 1938)
Animali Domestici table
made by: Zabro, 1985
80 x 200 x 90 cm

Mobile totemico pensato per occupare il centro della casa, polo attrattivo attorno al quale riunire il gruppo. Madia verticale arcaica resa moderna da un rivestimento in laminato plastico banale-urbano.

A totemic cabinet designed to occupy the centre of the home, a source of attraction around which the group can meet. An archaic vertical cupboard made modern by a banal-urban plastic laminate covering.

IV.7

Petro Piffetti
Mobile a due corpi, 1731-1733
235 x 118 x 70 cm

Pietro Piffetti
Bureau cabinet, 1731–1733
235 x 118 x 70 cm

IV.8

Ettore Sottsass
(Innsbruck, 1917 - Milano, 2007)
Mobile *Casablanca*
produzione Memphis, 1981
190 x 90 x 30 cm

Ettore Sottsass
(Innsbruck, 1917 – Milan, 2007)
Casablanca cabinet
made by: Memphis, 1981
190 x 90 x 30 cm

Variazioni tardobarocche e rococò

Late Baroque Variations and Rococo

1. Manifattura romana, tavolo da muro,
circa 1730. Roma, palazzo Corsini,
galleria Corsini

Roman craftsmanship, Console table,
ca 1730. Rome, Palazzo Corsini,
Galleria Corsini

During the first half of the eighteenth century a slow shift in Italy was observed from the Baroque style toward the more captivating stylistic proposals coming from the French decorative artists and heralding the particular way of embellishing settings and furnishings with fringed volutes and cartouches that later would be typical of the international Rococo style.

In Rome, for example, carved furnishings are distinguished from those produced during the seventeenth century by the abandonment of the human figure in favour of multiple ornamental variations offering decorative elements more closely associated with architecture, such as the volute, the cartouche or shelves. Shelves were elements found in the elaborate carvings of the chancel for the organ in the Church of Santa Maria Maddalena in Campo Marzio and in a group of console tables, of which an exemplar is preserved in the gallery of Palazzo Corsini in Rome (Fig. 1), where the mixtilinear form of the legs embellished with elaborate interweaves of cartouches and mascarons and the disjointed, counterposed progression of the curves appears as a prelude to the temerity of Rococo inventions.

Remaining within the ambit of this taste for decorative variations as might be suggested to decorative artists and furniture makers by an abstract elements such as the volute, we must also call attention to the creation of furnishings in Genoa where the luxuriant forms of acanthus leaves were designed in perfect continuity with those in the fresco by Gregorio De Ferrari or crafted in stucco by Giacomo Maria Muttone on the ceilings of the city's palazzi. The close bond that unit-

ed the stucco artists and carvers working for the Genoese nobility with the painters specialised in decorating monuments, such as Domenico Piola or De Ferrari, provided the inspiration for the creation of numerous pieces of furniture. Examples include the pair of candlesticks in the Doria Collection comprising two simple and ample volutes of gilded acanthus leaves rising from a stone, or the console table in Palazzo Spinola, where the volute motif takes on an innovative three-dimensional aspect and a vitality that was progressively developed via continuing stylistic variations coming out of France or Germany and introduced by the carvers themselves. Mythological figures are also redimensioned and compressed into the ornamentation of the supports, later being completely excluded during the third decade of the century in favour of a more complex ornamental design that was a prelude to the Rococo style. This is seen in the console table (Fig. 2) and the carved mirror created in 1734–1736 by Francesco Maria Mongiardino as part of the modernisation of the rooms in Palazzo Spinola in Pellicceria, with the painter Sebastiano Galeotti and the ornamentalist Giovan Battista Natali (1698–1765) attending to the decorative work. Natali was an important vehicle for the spread of the early Lombard and Emilian taste for Rococo. After having worked in Piacenza, Cremona and Milan, he is documented, starting in 1743, also in Lucca and later in Naples, bringing exposure to the ornamental novelties from the other side of the Alps to the decorators in those centres of art as well. In Naples, where Natali arrived in 1749, a more evident orientation is observed toward the stylistic elements typical of the Rococo, which

2. Francesco Maria Mongiardino,
tavolo da muro, 1736. Genova, Galleria
Nazionale di Palazzo Spinola

Francesco Maria Mongiardino, Console
table, 1736. Genoa, Galleria Nazionale
di Palazzo Spinola

*D*urante la prima metà del Settecento si assiste in Italia a una lenta evoluzione dello stile barocco verso le più accattivanti proposte di gusto provenienti dagli ornatisti francesi e anticipatrici del particolare modo di ornare ambienti e arredi con sfrangiate volute e cartocci che più tardi sarà tipico della *rocaille* internazionale.

A Roma, ad esempio, la mobilia intagliata si distingue da quella prodotta durante il XVII secolo per la rinuncia all'inserimento della figura umana a favore delle molteplici varianti ornamentali che potevano offrire elementi decorativi più legati all'architettura, quali la voluta, il cartiglio o le mensole. Elementi, questi ultimi, presenti negli elaborati intagli della cantoria dell'organo della chiesa di Santa Maria Maddalena in Campo Marzio e in un gruppo di tavoli parietali, di cui un esemplare è conservato nella galleria di palazzo Corsini a Roma (fig. 1), dove la forma mistilinea delle gambe arricchita con elaborati intrecci di cartigli e mascheroni e l'andamento spezzato e contrapposto delle curve sembrano preludere alle spericolate invenzioni rococò.

Sempre all'interno di questo gusto per le variazioni decorative, che un elemento astratto quale la voluta poteva suggerire a ornatisti e mobilieri, bisogna segnalare la creazione a Genova di alcuni arredi nei quali le rigogliose forme delle foglie d'acanto erano state pensate in perfetta continuità con quelle affrescate da Gregorio De Ferrari o modellate in stucco da Giacomo Maria Muttone nelle volte delle sale dei palazzi cittadini. Lo stretto legame che univa gli stuccatori e gli intagliatori impegnati nei cantieri della nobiltà genovese ai pittori specializzati in decorazioni monumentali, come Domenico Piola o De Ferrari, fornì infatti lo spunto per la realizzazione di mobili, quali la coppia di reggitorciere della collezione Doria costituite unicamente da due ampi girali d'acanto dorati nascenti da uno scoglio o il tavolo parietale di palazzo Spinola, dove il motivo della voluta acquista un inedito vigore tridimensionale e una vitalità via via sviluppata attraverso le continue variazioni stilistiche provenienti dalla Francia o dalla Germania e introdotte dagli intagliatori stessi. Anche le figurazioni mitologiche vengono ridimensionate e compresse fra gli ornati dei supporti per essere completamente escluse, durante gli anni trenta del secolo, a tutto favore di un disegno ornamentale più articolato che prelude alle soluzioni stilistiche del rococò. È il caso del tavolo da muro (fig. 2) e della specchiera intagliata, fra il 1734 e il 1736, da Francesco Maria Mongiardino in occasione del riammodernamento delle sale di palazzo Spinola in Pellicceria, alla cui decorazione attesero il pittore Sebastiano Galeotti e l'ornatista Giovan Battista Natali (1698-1765). Sicuro tramite per la diffusione del precoce gusto rococò lombardo ed emiliano, Natali, dopo aver lavorato a Piacenza, Cremona e Milano, è documentato dal 1743 anche a Lucca e poi a Napoli, dove aveva portato a conoscenza dei decoratori di quei centri artistici le novità ornamentali d'oltralpe. Nella città partenopea, con l'arrivo di Natali nel 1749, si avverte infatti un più deciso orientamento verso gli stilemi tipici del rococò, ben evidenti nei frastagliati decori del Gabinetto di Porcellana della Reggia di Portici (1757-1759) e negli arredi poi eseguiti tra il 1764 e il 1767 da Gennaro di Fiore per la sala del Trono del Palazzo Reale di Madrid (fig. 3).

3. Gennaro Di Fiore, console
con specchiera, 1764-1767. Madrid,
Palazzo Reale, sala del Trono

Gennaro Di Fiore, Console with mirror,
1764–1767. Madrid, Royal Palace,
Throne Room

are clearly seen in the furbelowed decorations of the Gabinetto di Porcellana in the Portici Palace (1757–1759) and in the furnishings created later (1764–1767) by Gennaro di Fiore for the throne room of the Royal Palace of Madrid (Fig. 3). Heir to the quadraturist Giuseppe Natali, Giovan Battista soon became an able decorator, working in his youth in Emilia, where he initially worked for the Farnese. He then moved to Milan, where, in 1731–1732, he established relations with the city's artistic circles dominated by the work of Giuseppe Antonio Castelli, "il Castellino". From Castelli he learned the particular technique of creating fake frames that no longer served as scenographic delimitations of space, but as bona fide architectural compositions providing grounds for fantastic Rococo creations. Hints of the refined style developed by Natali can still be seen today in parts of the furnishings created in this period in the duchies of Parma and Piacenza, and in several surviving furnishing items created in Lucca, of which the armchair presented in the exhibition provides a superb example.

The Late Roman Baroque style had no small influence on the development of furniture in Bologna. Silvestro Giannotti (1680–1750), from Lucca, was the foremost carver of the time and had received his training in Rome before returning north. Bologna had become an important centre of cultural exchange between central Italy and northern Europe, thanks partially to the importance of the school of scenographers working there. Starting in the 1730s, Bologna witnessed a profound change in taste, which would become increasingly oriented toward the nascent European Rococo thanks to the architect Alfonso Torregiani, working until 1761, and the painters Vittorio Maria Bigari (1692–1776) and Stefano Orlandi (1681–1760).

Between the late seventeenth and early eighteenth centuries, a particular type of minute carving work developed in Italy, and the virtuosity of some of the artists has become the stuff of legend. This technique originated in the previous centuries when certain artists specialised in a type of micro-sculpture, in line with the sixteenth-century conceptions of amazing artifice, creating miniature works in tiny spaces and with unusual materials such as peach pits or cherry stones. Among the carvers specialising in this technique in the seventeenth century we must mention Giuseppe Ciferri and Ottaviano Jannella, both from the Marches, the latter being a favourite among the Roman nobles for his microscopic battle and hunting scenes carved in boxwood and framed by very fine arabesques. In Florence, this genre of work was carried forward by the carver Vittorio Crosten (doc. 1663–1704), while in Bologna a certain Antonio Bonini was well known as the author of a series of small scenes now preserved in the Pinacoteca Nazionale, but originally made for the Zambeccari house and quite similar to the small scenes enclosed in sumptuous gilded frames in the exhibition. While on the one hand these works were made to fulfil the desire of the noble patrons for curiosities to keep in their collections, on the other, they constituted a source of inspiration over much of the eighteenth century for carvers and furniture makers who reproduced them as decorations for their furniture, as was the case with Andrea Brustolon (1662–1732), Andrea Fantoni (1659–1734) and Giovanni Giuseppe Piccini (1661–1723), a pupil of Pietro Ramus who, according to Francesco Maria Tassi, specialised in "sculpting medallions of small figures in low and high relief in boxwood and selling them either in Bergamo or in other Lombard cities, where he was always able to sell them at extraordinary prices". Precisely on the occasion of one of his trips to Milan, the carver managed to make himself known to the count Carlo Borromeo, who liked his work so much that he invited him to "come stay in his house, where he could have gone on developing his talent without being constrained, by domestic cares or his own needs, to abandon his studies in order to earn his daily bread". The artist developed his own original style characterised by minutely carved figures in elaborate architectonic structures, documented both in the *prie-dieu* for private use, like the exemplar in the Museo Poldi Pezzoli (Fig. 4), and in the miniature altarpieces. (*Enrico Colle*)

4. Giovanni Giuseppe Piccini,
inginocchiatoio, ante 1724. Milano,
Museo Poldi Pezzoli

Giovanni Giuseppe Piccini, Prie-dieu,
ante 1724. Milan, Museo Poldi Pezzoli

Figlio del quadraturista Giuseppe Natali, Giovan Battista divenne ben presto un abile decoratore attivo in gioventù in area emiliana, lavorando prima per i Farnese, per poi spostarsi a Milano dove, dal 1731 al 1732, strinse contatti con l'ambiente artistico cittadino dominato dall'attività di Giuseppe Antonio Castelli, detto il Castellino, dal quale apprese quella particolare maniera di realizzare finte quadrature intese non più come scenografiche delimitazioni spaziali, ma come vere e proprie composizioni architettoniche dove poter disporre fantasiose creazioni *rocaille*. Un riflesso del ricercato stile elaborato da Natali si può cogliere ancora oggi in parte della mobilia realizzata in questo giro d'anni nel ducato di Parma e Piacenza, e in alcuni arredi superstiti eseguiti a Lucca, dei quali la poltrona presentata alla mostra costituisce un superbo esempio.

Lo stile tardobarocco romano influì non poco sullo sviluppo della mobilia bolognese. A Roma si era formato il maggiore intagliatore del momento, il lucchese Silvestro Giannotti (1680-1750), e la città era divenuta un importante fulcro di scambi culturali tra il centro Italia e il nord Europa, grazie anche all'importanza assunta dalla scuola di scenografi in essa operanti. A partire dal terzo decennio del Settecento si assisté a Bologna a una profonda trasformazione del gusto, che si sarebbe orientato con sempre maggior decisione verso la nascente *rocaille* europea per merito dell'architetto Alfonso Torregiani, attivo fino al 1761, e dei pittori Vittorio Maria Bigari (1692-1776) e Stefano Orlandi (1681-1760).

Tra la fine del Seicento e gli inizi del Settecento si sviluppò in Italia anche un particolare tipo d'intaglio minuto, dove il virtuosismo sconfinava talvolta nella leggenda, che traeva origine dai secoli precedenti, quando alcuni artisti si specializzarono in un genere di microsculture, in linea con le poetiche cinquecentesche della meraviglia e dell'artificio, spesso eseguite in spazi ridottissimi e su materiali inconsueti come i noccioli di pesca o di ciliegia. Tra gli intagliatori che si specializzarono in questa tecnica durante il XVII secolo bisogna menzionare i marchigiani Giuseppe Ciferri e Ottaviano Jannella, quest'ultimo assai apprezzato dalla principesca committenza romana per le sue microscopiche scene di battaglia e di caccia intagliate nel bosso e incorniciate entro finissimi arabeschi. A Firenze questo genere di lavori fu portato avanti dall'intagliatore Vittorio Crosten (doc. dal 1663 al 1704), mentre a Bologna era conosciuto un certo Antonio Bonini, autore di una serie di scenette ora nella Pinacoteca Nazionale, ma provenienti da casa Zambeccari, assai simili a quelle racchiuse entro le fastose cornici dorate esposte nella mostra. Se da una parte queste opere erano destinate a soddisfare le curiosità collezionistiche dei nobili committenti, dall'altra costituirono una fonte di ispirazione, nel corso di buona parte del Settecento, per gli intagliatori e gli ebanisti che le riprodussero per decorare le superfici dei loro mobili, come avvenne per Andrea Brustolon (1662-1732), Andrea Fantoni (1659-1734) e Giovanni Giuseppe Piccini (1661-1723) che, allievo di Pietro Ramus (1639-1682), secondo quanto riferito da Francesco Maria Tassi si era specializzato nello "scolpire nel legno di bosso medaglie di piccole figure di alto e basso rilievo" per poi venderle a Bergamo o nelle altre città della Lombardia, "dove sempre gli veniva fatto di esitarle a prezzi non ordinari". Proprio in occasione di un suo viaggio a Milano l'intagliatore ebbe modo di farsi conoscere dal conte Carlo Borromeo, che apprezzò a tal punto le sue opere da invitarlo a "fermarsi in sua casa, ove a suo talento proseguendo suoi studi avrebbe potuto operare senza essere costretto o dalle domestiche cure, o dalle proprie necessità di abbandonarli per procacciarsi il sostentamento". L'artista sviluppò un proprio e originale stile, caratterizzato da minuziosi intagli inseriti entro elaborate strutture architettoniche, documentato sia negli inginocchiatoi a uso privato, come l'esemplare del Museo Poldi Pezzoli (fig. 4), sia nei paliotti d'altare. (*Enrico Colle*)

V.1
Ico Parisi
(Palermo, 1916 - Como, 1996)
Tavolo console
produzione Singer and Sons, 1952
80 x 180 x 40 cm

Ico Parisi
(Palermo, 1916 – Como, 1996)
Console table
made by: Singer and Sons, 1952
80 x 180 x 40 cm

V.2
Ignoto intagliatore genovese
Tavolo parietale, quarto decennio
del XVIII secolo
97 x 205 x 87 cm

Unknown Genoese artist
Console, 1730–1740
97 x 205 x 87 cm

Ramificazioni e giunti meccanici alleggeriscono e dinamizzano la tipologia della *console* con sezioni che tendono a zero in ogni punto di incontro (tra gamba e pavimento, tra supporto e piano). D'ora in poi il moderno coincide con l'"articolato".

Angular elements and mechanical joints render the console lighter and more dynamic, with tapering cross-sections at all the joints (between leg and floor, between support and top). From now on "modern" coincides with "articulate".

La ricerca di Bellini sulle membrane
applicata alle macchine Olivetti
si catapulta sul mobile con finalità
strutturali. Una pelle a fisarmonica
zoomorfa che unifica sedile e schienale
lievita su una struttura invisibile.

*Bellini's research into membranes
applied to Olivetti machines leaped
into the furniture design sector with
a structural purpose. A zoomorphic
bellows combining seat and back rises
above an invisible structure.*

V.3

Mario Bellini
(Milano, 1935)
Poltrona *Teneride*
produzione Cassina, 1968
80 x 62 x 68 cm

Mario Bellini
(Milan, 1935)
Teneride armchair
made by: Cassina, 1968
80 x 62 x 68 cm

V.4

Manifattura lucchese
Poltrona, anteriore al 1750
158 x 85 x 65 cm

Lucca workshop
Armchair, before 1750
158 x 85 x 65 cm

V.5

Manifattura emiliana
Poltrona, terzo quarto del XVIII secolo
164 x 84 x 65 cm

Emilian workshop
Armchair, third quarter
of the eighteenth century
164 x 84 x 65 cm

V.6

Carlo Mollino
(Torino, 1905-1973)
Poltrona per casa Minola, 1944
130 x 70 x 110 cm

Carlo Mollino
(Turin, 1905–1973)
Armchair for Casa Minola, 1944
130 x 70 x 110 cm

Mobili-personaggi che aiutano ad abitare
la casa in violenta polemica contro
il mito razionalista del mobile-macchina.

*Furniture-as-characters helping to live
a home in strong contrast with the
rationalist myth of furniture-as-machine.*

V.7

Manifattura genovese o emiliana (?)
Coppia di microintagli
100 x 85 x 20 cm

Genoese or Emilian (?) workshop
Pair of micro-carving works
100 x 85 x 20 cm

V.8

Fausto Melotti
(Rovereto, 1901 - Milano, 1986)
Cornice per fotografia, 1957
24 x 20 x 5 cm

Fausto Melotti
(Rovereto, 1901 – Milan, 1986)
Photograph frame, 1957
24 x 20 x 5 cm

Una tagliatella infinitamente frastagliata
di traslucenze e iridescenze, tagliata
quasi con la rotella per approdare
a colori indicibili tra il grigio e l'indaco,
tra il bianco calcinato e il basso viola.

*A "tagliatella" infinitely marked by
transparency and iridescence as though
cut with a cog to produce undefinable
colours between grey and indigo,
between calcium white and deep purple.*

V.9

Manifattura trapanese
Stipo, prima metà del XVII secolo
109 x 72,5 x 35,5 cm

Trapani workshop
Cabinet, first half of the seventeenth century
109 x 72,5 x 35,5 cm

V.10

Enzo Mari
(Novara, 1931)

Vaschetta per corrispondenza *Sumatra*, 1976
6,5 x 28 x 33 cm

Scatola *Flores*, 1992
7,6 x 31 x 15 cm

Portamatite *Mastaba*, 1973
9 x 20,5 x 7,5 cm

Portafermagli *Colleoni*, 1970
Ø 8 x 10 cm

produzione Danese, 1970-1992

Enzo Mari
(Novara, 1931)

Sumatra mail tray, 1976
6,5 x 28 x 33 cm

Flores box, 1992
7,6 x 31 x 15 cm

Mastaba penholder, 1973
9 x 20,5 x 7,5 cm

Colleoni paper clip holder, 1970
8 x Ø 10 cm

made by: Danese, 1970–1992

Il cassetto o il vano, generatori dello stipo, si frantumano in una miriade di sotto-tipologie. È il moderno che avanza, la progressiva miniaturizzazione delle cose, la loro progressiva specializzazione. Solo la plastica può accompagnare questo salto.

A drawer or shelf generating a cupboard, are smashed into a myriad of sub-types. This is the advance of the modern, the progressive miniaturisation of things, their progressive specialisation. Only plastic can adapt to this change.

V.11

Manifattura napoletana
Cornice, secondo quarto del XVIII secolo
100 x 90 cm

Neapolitan workshop
Frame, second quarter of the eighteenth
century
100 x 90 cm

Francesco Solimena
(Canale di Serino, 1637 - Barra, 1747)
Educazione della Vergine
56 x 47,5 cm

Francesco Solimena
(Canale di Serino, 1637 – Barra, 1747)
Education of the Virgin
56 x 47,5 cm

V.12

Gio Ponti
(Milano, 1891-1979)
Nudino, circa 1953
32,5 x 23,5 x 7,5 cm

Gio Ponti
(Milan, 1891–1979)
Small nude, ca 1953
32,5 x 23,5 x 7,5 cm

Tra il 1953 e il 1954 Ponti teorizza
la "finestra arredata", una risposta alla
monotonia delle grandi superfici vetrate
dell'architettura imperante. Bisogna
che queste grandi specchiature diventino
un po' più parete e che vi si possano
attaccare brandelli di arredo. In parallelo
anche l'opera d'arte è una finestra
arredata: un serramento in spessore
(la cornice) e un vetro su cui dipingere
(il supporto).

Between 1953 and 1954, Ponti imagined
the "furnished window", a response
to the monotony of the large windows
of the dominant architecture of the time.
It was necessary for these large glazed
areas to become a little more wall, and
adopt some elements of furnishing.
In parallel, the work of art is also
a furnished window: a windowframe
in depth (the frame) and a pane of glass
on which to paint (the support).

Rococò: ovvero i piaceri della sorpresa

Rococo: the Pleasures of Surprise

1. Manifattura siciliana, cornice,
inizi del XVIII secolo. Napoli, Museo Duca
di Martina

Sicilian craftsmanship, Frame, early
eighteenth century. Naples, Museo Duca
di Martina

thing may surprise us as being marvellous, but also as being new and thus unexpected; in this latter case, our main sentiment is mixed with an accessory sentiment based on the fact that the thing is new or unexpected." Thus wrote Montesquieu in his *Essay on Taste*, drafted in the early months of 1754 and published posthumously in the *Encyclopédie*. And the pleasures aroused by surprise are specifically at the root of the Rococo style that developed in France starting in the 1730s and immediately spread throughout Europe. Its prime ambit was interior decoration and it upheld a stylistic criterion that discarded Baroque rhetoric in favour of instilling a sense of "marvel" that would be achieved through the showy display of an increasingly varied type of decoration, while not denying the need for a compositional order that would ensure quality in the work of art. It was not enough, continued Montesquieu, "to present many things to the soul", it was also necessary to "present them with order", which was as necessary as variety because "without it the soul feels no pleasure". The sinuous line thus became a necessary means for exemplifying these aesthetic theories in that, according to William Hogarth, it represented "a composed intricacy of form, which leads the eye, and through the eye the mind, [on] a kind of chase" whence boredom was banished by the variation of movement. The use of different materials could also contribute to the creation of works where the feeling of surprise was constantly kept alive. In Italy, thanks to the formidable ability achieved by artisans working in the various city-states on the peninsula, workshops developed

that were specialised both in the working of rare and precious materials such as *pietra dura*, tortoiseshell, ivory and coral, and in their simulation, thanks to the invention of special techniques of imitation, as was seen for the expensive oriental lacquered panels or for mosaic panels, which were often replaced by panels in scagliola.

The artisan Gennaro Sarao had a workshop in Naples until 1772 where he perfected the technique of inlaying elaborate Rococo motifs in gold on a field of tortoiseshell. With this particular technique, known as "piquet", he produced various objects sought after by nobles and sovereigns all over Europe. These included inkstands, trays, frames, tabletops (one is included in the exhibition) and entire toilette services such as the one that belonged to Queen Sophia Magdalena of Denmark, signed and dated 1731. The crafting of coral also continued over the course of the eighteenth century in the Kingdoms of Naples and Sicily, especially in the workshops in Trapani (Fig. 1). So did that of silver and crystals, frequently painted by the pupils of Luca Giordano (1634–1705) in accordance with a characteristic taste for a lively colouristic sense accentuated by chiaroscuro effects produced by the articulate architecture of the furnishings, mainly wall cabinets, designed with irregular faces, recessed planes and serrated crowning elements.

In Venice, on the other hand, new and experimental techniques for simulating oriental lacquer work were applied to the increasingly complex and varied styles of furniture produced in workshops where artisans skilled in creating sinuously curved wooden elements crafted voluptuously contoured chests of drawers, side tables and pic-

2. Pietro Piffetti, piedistallo con scrigno,
metà del XVIII secolo. Londra,
Victoria and Albert Museum

Pietro Piffetti, Pedestal with chest,
mid-eighteenth century. London,
Victoria and Albert Museum

"Una cosa può sorprenderci in quanto meravigliosa, ma anche in quanto nuova e quindi inattesa; e in quest'ultimo caso il sentimento principale si combina a un sentimento accessorio fondato sul fatto che la cosa è nuova o inattesa". Così scriveva Montesquieu nel *Saggio sul gusto*, abbozzato fin dai primi mesi del 1754 e pubblicato postumo nell'*Encyclopédie*. E vi sono proprio i piaceri suscitati dalla sorpresa alla base della creazione dello stile rococò sviluppatosi in Francia a partire dagli anni trenta del Settecento e subito diffuso in tutta Europa, interessando in primo luogo le decorazioni d'interni e gli arredi secondo un criterio stilistico che scartava l'oratoria barocca per puntare ora sulla "meraviglia", raggiunta attraverso lo sfoggio di una sempre più variata tipologia decorativa, senza per questo negare l'ordine compositivo necessario al buon esito di un'opera d'arte: non bastava infatti "presentare all'anima molte cose", continuava ancora Montesquieu, bisognava anche "presentargliele con ordine", essendo quest'ultimo necessario quanto la varietà perché "senza di essa l'anima languisce". La linea sinuosa diventava così il mezzo necessario per esemplificare tali teorie estetiche in quanto essa, secondo William Hogarth, era "capace di guidare l'occhio in una sorta di inseguimento" dove la noia era bandita dal variare dei movimenti. Non solo, anche l'utilizzo di materiali diversi poteva concorrere alla formazione di opere dove il sentimento della sorpresa era costantemente mantenuto vivo. In Italia, in virtù della formidabile abilità raggiunta dagli artigiani attivi nei vari stati della penisola, si vennero così a sviluppare botteghe specializzate sia nella lavorazione di materie rare e preziose, quali le pietre dure, la tartaruga, l'avorio e il corallo, sia nella loro contraffazione grazie all'invenzione di speciali tecniche atte a simularle, come avvenne per i costosi pannelli di lacca orientale o per i piani in commesso, spesso sostituiti da quelli in scagliola.

A Napoli, ad esempio, fino al 1772 ebbe la sua bottega Gennaro Sarao, un artigiano che si era perfezionato nell'intarsiare elaborati motivi *rocaille* in oro su fondi di tartaruga. Con questa particolare tecnica, detta "piquet", egli produsse vari oggetti ricercati da principi e sovrani di tutta Europa, come calamai, vassoi, cornici, piani per tavolini (dei quali uno presente nella mostra) e interi servizi da toilette come quello appartenuto alla regina Sofia Maddalena di Danimarca, firmato e datato 1731. Anche la lavorazione del corallo fu continuata nel corso del XVIII secolo nei regni di Napoli e di Sicilia, soprattutto dalle botteghe trapanesi (fig. 1); così quella dell'argento e dei cristalli di frequente dipinti da allievi di Luca Giordano (1634-1705), secondo un caratteristico gusto per il vivace senso coloristico accentuato dal chiaroscuro prodotto dalle articolate architetture degli arredi, per lo più stipi, concepiti con facciate mosse, piani rientranti e frastagliati coronamenti.

A Venezia, invece, si erano sperimentate nuove tecniche per simulare le lacche orientali da applicare alle sempre più articolate fogge della mobilia prodotta all'interno di laboratori abili nel piegare sinuosamente i legni con i quali venivano create le particolari sagome di cassettoni, tavolini e cornici, il cui contorcimento delle forme era per lo più derivato dai modelli inglesi. Contemporaneamente, in Toscana, Enrico Hugford

3. Pietro Piffetti, mobile a due corpi, 1731-1733. Torino, Palazzo Reale, Regio Gabinetto per il Secreto Maneggio degli Affari di Stato di Carlo Emanuele III

Pietro Piffetti, Composite cabinet, 1731–1733. Turin, Palazzo Reale, Royal Office for the Secret Management of the Affairs of State of Carlo Emanuele III

ture frames whose convoluted forms derived mainly from English models. At the same time, in Tuscany, Enrico Hugford (1695–1771) brought back to fashion the technique of scagliola and in Piedmont new veneer techniques were tested that exploited the chromatic variety of the marble extracted from the quarries in the Kingdom. Meanwhile, Pietro Piffetti (1700–1777) gave new life to exotic woods by incorporating the precious sheen of mother-of-pearl juxtaposed against the dazzle of gilded bronze, clearly seen in the pedestal with chest (Fig. 2), whose slender structure is entirely veneered with chips of mother-of-pearl in a spiral arrangement climbing sinuously up from the base to the urn, thus succeeding, together with the cartouche-motif metal appliqué work, in giving the piece the sense of movement and continued surprise that was so much sought after by theorists of the Rococo style.

Among the Italian noble courts, the first sovereigns to adopt the new "pictorial genre" for the decoration of the rooms in their palaces were the Savoys. Starting in 1714, with the arrival in Turin of Filippo Juvarra (1678–1736), they had made a decisive break with traditional Piedmontese art, commissioning the architect to create an entire series of scenographic buildings whose structures were designed in continuity with the surrounding space. The construction of the Stupinigi Hunting Lodge, initiated in 1729, and the decoration in 1732 of the Lacquer Room in Palazzo Reale represented two important events in the creation and establishment of the Rococo style in Italy, which depended during this initial phase on developments in France. But it was with Vittorio Amedeo II's son, Carlo Emanuele II, that the Rococo style achieved its greatest diffusion in Piedmont thanks to the work of Benedetto Alfieri (1700–1767), who succeeded Juvarra in 1738 as court architect. Alfieri's presence, in fact, would prove to serve the specific political orientation of the new sovereign quite well. Carlo Emanuele II was favourably oriented toward the French monarchy, and predisposed as a consequence to absorbing into the trappings of the court and the image emanated by the royalty all the signals propagated by the French style in Europe.

Among the first works conducted at Palazzo Reale, where the sovereign undertook the modernisation of the *Quartiere di Parata*, the most significant is certainly the elegant Office for Secret Affairs of Carlo Emanuele III, a splendid sort of treasure chest with superb inlaid furnishings created by Pietro Piffetti and embellished with the bronzes of Francesco Ladatte (1706–1787) (Fig. 3). These works, created in the years 1731–1733, are incorporated into a decoration attributed to Alfieri and centred around mirrors. The presence of elements that were new to the furnishing style of the age, such as the use of multiple mirrors and the fine decorative motifs in the form of small volutes and garlands placed so as to conceal the joints between the panes of the mirror, recall the sophisticated original versions of the Louis XV style. However, the stylistic propinquity to the Lacquer Room bears testimony to the fact that the aesthetic and ideological deviation from the style characteristic of Vittorio Amedeo II was marked by an intelligent continuity, instead of inflicting a sudden and jarring change of route. And as a matter of fact, taking a cue from Juvarra, Alfieri resumed the practice of embellishing the interiors with painted panels and rare materials. In the Office for Secret Affairs and later in the salons of Palazzo Isnardi di Caraglio or Palazzo Chiablese, he used mirrors as magical materials that could expand space infinitely, paint as an illusory enamel reflecting surface set in gilded panelling and furniture inlaid with precious materials rising almost magically from the union of equally rare materials such as ivory, tortoiseshell, mother-of-pearl and exotic woods with the fanciful creativity of a highly talented woodworker such as Piffetti.

Partially hindered by the persistence of the late Baroque style, Rococo decoration began to be adopted in the city-states on the Italian peninsula starting in the early 1740s in Rome with works in Palazzo Sciarra, Palazzo Odescalchi, Palazzo Borghese and Palazzo Corsini (Fig. 4). These would be followed by others in Naples and Sicily and continue in northern Italy with the decoration of inte-

(1695-1771) riportava in auge la tecnica della scagliola e in Piemonte si sperimentavano nuove tecniche di impiallacciatura che sfruttavano la varietà cromatica dei marmi estratti dalle cave del regno; mentre Pietro Piffetti (1700-1777) faceva rivivere esotiche eleganze grazie ai preziosi riflessi della madreperla contrapposti agli sfolgorii dorati dei bronzi, evidenti nel piedistallo con scrigno (fig. 2) la cui struttura slanciata fu interamente impiallacciata con scaglie di madreperla disposte a spirali che dalla base salgono sinuose fino all'urna riuscendo così a imprimere all'arredo, assieme alle applicazioni metalliche a motivo di *cartouches*, quel movimento e quella sensazione di continua sorpresa tanto ricercata dai teorici dello stile *rocaille*.

Nelle corti italiane i primi sovrani ad adottare il nuovo "genere pittoresco" per l'allestimento delle sale dei palazzi di residenza furono i Savoia che, a partire dal 1714, con l'arrivo a Torino di Filippo Juvarra (1678-1736), avevano impresso una decisiva svolta all'arte piemontese commissionando all'architetto tutta una serie di scenografici edifici, la cui struttura era stata pensata in continuità con gli spazi circostanti. La costruzione della palazzina di caccia di Stupinigi, iniziata nel 1729, e l'allestimento nel 1732 del Gabinetto delle lacche in Palazzo Reale costituiscono due tappe salienti per la creazione del gusto rococò in Italia, dipendente in questa fase iniziale da quanto si andava facendo in Francia. Ma è con il figlio di Vittorio Amedeo II, Carlo Emanuele III, che lo stile rococò ebbe la sua massima diffusione in Piemonte grazie all'attività di Benedetto Alfieri (1700-1767), succeduto del 1738 a Juvarra nella carica di architetto di corte. La presenza di Alfieri, infatti, si sarebbe dimostrata funzionale al preciso indirizzo politico del nuovo sovrano, orientato verso la monarchia francese, e predisposto di conseguenza ad accogliere per la corte e l'immagine regale tutti i suggerimenti che lo stile francese stava propagando in Europa.

Tra i primi lavori condotti a Palazzo Reale, dove il sovrano intraprese l'ammodernamento del quartiere di parata, il più significativo è si sicuro l'elegante Gabinetto per gli affari segreti di Carlo Emanuele III,

splendido scrigno dei superbi arredi intarsiati da Pietro Piffetti e abbelliti dai bronzi di Francesco Ladatte (1706-1787) (fig. 3). Tali opere, realizzate tra il 1731 e il 1733, sono inserite all'interno di una decorazione a specchi attribuita ad Alfieri. La presenza di elementi nuovi per l'arredamento dell'epoca, quali l'uso moltiplicato degli specchi e l'assottigliamento dei motivi decorativi a forma di piccole volute e ghirlande poste a occultare le commettiture delle lastre di cristallo, rimanda alle sofisticate versioni originali dello stile Luigi XV, ma la vicinanza del Gabinetto delle lacche conferma che il superamento estetico e ideologico dello stile di Vittorio Amedeo II avveniva nella continuità intelligente e non in un brusco e disomogeneo cambiamento di rotta. Da Juvarra, infatti, Alfieri riprenderà l'uso di impreziosire gli interni con pannelli dipinti e materie rare: nel Gabinetto per gli Affari Segreti e poi nei salotti di palazzo Isnardi di Caraglio o di palazzo Chiablese, egli usa gli specchi come materiali magici in grado di dilatare all'infinito gli spazi, le pitture come illusive specchiature di smalto incastonate nei lambrì dorati e i mobili intarsiati in materiali preziosi come fantasiose propaggini sorte per incanto dal connubio fra le materie altrettanto rare come l'avorio, la tartaruga, la madreperla e i legni esotici e l'estro creativo di un ebanista di grande abilità quale era appunto Piffetti.

In parte ostacolate dalle persistenze dello stile tardobarocco, negli stati della penisola le decorazioni *rocaille* cominciarono a essere adottate nell'arredamento degli interni a partire dai primi anni quaranta con i cantieri romani di palazzo Sciarra, di palazzo Odescalchi, di palazzo Borghese e di palazzo Corsini (fig. 4), seguiti da quelli napoletani e siciliani, per proseguire nel nord Italia con gli allestimenti degli interni dei palazzi veneziani e lombardi fino ad arrivare a Genova, dove l'influsso delle mode francesi si stemperò al contatto con le più accattivanti citazioni tratte dagli ornati a stucco tedeschi. In Lombardia (fig. 5), con l'attività di Giuseppe Antonio Castelli, nell'Emilia e in Veneto si assiste infatti a una precoce elaborazione dello stile rococò che, dalle iniziali

premesse francesi insite nelle decorazioni a intrecci di volute derivate dalle incisioni di Jean Berain (1637-1711), passò ben presto ad adottare gli spericolati avvolgimenti e contorsioni delle volute modellate dagli stuccatori ticinesi sulle volte delle sale e delle chiese della Germania. Influssi derivati dalla *rocaille* inglese si iniziano invece a percepire nelle opere d'intaglio e di ebanisteria realizzate intorno agli anni sessanta, soprattutto in Veneto, dove l'influenza degli ornati e della mobilia riprodotti nelle incisioni di Thomas Chippendale (1718-1779) furono costantemente rielaborate dalle locali maestranze di intagliatori per quasi tutta la seconda metà del Settecento.

A Firenze il repertorio decorativo di matrice fogginiana, seguito dai lavoranti della Galleria dei Lavori in Pietre Dure, fu aggiornato alle nuove mode rococò nel 1748 grazie all'assunzione come direttore dell'orefice francese Luigi Siries (circa 1686 - circa 1762), che da Parigi si era trasferito nel capoluogo toscano. Con Siries, capostipite di una lunga serie di direttori del laboratorio granducale, nascevano alcune delle migliori creazioni in pietre dure del Settecento, dove i fondi scuri della pietra di paragone furono sostituiti con superfici dai colori sgargianti quali il lapislazzulo, come si fece per il piano con il *Trionfo d'Europa tra le quattro stagioni*, e contemporaneamente si ricominciò a comporre quadri con soggetti allegorici, riprendendo una tradizione tardocinquecentesca, abbandonata durante l'epoca barocca.

È in gran parte da scrivere la storia degli artigiani attivi in questo periodo negli stati italiani soprattutto tenendo conto che, grazie alla loro riconosciuta abilità tecnica, contribuirono a creare per i rispettivi sovrani originali arredi: nel campo dell'ebanisteria, oltre alla indiscussa personalità di Pietro Piffetti, cui la critica ha dedicato ampi studi, sono emersi dall'oblio, merito a un più sistematico scandaglio dei documenti d'archivio, i nomi di alcuni importanti mobilieri romani (Pierre Daneau e Giovanni Ermans), fiorentini (Ferdinando Kindt e Salvatore Landi), liguri (Gaetano Bertora e Andrea Torrazza) e torinesi (Luigi Prinotto e Giovan

riors in Venetian and Lombard, and later Genoese, palazzi, where the influx of French fashions was tempered by contact with the most captivating examples of stucco ornamentation from the German tradition. In Lombardy (Fig. 5), with the work of Giuseppe Antonio Castelli, and in Emilia and Veneto, there was a precocious development of the Rococo style, which, from its beginnings in France, taking form in decorations of twining volutes deriving from the engravings of Jean Bérain (1637–1711), soon adopted the temerariously enwrapping and twisting volutes shaped by stucco workers from Ticino for the ceilings of halls and churches in Germany. Influxes deriving from English Rococo instead began to be perceived in the woodworking and furniture making around the 1760s, especially in Veneto, where the influence of the ornamentation and furniture reproduced in the engravings by Thomas Chippendale (1718–1779) were constantly re-elaborated by local artisans for nearly the entire second half of the eighteenth century.

In Florence, the decorative repertoire deriving from Foggini, executed by workers from the Galleria dei Lavori in Pietre Dure, was updated to the new Rococo style in 1748 thanks to the appointment of the French goldsmith Luigi Siries (ca 1686–ca 1762) as director after he moved from Paris to the Tuscan capital. With Siries, the forebear of a long series of directors in the Grand Duke's workshop, some of the finest *pietra dura* works of the eighteenth century were created. In them, the dark backgrounds of touchstone were replaced with surfaces having brilliant colours, such as that created with lapis lazuli, as was done for the tabletop with the *Trionfo d'Europa tra le quattro stagioni*. At the same time square enframements with allegorical subjects began to be composed once more, picking up a late sixteenth-century tradition that had been abandoned during the Baroque period.

Much of the history of the artisans working at this time in the Italian city-states is still to be written. And there is much to be told, especially considering the fact that with their proven technical abilities, they were fundamental in the creation of original furnishings for their respective sovereigns. In the field of woodworking, in addition to the undisputed pre-eminence of Pietro Piffetti, to whom critics have dedicated copious work, others have emerged from obscurity thanks to a more systematic review of archival materials. These include a number of important furniture makers working in Rome (Pierre Daneau and Giovanni Ermans), Florence (Ferdinando Kindt and Salvatore Landi), Liguria (Gaetano Bertora and Andrea Torrazza) and Turin (Luigi Prinotto and Giovan Battista Galletti). While much historical research still needs to be done regarding the work of woodworkers in the Kingdoms of Naples and Sicily, in Lombardy and Veneto—which certainly boast significant works in this area of artistic artisanry—, our knowledge is better developed regarding carvers working on the peninsula. Descending mainly from families of artisans active since the seventeenth century, the carvers contributed significantly to keeping alive the sculptural virtuosity typical of Italian woodworking and furniture making since the sixteenth century. Bona fide masterpieces of carving designed by the major architects of the eighteenth century, the consoles, armchairs and mirrors are unequivocally distinguished from analogous furnishings produced in other European states in terms of the refinement of their parts sculpted in full relief, their ever varying forms, and that particular fusion between ornamentation and figures that was also particularly admired abroad. Among these virtuosi of wood sculpture we may include Gennaro Di Fiore in Naples, Giuseppe Corsini, Nicola Carletti and Antonio Landucci in Rome, Giovan Battista Dolci il Vecchio in Florence, Silvestro Giannotti in Lucca and Bologna, Francesco Maria Mongiardino and Bartolomeo Steccone in Genoa, Mattia Deganutti in Veneto and Friuli, the Fantoni and Caniana families in Lombardy, and Giovanni Antonio Riva and Giovan Battista Bolgié in Piedmont.

The dense interweave of stylistic exchanges peculiar to the art of the century, addressed on several occasions by Andreina Griseri in her writings, found fertile terrain in Italy, bringing to fruition original elaborations produced by a choir of artistic talents inherited from previous centuries. As in a "sublime artifice", the interiors created in this period of time with their paintings, gilt stuccowork and carved furniture still arouse in us today the pleasure of being transported from one marvel to the next in a mythical world where the confines between reality and illusion are erased in the equivocating interplay of images reflected in mirrors. The final metamorphosis of the Baroque thus came about in the spirit of surprise, of the subtle fascination emanating from the continuous variation of a single decorative type, Rococo, in a stirring crescendo that brooked no pause, because only the quest for ever-new emotions could vanquish the evil most feared by the eighteenth-century aesthetes: boredom. (*Enrico Colle*)

Battista Galletti). Se dunque rimane ancora in gran parte da indagare l'attività degli ebanisti presenti nei regni di Napoli e di Sicilia, nella Lombardia e nel Veneto – che pur vantano opere significative in questo settore dell'artigianato artistico – più avanzata appare la nostra conoscenza sugli intagliatori presenti nella penisola. Questi ultimi, per lo più discendenti da dinastie di artigiani operosi fin dal Seicento, contribuirono in modo saliente a mantenere vivo quel virtuosismo scultoreo tipico della mobilia italiana fin dal Cinquecento. Veri e propri capolavori d'intaglio ideati dai maggiori architetti del Settecento, le *consoles*, le poltrone da parata e le specchiere si distinguono in maniera inequivocabile dagli analoghi arredi prodotti negli altri stati europei per la finezza delle parti scolpite a tutto tondo, per la loro forma sempre variata, e per quella caratteristica fusione tra ornati e figure particolarmente ammirata anche all'estero. Tra questi virtuosi dell'intaglio ligneo si possono annoverare a Napoli Gennaro Di Fiore, a Roma Giuseppe Corsini, Nicola Carletti e Antonio Landucci, a Firenze Giovan Battista Dolci il Vecchio, a Lucca e a Bologna Silvestro Giannotti, a Genova Francesco Maria Mongiar-

dino e Bartolomeo Steccone, in Veneto e nel Friuli Mattia Deganutti, in Lombardia la famiglia dei Fantoni e quella dei Caniana, in Piemonte Giovanni Antonio Riva e Giovan Battista Bolgié.

Il fitto intreccio di scambi stilistici peculiari dell'arte del secolo, su cui ha più volte insistito Andreina Griseri nei suoi scritti, trova in Italia un fertile terreno in grado di far maturare originali elaborazioni frutto di una coralità dell'operare artistico ereditata dai secoli precedenti. Come in un "sublime artificio" gli interni realizzati in questo giro d'anni, con i loro dipinti, gli stucchi dorati e la mobilia intagliata, riescono a suscitare ancora oggi il piacere di essere trasportati di meraviglia in meraviglia in un mitico mondo dove i confini tra la realtà e l'illusione si annullano nel gioco equivoco delle immagini riflesse dagli specchi. L'ultima metamorfosi del barocco avveniva dunque sotto il segno della sorpresa, del fascino sottile emanato dal continuo variare di una stessa tipologia decorativa, quale appunto la *rocaille*, in un crescendo che non consentiva soste poiché solo la ricerca di sempre nuove emozioni poteva sconfiggere il male più temuto dagli esteti del Settecento, la noia. (*Enrico Colle*)

VI.1

Manifattura romana
Cassettone, terzo quarto del XVIII secolo
parte lignea: 90 x 184 x 78 cm
piano marmoreo: 6 x 172 x 7 4 cm

Roman workshop
Commode, 1750–1775
wooden part: 90 x 184 x 78 cm
marble top: 6 x 172 x 74 cm

VI.2

Gio Ponti
(Milano, 1891-1979)
Cassettoncino per la X Triennale
esecuzione Roncoroni Cantù, 1954
80 x 100 x 47 cm

Gio Ponti
(Milan, 1891–1979)
Small chest of drawers
for the Xth Triennale
made by: Roncoroni Cantù, 1954
80 x 100 x 47 cm

Mobile dalle proporzioni classiche che Ponti scompone in modo quasi optical. La cassa perde di peso grazie al piano in formica bianca che non continua sui fianchi. Il pattern del fronte, ottenuto con le maniglie a placca in formica, sostituisce le modanature e la ferramenta tradizionali scomponendo in modo inatteso le aperture.

A unit of classical proportions that Ponti takes apart in an almost optical manner. The chest sheds weight thanks to the white Formica top that does not continue along the sides. The pattern of the front obtained using the Formica laminate handles replaces the traditional mouldings and metalwork, unexpectedly breaking up the openings.

VI.3

Angelo Mangiarotti
(Milano, 1921)
Tavolini *Eros*
produzione Skipper, 1971
42 x 54 x 47 cm

Angelo Mangiarotti
(Milan, 1921)
Eros coffee tables
made by: Skipper, 1971
42 x 54 x 47 cm

VI.4

Manifattura veneta
Coppia di *guéridons*,
metà del secolo XVIII
87 x 42 x 30,5 cm

Veneto workshop
Pair of *guéridons*,
mid-eighteenth century
87 x 42 x 30,5 cm

L'incastro sensuale per eccellenza tra
gamba e piano in un materiale restio
agli incontri e ai giunti come il marmo
di Carrara.

A sensual interlocking joint between leg
and top in a material that is reluctant
to be shaped into joints: Carrara marble.

Una lampada fuori scala come un oggetto pop di Oldenburg racchiude un mondo al suo interno. Nella piccola work station domestica il paralume scorrevole della lampada è il paravento che esclude la piccola zona ufficio dal resto della casa.

A lamp that is out-of-scale like a Pop object by Oldenburg, enclosing a world within it. In this small domestic work station, the sliding shade of the lamp is also the screen that seals off the small office zone from the rest of the house.

VI.7

Ico Parisi
(Palermo, 1916 - Como, 1996)
Scrivania per casa Rizzi
produzione Fratelli Rizzi di Intimiano,
1952
76 x 160 x 61 cm

Ico Parisi
(Palermo, 1916 – Como, 1996)
Desk for Casa Rizzi
made by: Fratelli Rizzi di Intimiano,
1952
76 x 160 x 61 cm

VI.8

Manifattura piemontese
Scrittoi, metà del XVIII secolo
79,5 x 108 x 55 cm
79,5 x 107 x 52 cm

Piedmontese workshop
Writing desks, mid-eighteenth century
79,5 x 108 x 55 cm
79,5 x 107 x 52 cm

Il cassetto che ha disegnato il fronte del mobile per due secoli ora disegna il piano. Una scrivania da godere in sezione e nella trasparenza della sua pianta dove niente più si dovrà nascondere.

The drawer that has defined the front of the desk for two centuries, now defines the top. A desk to be enjoyed as a whole and for the transparency as seen from above, thanks to which nothing will have to hide.

Il procedimento litografico sulla pannellatura amplia le possibilità narrative del mobile, prerogativa quasi esclusiva dell'intarsio tradizionale, e avvicina il cassettone di Fornasetti a un testo letterario-visivo.

The lithographic process on the broad panelling broadens the narrative possibilities of the chest of drawers, formerly the almost exclusive prerogative of traditional inlays; as a result, Fornasetti's chest of drawers takes on a literary and visual angle.

Una *action painting* di Ponti
sul tema del piano e della rotazione.
Una moltiplicazione di piani tramutati
in dischi.

*An action painting by Ponti about
plan and rotation. A multiplication
of strata transformed into disks.*

Una seduta potenzialmente chilometrica con la struttura di un anellide. Impostata su anelli-modulo di 20 centimetri di larghezza, ha una gamba ogni cinque moduli, ognuno con un comportamento indipendente anche nel molleggio. Nella mente di Zanuso un divano ordinabile secondo la misura desiderata come si trattasse di un taglio di stoffa.

A potentially kilometric seat with the structure of an annelid. Based on annelid-modules measuring 20 cm wide, there is a leg every five modules, each of which with an independent compartment also within the springs. Zanuso's intention being that the sofa could be ordered according to the length required, as though it were a length of fabric.

VI.14

Manifattura lombarda
Divano, terzo quarto del XVIII secolo
98 x 174 x 54 cm

Lombard workshop
Sofa, 1750–1775
98 x 174 x 54 cm

VI.15

Marco Zanuso
(Milano, 1916-2001)
Divano *Lombrico*
produzione B&B, 1967
76 x 206 x 90 cm (modulo)

Marco Zanuso
(Milan, 1916–2001)
Lombrico sofa
made by: B&B, 1967
76 x 206 x 90 cm (module)

Gusto neoclassico

Neoclassical Taste

*I*n Italy, as in France, the Neo-classical style originated while the Rococo was in full bloom. Rome, the destination *de rigueur* for artists and intellectuals undertaking the *Grand Tour* of the peninsula, was the artistic centre where art scholars and critics, fully in tune with the Parisian artists who sojourned at the Académie de France, began to develop the first aesthetic theories, through study of the ancients, aiming for a return to a greater compositional simplicity both in the construction of buildings and in their ornamentation.

Salient episodes in the evolution of the Roman decorative style toward Neoclassicism may be briefly summed up in the following three events. One was the publication in 1769 of *Diverse maniere di adornare i camini* [Different Ways of Adorning Fireplaces] by Giovan Battista Piranesi (1720–1778). The work includes an illustration of

the console for the Rezzonico apartment on the Capitoline Hill (Fig. 1), the only piece of furniture known to have been crafted based on designs by the artist. The second was the construction and decoration of Villa Albani in Via Salaria based on designs by Carlo Marchionni (1702–1796) and inaugurated in June 1763. The third is the presence in Rome of the Accademia dell'Arcadia, a centre of fervid international exchange and a meeting place for the arts, literature and sciences adhering to the demands of "good taste" and, as advocated by the theorists of the Enlightenment, the principles of rationality and clarity.

After the significant project of Villa Albani, the first setting to be remodelled according to the most up-to-date dictates of the incipient Neoclassical style was the Salone d'Oro in Palazzo Chigi, commissioned in 1765–1767 by Sigismondo Chigi shortly af-

1. Manifattura romana su disegni di Giovan Battista Piranesi, tavolo da muro, circa 1769. Minneapolis, The Minneapolis Institute of Arts

Roman craftsmanship based on designs by Giovan Battista Piranesi, Console table, ca 1769. Minneapolis, The Minneapolis Institute of Arts

Come avvenne in Francia, anche in Italia lo stile neoclassico trovò la sua origine contemporaneamente alla piena affermazione del gusto rococò e Roma, meta indiscussa per gli artisti e gli intellettuali che intraprendevano il *grand tour* nella penisola, fu il primo centro artistico dove studiosi e critici d'arte, in piena sintonia con gli artisti parigini che soggiornavano all'Accademia di Francia, iniziarono a elaborare le prime teorie estetiche volte, attraverso lo studio degli antichi, al ritorno a una maggiore semplicità compositiva tanto nella costruzione degli edifici quanto nella loro ornamentazione.

Episodi salienti per l'evoluzione dello stile decorativo romano verso il neoclassicismo si possono considerare in sintesi la pubblicazione nel 1769 delle *Diverse maniere di adornare i camini* di Giovan Battista Pi-

ranesi (1720-1778) – dove è illustrata la *console* per l'appartamento Rezzonico in Campidoglio (fig. 1), l'unico arredo eseguito su disegni dell'artista a noi noto –, la costruzione e l'allestimento di villa Albani sulla via Salaria, attuata su progetti di Carlo Marchionni (1702-1796) e inaugurata nel giugno 1763, e la presenza nell'Urbe dell'Accademia dell'Arcadia, centro di fervidi scambi internazionali e luogo di incontro tra le arti, le lettere e le scienze in nome del "buon gusto" e, come propugnato dai teorici dell'illuminismo, all'insegna della razionalità e della chiarezza.

Dopo l'importante cantiere di villa Albani, il primo ambiente a essere rinnovato secondo i più aggiornati dettami dell'incipiente gusto neoclassico fu il Salone d'oro di palazzo Chigi voluto, tra il 1765 e il 1767, da Sigismondo Chigi poco dopo le sue nozze con Maria Flaminia Odescalchi. A questo

2. Manifattura romana, tavolo da muro, ante 1777. Mamiano (Parma), Fondazione Magnani Rocca

Roman craftsmanship, Console table, ante 1777. Mamiano (Parma), Fondazione Magnani Rocca

3. Veduta del salone degli Imperatori
di villa Borghese a Roma, 1779-1780

View of the Salon of the Emperors
of Villa Borghese in Rome, 1779–1780

ter his wedding to Maria Flaminia Odescalchi. This noteworthy and original décor was followed by other projects undertaken by the more progressive and cosmopolitan wing of the Roman aristocracy, with the intention of bringing the interiors of their dwellings into line with the new taste for the ancient and for the desire for the kind of comfort usually associated with the English that was slowly spreading its way across the peninsula with the passage of travellers from abroad. The year 1773 witnessed the decoration of the apartment belonging to Bartolomeo IV Corsini and his consort Maria Felice Barberini on the top floor of Palazzo Corsini alla Lungara, whose design pivoted around a refined revisitation of the painted decorations in the Vatican Loggias by Raphael and his school. In the meantime, the Marchioness Margherita Gentili Boccapaduli turned to Giovan Battista Piranesi around 1775 to decorate her study in the Roman palazzo in Via Arcione in a way that was in line with her scientific and literary interests.

Together with the interior of the Caffè degli Inglesi, the Egyptian style adopted in the construction of one of the consoles in the room (Fig. 2) constituted a completely innovative variation on the theme of exoticism. Here, the centre of interest had shifted from the Far East to Egypt, whose artistic patrimony and esoteric religious rites stimulated the imaginations of antiquarians and scholars more than did the now conventional chinoiserie.

Piranesi was also employed starting in 1765 by Cardinal Abbondio Rezzonico to invent decorations and furnishings for his new apartment on the Capitoline Hill that he had had built when nominated Senator of Rome. In the large, solemn rooms of the Palazzo dei Conservatori that would be the Cardinal's new dwelling, the artist had the chance to translate into practice his ideas in the field of decoration, bringing back into vogue not only "the Greek manners", but also those of the Etruscans, adhering in this to the precepts of the ancient Romans in whose works "the one and the other are united together". During the seventh decade of the eighteenth century, an innovative approach to interior

notevole e originale allestimento fecero seguito nella capitale altri cantieri intrapresi dall'ala più progressista e cosmopolita dell'aristocrazia romana, con l'intento di aggiornare gli interni delle proprie dimore al nuovo gusto per l'antico e per quel comfort inglese che a poco a poco si andava diffondendo nella penisola grazie al passaggio dei viaggiatori stranieri: al 1773 risale la decorazione, tutta imperniata sulla colta rivisitazione degli ornati dipinti nelle Logge Vaticane da Raffaello e dalla sua scuola, dell'appartamento che Bartolomeo IV Corsini e la consorte Maria Felice Barberini si fecero allestire all'ultimo piano del palazzo alla Lungara; mentre contemporaneamente la marchesa Margherita Gentili Boccapaduli interpellava, intorno al 1775, Giovan Battista Piranesi per arredare, in linea con i suoi interessi scientifici e letterari, il proprio gabinetto di lavoro nel palazzo romano di via Arcione. Lo stile egizio adottato nella costruzione di una delle *consoles* della stanza (fig. 2) costituì, insieme agli interni del Caffè degli Inglesi, una inedita variazione sul tema dell'esotismo che spostava ora il suo centro d'interesse dall'Estremo Oriente all'Egitto, le cui testimonianze artistiche e gli esoterici riti religiosi stimolavano le fantasie di antiquari e di eruditi più delle ormai convenzionali cineserie.

Lo stesso Piranesi d'altronde, fin dal 1765, era stato impegnato dal cardinale Abbondio Rezzonico a inventare decorazioni e mobilia per il nuovo appartamento che si era fatto costruire in Campidoglio in occasione della sua nomina a senatore di Roma: nelle ampie e solenni sale del palazzo dei Conservatori destinate ad accogliere il cardinale, l'artista aveva potuto tradurre in pratica le sue idee nel campo della decorazione con il riportare in auge non solo "le greche maniere", ma anche quelle etrusche, seguendo in ciò i precetti degli antichi romani che nelle loro opere "e l'una, e l'altra unirono insieme". Veniva a delinearsi, durante il settimo decennio del Settecento, un innovativo modo d'intendere la decorazione degli interni, sempre più orientata ad abbandonare i virtuosismi esornativi tipici del rococò e a recuperare i vari stili storici dell'antichità riletti secondo una linea di gusto – presto seguita dagli architetti e *ornema-*

nistes inglesi e francesi – tendente a ricreare lo sfarzo imperiale degli edifici dell'antica Roma e insieme a celebrarne le virtù eroiche.

Dal 1767 al 1775 anche Marcantonio IV Borghese rinnovò parte degli ambienti del palazzo di famiglia in Campo Marzio, seguiti da quelli della villa pinciana (fig. 3) il cui cantiere, iniziato nel 1776, proseguì fin verso la fine del secolo con il contributo di Giovan Battista Marchetti e di Pietro Rotati per gli ornati, di Luigi Valadier (1726-1785) per le rifiniture bronzee, di Vincenzo Pacetti per i rilievi in marmo, di Ivo Livinec e Andrea Holzmann per i lavori d'ebanisteria, di Antonio e Lucia Landucci per gli intagli, di Paolo Tozzi, Andrea Volpini, Lorenzo Roccheggiani e Cesare Aguatti per i mosaici e infine di Carlo Albacini, Lorenzo Cardelli e Agostino Penna per la realizzazione delle sculture degli elaborati camini, vanto dell'artigianato artistico romano diffuso all'estero tramite anche le incisioni di Piranesi. Tutti i citati artisti contribuirono, sotto l'abile regia di Antonio Asprucci (1723-1808), alla realizzazione di uno dei più notevoli complessi decorativi del neoclassicismo italiano, ottenuto con l'inserimento, come era già stato fatto nei severi interni di villa Albani, dei preziosi reperti archeologici entro moderne decorazioni in modo da far rivivere la "magnificenza" dell'arte antica in scenografici ambienti ammirati dagli artisti e dai colti viaggiatori di passaggio nell'Urbe.

Tali cantieri – cui si sarebbero aggiunti ben presto, durante gli anni ottanta, quelli rispettivi dell'allestimento del Museo Pio Clementino (1771), della Sagrestia di San Pietro (1784) e del Gabinetto Nobile (1790-1791) di palazzo Altieri – favorirono così la diffusione di un nuovo gusto tutto romano, dove la rarità e la ricercatezza dei materiali, disposti ad arte nelle geometriche partiture architettoniche delle pareti, tendevano a ricreare visivamente i sogni antiquari vagheggiati dagli esteti del neoclassicismo.

Anche a Napoli il passaggio dagli ornati in stile *rocaille* a quelli di più schietto gusto neoclassico avvenne, come negli altri stati italiani, in maniera graduale a partire dalla metà degli anni settanta, quando nella direzione dei cantieri della reggia di Caserta su-

bentrò a Luigi Vanvitelli (1700-1773) il figlio Carlo (1739-1821). Questi concluse la sobria decorazione ideata dal padre per le anticamere dette degli Alabardieri, delle Guardie del Corpo e della sala di Alessandro, e nel medesimo tempo dette inizio ai lavori degli appartamenti dei sovrani. In essi l'impronta rococò, evidente nei sottili *trillage* posti a decorare specchiere e sovrapporte, si stempera nella geometrica partizione degli spazi e nella controllata disposizione degli arredi alla cui esecuzione attendevano, tra gli altri, lo scultore Gaetano Salomone, gli ebanisti Antonio Ross ed Emanuele Girardi, l'intagliatore Gennaro Di Fiore con i figli Nicola e Pietro, i doratori Antonio Pittarelli e Bartolomeo Di Natale e il bronzista Francesco Serio.

Se dunque gli artigiani reali realizzarono fino ai primi anni ottanta arredi informati a un gusto oscillante tra i tradizionali ornati *rocaille* e le più accattivanti suggestioni decorative neoclassiche, queste ultime trovarono libero sfogo nell'allestimento della biblioteca Palatina, realizzato entro il 1784 su commissione della regina Maria Carolina, per la quale l'ebanista Giovanni Uldrich eseguì il leggio esposto in mostra. L'arredo di una delle sale, con la volta decorata su disegni di Carlo Vanvitelli con la raffigurazione degli emisferi e dei segni zodiacali seguiti dalle costellazioni, è formato da mobili dipinti con motivi ornamentali tratti dal repertorio classico vascolare allora detto "all'etrusca". Tale tipologia di ornato, proprio in quegli anni, iniziava a incontrare una larga fortuna presso le corti italiane, documentata dalle opere di Luigi Levrier (1736-1817) per i granduchi di Toscana che nel 1785 lo nominarono "maestro di grottesco" nell'Accademia di Belle Arti, oppure dai disegni degli ornatisti milanesi e torinesi.

L'aggiornamento stilistico sui modelli neoclassici proposti dalle corti di Francia e Inghilterra durante l'ultimo quarto del Settecento coinvolse infatti anche il granducato di Toscana, dove l'opera riformatrice di Pietro Leopoldo aveva fatto rinascere quella straordinaria abilità artigianale già vanto della precedente dinastia medicea.

Nel campo della decorazione d'interni bisogna segnalare l'arrivo nel 1770, da Mi-

decoration began to be delineated. It was increasingly oriented toward abandoning the ornamental virtuosity typical of the Rococo and recovering the various historical styles of antiquity, reinterpreted in accordance with a line of taste—soon to be followed also by the English and French architects and *ornemanistes*—that tended to recreate the imperial splendour of the buildings of ancient Rome and to celebrate the heroic virtues.

From 1767 to 1775, Marcantonio IV Borghese also set to remodelling parts of the family palazzo in Campo Marzio, followed by others in Villa Pinciana (Fig. 3), where work began in 1776 and continued up toward the end of the century with the contribution of Giovan Battista Marchetti and Pietro Rotati for the ornamentation, Luigi Valadier (1726–1785) for the bronze work, Vincenzo Pacetti for the marble relief, Ivo Livinec and Andrea Holzmann for the woodworking, Antonio and Lucia Landucci for the carving, Paolo Tozzi, Andrea Volpini, Lorenzo Roccheggiani and Cesare Aguatti for the mosaics and lastly, Carlo Albacini, Lorenzo Cardelli and Agostino Penna for the sculptures on the elaborate fireplaces. It was a showpiece for Roman artistic artisanry that also became known abroad thanks to the engravings of Piranesi. All these artists contributed, under the capable supervision of Antonio Asprucci (1723–1808), to the realisation of one of the most noteworthy decorative complexes of Italian Neoclassicism. It was achieved with the incorporation, as had already been seen in the severe interiors of Villa Albani, of precious archaeological relics into modern decorations so as to bring back to life the "magnificence" of ancient art in scenographic settings very much admired by the artists and cultured travellers passing through Rome.

These projects—which would soon be joined in the 1780s by the decoration of the Museo Pio Clementino (1771), the Sacristy of Saint Peter's (1784) and the Gabinetto Nobile (1790–1791) of Palazzo Altieri—favoured the spread of a new and exquisitely Roman style, where the rarity and refinement of the materials, artfully incorporated into the geometrical architectonic arrangements on the walls, tended to visually recreate the dreams of antiquity yearned for by the aesthetes of Neoclassicism.

In Naples as in other Italian city-states, the shift from Rococo ornamentation to the more candid Neoclassical taste came about gradually starting in the mid 1770s. At this time, the supervision of the worksites at the Caserta palace was taken over by Luigi Vanvitelli's son Carlo (1739–1821) when Luigi (1700–1773) passed away. Carlo completed the sober decorations designed by his father for the antechambers known as "degli Alabardieri", "delle Guardie del Corpo" and "della sala di Alessandro", while at the same time initiating work in the apartments of the sovereigns. Here the Rococo taste, evident in the fine *trillage* decorating mirrors and door cornices, was tempered by the geometric partitioning of space and the controlled arrangement of furnishings. Contributors to the project included the sculptor Gaetano Salomone, the woodworkers Antonio Ross and Emanuele Girardi, the carver Gennaro Di Fiore with his sons Nicola and Pietro, the gilders Antonio Pittarelli and Bartolomeo Di Natale and the bronze worker Francesco Serio.

Hence, while the royal artisans, starting in the early 1780s, created furnishings informed by a taste oscillating between the traditional Rococo ornamentation and the most captivating Neoclassical decorative suggestions, the latter found free expression in the decoration of the Palatine library, completed before the end of 1784 under commission from Queen Maria Carolina. The reading desk that was a part of this work, and that is on display in the exhibition, was created by the woodworker Giovanni Uldrich. The decorations in one of the rooms, with the ceiling decorated based on designs by Carlo Vanvitelli with the hemispheres and the signs of the zodiac followed by the constellations, are composed of furniture painted with ornamental motifs drawn from the Classical vase-painting repertoire then called "Etruscan style". It was precisely this period that witnessed a growing and widespread affirmation of this type of ornamentation among the Italian courts. This is documented by the works of Luigi Levrier (1736–1817) for the Grand Dukes of Tuscany, who named him "master of the grotesque" in 1785 in the Accademia di Belle Arti, and in the designs of the Milanese and Turinese ornamentalists.

The stylistic overhaul to Neoclassical models proposed by the noble courts of France and England during the last twenty-five years of the eighteenth century also involved the Grand Duchy of Tuscany, where the reforming work of Pietro Leopoldo had revitalised the extraordinary artisanal capacity that had previously been the pride of the Medici dynasty.

Another important event in interior decoration was the arrival in Milan, in 1770, of the decorators Grato and Giocondo Albertolli (1742–1839), who were called upon to handle the stucco work in the villa of the Poggio Imperiale, recently enlarged based on designs by Gaspero Maria Paoletti (1727–1813). The merit thus goes to Albertolli and Paoletti, who became one of the court architects in 1766, for having initiated a new mode of ornamentation that, while not diverging overly much from the European Rococo style, laid the groundwork for the creation of the Neoclassical taste. The Florentine architect's contacts with the cutting-edge exponents of interior design, whom he met during his visits to Parma, Rome and Naples, proved quite profitable for the development of the Tuscan Neoclassical style, where references to antiquity were filtered through the study of the works of the sixteenth-century masters. Examples include the stuccoes in the Niobe room in the Galleria degli Uffizi (1774–1779) and those in the ballrooms in Palazzo Pitti (1776–1783) and in the Poggio Imperiale (1779–1782).

The creation of the furniture for the new settings in the courtly residences was in the hands of the woodworkers Gaspero and Pietro Landi and the carver Lorenzo Dolci, who favoured geometrical forms and friezes with motifs re-evoking the style of Raphael or the ancient Greeks. In the renovated gallery of *pietra dura* works, the merit for creating new compositions for the different floors goes to Antonio Cioci, who held the post of "painter and steward of stones" from 1771 to 1792. Here, the still-lifes of vases—his compositions of Etruscan vases are famous (Fig.

4. Galleria dei Lavori su modelli di Antonio Cioci, piano di tavolo con vasi etruschi, 1792, Firenze, palazzo Pitti, galleria Palatina

Galleria dei Lavori based on models by Antonio Cioci, Tabletop with Etruscan vases, 1792. Florence, Palazzo Pitti, Galleria Palatina

5. Giuseppe Maggiolini, cassettone, circa 1789. Collezione privata

Giuseppe Maggiolini, Chest of drawers, ca 1789. Private collection

lano, dei decoratori Grato e Giocondo Albertolli (1742-1839), chiamati per seguire gli stucchi delle sale della villa del Poggio Imperiale, da poco ampliata su progetti di Gaspero Maria Paoletti (1727-1813). Spettò dunque ad Albertolli e a Paoletti, incluso dal 1766 nel ruolo degli architetti di corte, il merito di aver dato inizio a un nuovo modo di ornare che, pur non distaccandosi troppo dalla *rocaille* europea, gettava le basi per la creazione del gusto neoclassico. I contatti dell'architetto fiorentino con gli esponenti più all'avanguardia nel campo dell'architettura e delle decorazioni d'interni, resi possibili dai suoi soggiorni a Parma, Roma e Napoli, riuscirono proficui per l'elaborazione dello stile neoclassico toscano, dove i riferimenti all'antico venivano filtrati attraverso lo studio delle opere dei maestri del Cinquecento. Ne sono esempio gli stucchi della sala della Niobe nella Galleria degli Uffizi (1774-1779) e quelli per i due saloni da ballo di palazzo Pitti (1776-1783) e del Poggio Imperiale (1779-1782).

Per quanto riguarda invece il mobilio da collocare nei nuovi ambienti della corte sono ora all'opera gli ebanisti Gaspero e Pietro Landi e l'intagliatore Lorenzo Dolci, che privilegiano per le loro opere forme geometriche e fregi con motivi alla "raffaella" o alla "greca". All'interno della rinnovata Galleria dei Lavori in Pietre Dure spettò invece ad Antonio Cioci, che rivestì la carica di "pittore e dispensiere delle pietre" dal 1771 al 1792, il merito di ideare nuove composizioni per vari piani dove le nature morte di vasi – celebri restano le sue composizioni di vasi etruschi (fig. 4) – o di conchiglie, perle e coralli spiccano sui fondi uniti del porfido o del verde di Corsica.

In questa linea di ricerca di un "buon gusto" capace di far eclissare le capricciose sregolatezze del rococò, si inserisce l'attività per la corte di Parma di Ennemond-Alexandre Petitot (1727-1801). Spettò infatti all'architetto francese, insegnante all'Accademia a partire dal 1753, l'arduo compito di elaborare quel particolarissimo stile neoclassico parmense che, fondato sui rigorosi precetti dettati dagli illuministi francesi, si era sviluppato sul classicismo "composito e biz-

zarro" di Piranesi. Petitot riuscì, grazie allo stimolante clima culturale instaurato a Parma da du Tillot, tra il 1749 e il 1770, a concepire architetture e ornati in netto anticipo su quelli divulgati da Jean-François Neufforge (1714-1791) e da Jean-Charles Delafosse (1734-1791). Il vasto Salone di Colorno, l'unico ambiente superstite tra quelli fatti riallestire dai duchi, rimane oggi a testimonianza della spregiudicatezza con cui l'architetto, accanto ad ambienti improntati al diffuso gusto *rocaille*, avesse concepito un interno la cui sobria architettura era abbellita dai mobili intagliati da Ignazio Marchetti, dagli stucchi eseguiti, tra il 1755 e il 1756, da Ferdinando Rusca e da Jean-Baptiste Boudard, alternando felicemente le citazioni tratte dai rilievi antichi al variegato repertorio decorativo in parte ricavato dall'attenta osservazione degli ornati cinquecenteschi.

Riflessi di quanto si andava facendo nel campo dell'arredamento nelle sale delle residenze ducali si possono cogliere anche a Milano con l'insediamento della nuova corte: a partire dal 1771, infatti, Ferdinando d'Asburgo diede inizio ai cantieri del palazzo Arciducale e della villa di Monza chiamando a dirigere tali imprese Giuseppe Piermarini (1734-1808), il quale a sua volta affidò il compito di progettare le decorazioni delle sale e di parte del mobilio a Giocondo Albertolli. L'incitamento a far tesoro degli insegnamenti che l'architettura classica e le rovine antiche avrebbero potuto fornire alle nuove generazioni di ornatisti era stato però raccolto nella capitale del regno già dal 1769, all'arrivo del decoratore Agostino Gerli (1744-1817) – attivo a Parigi dal 1764 nella bottega di Honoré Guibert –, cui presto si sarebbe aggiunto il "pittore d'architettura e d'ornati" Giuseppe Levati (1738-1828).

Se quindi l'origine dello stile decorativo neoclassico milanese è da ricercare negli episodi artistici parmensi e fiorentini, la sua evoluzione passa senza dubbio attraverso la conoscenza delle antichità classiche romane e degli scritti di Piranesi; al gusto più propriamente parigino, mediato attraverso le creazioni di Giuseppe Gerli, fratello di Agostino, di Levati e di Albertolli si rifà invece la maggior parte dei mobili usciti dalla bot-

4)—seashells, pearls or coral stand out against backgrounds of porphyry or Corsican green.

In the Parma court, this search for a "good taste" that could eclipse the capricious intemperance of the Rococo benefited from the contributions of Ennemond-Alexandre Petitot (1727–1801). The arduous task of developing the very particular Neoclassical style of Parma fell to the French architect, who taught at the Accademia starting in 1753. Founded on the rigorous precepts dictated by French illuminists, this style developed from the "composite and bizarre" classicism of Piranesi. Petitot succeeded—thanks to the stimulating cultural climate generated in Parma by Du Tillot in the period 1749–1770—in developing his conceptions of architecture and ornamentation well ahead of those of Jean-Francois Neufforge (1714–1791) and Jean-Charles Delafosse (1734–1791). The huge Salone di Colorno, the only surviving example of the décor ordered by the dukes, remains today as a testament to the open-mindedness with which the architect conceived an interior—located among settings marked by the widespread Rococo taste—whose sober architecture was embellished with furniture carved by Ignazio Marchetti and stuccoes created in 1755–1756 by Ferdinando Rusca and Jean-Baptiste Boudard. In it, he successfully alternated citations deriving from ancient reliefs with a variegated decorative repertoire partially obtained via the careful observation of sixteenth-century ornamentation.

Reflections of what was being done in the field of interior decoration in the rooms of the ducal residences can also be discerned in Milan with the establishment of the new court. The Archduke Ferdinand of Austria-Este inaugurated works on the archducal palazzo and the villa in Monza in 1771, calling upon Giuseppe Piermarini (1734–1808) to direct the undertaking. Piermarini, in turn, entrusted the designs for the decorations and part of the furniture to Giocondo Albertolli. The incitement to profit from the teachings that classical architecture and ancient ruins could provide to the new generations of ornamentalists had already been absorbed in the capital of the kingdom in 1769 with the arrival of the decorator Agostino Gerli (1744–1817),

who had been active in Paris since 1764 in the workshop of Honoré Guibert. Gerli would soon be joined by the "painter of architecture and ornamentation", Giuseppe Levati (1738–1828).

While the origins of the Milanese Neoclassical style in interior design lie in the artistic episodes of Parma and Florence, its development certainly was guided by knowledge of Roman classical antiquity and the writings of Piranesi. On the other hand, most of the furniture from the workshop of Giuseppe Maggiolini (1738–1814) and his son Francesco, who sources state were active in the Archduke's court at least until the end of the 1770s, a period in which the decorations of the residences in Milan and Monza were nearly completed, were inspired by a more precisely Parisian taste, mediated via the creations of Giuseppe Gerli (Agostino's brother), Levati and Albertolli. The flourishing manufactory in Parabiago thus produced two of the most successful pieces of Italian furniture in Neoclassical style: the pair of *commodes* designed by Andrea Appiani (1754–1817) and Giocondo Albertolli and created in 1798 (Fig. 5).

Woodworking in this period had become one of the pillars of the Lombard economy and in the Maggiolini workshop young apprentices learned the trade and prepared to create new types of furnishings and original decorative motifs. Among these artisans, as emphasised by sources at the time, especially worthy of mention as well capable of revitalising the Lombard art of wood inlay and bringing it back to its Renaissance splendour were Gaspare Bassani, Giuseppe Vignati, Domenico Vannotti and Francesco Abbiati. The last two were quite appreciated also outside of the confines of the Lombard Kingdom, especially in Rome and Naples. The works of Maggiolini must thus have met with the full favour of Ferdinand of Austria, who saw in them a tangible proof of the cultural revival that had engaged all segments of the Milanese arts, from wood sculpting to gold working and the casting of decorative bronzes. A school of miniature mosaic work directed by Giacomo Raffaelli from Rome also prospered briefly in the early nineteenth century.

In Piedmont, the interest in the development of the French style which had characterised the large projects in the noble residences since the time of Carlo Emanuele III continued with his son Vittorio Amedeo III, who ascended to the throne in 1773. The dynastic ties to France, Parma and Madrid favoured the process of modernising the décor in the court to a Neoclassical style with a distinctly international character that only during the 1780s would achieve full realisation in the redecoration of certain rooms in the Palazzo Reale, in the Stupinigi hunting lodge and in the residences in Moncalieri, Venaria, Racconigi and Rivoli. During the last twenty-five years of the eighteenth century, in fact, thanks to the work of the carver Giuseppe Bonzanigo (1745–1820), the architects Francesco Valeriano Dellala di Beinasco (1731–1803), Filippo Castelli (1738–ca 1820), Giuseppe Battista Piacenza (1735–1818) and Carlo Randoni (1785–1831) and of the decorators Ludovico Tesio (1731–1782) and Leonardo Marini (active from 1760 to 1806), the style of the Savoy court took on a precious connotation in line with the models of Louis XVI (Fig. 6).

This brief overview may be sufficient to evince the extent to which Italian Neoclassicism was an aesthetic current, also in the decorative arts, that engaged artists, decorators and artisans in a long and fertile interchange of ideas. During the 1770s, the Italian city-states were the sites for a massive flourishing of initiatives, especially in architecture, championed by eccentric architects like Petitot, Marchionni, Piermarini, Vanvitelli and Paoletti together with decorators of unquestionable talent, among whom the figures of Leonardo Marini in Piedmont and Giocondo Albertolli in Lombardy stand out distinctly. The latter, author of important collections of engraved ornamentations, the bona fide beginnings of the Italian Neoclassical style, contributed in a decisive manner—partially through his role as an instructor at the Accademia di Brera—to the development of an original decorative style that would be the starting point for the experimentations of new generations of interior designers. (*Enrico Colle*)

6. Francesco Bolgiè, angoliera, 1789.
Torino, Palazzo Reale, appartamento
di Madama Felicita

Francesco Bolgiè, Corner table, 1789.
Turin, Palazzo Reale, Apartment
of Madama Felicita

tega di Giuseppe Maggiolini (1738-1814) e del figlio Francesco, attivi secondo le fonti per la corte arciducale almeno dalla fine degli anni settanta, periodo in cui erano quasi compiute le decorazioni delle residenze di Milano e Monza. Dal fiorente opificio di Parabiago uscirono così due tra i più riusciti arredi italiani in stile neoclassico: la coppia di *commodes* realizzate nel 1789 su disegni di Andrea Appiani (1754-1817) e di Giocondo Albertolli (fig. 5).

L'ebanisteria in questo giro d'anni era divenuta una delle attività portanti dell'economia lombarda e nella bottega dei Maggiolini si formavano i giovani pronti poi a cimentarsi nell'elaborazione di nuove tipologie d'arredo e di originali motivi decorativi; tra questi artigiani, ben in grado di resuscitare – come sottolineano le testimonianze dell'epoca – l'arte della tarsia lignea padana riportandola agli splendori rinascimentali, merita citare Gaspare Bassani, Giuseppe Vignati, Domenico Vannotti e Francesco Abbiati: questi ultimi due assai apprezzati anche al di fuori dei confini del regno lombardo, soprattutto a Roma e a Napoli. Le opere dei Maggiolini dovevano così incontrare appieno il favore di Ferdinando d'Asburgo, il quale vi riscontrava una prova tangibile del rinnovamento culturale che aveva coinvolto tutti i settori dell'operare artistico milanese, dall'intaglio ligneo all'oreficeria, alla fusione dei bronzi decorativi; prosperò per un breve periodo agli inizi dell'Ottocento persino una scuola di mosaico minuto, tenuta dal romano Giacomo Raffaelli.

In Piemonte, l'interesse per l'evoluzione dello stile francese, che aveva caratterizzato i grandi cantieri delle residenze di corte fin dall'epoca di Carlo Emanuele III, continuò anche con il figlio Vittorio Amedeo III, salito al trono nel 1773. I legami dinastici con la Francia, con Parma e con Madrid favorirono il processo di aggiornamento degli ambienti di corte su uno stile neoclassico a carattere spiccatamente internazionale che solo nel corso degli anni ottanta avrebbe trovato la sua piena realizzazione nel riallestimento di alcuni interni del Palazzo Reale, della palazzina di Stupinigi e delle residenze di Moncalieri, Venaria, Racconigi e Rivoli. Durante l'ultimo

quarto del Settecento, infatti, grazie all'attività dell'intagliatore Giuseppe Bonzanigo (1745-1820), degli architetti Francesco Valeriano Dellala di Beinasco (1731-1803), Filippo Castelli (1738 - circa 1820), Giuseppe Battista Piacenza (1735-1818) e Carlo Randoni (1785-1831) e degli ornatisti Ludovico Tesio (1731-1782) e Leonardo Marini (attivo dal 1760 al 1806), lo stile di corte assunse una sua precisa connotazione aggiornata sui modelli del Luigi XVI (fig. 6).

Da quanto sinteticamente esposto si può dunque evincere come il neoclassicismo italiano, anche nel settore delle arti decorative, fu una corrente estetica che coinvolse per un lungo periodo artisti, decoratori e artigiani in fervido scambio di idee. Negli stati italiani, durante gli anni settanta del secolo, è tutto un fiorire di iniziative, specie nel campo dell'architettura, portate avanti da eccentrici architetti come Petitot, Marchionni, Piermarini, Vanvitelli e Paoletti insieme a decoratori di indiscussa abilità, tra i quali emergono in modo distinto le figure di Leonardo Marini in Piemonte e di Giocondo Albertolli in Lombardia. Quest'ultimo, autore di importanti raccolte di incisioni d'ornato, veri e propri incunaboli del gusto neoclassico italiano, contribuì in maniera assai decisa, anche attraverso il suo insegnamento all'Accademia di Brera, a sviluppare un originale stile decorativo che sarà il punto di partenza per le sperimentazioni delle nuove generazioni d'ornatisti. (*Enrico Colle*)

Accogliere in casa una "famiglia" di mobili animali per abbassare i toni del mobile tecnico. Branzi coltiva il sogno di una relazione amorosa con la Natura attraverso strutture metalliche "nodose" come canne di bambù o zampe di giraffa.

A "family" of animal furniture is welcomed into the home to soften the tone of the technical pieces. Branzi here cultivates the dream of a love story with nature through "knotty" metal structures resembling bamboo or the hooves of giraffes.

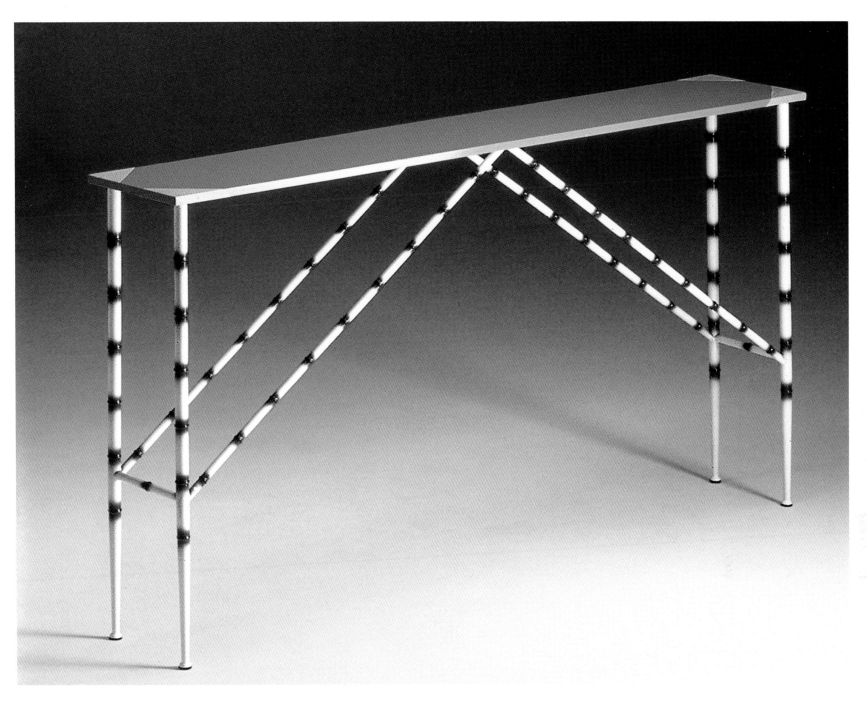

VII.1

Ignazio Marchetti (Parma, 1715-1800)
Console, circa 1769
93 x 115 x 55,5 cm

Ignazio Marchetti (Parma, 1715–1800)
Console, ca 1769
93 x 115 x 55,5 cm

VII.2

Andrea Branzi
(Firenze, 1938)
Console *Tillus*
produzione Zanotta, 1986
95 x 180 x 40 cm

Andrea Branzi
(Florence, 1938)
Tillus console
made by: Zanotta, 1986
95 x 180 x 40 cm

Il giunto in Abs è il solutore di problemi
per quest'oggetto a comparsa e
sparizione domestica per comportamenti
brevi, temporanei, flessibili.

The ABS joint is the solver of problems
for this domestic vanishing act
for brief, temporary and flexible
moments of everyday life.

VII.3

Giuseppe Maria Bonzanigo
(Asti, 1745 - Torino, 1820)
Tripode, 1787
72 x 52 cm
Ø int. 45 cm

Giuseppe Maria Bonzanigo
(Asti, 1745 – Turin, 1820)
Tripod, 1787
72 x 52 cm; Ø int. 45 cm

VII.4

Achille Castiglioni
(Milano, 1918-2002)
Tavolino pieghevole *Cumano*
produzione Zanotta, 1978
70 x Ø 55 cm

Achille Castiglioni
(Milan, 1918–2002)
Cumano small folding table
made by: Zanotta, 1978
70 x Ø 55 cm

VII.3a

Giuseppe Bonzanigo
Tempietto trionfale con il busto
di Vittorio Amedeo III
1787 o circa 1790
41 x 29 x 47 cm

Giuseppe Bonzanigo
Triumphal temple with the bust
of Vittorio Amedeo III
1787 or ca 1790
41 x 29 x 47 cm

VII.5

Aldo Rossi
(Milano, 1931-1997)
Servizio da tè e caffè *Tea and Coffee Piazza*
produzione Alessi, 1983
64 x 43,5 x 29 cm

Aldo Rossi
(Milan, 1931–1997)
Tea and Coffee Piazza set
made by: Alessi, 1983
64 x 43,5 x 29 cm

L'Architettura e il Monumento
(buoni) riusciranno a moralizzare
l'oggetto di design (cattivo)?

*Will (good) Architecture and Monuments
succeed in giving morals to the (bad)
design object)?*

VII.6

Manifattura siciliana
Sedia, seconda metà secolo XVIII
1790-1800
100 x 55 x 50 cm

Sicilian workshop
Chair, late eighteenth century
1790–1800
100 x 55 x 50 cm

VII.7

Alessandro Mendini
(Milano, 1931)
Sedia *Ollo*
produzione Alchimia, 1985
80 x 50 x 50 cm

Alessandro Mendini
(Milan, 1931)
Ollo chair
made by: Alchimia, 1985
80 x 50 x 50 cm

La sedia in pannelli come teorema della
sedia di base, la decorazione in laminato
a pattern come la citazione della
decorazione di base a pittogramma
che viene dalla Preistoria ma è diretta
al Futuro.

*A chair of panels as the theorem of the
basic chair, and the patterned laminate
decoration as the quotation of the
decoration at the heart of pictograms,
coming from prehistory but directed
to the future.*

La configurazione variabile dei montanti
in senso verticale disegna *séparés*, zone
e utenze ad altezze variabili dall'una
e dall'altra parte di un mobile pensato
come organizzatore di spazi ampi
e talvolta problematici.

The variable vertical configuration of the
uprights creates separate zones and areas
of use of variable height on either side
of a unit planned as an organiser
of large, at times problematic spaces.

VII.10

Giuseppe Maggiolini
Toilette, 1794-1796
81 x 100 x 52,5 cm

Giuseppe Maggiolini
Dressing table, 1794–1796
81 x 100 x 52,5 cm

VII.11

Osvaldo Borsani
(Varedo, 1911 - Milano, 1986)
Toilette
produzione Arbo, 1938
75 x 150 x 55 cm

Osvaldo Borsani
(Varedo, 1911 – Milan, 1986)
Dressing table
made by: Arbo, 1938
75 x 150 x 55 cm

La lastra in cristallo Vis Securit interpreta il sogno di un mobile monomaterico totalmente in vetro, segno della massima sperimentazione tecnologica possibile negli anni trenta. L'uomo moderno può anche disfarsi progressivamente del legno.

The Vis Securit crystal panel interprets the dream of a piece of furniture made totally of a single material, glass, the sign of the greatest possible technological experimentation of the thirties. Modern man can progressively do without wood.

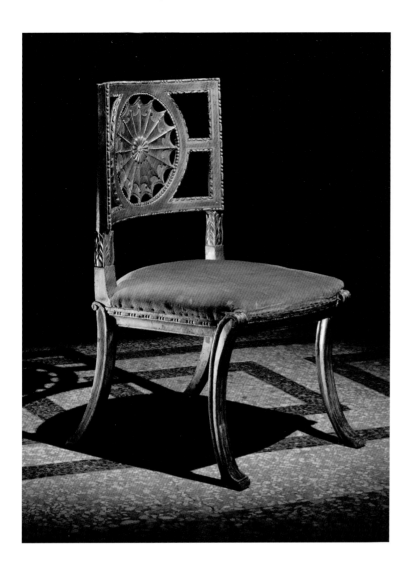

Il saggio tradotto in carbonio da un
principio di Meda: "La tecnologia non
è un fine ma un mezzo per realizzare cose
semplici: può sembrare un paradosso
ma quanto più è complessa, tanto più
è in grado di produrre cose semplici
con un'immagine quasi organica".

*The essay translated into carbon fibre by
a principle by Meda: "Technology is not
an end in itself but a means toward
making simple things; it may appear
paradoxical but the more complex
it is, the more it is able to produce simple
things with an almost organic image".*

VII.14

Luigi Righetti (Roma, 1780-1852)
Tripode, circa 1815
88 cm x Ø 35 cm

Luigi Righetti (Rome, 1780–1852)
Tripod, ca 1815
88 cm x Ø 35 cm

VII.15

Treppiede con sfingi, montaggio
del XVIII secolo con elementi databili
dal I secolo a.C. al I secolo d.C.
94 x 46 cm

Tripod with sphinxes
Eighteenth-century assembly with
elements dating from the first century
B.C. to the first century A.D.
94 x 46 cm

VII.16

Maurizio Peregalli
(Milano, 1957)
Tavolino *Triangolo*
produzione Zeus, 1985
70 x 100 x 50 cm

Maurizio Peregalli
(Milan, 1957)
Triangolo table
made by: Zeus, 1985
70 x 100 x 50 cm

Dura riduzione high-tech del treppiede
al suo semplice zoccolo e dura
corrispondenza triangolare fra piano
e zoccolo mentre il numero tre dei
supporti diventa uno.

*An extreme high-tech reduction of the
tripod to its simple base and a sharp
triangular contrast between the top
and base, while the three supports
become one.*

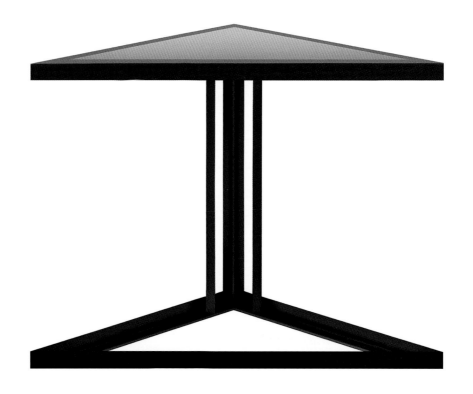

Lo stile Impero italiano
The Italian Empire Style

*N*ew governments undertook the great work of remodelling and modernising the royal residences in Italy, many of which had been devastated after the revolutionary uprisings that broke out with the invasion of Italy by French troops, calling on architects, ornamentalists, and furniture makers to participate in new and stimulating decorative projects. These artists and artisans were initially engaged in the restoration of the courtly milieux according to the dictates of the late-eighteenth-century Neoclassical style, but later moved on to the more captivating stylistic suggestions proposed by Napoleon's architects Charles Percier (1764–1838) and Pierre-

François-Léonard Fontaine (1762–1835).

Arriving in Naples in 1808, Gioacchino and Carolina Murat found their palace decorated in the usual late-eighteenth-century style with carved furniture painted white and gold. The new sovereigns immediately began an extensive campaign of redecoration of the former Bourbon residences starting with the Palazzo Reale and the palace in Portici, where work began in 1806. They hired the architects Etienne-Chérubin Lecomte and Antonio De Simone to design the furnishings, which were crafted by the woodworkers Giovanni Uldrich, in the service of the court since 1794, and Francesco Girardi, by the carver Giuseppe Antonio De Gregorio and by various gilders. Noteworthy among the furnishings created in

Il vasto programma di riordino e di ammodernamento delle residenze reali italiane – in gran parte devastate dopo i moti rivoluzionari scoppiati con l'invasione delle truppe francesi – intrapreso dai nuovi governi coinvolse architetti, ornatisti e mobilieri in nuove e stimolanti imprese decorative che li videro, in un primo tempo, impegnati nel restauro degli ambienti di corte seguendo i dettami di una tarda declinazione dello stile neoclassico settecentesco, per poi passare alla ripresa dei più accattivanti suggerimenti di gusto proposti dagli architetti di Napoleone, Charles Percier (1764-1838) e Pierre-François-Léonard Fontaine (1762-1835).

Arrivati a Napoli nel 1808, Gioacchino e Carolina Murat trovarono la reggia arredata con i consueti mobili tardosettecenteschi intagliati e dipinti bianchi e oro. I nuovi sovrani iniziarono subito una vasta campagna di riammobiliamento delle ex residenze borboniche a cominciare dal Palazzo Reale e dalla reggia di Portici, i cui lavori furono iniziati nel 1806, incaricando gli architetti Etienne-Chérubin Lecomte e Antonio De Simone di fornire i disegni della mobilia, poi realizzata dagli ebanisti Giovanni Uldrich, attivo per la corte dal 1794, e Francesco Girardi, dall'intagliatore Giuseppe Antonio De Gregorio e da diversi doratori. Tra gli arredi eseguiti in questo giro d'anni si segnala il monumentale letto a baldacchino che, insie-

1. Manifattura napoletana, cassettone, ante 1815. Caserta, Palazzo Reale

Neapolitan craftsmanship, Chest of drawers, ante 1815. Caserta, Palazzo Reale

2. Jean-Baptiste Youf, toilette, 1811. Firenze, villa della Petraia

Jean-Baptiste Youf, Toilette, 1811. Florence, Villa della Petraia

these years is the monumental canopy bed, which was designed for the bedroom of the sovereigns in Portici, together with two chests of drawers (Fig. 1) and two nightstands, now in Caserta.

The style of the Murat court, unlike that of those in other Italian city-states, while based on models of the Parisian Empire style, took the form of a discerning fusion between a passion for the antique and the search for modern comforts that did not entirely exclude imperial luxury. Theatrical draperies alternating with intensely coloured partitions, and decorations imitating those discovered in Herculaneum and Pompeii, acted as backgrounds for archaeological relics, mahogany furniture decorated with elaborate applications of gilded metal, and objects crafted in *pietra dura* which the Royal Workshop continued to produce under the supervision of Filippo Rega. Leafing through the pages of the Palazzo Reale inventory drafted in 1817, you can still get a feel for the sumptuous tone of the Murattian décor, especially in the rooms of the Royal Apartment. Draped with light silk wall coverings in green, yellow, celeste and amaranth, they were filled with modern objects and antique marbles. The scenographic decoration of the rooms satisfied the taste of the Bourbons, who were sufficiently taken with it to leave it unaltered for a number of years—indeed, augmenting it with the addition of new furnishings fashioned in line with the archaeological style practiced by the architects who were already in the service of the Murat court.

The Empire style had no adherents worthy of note working in interior design in Rome, whereas in Bologna, Antonio Basoli (1774–1848) had incited the tastes of the local aristocracy for a modern ornamentation that was more fitting to the functions of the new times. Basoli enriched the traditional scenographic setup of frescoes and faux architectures, made famous throughout Europe in previous centuries by the Bolognese quadraturists, with references to the grotesque decorations of the sixteenth century. This revival, and in particular the resumption of the complex ornamentation designed by Giulio Romano for the ducal residences in Mantua, had its roots in the aesthetics of the Enlightenment and would continue to enjoy success also during the Restoration.

In Tuscany during the Kingdom of Etruria, the tastes of the Florentine court remained oriented toward a late interpretation of the eighteenth-century Neoclassical style. Here, in furniture design, the dictates called for the inclusion of precious inlaid ornamentation or carved and gilded wood that brings to mind the works designed by French architects during the French Directory and Consulate.

The new trend in the tastes of the court toward the Empire models began to be felt with the arrival, in March 1809, of Napoleon's sister, Elisa Baciocchi, then Grand Duchess of Tuscany. Designs arrived from France for a gilded bronze table foot, work of the architect Fontaine, later replicated in wood, and also for a toilette set crafted by Giuseppe Benvenuti. And again from Paris came the authorisations to proceed with the plans developed by Giuseppe Cacialli (1770–1828) to renovate the rooms in the palace.

3. Manifattura lombarda, poltrona, primo quarto del XIX secolo. Milano, Civiche Raccolte d'Arte Applicata

Lombard craftsmanship, Armchair, 1800–1825. Milan, Civiche Raccolte d'Arte Applicata

me ai due cassettoni (fig. 1) e ai due como-dini ora a Caserta, era stato progettato per la camera dei sovrani a Portici.

Lo stile di corte dei Murat, a differenza di quello degli altri stati italiani, pur dipendendo dai modelli Impero parigini, si configurò come una intelligente fusione tra le passioni antiquariali e la ricerca di un moderno *comfort* che non escludeva cedimenti al lusso imperiale. Teatrali drappeggi alternati a parati dalle intense colorazioni o alle decorazioni imitate da quelle scoperte a Ercolano e Pompei facevano infatti da sfondo ai reperti archeologici e al mobilio di mogano abbellito con elaborate applicazioni di metallo dorato o alle suppellettili in pietre dure che il Real Laboratorio continuava a produrre sotto la direzione di Filippo Rega. Scorrendo le pagine dell'Inventario di Palazzo Reale redatto nel 1817 si può cogliere ancora il tono fastoso degli arredamenti murattiani, specialmente nelle sale dell'Appartamento Reale che, parate di tappezzerie di ermisino rispettivamente di colori verde, giallo, celeste e amaranto, risultavano ricche di suppel-lettili moderne e di marmi antichi. Lo scenografico allestimento delle sale così ottenuto soddisfece il gusto dei Borboni, che ne rimasero affascinati tanto da mantenerlo inalterato per diversi anni, accrescendolo con l'inserimento di nuovi arredi realizzati in linea con lo stile archeologizzante portato avanti dagli architetti già al servizio della corte murattiana.

Se a Roma, nel campo della decorazione d'interni e dell'arredo, lo stile Impero non ebbe seguaci degni di nota, a Bologna Antonio Basoli (1774-1848) aveva rilanciato presso la locale aristocrazia il gusto per un'ornamentazione moderna e funzionale ai nuovi tempi. Basoli arricchì il tradizionale impianto scenografico degli affreschi e finte architetture, che avevano reso celebri in Europa i quadraturisti bolognesi dei secoli precedenti, con citazioni dalle decorazioni a grottesca del Cinquecento. Questa linea di revival cinquecentesco, e in particolare la ripresa delle complesse ornamentazioni ideate da Giulio Romano per le residenze ducali mantovane, affondava le sue radici nell'este-

4. Giovanni Maffezzoli, cassettone, inizi del XIX secolo. Collezione privata

Giovanni Maffezzoli, Chest of drawers, early nineteenth century. Private collection

5. Giuseppe Borsato, particolare delle decorazioni della sala dei Paesaggi, 1809. Venezia, Palazzo Reale

Giuseppe Borsato, Details of decorations in the Sala dei Paesaggi, 1809. Venice, Palazzo Reale

The workshops of the court were called upon to make the furniture. Among them, a woodworker of Parisian origin then residing in Lucca, Jean Baptiste Youf (1762–1838), stands out. He is often cited in the accounts of the Guardaroba Granducale (Fig. 2) together with other artisans like the bronze worker Andrea Cioci, the carvers Luigi Ammannati and Vincenzo Ristori, the gilders Ignazio Ricci and Pasquale Corsani, and the woodworkers Giovanni Socci (1775–1842) and Giuseppe Benvenuti (1782–1846), all working under the direction of Cacialli, who was also responsible for completing the decoration of the Poggio Imperiale villa.

Thanks to the institution, within the Accademia di Brera, of a school of interior decoration directed by Giocondo Albertolli (1742–1839) until 1812 (when he was succeeded by his grandson Ferdinando), in Milan the remodelling work involved in adopting the French Empire style was undertaken earlier than in other Italian city-states. The reformist work of this important artistic institution, directed initially by Abbot Carlo Bianconi (1732–1802), and later, from 1791, by Giuseppe Bossi (1777–1815), was fundamental for fostering a new impulse to develop ever-new decorative models to apply to the decoration of interiors and furniture.

In the meantime, the supervision of projects in the Milanese court alternated between Giuseppe Piermarini (1734–1808) and Leopoldo Pollack (1751–1806) until the latter was expelled by the French government and Luigi Canonica (1762–1844) took his place. Canonica would keep his post as architect for the Viceroy Eugène de Beauharnais from 1807 to 1815 and was the true author of the Milanese Empire style (Fig. 3), orienting Lombard tastes toward the Parisian models that he had had the opportunity to behold directly during his travels to Paris and Saint-Cloud in 1805, where he admired the decorative work directed by Percier and Fontaine for Napoleon.

In the field of woodworking, the pride of the Lombard artistic artisanry during the previous century, the Maggiolini (1738–1814) workshop was undergoing a slow and progressive decline. Their works must have appeared too strongly bound to eighteenth-century tastes, thus shifting favour to woodworkers who had been quick to adopt the monumental and severe forms typical of the Empire style. Among these we cite Giovanni Maffezzoli (1766–1818), who was specialised in scenographic inlay work incorporated into the Empire structures of the chests of drawers (Fig. 4) and *secrétaires*.

During the first half of the nineteenth century, although it was part of the Lombard-Veneto Kingdom, Venice maintained an artistic autonomy with respect to Milan. The Empire models, quite well liked by architects and furniture makers active in the capital of the Kingdom of Italy, were received rather unenthusiastically by the Venetians. As documented in the furnishings created by Giuseppe Crestadoro for the Royal Villa of Strà, the Venetians knew how to rework them into their own late-Neoclassical interpretations.

For this reason, as soon as plans were made to remodel the rooms of the Procuratie Nuove, preparing them to become the residence for the Viceroy Eugène de Beauharnais, it was necessary to call upon, via the architect Giuseppe Antolini (1754–1842), who arrived in Venice from Bologna in 1807, the more up-to-date furniture makers of the Milanese court. A dual standard was applied in interior decoration: while the Venetian nobility continued to prefer the Neoclassical work elaborated by Giannantonio Selva (1753–1819) at the end of the eighteenth century, the official patrons leaned toward the Empire style, exemplified by the work of Giuseppe Borsato (1771–1849), under whose direction the new royal apartments on the first floor of the Procuratie (Fig. 5) were decorated. Under Borsato, the decorative theme of the grotesques was enriched with complex ornamentations, and eighteenth-century grace gave way to the sumptuous forms typical of the Empire style. (*Enrico Colle*)

tica illuministica e sarebbe stata continuata con successo durante la Restaurazione.

Anche in Toscana, durante il regno d'Etruria, il gusto della corte fiorentina si mantenne ancora orientato verso una tarda declinazione dello stile neoclassico di matrice settecentesca che prevedeva, nella costruzione della mobilia, l'inserimento di preziosi ornati a intarsio o in legno intagliato e dorato che ricordano le opere progettate dagli architetti francesi durante il Direttorio e il Consolato.

La nuova tendenza del gusto della corte verso i modelli Impero si cominciò ad avvertire con l'arrivo, nel marzo del 1809, della sorella di Napoleone, Elisa Baciocchi, nominata allora granduchessa di Toscana. Dalla Francia furono infatti inviati i disegni dell'architetto Fontaine per un piede di tavolo in bronzo dorato, poi replicato anche in legno, e quelli per una toilette eseguita da Giuseppe Benvenuti, e sempre da Parigi provenivano le autorizzazioni per l'esecuzione dei progetti di rinnovo delle sale del palazzo elaborati da Giuseppe Cacialli (1770-1828).

Per quanto riguarda l'ammobiliamento ci si rivolse ai manifattori di corte, tra i quali spicca l'ebanista di origine parigina, ma residente a Lucca, Jean-Baptiste Youf (1762-1838), che in questi anni è spesso citato nei conti della guardaroba granducale (fig. 2) insieme ad altri artigiani come il bronzista Andrea Cioci, gli intagliatori Luigi Ammannati e Vincenzo Ristori, i doratori Ignazio Ricci e Pasquale Corsani e gli ebanisti Giovanni Socci (circa 1775-1842) e Giuseppe Benvenuti (1782-1846), tutti operosi sotto la direzione di Cacialli, responsabile anche del completamento decorativo della villa del Poggio Imperiale.

A Milano – grazie all'istituzione, all'interno dell'Accademia di Brera, di una scuola d'ornato diretta da Giocondo Albertolli (1742-1839) fino al 1812, quando gli successe il nipote Ferdinando – l'adeguamento ai modelli tipici dello stile Impero francese avvenne prima che in altri stati italiani: l'attività riformatrice di questa importante istituzione artistica, portata avanti prima dall'abate Carlo Bianconi (1732-1802) e poi, dal 1791, da Giuseppe Bossi (1777-1815), fu infatti fon-

damentale per favorire un nuovo impulso all'elaborazione di sempre più originali modelli decorativi da applicare agli ornati delle sale e alla mobilia.

Nel frattempo, nella direzione dei cantieri di corte si erano alternati a Giuseppe Piermarini (1734-1808) Leopoldo Pollack (1751-1806) e, dopo l'espulsione di quest'ultimo da parte del governo francese, Luigi Canonica (1762-1844) il quale rimarrà in carica, come architetto del viceré Eugenio di Beauharnais, dal 1807 al 1815. Quest'ultimo fu il vero artefice dello stile Impero milanese (fig. 3), orientando il gusto lombardo verso i modelli parigini conosciuti direttamente durante il suo viaggio del 1805 a Parigi e a Saint-Cloud, dove ebbe modo di ammirare gli allestimenti curati da Percier e Fontaine per Napoleone.

Per quanto riguarda il settore dell'ebanisteria, vanto dell'artigianato artistico lombardo del secolo precedente, si assiste a un progressivo declino della bottega di Maggiolini (1738-1814), le cui opere dovevano allora apparire troppo legate al gusto settecentesco, a tutto favore di quegli ebanisti che per primi avevano adottato le forme monumentali e severe tipiche dello stile Impero. Tra questi si può citare Giovanni Maffezzoli (1766-1818), specializzato nell'esecuzione di scenografiche tarsie da inserire nelle strutture Impero dei cassettoni (fig. 4) e dei *secrétaires*.

Durante la prima metà dell'Ottocento Venezia, pur facendo parte del regno lombardo-veneto, manteneva una sua autonomia artistica rispetto a Milano. I modelli Impero, assai apprezzati dagli architetti e mobilieri attivi nella capitale del Regno d'Italia, vennero accolti senza entusiasmo dai veneziani che, come documentano gli arredi eseguiti da Giuseppe Crestadoro per la Villa Reale di Strà, seppero dissimularli sotto le forme proprie di un attardato neoclassicismo.

Per questa ragione, allorché si pensò di modificare le sale delle Procuratie Nuove per farle divenire residenza del viceré Eugenio di Beauharnais, ci si dovette rivolgere, tramite l'architetto Giuseppe Antolini (1754-1842), giunto da Bologna nel 1807, ai più aggior-

nati mobilieri di corte milanesi. Anche per la decorazione degli interni si tenne presente un doppio registro: se da una parte la nobiltà veneziana continuava a preferire le soluzioni di gusto neoclassico elaborate da Giannantonio Selva (1753-1819) alla fine del Settecento, dall'altra la committenza ufficiale si indirizzava verso lo stile Impero grazie all'attività di Giuseppe Borsato (1771-1849), sotto la cui direzione furono allestiti i nuovi appartamenti reali al primo piano delle Procuratie (fig. 5). Con Borsato il tema decorativo delle grottesche si arricchisce di ornamentazioni complesse, dove la grazia settecentesca cede il passo alle forme fastose tipiche dell'Impero. (*Enrico Colle*)

VIII.1

Manifattura milanese
Trono imperiale, inizi del XIX secolo
29 x 69 x 70 cm

Milanese workshop
Imperial throne, early nineteenth
century
29 x 69 x 70 cm

VIII.2

Achille Castiglioni
(Milano, 1918-2002)
Piergiacomo Castiglioni
(Milano, 1913-1968)
Poltrona *Giro*
produzione Gavina, 1962
80 x Ø 74 cm

Achille Castiglioni
(Milan, 1918–2002)
Piergiacomo Castiglioni
(Milan, 1913–1968)
Giro armchair
made by: Gavina, 1962
80 x Ø 74 cm

Un tronetto tecnico fatto di due parti
dadaisticamente accostate assieme
attraverso una piastra rotante.

*A technical little throne made
of two parts brought together in Dadaist
fashion via the swivelling plate.*

Dal gonfiabile degli anni settanta al gonfiato contemporaneo. Questi "ravioli d'aria" portano l'imbottito a dialogare con il "basso" mondo dei semilavorati del packaging e con i tessuti tipici delle recinzioni dei cantieri edili nobilitati con un tocco di antica passamaneria.

From the inflatable of the 1970s to today's inflatable. This "air ravioli" lead the padding to a dialogue with the "low" world of the semi-finished packaging industry and the fabrics typical of those used to fence off building sites decorated with a touch of old-fashioned braid.

VIII.3

Mario Bellini
(Milano, 1935)
Pouf *Via Lattea*
produzione Meritalia, 2008
42 x 90 x 90 cm

Mario Bellini
(Milan, 1935)
Via Lattea pouf
made by: Meritalia, 2008
42 x 90 x 90 cm

VIII.4

Manifattura napoletana
Sgabello, 1814 circa
45 x 104 x 48 cm

Neapolitan workshop
Stool, ca 1814
45 x 104 x 48 cm

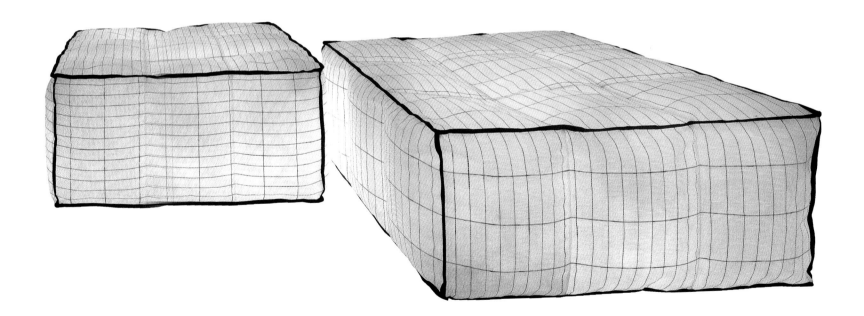

VIII.5

Giuseppe Casadoro
Poltrona, 1812
95 x 64 x 54 cm

Giuseppe Casadoro
Armchair, 1812
95 x 64 x 54 cm

VIII.6

Ico Parisi
(Palermo, 1916 - Como, 1996)
Poltrona modello 839
produzione Cassina, 1955
80 x 62 x 68 cm

Ico Parisi
(Palermo, 1916 – Como, 1996)
Model 839 armchair
made by: Cassina, 1955
80 x 62 x 68 cm

Solo la versatilità del compensato curvato può sintetizzare in un gesto "caldo" l'antica dicotomia (o stacco) tra schienale e bracciolo.

Only the versatility of curved plywood can summarise in a single, "warm" gesture the ancient dichotomy (or break) between back and arm-rest.

Achille Castiglioni
(Milano, 1918-2002)
Mobiletto *Comodo*
produzione Interflex, 1989
92 x 92 x 92 cm

Achille Castiglioni
(Milan, 1918–2002)
Comodo unit
made by: Interflex, 1989
92 x 92 x 92 cm

Manifattura toscana
Tavolino da lavoro, ante 1815
72 x 36 x 36 cm

Tuscan workshop
Work table, before 1815
72 x 36 x 36 cm

Questo accessorio da sartoria casalinga è un
carrello di servizio ai nostri comportamenti
domestici sempre più frammentati in tante
piccole operazioni. Moltiplicazioni di piani,
di appoggi, di contenimenti per piccoli
oggetti o minuscoli semilavorati.

This accessory for home tailoring is a service
trolley for our domestic habits, increasingly
fragmented into many small operations.
A series of tops, corners, containers
for small objects or tiny articles in the
process of being made.

VIII.9

Giovanni Socci
Scrivania, 1807
88,5 x 106 x 82 cm

Giovanni Socci
Writing desk, 1807
88,5 x 106 x 82

VIII.10

Carla Venosta
(Milano, 1940)
Scrivania
realizzazione artigianale, 1970
84 x 250 x 120 cm

Carla Venosta
(Milan, 1940)
Writing desk
made by hand, 1970
84 x 250 x 120 cm

Una work station prima delle work stations. Eccessiva ma domestica, questa megastruttura riprende l'immaginario di James Bond e asseconda ogni minima necessità di ricettacoli, di compartimenti, di vani a comparsa e scomparsa nello stile dello spionaggio internazionale e delle scenografie di Ken Adam.

A work station before work stations. Excessive yet domestic, this megastructure borrows from the imagery of James Bond and accedes to every request for receptacles, compartments and cupboards that emerge and disappear in the best international espionage tradition and recalling the set designs of Ken Adam.

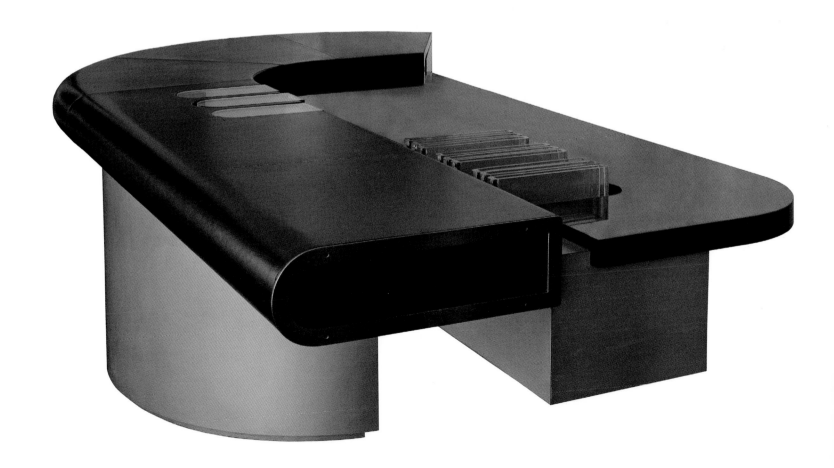

VIII.11

Superstudio
(Adolfo Natalini, Cristiano Toraldo
di Francia, Pietro Frassinelli,
Roberto Magris, Alessandro Poli)
Scrivania *Quaderna*
produzione Zanotta, 1970
72 x 180 x 81 cm

Superstudio
(Adolfo Natalini, Cristiano Toraldo
di Francia, Pietro Frassinelli,
Roberto Magris, Alessandro Poli)
Quaderna writing desk
made by: Zanotta, 1970
72 x 180 x 81 cm

VIII.12

Jean-Baptiste Youf, Andrea Valadier
Scrivania, 1817-1820
75 x 103 x 60 cm

Jean-Baptiste Youf, Andrea Valadier
Writing desk, 1817–1820
75 x 103 x 60 cm

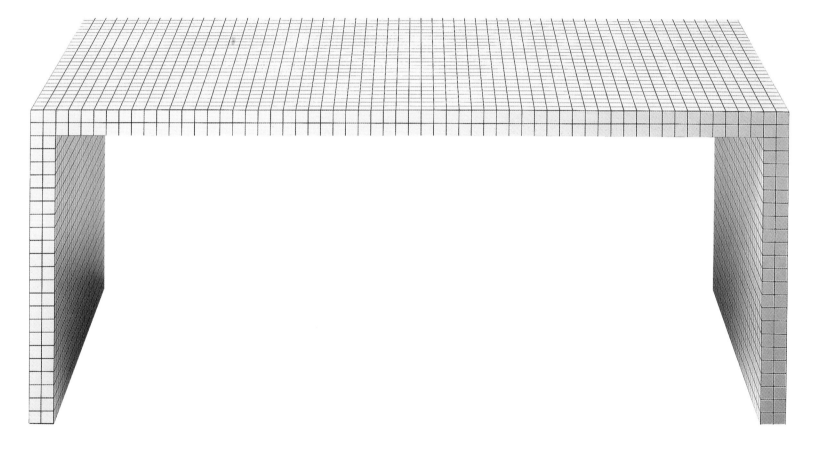

La scrivania è figlia dell'idea del
Monumento Continuo, un reticolo
quadrettato muto e tetragono che
Superstudio stendeva sulla Natura
trasformandola in un Habitat
indifferenziato e omogeneo. Il placcaggio
in laminato diventa una super-superficie
pensata non più solo per il piano, ma
anche per delle gambe che diventano
fianchi pieni.

The desk is the offspring of an idea from
Monumento Continuo, a dumb
and tetragon checkerboard grid that
Superstudio applied to Nature,
transforming it into an indifferentiated,
homogeneous Habitat. The plywood
honeycomb becomes a super-surface
that is used not only for the top but also
for the legs, which become full sides.

I

Courts, Patrons
and Artists:
Origin and Development
of Modern Styles

I.1

Vico Magistretti
(Milan, 1920–2006)
Expandable table with movable flaps
made by: Tecno, 1957
metal frame and hinges, walnut tops
80 x Ø 100 cm
ARBO S.p.A. collection Varedo

I.2

Florentine (or Roman) workshop
Table top, late sixteenth century
marble with inlay of pietra dura
Ø 90 cm
Siena, Chigi Saracini Collection –
Proprietà Banca Monte dei Paschi di Siena
Inventory: 194 MPS

The octagonal marble top with inlays of pietre dure, made towards the end of the sixteenth century in a Florentine or Roman workshop, almost certainly comes from one of the Medici residences—it resembles the pieces of furniture described by the Grand Duke's housekeepers as being in the rooms of Palazzo Pitti, and in the villas of Poggio Imperiale and of Lappeggi. It entered the collection of Galgano Saracini at the beginning of the nineteenth century, perhaps following the sale by auction by the Lorena family in the eighteenth century of numerous furnishings from the Grand Ducal residences, many of which bought by collectors and aristocrats from throughout Europe. The first mention of the work in the Chigi collection can be found, s mentioned by Enrico Colle (2000, p. 145, no. 127), in the *Relazione in compendio delle cose più notabili nel Palazzo e Galleria Saracini di Siena*, drafted in 1819; at that date, the table top had already been cut in two to produce two consoles to be set against a wall, itemised in the "Sixth Room" of the *piano nobile* as "Pair of Small tables made of Precious pietra dura" (*Relazione...* [1819] 2005c, p. 82). The practice of drastically altering antique tables, cutting the tops in two, was a habit at the time of the Lorena family, and documented by other cases too that are still present in the collections of Palazzo Pitti (Colle, 1997, pp. 120–121, no. 15). The two Chigi tops were then re-attached at some later date in the nineteenth century and mounted, probably on that occasion, on gilt wood legs carved with volutes and putti astride dolphins.

The geometric design of the top is based upon two frames with disks of lapis lazuli dividing the decorative bands: the outer band features egg shapes and scrolls in alabaster and chalcedony alternating contrasting in colour with the black jasper ground; the central band is divided into eight elements with the sides formed of volutes alternating with rounded shapes, surrounding a central alabaster jagged-edged mirror with 16 concave sides, enclosed within a band decorated with lapis lazuli.

The type of decoration in this work is very similar to that in a series of tables attributed to a generic Florentine or Roman setting, given that they share some characteristics with the furnishings made by the skilled Roman stoneworkers of the middle of the century, together with those of the geometric drawings of Giovanni Antonio Dosio and Niccolò Gaddi, Tuscan architects working in Rome in those same years (cf. Giusti, 1988, pp. 86–93, nos. 7–8–9–10; Colle, 1997, pp. 104–112, nos. 4–11; Morrogh, 1985, pp. 116–118, nos. 56–58). [B.M.]
Bibliography: Salmi, 1967, p. 286, fig. 225; Colle, 1993a, p. 8, fig. 4; Colle, 2000a, p. 145, no. 127; Colle, 2005b, p. 52; Colle, 2006, p. 100, no. 3816.

I.3

Florentine workshop
Base for a table, late sixteenth century
inlaid and carved walnut
85,5 x 149,5 cm
Siena, Chigi Saracini Collection -
Proprietà Banca Monte dei Paschi di Siena
Inventory: no. 140 MSP

The inlaid and carved walnut table support, surmounted in the exhibition by a top of pietra dura (cat. I.2), was combined in the nineteenth-century disposition of the Chigi Collection with a late eighteenth-century inlaid top (Colle, 2006, p. 100, no. 3186). There is no information as to when this work entered the collection or as regards its possible provenance. However, on the basis of the stylistic features and iconographic motifs used, it may be posited that it was made by a Florentine craftsman towards the end of the sixteenth century, analogously to the late-Mannerist tables with marble tops pietra dura inlays and carved legs with "lions' paws, festoons and masks", recorded in the eighteenth-century inventories of the Grand Ducal palace (Colle, 1993a, p. 7).
The base is formed of a group of supports on lions' paws—a motif comparable to the shelves for the altar of Santa Trinità designed by Bernardo Buontalenti (Colle, 1997, pp. 102–104, no. 3)—conceived as double volutes ending with protomes of sphinxes decorated with acanthus leaves and linked in the centre by rings chaining together the animal-like extremities: the frame underneath the top is of a later date, as is the base with curved scrolls that prevents the original support from resting directly on the ground.
The form of the figures, marked by a highly refined stylisation of natural forms, closely echoes the late-sixteenth century abstraction typical of Buontalenti's architectural decoration, and anticipates the later evolution of the female motif as a support in furniture developed in the seventeenth century, with sinuous sirens carved in the round in like fashion to the sculptures of Giovan Battista Foggini.
The base exhibited here may instead be compared to well-known examples of Florentine furniture dating from the 1570s and 1580s, such as the table today in the Museo degli Argenti attributed by Cristina Aschengreen Piacenti to Dionigi Nigetti to a design by Giorgio Vasari (Aschengreen Piacenti, 1980, pp. 365–369; Colle, 1997, pp. 113–115,

Catalogo delle opere

I

Le corti, i committenti, gli artisti: origine e sviluppo degli stili moderni

I.1

Vico Magistretti
(Milano, 1920-2006)
Tavolo ampliabile ad ali mobili
produzione Tecno, 1957
struttura in profilato di ferro,
cerniere metalliche e piani in noce
80 x Ø 100 cm
Collezione ARBO S.p.A., Varedo

I.2

Manifattura fiorentina (o romana)
Piano di tavolo, fine del XVI secolo
marmo con intarsi di pietre dure
Ø 90 cm
Siena, collezione Chigi Saracini -
Proprietà Banca Monte dei Paschi
di Siena
Inventario: 194 MPS

Il piano ottangolare in marmo con intarsi di pietre dure, eseguito verso la fine del Cinquecento da una manifattura fiorentina o romana, proviene quasi certamente da una delle residenze medicee – ricorda infatti i mobili descritti dai guardarobieri dei Granduchi presso le sale di Palazzo Pitti, delle ville del Poggio Imperiale e di Lappeggi (Colle 1993a, p. 8) – ed entrò nella collezione di Galgano Saracini all'inizio del XIX secolo, forse dopo la dispersione che i Lorena attuarono nel Settecento mettendo in asta numerosi arredi delle dimore granducali finiti poi nelle raccolte di nobili e collezionisti di tutta Europa. La prima menzione dell'opera nella collezione Chigi si rintraccia, come segnalato da Enrico Colle (2000, p. 145, n. 127), nella *Relazione in compendio delle cose più notabili nel Palazzo e Galleria Saracini di Siena*, stilata nel 1819; a quella data il piano era già stato tagliato in due per ricavarvi altrettante *consoles* da disporre al muro, ricordate infatti nella "Stanza Sesta" del piano nobile come "Piani di Tavolini commessi di pietre dure Preziose" (*Relazione*... [1819] 2005c, p. 82). L'uso di manomettere i tavoli antichi tagliando in due i piani marmorei è una prassi di epoca lorenese che risulta documentata anche per altri casi tuttora presenti nelle collezioni di palazzo Pitti (Colle 1997, pp. 120-121, n. 15). I due piani Chigi sarebbero stati poi ricomposti in un'epoca non precisata dell'Ottocento e montati, probabilmente per l'occasione, su un supporto in legno dorato e intagliato con motivi a volute e putti su delfini.

L'impianto geometrico del piano si svolge attraverso un disegno accurato con due cornici a dischetti di lapislazzuli che suddividono i registri decorativi: la fascia più esterna è caratterizzata da ovoli e cartigli in alabastro e calcedonio che si alternano e contrastano cromaticamente con il fondo di pietra di paragone; la fascia centrale viene invece ripartita da otto elementi con lati composti da volute che si alternano a ovoli e circondano uno specchio centrale in alabastro, dentato a sedici facce concave e racchiuso entro una fascia decorata da lapislazzuli.

La tipologia dell'ornato accomuna quest'opera

a una serie di tavoli da attribuirsi a un generico ambito di produzione fiorentina così come romana, dal momento che presentano caratteri affini agli arredi realizzati dai valenti lapicidi romani della metà del secolo, oltre che ai disegni geometrici di Giovanni Antonio Dosio e Niccolò Gaddi, architetti toscani attivi a Roma nello stesso arco cronologico (cfr. Giusti 1988, pp. 86-93, nn. 7-8-9-10; Colle 1997, pp. 104-112, nn. 4-11; Morrogh 1985, pp. 116-118, nn. 56-58). [B.M.]

Bibliografia: Salmi 1967, p. 286, fig. 225; Colle 1993a, p. 8, fig. 4; Colle 2000a, p. 145, n. 127; Colle 2005b, p. 52; Colle 2006, p. 100, n. 3816.

I.3

Manifattura fiorentina
Base per tavolo, fine del XVI secolo
legno di noce intarsiato e intagliato
85,5 x 149,5 cm
Siena, collezione Chigi Saracini -
Proprietà Banca Monte dei Paschi
di Siena
Inventario: n. 140 MPS

Il supporto in legno di noce intarsiato e intagliato, che in occasione della mostra sorregge un piano di pietre dure (cat. I.2), fu abbinato nell'allestimento ottocentesco della collezione Chigi a un piano intarsiato della fine del XVIII secolo (Colle 2006, p. 100, n. 3186).

Non si hanno notizie sull'epoca in cui quest'opera entrò nella collezione, né sulla sua possibile provenienza: ma in base ai caratteri stilistici e ai motivi iconografici adottati è pensabile che sia stata realizzata da un intagliatore fiorentino alla fine del Cinquecento in analogia con quei tavoli di foggia tardomanieristica, con piani di marmo, intarsi di pietre dure e sostegni intagliati a "zampe di lione con festoni e maschere", registrati negli inventari seicenteschi della reggia granducale (Colle 1993a, p. 7).

La base si sviluppa come un insieme di supporti su zampe leonine – motivo confrontabile con le mensole per l'altare di Santa Trinita disegnate da Bernardo Buontalenti (Colle 1997, pp. 102-104, n. 3) – concepiti come doppie volute terminanti con protomi di sfingi decorate da foglie d'acanto e raccordate al centro da anelli che incatenano le estremità ferine: di epoca successiva dovrebbero invece essere la balza al di sotto del piano e la base a cartigli arricciati che impedisce al supporto originale di poggiare direttamente a terra.

L'andamento delle figure, caratterizzate da una raffinatissima stilizzazione delle forme naturali, corrisponde bene all'astrazione tardocinquecentesca propria della decorazione architettonica di Buontalenti e anticipa la successiva evoluzione del motivo femminile come supporto d'arredo sviluppato nel Seicento con sinuose figure di sirene intagliate a tutto tondo sull'esempio scultoreo di Giovan Battista Foggini.

La base qui esposta potrà invece essere confrontata con noti esempi d'arredo fiorentino

219

no. 12). This is a work of around 1570 comprising two sphinxes resting on cornets and supporting an ebony top, the inspiration for which should be sought amongst the northern prints of furniture that were known to and studied by Florentine artists. The numerous human and animal heads, with bodies of sphinxes or harpies, used to decorate cabinets, doors, funerary monuments or fountains, and reproduced in the rich repertories of artists such as Jacques-Androuet Ducerceau, Hans Vredeman De Vries and Hieronimus Cock, may be suggested as a generic source for the female faces of the Chigi table, rendered finer by the elegant diadems placed on the forehead and the odalisk-like veils under their chins (cf. H. Vredeman De Vries, Florence, GDSU, Prints in volume no. 12624; H. Cock, Florence, GDSU, Prints in volume, nos. 10653, 10656, 10673, 10709). [B.M.]
Bibliography: Salmi, 1967, p. 286, fig. 224; Colle, 1993a, p. 19; Colle, 2005b, p. 77; Colle, 2006, p. 101, no. 3818.

I.4

Giovan Battista Panzeri, called
Zarabaglia, and Marco Antonio Fava
and Giuseppe De Vico
Cabinet, 1560–1567
gold and silver-damascened steel
with gilt-bronze statuettes
90,5 x 68,5 x 47,5 cm
Vienna, Kunsthistorisches Museum,
Kunstkammer
Inventory: no. 879

The genre of the steel cabinet, embossed, chased and with gold and silver damascene, together with applied plaques and metal statuettes, became common during the Lombard Renaissance, with examples of the highest quality made by Milanese gunsmiths being sold in all of Europe's leading courts, as stated by Alvar González-Palacios (in Colle, 1997, p. 34). This field has been brought to light thanks to the masterly research of Silvio Leydi (2003, pp. 29–46).
The cabinet in the Kunsthistorisches Museum of Vienna has been attributed to Giovan Battista Panzeri, called Zarabaglia, a member of a family of Milanese gunsmiths, and to Marco Antonio Fava, an excellent artisan in damascene who used to work with him—they formed a company and produced not only arms, but also highly-luxurious furniture for a leading European clientele (Godoy, 2003a, p. 18). The attribution has been made on the basis of the celebrated decoration made by the two Lombard masters for Archduke Ferdinand II of Tyrol (1529–1596), which is also preserved in Vienna (Vienna, Hofjagd- und Rüstkammer, inv. A 785 a–c). As described by José-A. Godoy in his comprehensive entry for the exhibition on the art of Italian gunsmithing in Geneva—to which the reader is referred for a more complete study of the work presented here (Godoy 2003b, pp. 501–502, no. 101)—the Viennese cabinet takes the form of a small cupboard divided into several levels and fitted

with an interior box of 53 small drawers, reached by lowering the flap-front forming the front of the cabinet and decorated with reliefs and small figures of divinities within niches separated by Doric half-columns.
Every side of the cabinet is defined by niches decorated with figures of divinities, recognisable for their attributes—on the front, we can see Neptune, Juno and Minerva; on the back, Venus with Cupid, Apollo and Mars; on the left side, Diana and Mercury; on the right side, Jove and Saturn—and by two bands with historiated bas-relief panels, their backgrounds with landscapes and architecture being engraved and damascened. The lower part has a series of small plaques with mythological themes and allegorical personifications, while the upper register depicts trophies of arms, battle scenes and grotesque motifs. The rest of the surface is completely covered with figures of caryatids, telamons, candelabras, fantastic animals and geometric motifs that fill every available space. Likewise, the inner side of the front is decorated with silver damascene on a blue ground, and includes scenes from Ovid's *Metamorphosis*.
At the top of the cabinet, there are five figurines in the round dated 1567 and made by Giuseppe De Vico, as stated in the inscription, "IOSEF/DE VICI FECIT 1567", on the base of the statuette of Marcus Curtius. This last depicts the historic Roman patrician on horseback who sacrificed himself for his homeland, and is shown here throwing himself into the flames, perhaps in vague memory of the breakthroughs effected in the field of equestrian statuary by Leonardo da Vinci in the selfsame city of Milan. The female figures, shown against acanthus leaves, are not identifiable, although very close in form to the sculptures of another famous Milanese artist, Agostino Busti called il Bambaia, a relative and teacher of Zarabaglia himself (Leydi, 2003, p. 31). The four curved panels forming the top of the cabinet depict scenes from the history of Rome (the Mouth of Truth trial; an emperor consulting an oracle; Pompeii; Atilius Regulus). This iconographic programme, together with the statuette of Marcus Curtius, suggests that there be an underlying reference to the virtues and noble rank of the patron (Auer, 1989, pp. 182–183), whom Godoy suggests might have been Ferdinand II, Duke of Tyrol (Godoy, 2003a, p. 27). [B.M.]
Bibliography: González-Palacios, 1986, 1, pp. 251–252; Auer, 1989, pp. 182–183; Godoy, 2003a, pp. 18, 27; Godoy, 2003b, pp. 501–502, no. 101; Leydi, 2003, pp. 29–46.

I.5

Luigi Caccia Dominioni
(Milan, 1913)
Bar ladder
made by: Azucena, 1972
wooden unit painted glossy black,
comprising two halves, the interior
with shelves and lined in sheet metal,
and with stainless steel elements
100 x 50 x 50 cm
Property Azucena, Milan

I.6

Jacobo Fiamengo (1594–1602)
(design and execution) and Giovanni
Battista De Curtis (?) (engraver)
Cabinet, late sixteenth century – early
seventeenth century
wood veneered with ebony and rosewood,
with ivory plaques and decoration
96.7 x 104.8 x 51.7 cm
London, Victoria and Albert Museum
Inventory: W.36:1, 2-1981

The Victoria and Albert Museum cabinet was made in the Neapolitan workshop of cabinet-maker Iacobo Fiamengo, a foreign artist famous for his production of cupboards, cabinets and desks, known between the late sixteenth and early seventeenth century in leading European courts (González-Palacios, 1984, p. 219). Like other cabinet-makers in Italy, Fiamengo was an immigrant from Northern Europe who, styling himself a "scrittorista" (literally, a "desker"), opened a business in Naples, making use of the skills of engravers and workers of ebony—a technique practised by many Neapolitan artists—to make this precious form of furniture that became highly popular in the kingdom of the Two Sicilies in the sixteenth century, drawing inspiration from aristocratic Spanish collections, especially that of Phillip II (Ruotolo, 1984, p. 363).
Following the study effected by Alvar González-Palacios (1984, pp. 246–247), the London cabinet was attributed to the design and hand of Fiamengo, and the ivory decoration attributed to the circle of Giovanni Battista De Curtis, a craftsman from a family of artists of Cava dei Tirreni active around 1570, who was a master of great technical skills in engraving ebony panels. The proposal of the name of De Curtis is based on the comparison of the piece exhibited here with two other Neapolitan cabinets attributed to the artist from between the end of the sixteenth century and the first quarter of the seventeenth (Hamburg, Museum für Kunst und Gewerbe—in this example, we find the master's signature, "Io: Battista de Curtis"; Roma, Galleria Doria Pamphilj), all three of which share the same inscription concerning the figure of Romulus. The cabinet presents an architectural drawing of great simplicity, a rectangular form with two doors—the one on the right without lock—on the central panel and, above, a late-Mannerist relief on all four sides with a series of small medallions showing the effigies of the Caesars. As usual, the interior contains a series of drawers and secret compartments (about 77), intended to protect precious articles and documents, and in this case ingeniously distributed between the interior carcass and a miniature cabinet contained within the central part of the carcass, which can be removed to reveal further hidden drawers.
All the ebony panels, enclosed within frames with festoons and semi-reclining divinities, are incised in a refined design close to the Mannerist manner of the school of

datati agli settanta e ottanta del XVI secolo: come il tavolo, oggi conservato al Museo degli Argenti e attribuito da Cristina Aschengreen Piacenti a Dionigi Nigetti su disegno di Giorgio Vasari (Aschengreen Piacenti 1980, pp. 365-369; Colle 1997, pp. 113-115, n. 12). Si tratta di un'opera del 1570 (circa) costituita da due sfingi che poggiano su cartocci e sostengono un piano d'ebano la cui ispirazione andrà ricercata nell'ambito delle stampe nordiche per mobilia, allora note e studiate dagli artisti fiorentini. Alle numerose teste umane o d'animale, con corpi di sfingi o di arpie, immaginate a decoro di stipi, porte, sepolcri o fontane, e riprodotte nei ricchi repertori grafici di artisti, quali Jacques Androuet Ducerceau, Hans Vredeman De Vries e Hieronimus Cock, saranno infatti da associare anche i volti muliebri del tavolo Chigi, impreziositi da eleganti diademi posti sulla fronte e veli da odalisca ripresi sotto il mento (cfr. H.Vredeman De Vries, Firenze, GDSU, Stampe in volume n. 12624; H. Cock, Firenze, GDSU, Stampe in volume, nn. 10653, 10656, 10673, 10709). [B.M.]
Bibliografia: Salmi 1967, p. 286, fig. 224; Colle 1993a, p. 19; Colle 2005b, p. 77; Colle 2006, p. 101, n. 3818.

I.4

Giovan Battista Panzeri, detto Zarabaglia, e Marco Antonio Fava e Giuseppe De Vico
Stipo, 1560-1567
acciaio damaschinato d'oro e argento con statuette in bronzo dorato
90,5 x 68,5 x 47,5 cm
Vienna, Kunsthistorisches Museum, Kunstkammer
Inventario: n. 879

Il genere artistico dello stipo in acciaio lavorato a sbalzo, cesellato, con damaschinature d'oro e argento, e applicazioni di placche e statuette metalliche, si diffuse ampiamente nel rinascimento lombardo, raggiungendo, come ricorda Alvar González-Palacios (in Colle 1997, p. 34), punte di altissima qualità a opera di armaioli milanesi famosi in tutte le principali corti europee, e oggi riportati alla luce grazie alle magistrali ricerche di Silvio Leydi (2003, pp. 29-46).
A Giovan Battista Panzeri, detto Zarabaglia, membro di una famiglia di armaioli milanesi, e a Marco Antonio Fava, eccellente ageminatore suo collaboratore – erano uniti in società e producevano non solo armi ma anche oggetti d'arredo di grande lusso per una clientela europea di alto rango (Godoy 2003a, p. 18) –, è stato pertanto attribuito lo stipo del Kunsthistorisches Museum di Vienna, sulla scorta della celebre Guarnitura eseguita dai due maestri lombardi per l'arciduca Ferdinando II del Tirolo (1529-1596), e anch'essa conservata a Vienna (Vienna, Hofjagd- und Rüstkammer, inv. A 785 a-c). Come descritto da José-A. Godoy, nell'esaustiva scheda redatta in occasione della mostra di Ginevra sull'arte dell'armatura italiana – a cui si rimanda per una lettura completa

dell'opera qui esposta (Godoy 2003b, pp. 501-502, n. 101) –, lo stipo di Vienna si presenta in forma di piccolo armadio, suddiviso in più registri, e dotato di una scatola interna di cinquantatré cassettini, a cui si accede abbassando il piano a ribalta costituito dalla facciata anteriore, caratterizzata da riquadri a rilievo e figurine di divinità entro nicchie separate da semicolonne doriche.
Ogni lato dello stipo è definito da nicchie animate da figure di divinità, riconoscibili per il proprio attributo – sul lato anteriore Nettuno, Giunone e Minerva; sul retro Venere con Cupido, Apollo e Marte; sul lato sinistro Diana e Mercurio; sul lato destro Giove e Saturno –, e da due fasce con riquadri istoriati a bassorilievo, i cui fondi con paesaggi e architetture sono incisi e ageminati. Nella parte inferiore è inserita una serie di placchette con temi mitologici e personificazioni allegoriche, mentre nel registro superiore sono raffigurati trofei d'armi, scene di battaglia e motivi a grottesca. Il resto della superficie è completamente ricoperto da figure di cariatidi, telamoni, candelabre, animali fantastici e motivi geometrici che non lasciano alcuno spazio libero, così come nella facciata interna dello stipo, lavorato con una damaschinatura d'argento su fondo blu e decorato con scene tratte dalle *Metamorfosi* di Ovidio.
Alla sommità dello stipo si trovano infine cinque figurine a tutto tondo datate al 1567 ed eseguite da Giuseppe De Vico, secondo quanto riporta l'iscrizione "IOSEF/DE VICI FECIT 1567" alla base della statuina rampante di Marco Curzio. Quest'ultima raffigura la storica figura del patrizio romano sacrificatosi per la patria e qui in atto d'impennarsi sulle fiamme, forse in vaga memoria delle novità messe a punto nel campo della statuaria equestre da Leonardo da Vinci, proprio a Milano. Le figure femminili, adagiate su foglie d'acanto, non sono identificabili – seppur molto vicine formalmente alle sculture di un altro artista milanese di grande fama, Agostino Busti detto il Bambaia, parente oltre che maestro dello stesso Zarabaglia (Leydi 2003, p. 31) –, mentre i quattro pannelli incurvati a costituire la sommità dello stipo raffigurano scene legate alla storia di Roma (la prova della Bocca della Verità; un imperatore che consulta un oracolo; Pompeo; Attilio Regolo). Tale programma iconografico, assieme alla statuina di Marco Curzio, fa pensare che potesse esservi un sotteso richiamo alle virtù e al rango nobiliare del committente (Auer 1989, pp. 182-183), che Godoy indica nello stesso Ferdinando II del Tirolo (Godoy 2003, p. 27). [B.M.]
Bibliografia: González-Palacios 1986, 1, pp. 251-252; Auer 1989, pp. 182-183; Godoy 2003, pp. 18, 27; Godoy 2003a, pp. 501-502, n. 101; Leydi 2003, pp. 29-46.

I.5

Luigi Caccia Dominioni
(Milano, 1913)
Scaletta bar
produzione Azucena, 1972
mobile in legno laccato nero lucido formato da due ante, interno a ripiani

ricoperti in laminato, inserti in acciaio inossidabile
100 x 50 x 50 cm
Proprietà Azucena, Milano

I.6

Jacobo Fiamengo (1594-1602) (disegno ed esecuzione) e Giovanni Battista De Curtis (?) (incisore)
Stipo, fine del XVI - inizi del XVII secolo
legno impiallacciato d'ebano e palissandro con placche e rifiniture d'avorio
96,7 x 104,8 x 51,7 cm
Londra, Victoria and Albert Museum
Inventario: W.36:1, 2-1981

Lo stipo del Victoria and Albert Museum appartiene alla manifattura napoletana dell'ebanista Iacobo Fiamengo, artista di origini straniere, famoso per la produzione di studioli, stipi e scrittoi, e noto, fra la seconda metà del Cinquecento e l'inizio del Seicento, presso le principali corti europee (González-Palacios 1984, p. 219). Come altri ebanisti presenti in Italia, Fiamengo era emigrato dal nord Europa e, qualificandosi come "scrittorista", aveva avviato a Napoli una attività da impresario avvalendosi della collaborazione di incisori e tornitori d'avorio – tecnica praticata da molti artefici campani – per la realizzazione di questo prezioso genere d'arredo diffusosi, con gran fortuna, nel Cinquecento presso il regno delle Due Sicilie sull'esempio delle raccolte nobiliari ispaniche – prima fra tutta la collezione di Filippo II (Ruotolo 1984, p. 363).
In seguito agli studi di Alvar González-Palacios (1984, pp. 246-247), lo stipo di Londra è stato ricondotto al disegno e all'esecuzione di Fiamengo, e la decorazione delle parti in avorio attribuita alla cerchia di Giovanni Battista De Curtis, artigiano proveniente da una stirpe di artisti di Cava dei Tirreni, attiva attorno al 1570, e uomo di consumata perizia tecnica nella lavorazione a graffito delle placche eburnee. La proposta del nome di De Curtis si baserebbe sul confronto dell'opera qui esposta con altri due stipi di produzione napoletana attribuiti all'artista tra la fine del Cinquecento e il primo quarto del Seicento (Amburgo, Museum für Kunst und Gewerbe – in questo esemplare si ritrova proprio la firma del maestro "Io: Battista de Curtis"; Roma, Galleria Doria Pamphilj), tutti e tre accomunati dalla medesima iscrizione concernente la figura di Romolo.
Lo stipo presenta un disegno architettonico di grande semplicità, una forma rettangolare, con due sportelli – quello di destra privo della serratura – sul portale centrale, e in alto, su tutti e quattro i lati, un fregio di stampo tardo manierista con una serie di piccoli medaglioni con le effigi dei Cesari. Come di consueto, l'opera reca al suo interno uno spazio contenente cassetti e tiretti segreti (circa settantasette), destinati a proteggere beni preziosi e documenti, e in questo caso distribuiti ingegnosamente fra la scatola interna e uno stipo in miniatura contenuto dallo sportello

Fontainebleau, and the result of a miniaturist precision, in accordance with a technique characterising Neapolitan cabinets of the late sixteenth century. In the following century, this art was used in simple support of a more sculptural approach, with lively bas-reliefs and figures of caryatids and telamons carved in the round (González-Palacios, 1984, p. 219).

The dominant iconography of the panels is associated with the history of Rome, in common with many desks made in the second half of the sixteenth century, inspired, as suggested by González-Palacios, by the German taste for the prints of Antonio Tempesta published in 1596. The figure of Romulus is reproduced in several scenes of his life, and celebrated in the role of here and king of Rome, as mentioned in the inscription on the inside front of the cabinet: "Victor roman rediens acronis spolia in capitolio iovi / Feretrio A sacra quercu suspendit romulus". The inscription is perhaps meant to recall Phillip II's role as founder of a new *monarchia universalis*, an idea proposed by Dieter Alfter (Alfter, 1979, pp. 135–141).

Recently, Peter Thornton has traced an old photograph of the cabinet, exhibited for the 4th Retrospective exhibition of Fine Arts in Turin in 1880; at the time, the cabinet still had its silver keyhole cover and was surmounted by a small gallery, since lost. [B.M.]
Bibliography: Alfter, 1979, pp. 135–141; Ruotolo, 1984, p. 363; González-Palacios, 1984, 1, pp. 246–247.

I.7

Eugenio Gerli
(Milan, 1923)
Jamaica bar unit
made by: Tecno, 1966
bar unit in curved plywood
with chrome-plated hinges
60 x 90 x 45 cm
Varedo, ARBO S.p.A. collection

I.8

Botteghe Granducali, after a design
by Giovanni Bilivert
Cabinet, second decade of the
seventeenth century
ebony and panels of pietra dura
80 x 132 x 47 cm
Gallerie di Firenze, in deposito
nel Museo di Palazzo Vecchio
Inventory: Sculture 1882, no. 1093

This cabinet, made at the start of the seventeenth century by the Florentine Galleria dei Lavori, probably after a design by Giovanni Bilivert, used to belong to Lorenzo de' Medici and was, in the mid-seventeenth century, located in Villa La Petraia, according to the details unearthed by Alvar González-Palacios, who was the first to identify the work, which had already been published in the 1920s by Mario Tinti, and is today preserved in Palazzo Vecchio (González-Palacios, 1977, pp. 301–303). In this cabinet, the scholar recognised the "small ebony cabinet" mentioned in the inventory drawn up following

the death of Lorenzo in 1649, described in these terms: "an ebony cabinet framed by wavy bands, with balustrades and 17 compartments, the ends of the draws in pietra dure with flowers, fruits, figures, and the one in the middle showing the Palazzo della Petraia, 11/2 b. high, 2 ? b. wide, 5/6 b. deep, with covering of chequerboard of red smoke oak". The cabinet remained in the Florentine villa until 1780, according to the grand ducal inventories (Bohr, 1993, p. 281, no. 206), and was then briefly moved to Palazzo Pitti, before being transferred to the Villa del Poggio Imperiale in whose inventory it was recorded from 1803 to 1860. In 1911, it arrived at Palazzo Vecchio together with other furniture belonging to the Florentine Gallerie (Giusti, 1988, p. 148; Colle, 1997, p. 196). The architectural division of the front is, in the scholars' opinion, close in style to the late-sixteenth-century cabinets of Germany (Colle, 1997, p. 195); an opinion also shared by Annamaria Giusti, who sees an elegance in this cabinet, standing out from other early seventeenth-century ones in public Florentine collections, similar to the work of the German cabinet-makers active in the Galleria. The *guilloché* ebony decoration itself can only be by a foreign hand, as Italian artisans rarely worked this extremely hard wood, and typical too is the dark colour, masterfully enlivened by the insertion of panels of pietra dura, featuring scenes from nature on a black jasper ground.

The front of the cabinet, divided by trabeations and half-columns into 17 compartments, has some mosaic panels in the upper band depicting leaves and fruit, and others in the lower one with birds, fruit and a pair of vases with flowers. The central part presents a refined view of the garden of the Villa della Petraia "depicted in its pure geometry against the backdrop of a lively chalcedony sky, and surrounded by the domestic nature of the kitchen garden and garden rendered with the rough green of jaspers from Sicily and Bohemia" (Giusti, 1988, p. 148). As suggested by several writers, the panel must have been made to a design of a model supplied by the Florentine painter, Giovanni Bilivert, paid on 15 May 1615 by Cosimo II for a series of watercolours of the Grand Ducal villas, commissioned from him to "serve for the making of pietre dure for tables or whatever might be the desire of His Highness" (G Ma, 332, c.925). The project of a series of views of the Medicean villas was not followed through, however, as no further examples are known. In recording the collector's interest of Cosimo II as regards views depicted using "natural" materials, Giusti proposed a dating for the cabinet of around the years of the Grand Duke's regency. This hypothesis is supported by the architectural of the piece and by its similarity with other works produced by the Florentine workshop at the start of the seventeenth century. In particular, these examples—and it is worth comparing two cabinets, one published by González-Palacios and preserved in the National Gallery of Ot-

tawa, and the other at the Metropolitan Museum of New York (Colle, 1997, p. 196)—all share a naturalism typical of Ligozzi which would, throughout the seventeenth century, influence the repertory of Florentine commissions including these fashionable landscape views, which were themselves later replaced by a vogue for sparer floral compositions on a black jasper ground after the reign of Ferdinand II. [B.M.]
Bibliography: González-Palacios, 1977, pp. 301–303; Giusti, 1988, pp. 148–149; Bohr, 1993, pp. 148–150, no. I.17; Colle, 1997, pp. 195–196, no. 57.

I.9

Mario Asnago
(Barlassina, 1896 – Monza, 1981)
Claudio Vender
(Milan, 1904 – Saronno, 1986)
Display case for the VIth Milan Triennale
handmade, 1936
tubular steel structure, the case
of black-painted wood, crystal shelves,
steel washer stretcher
200 x 200 x 45 cm
Cantù, private collection, Cosmit Galleria
del Design e dell'Arredamento - CLAC

centrale della scatola, rimovibile dal suo vano così da svelare ulteriori cassetti nascosti. Tutti i pannelli eburnei, racchiusi entro cornici con festoni e divinità semicoricate, sono incisi a graffito con un disegno raffinato, prossimo all'ambito manieristico della scuola di Fontainebleau e frutto di una precisione miniaturistica, secondo quella prassi tecnica che caratterizzò lo stipo napoletano del tardo Cinquecento, trasformandolo poi, nel secolo successivo, a semplice sostegno di una lavorazione di carattere più scultoreo con movimentate scene a bassorilievo e figure di cariatidi e telamoni a tutto tondo (González-Palacios 1984, p. 219).

L'iconografia dominante dei pannelli è legata alla storia di Roma, secondo una scelta molto frequente nella produzione di scrittoi realizzati nella seconda metà del Cinquecento, ispirati, come suggerito da González-Palacios, al gusto germanico delle stampe di Antonio Tempesta pubblicate nel 1596. La figura di Romolo è riprodotte in più scene legate alla sua vita, e celebrato nelle vesti di eroe e di re di Roma – come ricorda l'iscrizione sul fronte interno dello stipo "Victor roman rediens acronis spolia in capitolio iovi / Feretrio A sacra quercu suspendit romulus" – forse a richiamare le vicende di Filippo II in quanto fondatore di una nuova *monarchia universalis*, secondo quanto proposto da Dieter Alfter (Alfter 1979, pp. 135-141).

Recentemente Peter Thornton ha rintracciato una vecchia fotografia del mobile, esposto in occasione della IV Esposizione retrospettiva di Belle Arti di Torino nel 1880: all'epoca lo stipo conservava ancora la bocchetta della serratura in argento ed era sormontato da una leggera galleria andata perduta. [B.M.]

Bibliografia: Alfter 1979, pp. 135-141; Ruotolo 1984, p. 363; González-Palacios 1984, 1, pp. 246-247.

I.7

Eugenio Gerli
(Milano, 1923)
Mobile bar *Jamaica*
produzione Tecno, 1966
mobile bar in compensato curvato
con cerniere in metallo cromato
60 x 90 x 45 cm
Varedo, collezione Arbo S.p.A.

I.8

Botteghe Granducali, su disegno
di Giovanni Bilivert
Stipo, secondo decennio del XVII secolo
ebano e commessi di pietre dure
80 x 132 x 47 cm
Gallerie di Firenze, in deposito nel Museo
di Palazzo Vecchio
Inventario: Sculture 1882, n. 1093

Lo stipo, eseguito all'inizio del Seicento dalla Galleria dei lavori fiorentina probabilmente su disegno di Giovanni Bilivert, era proprietà di don Lorenzo de' Medici e alla metà del Seicento si trovava presso villa La Petraia, secondo quanto ricostruito da Alvar González-Palacios che per primo identificò l'opera, già pubblicata negli anni venti del secolo scorso da Mario Tinti e oggi conservata a Palazzo Vecchio (González-Palacios 1977, pp. 301-303). Lo studioso vi riconobbe infatti lo "stipetto d'ebano" citato nell'Inventario dell'eredità di don Lorenzo del 1649 e così descritto: "uno stipetto d'ebano tutto scorniciato a onde, con balaustri, con diciasette scompartimenti delle testate delle cassette di pietre dure commesse a fiorami frutte figure, e quel del mezzo ha veduta del Palazzo della petraia, alto b. 1 1/2 largo b. 2 1/4 grosso b. 5/6 con coperta di sommacco rosso a scacchi". Il mobile sarebbe rimasto presso la villa fiorentina fino al 1780, secondo quanto ci testimoniano gli inventari granducali (Bohr 1993, p. 281, n. 206), per poi essere spostato per breve tempo a palazzo Pitti, e poi trasferito alla Villa del Poggio Imperiale nei cui inventari è ricordato dal 1803 al 1860 Nel 1911 è giunto a Palazzo Vecchio assieme ad altri mobili di proprietà delle Gallerie fiorentine (Giusti 1988, p. 148; Colle 1997, p. 196).

La ripartizione architettonica della facciata risulta vicina, secondo il parere degli studiosi, a quella degli studioli tardocinquecenteschi di area germanica (Colle 1997, p. 195); giudizio condiviso anche da Annamaria Giusti, che tra gli studioli di primo Seicento conservati nelle raccolte pubbliche fiorentine individua nel mobile qui esposto un'eleganza di forme riconducibile, così propone, all'opera degli ebanisti "todeschi" attivi in Galleria. La stessa lavorazione in ebano *guilloché* non può che risultare di mano straniera, in quanto estranea agli intagliatori italiani di rado alle prese con questa essenza estremamente dura, e la tonalità scura che ne deriva viene magistralmente ravvivata dall'inserzione del commesso in pietre dure caratterizzato da soggetti naturalistici su fondo di paragone.

Nel frontespizio, suddiviso da trabeazioni e semicolonne in diciassette scomparti, sono inseriti, nella fascia superiore, pannelli a mosaico con valve e tralci di frutta, e in quella sottostante uccelli, tralci frutta e una coppia di vasi con fiori. Lo sportello centrale presenta una raffinatissima veduta del giardino della villa della Petraia "ritagliata nella sua candida geometria sullo sfondo di un mobile cielo di calcedonio, e circondata dalla domestica natura dell'orto e dei giardini resi col verde rugiadoso dei diaspri in Sicilia e in Boemia" (Giusti 1988, p. 148). Come proposto da più fonti, il pannello dovrebbe essere stato realizzato sul disegno di un modello fornito dal pittore fiorentino Giovanni Bilivert, pagato il 15 maggio 1615 da Cosimo II proprio per una serie di acquarelli delle ville granducali commissionatagli così da "servire per commetter di pietre dure per tavolini o quello fusse di pensiero di S.A.S" (GM, 332, c.925). Il progetto di una serie di vedute delle ville medicee in lavoro di commesso non dovette tuttavia aver seguito dal momento che non si conoscono ulteriori esemplari. Nel ricordare l'interesse collezionistico di Cosimo II verso i temi vedutistici tradotti con materiali "naturali", la Giusti avanza una datazione dello stipo attorno agli anni di reggenza del suddetto granduca. Ipotesi avvalorata anche dalla tipologia architettonica del mobile e dalla somiglianza con altri lavori usciti dalla manifattura fiorentina a inizio del secolo XVII. In particolare questi esemplari – si prendano a confronto due stipi, uno reso noto da González-Palacios e conservato alla National Gallery di Ottawa, e l'altro del Metropolitan Museum di New York (Colle 1997, p. 196) – sono accomunati da un naturalismo di matrice ligozziana che denoterà, per tutto il Seicento, il repertorio dei commessi fiorentini caratterizzato da vedute di paesaggi in gran voga al tempo, e poi sostituite all'indomani del regno di Ferdinando II da più rigogliose composizioni floreali su fondi di paragone. [B.M.]

Bibliografia: González-Palacios 1977, pp. 301-303; Giusti 1988, pp. 148-149; Bohr 1993, pp. 148-150, n. I.17; Colle 1997, pp. 195-196, n. 57.

I.9

Mario Asnago
(Barlassina, 1896 - Monza, 1981)
Claudio Vender
(Milano, 1904 - Saronno, 1986)
Mobile vetrina per la VI Triennale di Milano
produzione artigianale, 1936
struttura in tubolare di acciaio, cassa
in legno laccato nero, ripiani in cristallo,
tenditore in tondino di ferro
200 x 200 x 45 cm
Cantù, collezione privata Cosmit Galleria
del Design e dell'Arredamento - CLAC

Baroque Magnificence

II.1

Antonio Chicari, after a drawing
by Gian Lorenzo Bernini
Console, 1663
carved, painted and gilt wood; the top
veneered with marble called Sicilian jasper
95.5 x 158 x 70 cm
Ariccia, Palazzo Chigi
Inventory: no. 1298

The table forms one of a pair commissioned by prince don Agostino Chigi from Antonio Chicari after a drawing by Gian Lorenzo Bernini, as is recorded in the accounts of the period preserved in the Vatican Apostolic Library, in which mention is made of a payment of 15 November 1663: "to Antonio Chicari carpenter, three hundred *m.ta* in settlement of a job undertaken by him for two wooden tables carved with cornucopia, flowers and fruit, in conformity with the drawing by Cav. Bernino" (Petrucci, 1998, p. 331, no. 7).

The two consoles, formerly to be found in Palazzo Chigi in Rome, in the Sala degli Arazzi together with two sculptures, one by Bernini and the other by Ercole Ferrata, depicting a skull and a child as allegories of *Death* and *Life*, and today in the Ariccia residence, have been published by Alvar González-Palacios (1999, pp. 386–387, no. 124) as one of the most extraordinary inventions in Roman baroque decoration.

The shaped base stands on four plant-shaped supports in the form of upward-facing cornucopia and interwoven to form a tie decorated with leaves, fruit and corollas; all of the sculpture, executed with a truly obsessive carving, is pervaded with an exultation of naturalistic elements echoing the artistic principles of Bernini, aiming to imitate nature and reproduce it in the form of exuberant and lively decoration. The lush effect is also full of allegorical references to the Chigi family, celebrated by the heraldic symbol of the oak branches weaving through the golden band beneath the top of the table, amidst flower and fruit. This copies a design we find in the motif of the organ of Santa Maria del Popolo, another collaborative work by Bernini and Antonio Chicari (Colle, 2000, p. 102). The decoration with interwoven branches was repeated in many other Roman works of art in the second half of the seventeenth century, all derived from Bernini, such as the three frames in the Galleria Pallavicini, the fragment of decoration in the J.P. Getty Museum and a socle in a private collection (Colle, 2000, p. 102). There are also two drawings for a table usually associated with the Chigi piece and today preserved at the Tessin collection in Stockholm (González-Palacios, 2004, p. 82), together with numerous drawings by Nicodemus Tessin the Younger (1654–1728), a Swedish architect who, in his *Traité de la décoration* of 1717, written during his stay in Rome, recorded the many decorations by Gian Lorenzo Bernini.

Substantially in good condition, the two consoles in Ariccia today have been restored and some additions made: the marble top, for example, does not seem to belong to the base, as it is difficult to believe that Sicilian jasper, a marble, used by Bernini on other occasions, should be used to veneer such a table as the present one.

The artist, Antonio Chiccari (Chicari, Chiccheri), was one of the most skilled craftsmen in Rome in the second half of the century. He worked for long under the supervision of Bernini, and made many of the wooden works commissioned between 1655 and 1671 for the Palazzo di Ariccia by the Chigi, for which family he worked for many years (Petrucci, 1998, p. 324; González-Palacios, 2004, p. 82). He also worked with Giovanni Paolo Schor, a German artist in the service of Bernini from 1656 to 1674 and the maker of many noteworthy Roman works of art, carving some decorative leafage with him at Ariccia.

The name of the artist responsible for the giltwork remains to be discovered: that of Vincenzo Corallo, who worked for the Chigi in the 1660s has been mentioned, and another convincing candidate is Camillo Saraceni (or Saracini). The latter received many payments between 1661 and 1666 for gilding ornaments and frames belonging to the Chigi, together with two prie-dieus "finished in dark walnut colour with a band of gold around them", which are similar in the chiaroscuro contrast to the decoration used for the table on display here. It is also documented that he worked with Antonio Chicari in 1663 for the organ in Siena Cathedral (González-Palacios, 2004, p. 82). [B.M.]

Bibliography: Petrucci, 1998, pp. 325–326, 331, doc. 7; González-Palacios, 1999, pp. 386–387, no. 124; Colle, 2000, pp. 102–103, no. 21; González-Palacios, 2004, pp. 80–82.

II.2

Paolo Buffa
(Milan, 1903–1970)
Six-drawer console
made by: Marelli e Colico, 1957
mahogany structure, the base
of the drawers of aluminium, the sabots
of satin-finish brass
90 x 130 x 45 cm
Cantù, Eredi Marelli collection

II.3

Roman workshop
Show case, ca 1675–1700
carved and gilt wood
215 x 100 x 60 cm
Rome, collection of marchesa
Giovanna Sacchetti

This show case or *scarabattola*, as it is recorded in seventeenth-century inventories, is made of carved and gilt wood and originates from the collection of Casa Chigi—today preserved in the Sacchetti collection—probably dates from the last quarter of the seventeenth century, being a Roman piece with the ornamental features typical of the baroque school of Gian Lorenzo Bernini (González-Palacios, 1999, pp. 390–391, no. 131).

The article is designed to contain precious objects such as works in silver thread or porcelain. The example shown here—comparable, for example, with a show case of the early eighteenth century in the Metropolitan Museum of New York—is extremely rare as it differs from many other Roman display cases of the period for its being whole; they, on the other hand, are the result of successive assembles and adjustments made after their original manufacture. The piece comprises a shaped and painted base above which rises a support in the form of a small side table with single stem, decorated with volutes and swirls from which emerges a female protome. The decoration beneath the case is formed of volutes over which weave garlands gathered at the centre by an erote which seems to emerge from the decoration. The upper part, formed of a small three-sided cabinet with chamfered glass windows and cascades of lateral garlands, has a top decorated with an application with fully-rounded figures, including cupids, holding a continuous festoon, masks and, at the centre, a female head, crowned with feathers.

In order to corroborate the chronology proposed, Alvar González-Palacios has suggested an examination of the drawing executed by Nicodemus Tessin the Younger during his two journeys to Italy in 1673 and 1687–1689 (Stockholm, Nationalmuseum, Tessin Holdings, THC 1088). The drawing he proposes—executed before 1698, the year the artist returned home definitively—presents the study of the upper part of a piece of furniture, surprisingly close to the Chigi *scarabattola*; so close indeed as to suggest the same artistic origin, as may be seen in the motif with the female face at the centre with lateral erotes. Concerning the possible authors of the piece, the name of the well-known wood carver Antonio Chicari has been mentioned, together with those of Carlo Giuliani and Francesco Sansone, specialists in frames, and, for the gilders, Camillo Saraceni, who produced the decoration of frames and a bedstead for Alexander VII, and is mentioned several times in the Chigi account books. [B.M.]

Bibliography: González-Palacios, 1991, p. 157, no. 85; González-Palacios, 1999, pp. 390–391, no. 131; Colle, 2003a, p. 156; González-Palacios, 2004, p. 83

II.4

Claudio Salocchi
(Milan, 1934)
Pivoting bookcase
made by: Sormani, 1960
metal structure and black
and white painted wooden shelves
210 x 60 x 60 cm
Milan, Stefano Fazzini collection

II.5

Osvaldo Borsani
(Varedo, 1911 – Milan, 1986)
LT8 floor lamp
made by: Tecno, 1959
casing in painted brass, fluorescent tube,
chrome-plated steel feet, starter unit in
base of the lamp
300 x 15 x 15 cm
Milan, Stefano Fazzini collection

II

Magnificenze barocche

II.1

Antonio Chicari, su disegno
di Gian Lorenzo Bernini
Tavolo da muro, 1663
legno intagliato, scolpito, laccato
e dorato; piano impiallacciato del marmo
cosiddetto diaspro di Sicilia
95,5 x 158 x 70 cm
Ariccia, palazzo Chigi
Inventario: n. 1298

Il tavolo fa parte di una coppia commissionata dal principe don Agostino Chigi all'intagliatore Antonio Chicari su disegno di Gian Lorenzo Bernini, secondo quanto registrato nei libri contabili – oggi conservati alla Biblioteca Apostolica Vaticana – dove si menziona il pagamento eseguito il 15 novembre 1663: "a m.ro Antonio Chicari falegname s. trecento m.ta quali sono p. saldo d'un suo conto di lavori fatti per due tavoli in legno intagliato con cornucopi, fiori e frutti, conf.e il disegno del Cav. Bernino" (Petrucci 1998, p. 331, n. 7).
Le due *consoles*, un tempo collocate nel Palazzo Chigi di Roma – presso la "sala degli arazzi", dove sorreggevano due sculture, una di Bernini e l'altra di Ercole Ferrata, raffiguranti un teschio e un bambino come allegoria della *Morte* e della *Vita* – e oggi conservate nella residenza di Ariccia, sono state pubblicate da Alvar González-Palacios (1999, pp. 386-387, n. 124) come una delle più straordinarie invenzioni di arredo barocco romano. La base sagomata poggia su quattro sostegni vegetali a guisa di cornucopie rivolte verso l'alto e intrecciate a formare una traversa impreziosita da foglie, frutti e corolle; tutta la scultura, eseguita con un intaglio a dir poco ossessivo, è pervasa da un tripudio di elementi naturalistici che ricalcano i principi artistici del Bernini, volti a imitare la natura e a riprodurla sotto forma di un decoro esuberante e vitalissimo. L'effetto lussureggiante non manca poi di richiamarsi allegoricamente alla famiglia Chigi, celebrata dal simbolo araldico dei rami di quercia che si intrecciano nella cintura dorata sotto il piano del tavolo con fiori e frutti, secondo un disegno che ritroviamo nell'organo di Santa Maria del Popolo, opera anch'essa di collaborazione fra il Cavaliere e Antonio Chicari (Colle 2000, p. 102). La decorazione con rami intrecciati sarà poi ripresa in molti altri elaborati di manifattura romana della seconda metà del Seicento, tutti di eco berniniana, come le tre cornici della Galleria Pallavicini, il frammento d'ornato del J.P. Getty Museum e un basamento in collezione privata (Colle 2000, p. 102).
Esistono inoltre due disegni di tavolo comunemente ricondotti al mobile Chigi, e oggi conservati presso la collezione Tessin di Stoccolma (González-Palacios 2004, p. 82) assieme ai numerosi disegni eseguiti da Nicodemus Tessin il Giovane (1654-1728), architetto svedese che nel suo *Traité de la décoration* del 1717, composto durante il soggiorno romano, testimoniò attraverso la grafica le molteplici ideazioni di Gian Lorenzo Bernini.
Sostanzialmente in buono stato, i due tavoli oggi ad Ariccia hanno subito restauri e alcune integrazioni: il piano di marmo, ad esempio, non sembrerebbe pertinente al sostegno in quanto diaspro di Sicilia ovvero una pietra di cava di marmo, utilizzata da Bernini in altre occasioni, ma difficilmente pensabile per un'impiallacciatura sommaria come quella del tavolo qui in esame.
Il nome dell'intagliatore Antonio Chicari (Chicari, Chiccheri) risulta fra quelli dei più abili artigiani attivi a Roma nella seconda metà del secolo. Lavorò a lungo sotto la supervisione del Cavaliere, e fu autore della gran parte delle opere in legno commissionate dal 1655 al 1671 per il palazzo di Ariccia dai Chigi, famiglia presso il cui servizio rimase per molti anni (Petrucci 1998, p. 324; González-Palacios 2004, p. 82). Collaborò inoltre proprio con Giovanni Paolo Schor, artista tedesco al servizio di Bernini dal 1656 al 1674, e autore di memorabili arredi romani, eseguendo assieme a lui alcuni lavori di fogliame sempre ad Ariccia.
Resta invece ancora da individuare il nome del doratore: oltre a quello di Vincenzo Corallo, attivo per i Chigi negli anni sessanta, viene avanzato più convincentemente il nome di Camillo Saraceni (o Saracini). Quest'ultimo ricevette molti pagamenti fra il 1661 e il 1666 per aver dorato ornamenti e cornici di proprietà Chigi, oltre a due inginocchiati "finti di color di noce imbrunito con un listello d'oro attorno", molto simili per il contrasto chiaroscurale alla decorazione utilizzata per il tavolo qui esposto; è inoltre testimoniata una sua collaborazione con Antonio Chicari nel 1663 per l'organo della cattedrale di Siena (González-Palacios 2004, p. 82). [B.M.]
Bibliografia: Petrucci 1998, pp. 325-326, 331, doc. 7; González-Palacios 1999, pp. 386-387, n. 124; Colle 2000, pp. 102-103, n. 21; González-Palacios 2004, pp. 80-82.

II.2

Paolo Buffa
(Milano, 1903-1970)
Console a sei cassetti
esecuzione Marelli e Colico, 1957
struttura in mogano, fondale dei cassetti
in alluminio, puntali in ottone satinato
90 x 130 x 45 cm
Cantù, collezione Eredi Marelli

I.3

Manifattura romana
Scarabattola, circa 1675-1700
legno intagliato, scolpito e dorato
215 x 100 x 60 cm
Roma, collezione della marchesa
Giovanna Sacchetti

La vetrina, detta anche "scarabattola" negli inventari seicenteschi, in legno intagliato, scolpito e dorato, proviene dalla collezione di Casa Chigi – oggi conservata presso la collezione Sacchetti – e risale probabilmente all'ultimo quarto del XVII secolo, essendo un'opera di manifattura romana con caratteri ornamentali tipici della scuola barocca di Gian Lorenzo Bernini (González-Palacios 1999, pp. 390-391, n. 131).
Si trattava di un mobile destinato a contenere oggetti preziosi come opere in filigrana d'argento o porcellane. L'esemplare qui esposto – confrontabile ad esempio con una scarabattola degli inizi del Settecento al Metropolitan Museum di New York – è da considerarsi estremamente raro dal momento che si differenzia, per la sua fattura del tutto integra, dalle molte vetrine romane tramandateci come frutto di assemblaggi e manomissioni successive alla loro conformazione originaria. Il mobile è composto da uno zoccolo mistilineo, modanato e dipinto, su cui si erge un sostegno inteso a tavolino parietale a fusto unico arricchito da volute e ricci da cui emerge una protome femminile: la balza sotto la vetrina è composta da volute sui cui si intrecciano ghirlande riprese al centro da un erote che sembra fuoriuscire dal decoro. Ricchissima è la parte superiore rappresentata da un armadietto a tre facce con vetri centinati e cascate di ghirlande laterali, la cui sommità è decorata da un'applicazione con figure scolpite a tutto tondo quali cupidi che sorreggono un festone continuo, mascheroni e, al centro, una testa femminile coronata di piume.
Per corroborare la cronologia proposta, Alvar González-Palacios suggerisce di prendere in esame uno dei disegni eseguiti dall'architetto Nicodemus Tessin il Giovane durante i suoi due viaggi in Italia, uno nel 1673 e un secondo nel 1687-1689 (Stoccolma, Nationalmuseum, Fondo Tessin, THC 1088). Il disegno che propone – eseguito pertanto prima del 1698, anno del definitivo rientro in patria dell'artista – mostra lo studio di un coronamento per mobile, sorprendentemente affine alla scarabattola Chigi, tanto da lasciar presumere la medesima origine artistica, per il motivo con volto femminile al centro ed eroti laterali.
Riguardo ai possibili autori dell'arredo, viene avanzato il nome del noto intagliatore ligneo Antonio Chicari – oltre a quelli di Carlo Giuliani e Francesco Sansone, specialisti in cornici –, e fra i doratori Camillo Saraceni, autore della decorazione di cornici e di una lettiera per Alessandro VII, oltre che più volte registrato nei libri contabili dei Chigi. [B.M.]
Bibliografia: González-Palacios 1991, p. 157, n. 85; González-Palacios 1999, pp. 390-391, n. 131; Colle 2003a, p. 156; González-Palacios 2004, p. 83.

II.4

Claudio Salocchi
(Milano, 1934)
Libreria pivotante
produzione Sormani, 1960
struttura in metallo e ripiani in legno
laccato nero e bianco
210 x 60 x 60 cm
Milano, collezione Stefano Fazzini

II.5

Osvaldo Borsani
(Varedo, 1911 - Milano, 1986)
Lampada da terra a navetta *LT8*
produzione Tecno, 1959
carter in ottone verniciato, tubo
fluorescente, piedini in acciaio cromato,
reattore alloggiato nella base della
lampada

II.6

Roman workshop
Unicorn's head, second half
of the seventeenth century
carved and gilt wood, with narwhal's tooth
225 x 65 x 25 cm
Rome, collection of marchesa Sacchetti

Made by a Roman artist in the second half of the seventeenth century, the piece comprises a unicorn's head of carved and gilt wood to which a narwhal's tooth has been added. Since antiquity, these mysterious horns were extremely precious articles invested with a thaumaturgical value as they were believed to be unicorn horns, a symbol of chastity in Western culture. They were collected in the Roman *Wunderkammern* of the seventeenth century as a precious rarity to be exhibited once mounted on elaborate sculptural supports, as in the case of the example from the Sacchetti collection, which is surprising for the sculptural liveliness with which the tossed mane and expressive neighing of the animal are effected (see González-Palacios, 1991, pp. 216–217, no. 179). The work comes from Casa Patrizi and was recently acquired by the Sacchetti family to make up for the loss of two examples of this genre, formerly in the collection of Alessandro Sacchetti on the *piano nobile* of Palazzo Sforza in via dei Banchi. These were a narwhal's tooth mounted on a "base of pierced gilt silver" and a "unicorn's horn" mounted on a base "in the form of a cup with a figurated square base", recorded in the inventory of 1639 and subsequently no longer mentioned in the family's documents after they were moved, it is believed, to the palazzo in Via Giulia (Colle, 2003a, pp. 135, 136, 137, 146).

The unicorn's head must have formed part of a set design typical of the princely palaces at a time in which objects of an ephemeral and artificial nature served to recreate mythological atmospheres and surprise the visitor with theatrical apparitions as had first been tried by Bernini and his pupils in the preceding decades, which quite probably included the present artist (Colle, 2003a, p. 147). This bizarre furnishing genre, midway between art and marvel, also include hippopotamus teeth—believed propitious for female fertility—and rhinoceros horns carved as recipients or mounted as works of art. Among the many extravagant inventions that were then in vogue, it is worth recalling a head of a goat in carved and gilt wood and surmounted with a narwhal tooth today at the Museo Civico di Bologna, recognised by Alvar González-Palacios through the inventory description ("unicorn's horn, ten palms long, on gilt base of heads of four rams and socle of imitation stone") as formerly belonging to cardinal Flavio Chigi (1641–1693), nephew of Alexander VI, and owner of a veritable museum of curiosities in the garden of the Quattro Fontane (in what is today Via Agostino De Pretis) and of a room of curiosities in the Palazzo Chigi at Formello (González-Palacios, in *Gian Lorenzo Bernini*, 1999, pp. 393–394, no. 137). This is a sculptural work of notable quality,

undoubtedly similar to the example on display here, comprising a base on goats' feet, decorated with a laurel wreath and a leafy pedestal comprising four goats' heads with festoons of garlands and flowers into which is inserted the narwhal tooth. [B.M.]
Bibliography: González-Palacios, 1991, pp. 216–217, no. 179; González-Palacios, 1999, p. 393, no. 136; Colle, 2003a, p. 155–156; González-Palacios, 2004, p. 93.

II.7

Filippo Parodi (Genoa, 1630–1702)
Console, late seventeenth century
carved and gilt wood
103 x 175 x 62 cm
private collection

The carved and gilt wood console appeared on the market in 1992 (Semenzato, Venice, June 1992, lot 155) and was identified by Alvar González-Palacios as part of a series of consoles—three of which preserved in the Palazzo Reale in Turin—made in the late seventeenth century by Filippo Parodi and his workshop.
Initially, both the console and the Turin tables, because of their location, were published as being of Turinese manufacture after a design by Daniele Seiter (Viale, 1963, fig. 51). This attribution was overturned by González-Palacios who developed an intuition by Mary Newcome Schleier (1992, p. 354)—who had associated the Turin tables with the Genoese drawings of Domenico Piola–and attributed them to the hand of Parodi (González-Palacios, 1996, pp. 91–92).
The console is marked by a packed series of figures and plant elements around a large and elegant shell positioned in the centre. Like in the Turin tables, there are two figures of sinuous Tritons on either side of the shell—a marine iconography that accords with the Genoese origin of the work—immersed within a luxurious natural setting covering their grotesque faces and muscular bodies. Two kneeling putti are shown on the sides—in another two tables, these putti are shown in a curved pose bearing an amphora at an angle on their shoulders—and these two enveloped in leaves, vine shoots and acorns that start from beneath the top of the console and spread over the whole base.
The compact and vibrant figurative composition overwhelms the slender structure of other seventeenth-century consoles (González-Palacios, 1996, p. 92) and aims towards a three-dimensional sculptural effect undertaken by Parodi in the wake of his Roman studies—he visited the city for lengthy periods on numerous occasions from 1655 onwards—and in the light of the great baroque sculpture of Gian Lorenzo Bernini (Rotondi Briasco, 1962, p. 24; González-Palacios, 1996, p. 87). Attracted from a young age by the ornamental novelties proposed by Roman artists, Parodi had immediately started to experiment "some small masks, the occasional sphinx or the head of a fantastic animal in his arabesques", as stated in the eighteenth-century text by Carlo Giuseppe Ratti. In later

decades, he arrived at a wealth of display and naturalism derived from Bernini, as exemplified by two tables in the Roman Doria Pamphilj palace and by the torches with tritons from the Palazzo del Principe di Genova (González-Palacios, 1996, pp. 80, 90, 92; Colle, 2000, pp. 211–212, 214).
Among the preparatory drawings for some stucco decorations made by anonymous Genoese artists active towards the end of the seventeenth century, Giulia Fusconi has traced a sheet that is undoubtedly very close to the console on display here, and formerly attributed to Bernini's collaborator, Giovanni Paolo Schor. It consists of a study for an upright decoration—not a support for a table but a piece to be set against the wall—with a pod-design base on which rest three sirens supporting a large shell with one arm and a festoon with the other; the heads of two dolphins emerge from behind. The typology of the marine figures alongside the large shell derives, as the scholar stresses, from an iconographic repertory established by Bernini that artists such as Parodi and Domenico Piola then re-elaborated in the noble Genoese houses for which they worked with furniture or ornamental figures of wood and stucco (Fuscono, 1986, pp. 88–89, no. 143). [B.M.]
Bibliography: Viale, 1963, 3, fig. 51; González-Palacios (1973), 1980a, fig. 200; Newcome Schleier, 1992, p. 354; González-Palacios, 1996, pp. 91–92, fig. 94; Colle, 2000, no. 53, pp. 222–223, no. 53.

II.8

Angelo Mangiarotti
(Milan, 1921)
Incas console
made by: Skipper, 1978
sand-blasted pietra serena
72 x 200 x 55 cm
Milan, Galleria Nilufar property

II.9

Tuscan workshop
Torchbearer, ca 1675–1700
carved and gilt wood
155 x 53 cm
Accademia Musicale Chigiana -
Collezione Chigi Saracini di Siena
Inventory: no. 742 FAC

The torch bearer in carved and gilt wood is one of a pair of brackets from the collection of Palazzo Chigi Saracini and was made by an unknown carver of Tuscan origin in the last quarter of the seventeenth century, according to Enrico Colle, who published the piece (Colle, 2000a, p. 149, no. 131).
The form of the satyr emerging from stylised volutes of acanthus leaves, and with wings that spring from the shoulders and blend into the top, bears witness to the definitive shift from the classicising Mannerist motifs, such as sphinxes, to a re-elaboration of decoration in a baroque key through a naturalism derived from Foggini, and a series of satyr-like figures, of sirens or masks emerging from the stone "like the metamorphosis of matter transformed

into life" (Mosco, 2007, p. 43; Colle, 1997, pp. 154–155, no. 36, figs 81–82).
The consequent explosion of plant and animal motifs to decorate brackets, tables or bases of furniture can be attributed to the spread of a particular, so-called Auricular style that was established in the Florence of Ferdinand II and his brother, cardinal Leopoldo de' Medici (Colle, 1992, p. 67). This was a decorative genre that drew inspiration from late-Mannerism, and through the imagination of the artists and inspiration offered by the animal, marine and plant world, it transformed the linear forms of furniture into curved outlines in which one can recognised the monstrous figures of chimerae and dragons undergoing metamorphosis. This bizarre anti-classicising trend, which is usually linked with the sculptural models of Pietro Tacca and the imaginative inventions of Jacques Callot or Stefano della Bella, and which subsequently be played with in the interior designs of the housekeeper, Diacinto Maria Marmi (Florence, 1625–1702) (Colle, 1992, p. 71; Mosco, 2007, p. 43), appear in the highly elaborate frames commissioned by cardinal Leopoldo around 1675 and in many Medicean tables of the mid-seventeenth century, characterised by grotesque motifs and sirens supporting alabaster tops (Colle, 1997, no. 36, p. 154–155; no. 37, pp. 156–157; Idem, 2000, p. 192).
Alongside these prototypes, and the bases with plant motifs for the sculptures in the Tribuna, carved by Giovanni Magni between 1677 and 1678, or the series of six triton torchbearers made by Francesco Poccetti in 1672, also for cardinal Leopoldo (Colle, 2000, p. 149), we should also place the brackets from the Chigi Saracini collection. If isolated, the figure of the satyr seems to be part of the genre of garden statuary or of seventeenth-century architecture, borrowing from the model used by Raffaello Curradi in 1629 for the brackets at the entrance to the Florentine Castelli palace, then Marucelli Fenzi, and the monstrous figures invented by Alfonso Parigi in 1638 to decorate the Ocean fountain at Boboli. [B.M.]
Bibliography: Colle, 2000a, p. 149, no. 131; Colle, 2000, p. 172; Colle, 2005b, pp. 115–117; Colle, 2006, p. 223, nos. 494–495.

II.10

Achille Castiglioni
(Milan, 1918–2002)
Piergiacomo Castiglioni
(Milan, 1913–1968)
Toio lamp
made by: Flos, 1962
painted steel base, with height-adjustable nickel-plated brass stem, the transformer as counterweight, three fishing rod rings
170 x 21 x 21 cm
Bovezzo, Flos property

II.11

Lorenzo Haili (Fisto [Trento],
1643 – Parma, 1702) (attr.)
Summer, late seventeenth – early

300 x 15 x 15 cm
Milano, collezione Stefano Fazzini

II.6

Manifattura romana
Testa di unicorno, seconda metà
del XVII secolo
legno scolpito e dorato, con dente di narvalo
225 x 65 x 25 cm
Roma, collezione della marchesa Sacchetti

Eseguito da un intagliatore romano nella seconda metà del XVII secolo, l'arredo è composto da una testa di unicorno in legno scolpito e dorato a cui è stato applicato un dente di narvalo. Sin dall'antichità queste misteriose parti ossee rappresentavano oggetti preziosi investiti di valenza taumaturgica poiché ritenuti corni di unicorno, simbolo della castità nella cultura occidentale, ed erano pertanto annoverati nelle *Wunderkammern* romane del Seicento come preziosa rarità da esibire una volta montati su elaborati sostegni scultorei come nel caso dell'esemplare della collezione Sacchetti, sorprendente per la vivacità plastica con cui è reso il crine scarmigliato e il fremito espressivo dell'animale (si veda González-Palacios 1991, pp. 216-217, n. 179). L'opera proviene da casa Patrizi ed è stata acquistata in tempi recenti dalla famiglia Sacchetti per colmare la perdita di due pezzi appartenenti a questo genere artistico, un tempo registrati presso la collezione di Alessandro Sacchetti al piano nobile di palazzo Sforza in via dei Banchi. Si trattava di un dente di narvalo montato su un "piede d'argento d'orato, e traforato" e di un "corno di liocorno" montato su una base a "foggia di tazza con suo piede a quadrangolo figurato", registrati dall'inventario redatto nel 1639, e successivamente non più menzionati nei documenti di famiglia dopo esser stati trasferiti, così si pensa, presso il palazzo di via Giulia (Colle 2003a, pp. 135, 136, 137, 146).
La testa di unicorno doveva far parte di un arredamento scenografico, tipico dei palazzi principeschi del tempo, dove oggetti di natura effimera e artificiosa avevano la finalità di ricreare atmosfere mitologiche e di sorprendere il visitatore con apparizioni teatrali secondo quanto sperimentato nei decenni precedenti dalle invenzioni di Bernini e dai suoi allievi, fra cui è probabile che vi fosse anche il nostro intagliatore (Colle 2003a, p. 147). Al bizzarro genere d'arredo, a metà strada fra l'arte e la meraviglia, appartenevano anche le zanne di ippopotamo – ritenute propiziatorie per la fertilità femminile – e i corni di rinoceronte intagliati a guisa di recipienti o montati come oggetti d'arte. Fra le molte invenzioni stravaganti allora di gran moda si potrà ricordare anche una testa di ariete in legno scolpito e dorato con dente di narvalo, oggi al Museo Civico di Bologna, riconosciuta da Alvar González-Palacios attraverso la descrizione inventariale ("corno d'alicorno lungo dieci palmi sopra base dorata di teste di quattro caproni e zoccolo di pietra finta") come antica proprietà del cardinale Flavio Chigi (1641-1693), nipote di Alessandro VI, e detentore di un vero e proprio museo di curiosità pres-

so il giardino delle Quattro Fontane (nell'odierna via Agostino De Pretis) e di una stanza di meraviglie nel palazzo Chigi a Formello (González-Palacios, in *Gian Lorenzo Bernini* 1999, pp. 393-394, n. 137). Si tratta di un lavoro scultoreo di notevole qualità, indubbiamente affine all'esemplare qui esposto, costituito da un basamento su zampe caprine ornato da un serto di alloro, con un piedistallo fogliaceo composto da quattro teste di ariete ingentilite dai festoni di ghirlande di fiori su cui si innesta il dente di narvalo. [B.M.]
Bibliografia: González-Palacios 1991, pp. 216-217, n. 179; González-Palacios 1999, p. 393, n. 136; Colle 2003a, p. 155-156; González-Palacios 2004, p. 93.

II.7

Filippo Parodi (Genova, 1630-1702)
Tavolo da muro, fine del XVII secolo
legno intagliato e dorato
103 x 175 x 62 cm
collezione privata

La *console* in legno dorato e intagliato è apparsa sul mercato antiquario nel 1992 (Asta Semenzato, Venezia, giugno 1992, lotto n. 155) ed è stata individuata da Alvar González-Palacios come parte di una serie di tavoli da muro – tre dei quali conservati nel Palazzo Reale di Torino – eseguiti alla fine del XVII secolo dallo scultore Filippo Parodi assieme alla sua bottega.
Inizialmente sia la *console*, sia i tavoli di Torino, in virtù della loro collocazione, erano stati pubblicati come manufatti torinesi su disegno di Daniele Seiter (Viale 1963, tav. 51): un'attribuzione poi capovolta da González-Palacios che, nello sviluppare quanto intuito da Mary Newcome Schleier (1992, p. 354) – la studiosa poneva infatti in relazione i tavoli di Torino con i disegni genovesi di Domenico Piola – li ha accortamente ricondotti alla mano di Parodi (González-Palacios 1996, pp. 91-92).
La *console* si articola con un ritmo settato di figure ed elementi vegetali attorno a una grande ed elegante valva di conchiglia collocata al centro: come nelle basi di Torino, ai lati della conchiglia fluttuano con posa sinuosa due figure di tritoni – iconografia marina del tutto consona all'origine genovese dell'opera – immersi in una natura lussureggiante che copre i volti grotteschi e si espande sui corpi vigorosi. Sui fianchi sono raffigurati due putti inginocchiati – in altri due tavoli i putti si atteggiano invece in una posa serpentinata e portano sulle spalle un'anfora inclinata – anch'essi avvolti da un tripudio di foglie, di tralci di vite e di ghiande che partono dalla balza sotto il piano e si diffondono in tutta la base. L'intreccio figurativo assolutamente compatto e vibrante stravolge la struttura diradata di altri tavoli a muro del Seicento (González-Palacios 1996, p. 92) e si orienta verso un effetto di tridimensionalità plastica intrapresa da Parodi sulla scia dei suoi studi romani – l'artista soggiornò a Roma in più occasioni sin dal 1655 – e alla luce della grande scultura barocca di Gian Lorenzo Bernini (Rotondi Briasco 1962, p. 24; González-Palacios 1996, p. 87). Attratto sin da giovanissimo dalle no-

vità ornamentali proposte dagli artisti romani, Parodi aveva infatti da subito cominciato a sperimentare "ne' suoi arabeschi qualche mascherina, qualche piccola sfinge, o testa di capriccioso animale" a intaglio – come riporta la cronaca settecentesca di Carlo Giuseppe Ratti –, per poi approdare, nei decenni successivi, a un fasto e un naturalismo di matrice berniniana, di cui sono esempio i due tavoli del palazzo romano Doria Pamphilj e le torciere con tritoni del palazzo del Principe di Genova (González-Palacios 1996, pp. 80, 90, 92; Colle 2000, pp. 211-212, 214).
Fra i disegni preparatori per alcune decorazioni a stucco eseguiti da anonimi artisti genovesi attivi verso la fine del Seicento, Giulia Fusconi ha rintracciato un foglio indubbiamente molto affine al tavolo qui esposto, e un tempo attribuito proprio al collaboratore di Bernini, Giovanni Paolo Schor. Si tratta di uno studio per una decorazione a piede – non intesa come sostegno da tavolo ma da disporre a parete – con un basamento baccellato su cui poggiano due sirene che sostengono con un braccio una grande conchiglia e con l'altro un festone; da dietro fuoriescono le teste di due delfini. La tipologia delle figure marine ai lati di ampia conchiglia deriva, come sottolinea la studiosa, da un repertorio iconografico di stampo berniniano che artisti come Parodi, o Domenico Piola, avrebbero poi rielaborato nelle residenze nobiliari genovesi attraverso arredi angolari o figure ornamentali in legno e in stucco (Fusconi 1986, pp. 88-89, n. 143). [B.M.]
Bibliografia: Viale 1963, 3, fig. 51; González-Palacios (1973) 1980, fig. 200; Newcome Schleier 1992, p. 354; González-Palacios 1996, pp. 91-92, fig. 94; Colle 2000, n. 53, pp. 222-223, n. 53.

II.8

Angelo Mangiarotti
(Milano, 1921)
Console *Incas*
produzione Skipper, 1978
pietra serena sabbiata
72 x 200 x 55 cm
Milano, proprietà Galleria Nilufar

II.9

Manifattura toscana
Reggitorciera, circa 1675-1700
legno intagliato e dorato
155 x 53 cm
Siena, palazzo Chigi Saracini
Inventario: n. 742 FAC
Accademia Musicale Chigiana -
Collezione Chigi Saracini di Siena

La reggitorciera in legno intagliato e dorato fa parte di una coppia di mensoloni di proprietà della collezione di Palazzo Chigi Saracini e venne eseguita da un anonimo intagliatore di origini toscane durante l'ultimo quarto del XVII secolo, secondo quanto proposto da Enrico Colle, che ha pubblicato l'opera (Colle 2000a, p. 149, n. 131).
La forma del satiro nascente da stilizzate volute di foglie d'acanto, con ali che partono dalle spalle e si fondono al piano sopra, testimonia

infatti il definitivo passaggio dai classicistici motivi manieristi, come quello delle sfingi, a una rielaborazione degli ornati in chiave barocca attraverso un naturalismo di stampo fogginiano e una serie di figure satiresche, di sirene, o di mascheroni che fuoriescono dalla pietra "come metamorfosi della materia che si trasforma in vita" (Mosco 2007, p. 43; Colle 1997, pp. 154-155, n. 36, figg. 81-82).
La conseguente esplosione di motivi fitomorfi e zoomorfi a denotare mensole, tavoli o basi d'arredo è riconducibile alla diffusione di un particolare stile, detto "auricolare", che si afferma nella Firenze di Ferdinando II e del fratello, il cardinal Leopoldo de' Medici (Colle 1992, p. 67). Si tratta di un genere decorativo che trae spunto dal tardo manierismo, e attraverso il lato immaginario degli artisti e l'ispirazione desunta dal mondo animale, marino e da quello vegetale, trasforma le forme lineari del mobilio in sinuose sagome arricciate in cui si riconoscono mostruose figure di chimere e draghi in piena metamorfosi. A questa bizzarra tendenza anticlassicistica, che si è soliti ricondurre verso i modelli scultorei di Pietro Tacca e le invenzioni capricciose di Jacques Callot o di Stefano della Bella, e che avrebbe poi trovato ampia sperimentazione nei disegni d'interni del guardarobiere Diacinto Maria Marmi (Firenze 1625-1702) (Colle 1992, p. 71; Mosco 2007, p. 43), aderiscono le elaboratissime cornici commissionate dal cardinal Leopoldo attorno al 1675, oltre ai molteplici tavoli di collezione medicea, tutti datati verso la metà del Seicento, caratterizzati da motivi a grottesca e da sirene che sorreggono i piani in alabastro (Colle 1997, n. 36, p. 154-155; n. 37, pp. 156-157; Idem 2000, p. 192).
A questi prototipi, così come alle basi fitomorfiche per le sculture della tribuna intagliata da Giovanni Magni tra il 1677 e il 1678, o alla serie di sei tritoni reggitorciere eseguiti da Francesco Poccetti nel 1672, sempre per il cardinale Leopoldo (Colle 2000, p. 149), è opportuno accostare anche i mensoloni della collezione Chigi Saracini. La figura del satiro, se isolata, sembra invece spaziare nel campo della statuaria da giardino o dell'architettura seicentesca, ricalcando il modello utilizzato da Raffaello Curradi nel 1629 per le mensole del portale del fiorentino palazzo Castelli, poi Marucelli Fenzi, e le figure mostruose ideate da Alfonso Parigi nel 1638 per decorare la fontana dell'Oceano a Boboli. [B.M.]
Bibliografia: Colle 2000a, p. 149, n. 131; Colle 2000, p. 172; Colle 2005b, pp. 115-117; Colle 2006, p. 223, nn. 494-495.

II.10

Achille Castiglioni
(Milano, 1918-2002)
Piergiacomo Castiglioni
(Milano, 1913-1968)
Lampada *Toio*
produzione Flos, 1962
base in acciaio verniciato, stelo in ottone nichelato regolabile in altezza, trasformatore come contrappeso, tre anelli da canna da pesca
170 x 21 x 21 cm
Bovezzo, proprietà Flos

eighteenth century
carved and gilt wood
h 159 cm
Soragna (Parma), Rocca, Meli Lupi
di Soragna collection

The statue of carved and gilt wood depicts *Summer* and is attributed by Giuseppe Cirillo and Giovanni Godi (1983, p. 72, no. 159) to Lorenzo Haili, a sculptor and wood carver from the Trentino; it is part of the *Seasons* and was already set at the Rocca di Soragna when Haili was working there in 1701. It was Giampaolo Meli Lupi, who married Ottavia Rossi di San Secondo in 1681, who began refurnishing the house; this was continued in the 1690s by his brother, Niccolò, who tended towards Veneto fashion in the wake of his marriage with the aristocratic Venetian, Cecilia Loredan in 1691, with local acquisitions and commissions made to artisans from the lagoon (Cirillo, Godi, 1983, pp. 10–11).

According to the documents found by Bruno Colombi and published by Giuseppe Cirillo and Giovanni Godi, the sculptor Lorenzo Haili was involved from the end of the century in the decoration of some rooms on the *piano nobile*; the artist was asked to make a "carved cornice for the new room in the apartment towards Santa Croce", and this was paid for on 27 July 1695 (Cirillo, Godi, 1983, p. 70, no. 158, p. 268), and the provision of a "new carved bed" (for "L. 1,600"), finished in 1701.

Between these two dates, Haili was also paid for the "making of statues and all carving under way" in the little theatre at La Rocca. Despite the current position of the Seasons, to which the statue displayed here belongs, the claim that the sculptures once formed part of the splendid eighteenth-century bed can be rejected and, although attributable to the hand of Haili, it is probable that they were originally set out in the corners of the room as suggested by Alvar González-Palacios, who mentions the example of the Seasons by Filippo Parodi for the villa Durazzo in Albisola (González-Palacios, 1986 p. 329) for comparison. From the reconstruction effected by Cirillo and Godi, we can therefore deduce that the sculptures, originally set on four pedestals at the sides of the bed, remained in situ until after 1760, and were then removed in 1787, placed in pairs—two in the room before the alcove and two in the antechamber—and finally reassembled and remounted in their current position (Cirillo, Godi, 1983, p. 72). From a stylistic point of view, the comparison with Haili's corpus—recently the object of new and updated studies (Cattoi, 2007, pp. 53–74)—and in particular with his profane production, seems to suggest the attribution is correct. The refined formal elegance of this artist, one of the protagonists of wooden sculpture in late seventeenth-century Parma, is apparent in the dancing pose and creased drapes of the Summer, as also in the "long" Spring, the "gentle" Bacchus and the "sad" Winter, all influenced, as has been shown by studies, by the baroque drawings of Filippo Passarini (*Nuove invenzioni d'ornamenti d'ar-*

chitettura e d'intagli... , Rome, 1698) and the ornamental novelties perfected in the circle of Bernini by Giovanni Paolo Schor (Colle, 2000, p. 244; Cattoi, 2007, p. 63). [B.M.]
Bibliography: Cirillo, Godi, 1983, pp. 71–72, nos. 158–159; González-Palacios, 1986, 1, pp. 327–329; Colle, pp. 266–267, no. 66.

II.12
Roberto Gabetti
(Turin, 1925–2000)
Ajmaro d'Isola
(Turin, 1928)
Bul-bo lamp
made by: Arbo, 1969
black leather sandbag base, aluminium stem, perforated sheet metal lampshade, black rubber shock absorber bellows as handle
230 x variable ca 80 cm
Produced for the studios intended
for managers and researchers at Ivrea in the Residence designed by Gabetti e Isola
Turin, Fulvio Ferrari collection

II.13
Antonia Astori
(Melzo, 1940)
Oikos system
made by: Driade, 1972
a modular system with white
or coloured melamine-faced finish, based on modular 60 x 60 cm grid
and subsystems that can be developed horizontally and in depth (60, 45, 30 cm)
298 x 300 x 45 cm
Fossadello di Caorso, Driade property

II.14
Studio of Donato Andrea Fantoni
(Rovetta, 1746–1817)
Alcove, third quarter of the eighteenth century
carved and veneered wood
425 x 480 x 144 cm
Bergamo, Accademia Carrara

The history of this showy piece by Donato Andrea Fantoni, a member of the noted family of sculptors and carvers from Bergamo active since the fifteenth century, has been examined in detail by Ferri Piccaluga in 1978 (Ferri Piccaluga, 1978, pp. 46–51). Initially published in the 1960s by Maddalena Trionfi Honorati with a mistaken attribution to Andrea Fantoni (Rovetta, 1695–1734), the alcove has since been correctly returned by Ferri Piccaluga to the less well-known and younger Donato Andrea, son of Grazioso il Giovane and the last descendant of this glorious family. Through the registry of Fantoni documents in the Rovetta archive, the scholar has reconstructed the life of the sculptor, formulating the suggestion that the decoration be linked to the ornamental furnishings effected for the wedding celebrated between Gerolamo Sottocasa and Elisabetta Lupi in the Bergamo residence of Pedrego in 1775 (Ferri Piccaluga, 1978, p. 46; Lorandi, 1996, p. 14; Colle, 2000, pp. 382–385, no. 87). This hypothesis has been shared by Marco Lorandi who sees the work as celebrating the

wedding and the title as counts conferred upon the Sottocasa in 1774; the heraldic emblem, an eagle, dominates the decoration in the legend of Ganymede.
The wedding included the writing and recital of poetic pieces, and a series of ornamental works for the suburban villa of Pedrego, transformed on the occasion into a theatre of mythological and pastoral subjects. It is therefore probable that Donato Andrea Fantoni himself took part in the new arrangement, in virtue of his being the favourite artist of Gerolamo Sottocasa (Ferri Piccaluga, 1978, p. 47), and that the alcove displayed here was commissioned from him for the occasion, forming part of a more elaborate decorative whole for a room (Colle, 2000, p. 382) in palazzo Sottocasa in Bergamo or the villa of Pedrengo itself. Subsequent to its sale in 1968, it was then transferred elsewhere and eventually found its way to its present location, the Accademia Carrara.
This, therefore, is an example of that profane production with a mythological subject that Fantoni's workshop loved to produce, through drawings and sketches ever since the period of Grazioso il Vecchio. Characterised by a graceful *rocaille* freedom originating in the formal virtuosities of Bernini derivation tried out in the preceding century and in the marvels of the finest Lombard baroque, the alcove takes the form of a classicising triumphal arch with three arches, decorated with plants in the form of slender branches, fleshy leaves and undulating arabesques of rococo taste. The lively development of the relief also outlines the putti, supporting a scroll, the bas-reliefs on the various registers, prevalently derived from mythological themes, and the statues laid out in the guise of caryatids, all of which certainly accords to a precise iconographic programme aiming to stress the moral values on which the wedding was to be founded (Ferri Piccaluga 1978, pp. 49–50; see also the interpretation by Lorandi, 1996, pp. 20–26). In the central part, we find some virtues attributed to the man, part of which borrowed from the iconographic repertory of Cesare Ripa's *Iconologia* and reinterpreted in the light of the patron's suggestions: the personification of Wisdom—in which we can recognise the self-portrait of Grazioso il Giovane Fantoni, which element corroborates the attribution—Philosophy, Poetry or Poetic fervour—with a precise reference to the literary activity of Gerolamo Sottocasa—and, lastly, Drawing or Intellectual labours.
At the top, there is the acrobatic invention that gives the piece its name, and which highlights the Sottocasa household through the heraldic display of the eagle, a symbol also of Jove, to whom the cartouches of oak-leaves also refer. Thus, an apparition from legend appears in the mundane setting of the bedroom—a legend that also has emblematic links with the spiritual side of conjugal love (Lorandi, 1996, pp. 25–26)—in conformity with an expedient of theatrical surprise as already adopted in Roman seventeenth-century houses. This too can be associated with some exercises in style that Fantoni undertook, as shown by a

drawing for a frame by the workshop of Andrea Fantoni, dedicated to the same subject (A. 645) (*I Fantoni...*, 1978, pp. 373–374, no. 149). [B.M.]
Bibliography: Ferri Piccaluga, 1978, pp. 46–51; Lorandi, 1996, pp. 5–31; Colle, 2000, pp. 382–384, no. 87.

II.15
Sicilian workshop
Sideboard, early eighteenth century
carved and gilt wood
256 x 260 x 95 cm
Catania, church of san Niccolò

The sideboard appears as a richly decorated ecclesiastical furnishing comprising a base of a thick tangle of naturalistically tangled and massed acanthus leaves with four curled feet, two central eagles and tassels on the sides. The crackling rhythm of the decoration also concerns the top of the dresser, which also boasts a jubilation of plants rendered more precious by profane motifs such as trays, plates with polylobate rims, eagles and a female face crowned with feathers at the apex.
The name of the master carver who through skilled used of the chisel made this furniture for the church of San Niccolò in Catania towards the beginning of the eighteenth century is not known. As observed in earlier studies (González-Palacios, 1984, p. 22; Colle, 2000, pp. 42–43, no. 5), there is little doubt, however, that the artist were influenced by the exuberant inventions of the Roman baroque—and especially by that of Gian Lorenzo Bernini—which played a major role in defining the style in the viceroyalty of Sicily and Naples during the seventeenth century, and a model for a renewal of the local style, until then conditioned by the ornamental tradition of Mannerism (Colle, 2000, p. 17).
Alvar González-Palacios sees in the activity of the Palermitan architect, Giuseppe Amato (Palermo, 1643–1732), the link for the spread of this style, and attributes the key to understanding some Sicilian furniture that stands out for "a strong and almost caricatural fantasy", as the scholar wrote concerning the present sideboard, to the architect's graphic output.
This sideboard has several times been linked to a *Drawing for a sacristan sideboard for a monastery* by Amato, showing a pyramidal composition of ceremonial silver, pitchers, amphorae, vessels and vases with branches of flowers, showing how this type of furniture was very common in Sicily for displaying church silver (cf. Malignaggi, 2001, p. 88). An architect as well as decorator, and active during the last two decades of the seventeenth century for the duke of Uzeda (viceroy of Sicily from 1687 to 1696) and Pietro Colon, duke of Verguas (viceroy from 1696 to 1701), the artist trained in Rome, where he stayed from 1671 to 1683, firstly under the tutelage of Carlo Rainaldi, and then in the entourage of Carlo Fontana, but always with the work of Bernini in mind, who was now at the end of his career although still the primary source of inventions; these, when

II.11

Lorenzo Haili (Fisto [Trento], 1643 - Parma, 1702) (attr.)
Estate, fine del XVII – inizi del XVIII secolo
legno intagliato e dorato
h 159 cm
Soragna (Parma), rocca, collezione
Meli Lupi di Soragna

La statua in legno intagliato e dorato raffigura l'*Estate* e viene attribuita da Giuseppe Cirillo e Giovanni Godi (1983, p. 72, n. 159) allo scultore e intagliatore trentino Lorenzo Haili; fa parte delle *Stagioni*, già sistemate intorno alla principesca alcova della rocca di Soragna dove Haili aveva lavorato nel 1701. Come noto, la rocca di Soragna rappresenta il più importante esempio di residenza parmense ancora oggi dotato di un arredamento originario, fondamentale per la ricostruzione della storia del mobile veneto fra Sei e Settecento (González-Palacios 1986, p. 327). Fu il proprietario, Giampaolo Meli Lupi, sposatosi nel 1681 con Ottavia Rossi di San Secondo, a dar inizio ai lavori di riammobiliamento, poi proseguiti negli anni novanta sotto il fratello Niccolò, orientatosi, a seguito del matrimonio con la patrizia veneziana Cecilia Loredan nel 1691, verso la moda veneta, con acquisti locali e commissioni ad artigiani lagunari (Cirillo, Godi 1983, pp. 10-11).
Secondo i documenti reperiti da Bruno Colombi e resi noti da Giuseppe Cirillo e Giovanni Godi, lo scultore Lorenzo Haili sarebbe stato coinvolto alla fine del secolo per la decorazione di alcune stanze del piano nobile; all'artista venne infatti richiesto un "cornicione tutto intagliato fatto per la camerella nuova posta nell'appartamento verso Santa Croce", saldato il 27 luglio 1695 (Cirillo, Godi 1983, p. 70, n. 158, p. 268), e la fornitura di un "letto novo ad intaglio" (per "L. 1.600"), terminato nel 1701. Tra queste due date Haili veniva inoltre pagato per la "fattura di statue e di tutte gli intaglj post'in opera" nel teatrino della rocca. Nonostante l'attuale collocazione delle *Stagioni*, cui appartiene la statua qui esposta, è da negarsi che le sculture facessero parte del fastoso letto settecentesco e, sebbene attribuibili alla mano di Haili, è probabile che fossero in origine disposte agli angoli di una sala, come propone Alvar González-Palacios citando a confronto il caso delle *Stagioni* intagliate da Filippo Parodi per la villa Durazzo di Albisola (González-Palacios 1986 p. 329). Dalla ricostruzione messa a punto da Cirillo e Godi se ne desumerebbe pertanto che le sculture, montate posteriormente su quattro piedistalli dorati ai lati del letto, siano rimaste in loco fin oltre il 1760, per poi essere dismesse nel 1787, collocate a coppie, due nella stanza antistante l'alcova e due nell'anticamera, e infine riassemblate e rimontate nella posizione che oggi conosciamo (Cirillo, Godi 1983, p. 72).
Da un punto di vista stilistico, il confronto con il *corpus* di Haili – recentemente oggetto di nuovi e aggiornati contributi critici (Cattoi 2007, pp. 53-74) –, e in particolare con la produzione di carattere profano, sembra dar ragione dell'attribuzione. Nella posa danzante e nel panneggio frastagliato dell'Estate, così come nella "longilinea" Primavera, del "gentile" Bacco o del "mesto" Inverno si rintracciano infatti le raffinate eleganze formali di questo artista che fu fra i protagonisti della scultura lignea a Parma alla fine del Seicento, dopo essersi aggiornato, come dimostrato dagli studi, sui disegni baroccheggianti di Filippo Passarini (*Nuove invenzioni d'ornamenti d'architettura e d'intagli...*, Roma 1698) e sulle novità ornamentali messe a punto in ambito berniniano da Giovanni Paolo Schor (Colle 2000, p. 244; Cattoi 2007, p. 63). [B.M.]

Bibliografia: Cirillo, Godi 1983, pp. 71-72, nn. 158-159; González-Palacios 1986, 1, pp. 327-329; Colle pp. 266-267, n. 66.

II.12

Roberto Gabetti
(Torino, 1925-2000)
Ajmaro d'Isola
(Torino, 1928)
Lampada *Bul-bo*
produzione Arbo, 1969
base a bulbo rivestita in cuoio nero, supporto a stelo in alluminio, paralume in lastra metallica traforata, impugnatura costituita da soffietto ammortizzatore in gomma nera
230 x variabile circa 80 cm
Prodotta per i monolocali destinati ai manager e ai ricercatori di Ivrea nel residence progettato da Gabetti e Isola
Torino, collezione Fulvio Ferrari

II.13

Antonia Astori
(Melzo, 1940)
Sistema *Oikos*
produzione Driade, 1972
sistema componibile con finitura melaminica bianca o colorata impostato su una griglia modulare di 60 x 60 centimetri e sui suoi sottomultipli tanto in prospetto quanto in profondità (60, 45, 30 centimetri)
298 x 300 x 45 cm
Fossadello di Caorso, proprietà Driade

II.14

Bottega di Donato Andrea Fantoni
(Rovetta, 1746-1817)
Alcova, terzo quarto del XVIII secolo
legno intagliato e impiallacciato
425 x 480 x 144 cm
Bergamo, Accademia Carrara

La storia di questo scenografico arredo eseguito da Donato Andrea Fantoni, membro della nota famiglia di scultori e intagliatori bergamaschi attiva fin dal Quattrocento, è stata dettagliatamente ripercorsa da Ferri Piccaluga nel 1978 (Ferri Piccaluga 1978, pp. 46-51). Pubblicata inizialmente negli anni sessanta da Maddalena Trionfi Honorati con un'attribuzione erronea ad Andrea Fantoni (Rovetta, 1695-1734), l'alcova è stata correttamente restituita da Ferri Piccaluga all'attività del meno noto e più giovane Donato Andrea, figlio di Grazioso il Giovane e ultimo discendente della gloriosa famiglia. Attraverso il regesto dei documenti fantoniani presso l'archivio di Rovetta, la studiosa ha infatti ricostruito la figura dello scultore, suggerendo di collegare l'arredo ai lavori di allestimento ornamentale promossi in occasione delle nozze celebrate tra Gerolamo Sottocasa ed Elisabetta Lupi nella residenza bergamasca in Pedrego nell'anno 1775 (Ferri Piccaluga 1978, p. 46; Lorandi 1996, p. 14; Colle 2000, pp. 382-385, n. 87). Ipotesi condivisa anche da Marco Lunardi, che intende l'opera a celebrazione delle nozze e del titolo comitale conferito a Sottocasa nel 1774, la cui impresa araldica, l'aquila, viene a dominare l'arredo nel fastigio con il mito di Ganimede. Il matrimonio si articolò attraverso la stesura e la declamazione di componimenti poetici, e una serie di lavori ornamentali della villa suburbana di Pedrego, trasformata per l'occasione in un teatro di soggetti mitologici e pastorali. È dunque probabile che lo stesso Donato Andrea Fantoni avesse preso parte al nuovo allestimento, in virtù del suo ruolo di artista prediletto da Gerolamo Sottocasa (Ferri Piccaluga 1978, p. 47), e che per l'occasione gli venisse commissionata l'alcova qui esposta, un tempo parte di un più elaborato insieme a decorazione di una sala (Colle 2000, p. 382) del palazzo Sottocasa di Bergamo, o della stessa villa di Pedrengo, e in seguito alla vendita del 1968 trasferita in altre sedi, fino all'attuale collocazione presso l'Accademia Carrara. Si tratta dunque di un esempio di quella produzione profana a tema mitologico che la bottega dei Fantoni amò realizzare, attraverso disegni e bozzetti sin dall'epoca di Grazioso il Vecchio. Caratterizzata da un'aggraziata libertà *rocaille* che si originava dai virtuosismi formali di stampo berniniano sperimentati nel secolo precedente e dalle meraviglie del grande barocco lombardo, l'alcova si struttura secondo una classicheggiante forma di arco trionfale a tre fornici, arricchita da una decorazione fitomorfa che si diffonde in rami sottili, fogliami carnosi e serpeggianti arabeschi di gusto rococò. L'andamento vibrante del rilievo denota anche i putti reggicartiglio, i bassorilievi dei diversi registri, prevalentemente derivati da temi mitologici e le statue collocate a mo' di cariatidi, sicuramente accordati a un preciso programma iconografico inteso a rimarcare i valori morali su cui doveva fondarsi il matrimonio (Ferri Piccaluga 1978, pp. 49-50; si veda anche la lettura di Lorandi 1996, pp. 20-26). Nella parte centrale ritroviamo alcune *virtutes* attribuite all'uomo, in parte desunte dal repertorio iconografico dell'*Iconologia* di Cesare Ripa e reinterpretate alla luce dei suggerimenti del committente: la personificazione della Sapienza – in cui si riconosce l'autoritratto di Grazioso il Giovane Fantoni, elemento corroborante per l'attribuzione – la Filosofia; la Poesia o Furore poetico – con preciso riferimento all'attività letteraria di Gerolamo Sottocasa –, e da ultimo il Disegno o Lavoro intellettuale.
Alla sommità è infine disposta la funambolica invenzione che dà nome all'arredo, e che esalta la casata dei Sottocasa attraverso l'esibizione araldica dell'aquila, simbolo peraltro di Giove a cui rimandano anche le *cartouches* di foglie di quercia. Nella dimensione quotidiana della camera da letto viene così a manifestarsi l'apparizione del mito – legato anch'esso emblematicamente al lato spirituale dell'amore coniugale (Lorandi 1996, pp. 25-26) –, secondo un espediente di sorpresa teatrale adottato già nelle residenze romane del Seicento, e da riferirsi anche a certi esercizi di stile della stessa bottega fantoniana, come dimostra un disegno per cornice della bottega di Andrea Fantoni dedicato al medesimo soggetto (A. 645) (*I Fantoni...*1978, pp. 373-374, n. 149). [B.M.]

Bibliografia: Ferri Piccaluga 1978, pp. 46-51; Lorandi 1996, pp. 5-31; Colle 2000, pp. 382-384, n. 87.

II.15

Manifattura siciliana
Credenza, inizi del XVIII secolo
legno intagliato e dorato
256 x 260 x 95 cm
Catania, chiesa di san Niccolò

La credenza si presenta come un virtuosistico arredo da chiesa composto da una base che si espande in un serrato groviglio di foglie d'acanto avviluppate e accartocciate naturalisticamente, con quattro piedi a ricciolo, due aquile centrali e nappe sui fianchi. Lo scoppiettante ritmo dell'ornato coinvolge anche la testata della credenza, ugualmente connotata da un tripudio vegetale impreziosito da motivi profani quali vassoi, piatti con orli polilobati, aquile e un volto femminile coronato di piume che sta all'apice.
Non si conosce il nome del maestro intagliatore che con gran lavoro di cesello realizzò, verso gli inizi del XVIII secolo, questo arredo per la chiesa di San Niccolò di Catania. Come osservato in precedenti studi (González-Palacios 1984, p. 22; Colle 2000, pp. 42-43, n. 5), è indubbio però che l'artista fosse influenzato dalle esuberanti invenzioni del barocco romano – prime fra tutte quelle di Gian Lorenzo Bernini – importato nei vicereami di Sicilia e di Napoli durante il XVII secolo, e modello per un vero e proprio rinnovamento del gusto locale, fino a quel momento condizionato dalla tradizione ornamentale di ascendenza manierista (Colle 2000, p. 17). Alvar González-Palacios riconosce nell'attività dell'architetto palermitano Giuseppe Amato (Palermo, 1643-1732) il tramite per questa diffusione stilistica, e attribuisce alla sua produzione grafica la chiave di lettura per comprendere alcuni dei mobili siciliani distintisi per "una fantasia prorompente quasi caricaturale", secondo quanto commentato dallo studioso a proposito della credenza qui esposta.
Il mobile è stato infatti in più occasioni accostato a un *Disegno per una credenza di sacristia per un monastero*, eseguito da Amato e raffigurante una composizione piramidale di argenti da parata, brocche, anfore, vassoi e vasi con rametti di fiori, a dimostrazione di come questo tipo di arredo fosse molto diffuso in Sicilia per esporvi le suppellettili ecclesiastiche (Malignaggi 2001, p. 88).

transferred to southern Italy, took the form of ephemeral scenographic articles. The request for new decorations in stucco and polychrome marble for civil and religious buildings (Colle, 2000, p. 18) was matched by an increasing promotion of magnificence in the field of decorative arts, with ingenious designs for funeral biers, monstrances, antependia or tables by Amato once he had entered the service of the vice-regal court and of the Sicilian nobility (cf. Malignaggi, 1985, pp. 283–292).

The Catania sideboard not only has some affinities with the decoration invented by this artist but, thanks to the energetically developed form of carving, is also associated with two supports for consoles now in the Museo Pepoli in Trapani and in the church of the Crocifisso in Calatafimi, attributed to anonymous craftsmen between the late seventeenth and the early eighteenth century (Colle, 2000, p. 42), and with a pair of tables in a private collection in Madrid (González-Palacios, 1984, p. 223). [B.M.]
Bibliography: González-Palacios, 1984, 1, p. 223; Colle, 2000, pp. 42–43, no. 5.

II.16

Ettore Sottsass
(Innsbruck, 1917 – Milan, 2007)
Bastonio chest of drawers
made by: Poltronova, 1966
chest of drawers in walnut and polyester paint, the handles of horizontal walnut rods
100 x 100 x 60 cm
Milan, private collection

II.17

Gaetano Pesce
(La Spezia, 1939)
I Feltri armchairs
made by: Cassina, 1987
a tall armchair made entirely of felt; the felt is impregnated with thermosetting resin to assure hardness while the seat is fixed to the structure using hemp ties; the upholstery of quilted thin mattress with polyester padding
100 x 80 x 80 cm
Meda, Cassina property

II.18

Ottavio Calderoni
Armchair, 1701
carved and gilt wood, the padded seat and back upholstered with velvet and brocade
130 x 123 x 90 cm
Soragna (Parma), Rocca, Meli Lupi di Soragna collection

The series of 12 ceremonial armchairs—only one of which is missing today—formed part of the collection of furnishings put together in the residence of Rocca di Soragna following the marriage in 1691 between Niccolò Meli Lupi and the Venetian aristocrat Cecilia Loredan. These were of typically Venetian manufacture and style and provide a fundamental example for reconstructing the history of furniture in the Veneto between the

seventeenth and eighteenth century, as several times stressed by Alvar González-Palacios (1986, p. 327).
From the payments for the work recorded in the documents of 30 April 1701, we can deduce the names of the craftsmen who worked on the armchairs: Ottavio Calderoni—probably a relative of the Matteo Calderoni who made the *peota* (a Venetian boat) for Carlo Emanuele III di Savoia (Colle, 2000, p. 318)—is recorded as "carver of 12 carved wooden chairs" and Ventura Longhi "gilder for having gilded the 12 chairs" (Cirillo, Godi, 1983, p. 70, no. 156). As reconstructed by Giuseppe Cirillo and Giovanni Godi, the series was originally laid out in two rows of six in the Bed Chamber and Antechamber of the apartment on the *piano nobile*, but some pieces were moved around 1766 to the palazzo of the Meli Lupi family in Parma and later returned to the Rocca where they are displayed today, with only one of the armchairs having since been lost.
The armchair is characterised by a boldness of design that reveals the hand of a skilled carver and the design of an artist with a virtuoso imagination: the front stretcher is marked by a frieze carved in the round comprising scrolls of flowers and fruit and with a lively winged cupid at the centre; on the sides, the legs are powerful curved volutes from which emerge bunches of flowers and two male figures, one on each side, supporting the weight of the structure and gazing towards the continuation of the exuberant motif of the support of the armrest and the armrest itself, transformed into a continuous frieze of twisted scrolls, on which are enthroned two graceful putti. The back, feet and uprights are instead rendered with simple gilt wood elements, and the upholstery, in terrible condition, vaguely bears witness to the now-lost splendour of the silk velvets with applications of brocade and damask, sent specially from Venice, that used to adorn the series and are no longer preserved (González-Palacios, 1986, p. 327).
The example on show here therefore represents the moment of greatest evolution of this type of furniture which, between the seventeenth and eighteenth century, became increasingly imposing, overturning the antiquated and rigid form of the seventeenth-century chair to attain a more complex form, with a sloping back, turned legs and the introduction of putti or male torsos within pompous volutes expanding to include the armrests or supports and amplifying the schema of the "interwoven plant continuum". These objects were transformed into veritable pieces of "sculpture furniture" (Santini, 2002, p. 199, nos. 308–310) to be placed against the wall as an integral part of the architecture in conformity with the new needs for ceremonial show amongst the nobility (Colle, 2000, p. 318).
Other fine examples of Veneto furniture may be compared to this type: the monumental ceremonial armchair of 1730 in the Museo di Ca' Rezzonico, attributed to a drawing by Andrea Brustolon, with putti or amorini and complex mythological compositions (González-Pala-

cios, 1969, II, p. 13); the chair from the church of San Trovaso in Venice, marked by numerous naturalistic details (Alberici, 1980, p. 247, no. 348); and the series of eight armchairs in the Wallace Collection in London, the front supports of which were conceived in the form of two scrolls ending in figures of sirens (González-Palacios, 1986, p. 328, fig. 765; Colle, 2000, p. 318). [B.M.]
Bibliography: Cirillo, Godi, 1983, p. 70, no. 156; González-Palacios, 1986, 1, pp. 327–328, fig. 757; Colle, 2000, pp. 318–320, no. 77; Santini, 2002, p. 199, nos. 308–310.

II.19

Venetian workshop
Console, early eighteenth century
carved, painted and gilt wood,
the top veneered and inlaid with various woods
100 x 171 x 68 cm
private collection

This console from a private collection presents a form similar to a series of tables studied by Alvar González-Palacios and classified by him as being typical of the artistic products made by Venetian workshops between the seventeenth and eighteenth century (González-Palacios, 1993, pp. 337–339).
Comparing the four consoles conserved at the Rocca di Soragna with the table here, the scholar was able to note a series of features that were highly unusual in the production of other states in the Italian peninsula, but frequent in northern Europe, and attributable solely to the workshops in Venice. These features were the combination of a gilt and incised wooden base as support, not of the usual and heavy marble slab, but of a refined and lighter veneered top with inlays of mother-of-pearl and floral motifs. Four legs with double curled volutes are positioned on a socle and these expand downwards towards a weave of acanthus vines and linked at the centre by a shell, a typical *rocaille* element in this kind of console. The structure is dominated by an obsessive incising, an *horror vacui* that seems to cancel out the load-bearing function of the base, making it acquire a life of its own with an effect of baroque metamorphosis, attenuated only in the central part, where some free space can be discerned.
In tracing out the complex outline of the top, which as González-Palacios points out is highlighted by some threading along the edge, the cartoon for the inlay constituting the upper part has been specially drawn. The motif is that of a garland that uninterruptedly follows the outline of the top and branches out in the centre into a vigorous blooming of camellias, roses and nasturtiums.
This Venetian inlaid decoration probably derived from the inlays of northern Europe—and later adopted by Neapolitan artisans in the mid-eighteenth century (Colle, 2000, p. 322)—and, although never achieving the qualitative effects of the Florentine production of Leonardo van der Vinne, had two of the most virtuoso craftsmen, Lucio De Lucci and

Antonio De Lucio. The two were related and have become known through the antiques market and identified by González-Palacios (González-Palacios, 1993, pp. 338–339). Through the examples of these artists, we see the progressive evolution of baroque inlay of the Veneto arriving in the eighteenth century at a freer distribution of the motifs across the ground, with the inclusion of floral triumphs or animated scenes, rendered all the more precious by the application of mother-of-pearl and of coral, not only in table tops, but also on other furniture and chests of drawers (Colle, 2000, pp. 322–327, nos. 78–79; González-Palacios, 1993, figs 593–594, pp. 337–339).
Among the models belonging to this stylistic family and comparable with the table on display here, it is worth noting the above-mentioned consoles from Rocca di Soragna, the work of Anzolo Buzi, who incised the piece, and of cabinet-makers Giovanni Calegari and Sebastiano Novale, dated 1701, (González-Palacios, 1986, 1, p. 327; Colle, 2000, no. 74, pp. 308–309, no. 78, pp. 322–323); a console in the Museo Davia Bargellini of Bologna of circa 1698 (González-Palacios, 1993, p. 337), and two consoles in the Museo Civico di Belluno made at the beginning of the eighteenth century for Palazzo Fulcis-De Bertoldi, which are close in their ornamental repertory and technical mastery to Andrea Brustolon, with *scagliola* tops and bases in painted and gilt wood (Alberici, 1980, fig. 203; Santini, 1999, p. 171, no. 349). [B.M.]
Bibliography: González-Palacios, 1993, p. 337, figs 593–594; Colle, 2000, p. 322.

II.20

Ettore Sottsass
(Innsbruck, 1917 – Milan, 2007)
Tartar console
made by: Memphis, 1985
structure of pre-shaped wood and plastic laminate
78 x 195 x 85 cm
Pregnana Milanese, Memphis property

II.21

Veneto workshop
Mirror, early eighteenth century
carved and gilt wood
214 x 160 x 47 cm
Musei Civici, Comune di Pesaro
Inventory: no. 0096

The mirror, published by Enrico Colle (2000, pp. 312–313, no. 75) as being the work of a Veneto artisan active between the end of the seventeenth and the start of the eighteenth century, includes a superb frame in gilt and carved wood realised as a garland of tangled scrolls, decorated with festoons of roses, branches of coral and leafy volutes ending in stylised shells. The ornamental motif culminates in an imposing seashell at the top of the frame, full of flowers and surmounted by an uppermost element of acanthus vines and leaves.
The artist shows himself aware of the latest

Architetto, oltre che ornatista, attivo durante gli ultimi due decenni del Seicento per il duca d'Uzeda (viceré di Sicilia dal 1687 al 1696) e per Pietro Colon, duca di Verguas (viceré dal 1696 al 1701), l'artista si era formato a Roma, dove soggiornò fra il 1671 e il 1683, prima sotto il tirocinio di Carlo Rainaldi, e poi nell'entourage di Carlo Fontana, avendo però sempre a mente l'opera di un maestro come Bernini, ormai al termine della sua carriera, ma pur sempre fonte primaria per quelle invenzioni che, poi trasferite in ambito meridionale, furono declinate nel senso di effimeri apparati scenografici. Alla richiesta di nuove decorazioni in stucchi e marmi policromi presso edifici civili e religiosi (Colle 2000, p. 18) corrispose infatti una dilagante promozione di magnificenza anche nel campo delle arti decorative, con ingegnosi progetti per catafalchi funebri, ostensori, paliotti o tavoli eseguiti da Amato una volta entrato a pieno servizio della corte viceroale e della nobiltà siciliana (Malignaggi 1985, pp. 283-292).
Oltre a trovare affinità con gli ornati ideati da questo artista, la credenza di Catania viene accostata, per la modalità dell'intaglio così nervosamente elaborato, anche a due supporti di tavoli a muro ora conservati nel Museo Pepoli di Trapani e nella chiesa del Crocifisso di Calatafimi, attribuiti ad anonimi artigiani tra fine del XVII secolo e inizi del XVIII (Colle 2000, p. 42), e a una coppia di tavoli in collezione privata a Madrid (González-Palacios 1984, p. 223). [B.M.]
Bibliografia: González-Palacios 1984, 1, p. 223; Colle 2000, pp. 42-43, n. 5.

II.16

Ettore Sottsass
(Innsbruck, 1917 - Milano, 2007)
Cassettoncino *Bastonio*
produzione Poltronova, 1966
mobile a cassetti in noce e laccatura al poliestere. Maniglie costituite da bastoni orizzontali in noce
100 x 100 x 60 cm
collezione privata, Milano

II.17

Gaetano Pesce
(La Spezia, 1939)
Poltrone *I Feltri*
produzione Cassina, 1987
poltrona alta interamente in feltro di lana. Alla base il feltro è impregnato di resina termoindurente per garantire resistenza, mentre il sedile è fissato alla struttura mediante legacci di canapa. Imbottitura in materassino trapuntato accoppiato con ovatta di poliestere
100 x 80 x 80 cm
Meda, proprietà Cassina

II.18

Ottavio Calderoni
Poltrona, 1701
legno intagliato e dorato, sedile e spalliera imbottiti e ricoperti di velluto e broccato
130 x 123 x 90 cm
Soragna (Parma), rocca, collezione Meli Lupi di Soragna

La serie di dodici poltrone da parata – oggi mancante solo di un esemplare – faceva parte della fornitura di arredi e suppellettili allestita presso la residenza della rocca di Soragna dopo il matrimonio, nel 1691, fra Niccolò Meli Lupi e la patrizia veneziana Cecilia Loredan, secondo un gusto e una manifattura tipicamente veneti, e fondamentale esempio, dunque, per ricostruire la storia del mobile veneto fra Sei e Settecento, come più volte sottolineato da Alvar González-Palacios (1986, p. 327). Dai pagamenti dei lavori riportati nei documenti del 30 aprile 1701 si desumono i nomi degli artigiani che lavorarono alla serie di poltrone: Ottavio Calderoni – probabilmente parente di quel Matteo Calderoni che realizzò la Peota reale di Carlo Emanuele III di Savoia (Colle 2000, p. 318) – è ricordato come l'"intagliatore per careghe n° 12 di legno intagliate" e Ventura Longhi "indoratore per aver indorato le careghe n° 12" (Cirillo, Godi 1983, p. 70, n. 156). Come ricostruito da Giuseppe Cirillo e Giovanni Godi, la serie venne in origine disposta a sei a sei nella camera da letto e nell'anticamera dell'appartamento al piano nobile, alcuni pezzi furono poi spostati verso il 1766 nel palazzo della famiglia Meli Lupi a Parma, e successivamente rientrarono alla rocca dove oggi sono esposte, prive soltanto di una delle poltrone, andata persa.
La poltrona è caratterizzata da un estro compositivo che lascia intravedere la mano di un abile intagliatore e il disegno di un artista dalla virtuosistica immaginazione: la traversa anteriore è caratterizzata da un fregio a tutto tondo, composto da cartigli fiori, frutti, e centrato da una vivace figura di un cupido alato; ai lati le gambe si sviluppano come due possenti volute arricciate da cui emergono mazzetti di fiori e due figure virili, una per parte, in atto di sorreggere il peso della struttura e rivolgere lo sguardo verso la prosecuzione dell'esuberante motivo del sostegno del bracciolo e del bracciolo stesso, trasformati in un fregio continuo di cartigli attorcigliati, su cui troneggiano due figure di putti aggraziati. Il retro, le zampe e i montanti sono invece resi con semplici elementi lignei dorati, e la tappezzeria, in pessime condizioni, testimonia vagamente lo splendore ormai perso dei velluti di seta con applicazioni in broccato e damasco, fatti giungere appositamente da Venezia, un tempo a guarnizione della serie, e oggi non più conservati (González-Palacios 1986, p. 327). L'esemplare qui esposto rappresenta pertanto il momento di massima evoluzione di questo tipo di arredo, che nel passaggio dal XVII al XVIII secolo diviene sempre più imponente, superando l'antiquata e rigida forma del seggiolone seicentesco e raggiungendo una più articolata fisionomia, con lo schienale del tutto arretrato, gambe tornite e l'introduzione di figure di putti o di torsi maschili all'interno di ampollose volute che si espandono sui braccioli o sui sostegni, amplificando lo schema del *continuum* vegetale ad intreccio, e trasformando questi oggetti in veri e propri "mobili-sculture" (Santini 2002, p. 199, nn. 308-310) da disporsi lungo le pareti come parte integrante dell'architettura, in accordo

con le nuove esigenze di rappresentanza della nobiltà (Colle 2000, p. 318).
A questa tipologia sono avvicinabili altri raffinati esempi di produzione lagunare come la monumentale poltrona da parata del Museo di Ca' Rezzonico del 1730, attribuita al disegno di Andrea Brustolon, con putti o amorini e complesse figurazioni mitologiche (González-Palacios 1969, II, p. 13); la poltrona della chiesa di San Trovaso a Venezia, caratterizzata da numerosi dettagli naturalistici (Alberici 1980, p. 247, n. 348); o ancora la serie di otto poltrone della Wallace Collection di Londra, i cui supporti anteriori furono concepiti a forma di due cartocci terminanti con figure di sirene (González-Palacios 1986, p.328, fig. 765; Colle 2000, p. 318). [B.M.]
Bibliografia: Cirillo, Godi 1983, p. 70, n. 156; González-Palacios 1986, 1, pp. 327-328, fig. 757; Colle 2000, pp. 318-320, n. 77; Santini 2002, p. 199, nn. 308-310.

II.19

Manifattura veneziana
Tavolo da muro, inizi del XVIII secolo
legno intagliato e scolpito, dipinto e dorato; piano impiallacciato e intarsiato di legni vari
100 x 171 x 68 cm
collezione privata

Questo tavolo da muro di collezione privata presenta una conformazione comune a una serie di mobili studiati da Alvar González-Palacios e classificati dallo studioso come tipici prodotti artistici di botteghe veneziane, eseguiti fra Sei e Settecento (González-Palacios 1993, pp. 337-339). Confrontando le quattro *consoles* conservate alla rocca di Soragna con il tavolo qui esposto, lo studioso ha infatti potuto constatare una serie di caratteristiche del tutto insolite nella produzione di altri stati della Penisola – frequenti invece nel nord Europa – e attribuibili al solo ambito delle botteghe lagunari, ovvero l'abbinamento di una base in legno dorato e intagliato quale supporto, non della consueta e pesante lastra marmorea, bensì di un raffinato e più leggero piano impiallacciato con intarsi di madreperla e motivi floreali.
Su una pedana sagomata sono collocate quattro gambe a doppie volute arricciate che si espandono verso il basso, intrecciate da tralci d'acanto e raccordate al centro da una valva di conchiglia, tipico elemento *rocaille* di questo genere di *console*. La struttura è dominata da un intaglio ossessivo, un *horror vacui* che sembra annullare la funzione portante della base facendole acquisire vita propria con un effetto di metamorfosi baroccheggiante, attenuata nella sola parte centrale, dove si intravede uno spazio libero. A ricalcare la sagoma mistilinea del piano che, come nota González-Palacios, viene evidenziata da una filettatura al bordo, è stato appositamente disegnato il cartone per la tarsia che costituisce la parte superiore. Il motivo è quello di una ghirlanda che segue ininterrotta il profilo del piano e si dirama al centro in una rigogliosa fioritura di camelie, rose e nasturzi. Si tratta di una tecnica d'or-

nato, quella della tarsia veneta, probabilmente derivata dagli intarsi del nord Europa – successivamente ripresi, nella metà del Settecento, anche da artigiani napoletani (Colle 2000, p. 322) – e che, pur senza raggiungere gli effetti qualitativi della produzione fiorentina di Leonardo van der Vinne, ebbe fra gli artefici più virtuosi due artisti tra loro imparentati, Lucio De Lucci e Antonio De Lucio, resi noti nell'ambito del mercato antiquario e individuati da González-Palacios (González-Palacios 1993, pp. 338-339). Attraverso gli esempi di questi artisti si assiste alla progressiva evoluzione della tarsia barocca veneta, approdata nel Settecento a una più libera diffusione di motivi a tutto campo, trionfi floreali o scene animate, impreziositi da applicazioni di madreperla e di corallo, non solo su piani da tavolo, ma anche su mobili e cassettoni (Colle 2000, pp. 322-327, nn. 78-79; González-Palacios 1993, figg. 593-594, pp. 337-339).
Fra i modelli appartenenti a questa famiglia stilistica, confrontabili con il tavolo qui esposto, si ricordano i già citati tavoli da muro della rocca di Soragna, opere dell'intagliatore Anzolo Buzi, e degli ebanisti Giovanni Calegari e Sebastiano Novale, datati 1701 (González-Palacios 1986, 1, p. 327; Colle 2000, n. 74, pp. 308-309, n. 78, pp. 322-323); una *console* conservata al Museo Davia Bargellini di Bologna del 1698 circa (González-Palacios 1993, p. 337), e due *consoles* del Museo Civico di Belluno eseguite all'inizio del XVIII secolo per palazzo Fulcis-De Bertoldi, avvicinabili al repertorio ornamentale e al magistero tecnico di Andrea Brustolon, con piani in scagliola e basi in legno di bosso dipinto e dorato (Alberici 1980, fig. 203; Santini 1999, p. 171, n. 349). [B.M.]
Bibliografia: González-Palacios 1993, p. 337, figg. 593-594; Colle 2000, p. 322.

II.20

Ettore Sottsass
(Innsbruck, 1917 - Milano, 2007)
Console *Tartar*
produzione Memphis, 1985
struttura in legno precomposto e laminato plastico
78 x 195 x 85 cm

II.21

Manifattura veneta
Specchiera, inizi del XVIII secolo
legno intagliato e dorato
214 x 160 x 47 cm
Musei Civici, Comune di Pesaro
Inventario: n. 0096

La specchiera, pubblicata da Enrico Colle (2000, pp. 312-313, n. 75) come opera di un intagliatore veneto attivo fra la fine del XVII e l'inizio del XVIII secolo, si sviluppa in una superba cornice in legno dorato e intagliato realizzata come un serto di cartigli avviluppati e impreziositi da ghirlande di rose, rametti di corallo e volute fogliacee terminanti in conchiglie stilizzate. Il motivo ornamentale culmina con un'imponente valva di conchiglia alla sommità della cornice, ricolma di fiori e sor-

trends in ornament emerging from Rome towards the main artistic centres of the peninsula, and regards this work as following on from the baroque re-elaboration of the Veneto style undertaken by such artists as Baldassare Longhena, cited here for some of his complex architecture and in particular for a drawing attributed to him showing a scenographic incised decor for the organ case in the church of the Ospedaletto in Venice, which Colle suggests as being very close to the frame in the Pesaro museum.

During the course of the seventeenth century, the Veneto frame moved towards increasingly exuberant forms, marked by high-relief motifs and uninterrupted weaves of leaves and volutes, culminating in the early eighteenth century in a scenographic whole with pierced frames—progressively taken to extremes with *rocaille* motifs—and animated by figures carved in the round, trophies of arms, amorini, eagles and heraldic dragons (Alberici, 1980, pp. 217, 218).

Among the repertories of frames to be compared to the one here, it is worth examining the exuberant work from the Belluno area based on the graphic production of the most important wood sculptor in the Veneto in the baroque era, Andrea Brustolon (Colle, 2000, pp. 314–316, no. 76; see also the examples of mirrors cited in Santini, 1999, nos. 523–524–525, p. 249); bearing in mind also the type of decoration, with broad, widespread volutes of the furnishings at Rocca di Soragna, made by almost unknown artists, although certainly of Veneto origin (Colle, 2000, pp. 73–74, 77). [B.M.]

Bibliography: Colle, 2000, pp. 312–313, no. 75.

II.22

Fontana Arte
Circular mirror, ca 1958
coloured crystal
Ø 65 x 3 cm
Milan, Galleria Esempi del Novecento property

II.23

Workshop of Andrea Fantoni
Celebratory mirror, ca 1693–1698
carved and painted wood
160 x 260 cm
Fondazione Fantoni - Rovetta
Inventory: no. 289

The sumptuous mirror frame comprises a rich cloth bordered with a fringe, held aloft by four winged putti and decorated with cords and tassels. It is supported by two opposing tritons who raise and cross two shells and carry a rich tangle of leaves, flowers and fruit. At the top, there is a winged female figure representing Fame, bearing a double trumpet with a standard, playing the instrument while flying and displaying the noble standard of the house of the Barzizza of Alzano Lombardo.
The Fantoni made a considerable number of furnishings for the Barzizza and for many other families from Alzano, both aristocratic and wealthy through trade. This between 1680

and 1719, in the wake of the local fame acquired through the execution of the first (1679–1680) and second (1691–1698) sacristy in the Basilica of San Martino.
The execution of the mirror can be dated to the last decade of the seventeenth century—and probably to the middle five years of the 1690s—on the basis of the style and in consideration of the frequency of the production documented for the Barzizza (A.F.F.R. LF32, 1r. and Alzo 35 and Alzo 76). It was made in the workshop of Andrea Fantoni (1659–1734), who had just taken over from his father, Grazioso il Vecchio (1630–1693), in running the family business.
The mirror remained with the Barzizza until 1798, when it was sold together with other furniture by Fantoni, having been offered for sale to the then workshop head, Donato Andrea Fantoni (F.F.R., Alzo 114 and Alzo 155).
In February 1846, Luigi Fantoni, a lawyer who was enthusiastically researching the works of his ancestors, tried to put together a record of their activity in *Raccolta di scoltura e d'intaglio*, a record that was never officially constituted, and in so doing found a trace of the *specchiera de' Barzisi* (the "Barzizza mirror"), which at the time was in the Bogni household in Alzano and which he succeeded in buying.
In 1875, a year after the death of Luigi Fantoni, the mirror was presented in a section devoted to the Fantoni family at the Exhibition of Antique Art held in Bergamo.
In 1968, following the constitution of the Fondazione Fantoni, Giuseppe Fantoni, the latest descendent of the sculptors, donated part of his collection of art, including the mirror, to the new foundation.
This mirror by Fantoni borrows from the project for a mirror by Gian Lorenzo Bernini for queen Christina of Sweden of 1662 (Colle, 2000, p. 374, no. 92), for which a preparatory drawing survives at Windsor, together with a free variation in Stockholm, doubtfully attributed to Nicodemus Tessin the Younger. Two descriptions also exist by Tessin of this now-lost piece; he was able to admire it at Palazzo Riario, in the Roman residence of the queen.
The Rovetta mirror follows the compositional layout of Bernini's model and adopts its marine theme with two opposing tritons raising the shells and crossing them. Fantoni's invention lay in the frame itself. He borrowed the motif of the drapes from the Roman mirror, drawn together by cords with tassels, and placed four winged putti above its folds. He replaced the allegorical figure of Time revealing reality for that of a young winged woman, personification of Fame, summoned to celebrated the splendour of the patrons.
In the collections of the Fondazione Fantoni at Rovetta, which include a large part of the workshop's designs and its graphic repertories, there are no reproductions of the Roman piece. But the Fantonis were able to see it finished. Proof comes from the existence of a small study (F.F.R., A 2861) which copies, with some modifications, the figure of Time with his attributes of the clock and scythe, as

described by Tessin and shown in the Stockholm variation. The different position of the body of the winged old man in the Fantoni version, anticipates the compositional intention evidenced in the relaxed and celebratory pose of Fame in the Rovetta mirror.
The personification of Fame as conceived here, and the emblematic use of the figure, recall formulae of Roman baroque derivation that survived until well into the eighteenth century; consider the decoration of the locally-made carriages (Colle, 2000, p. 114)—which the Fantonis had seen and assimilated, probably indirectly through reproductions or the purchase of external models. The presence in their repertories of the drawing for a *Second gilt carriage, called Fame* (F.F.R., A 974), probably from Emilia and showing a grand rear part of a carriage, based around two young winged female figures playing celebratory trumpets, bears witness to the workshop's interest in this regard. [L.R.]
Bibliography: *Esposizione...*, 1875, p. 14; Rigon, Terzi, 1988, p. 38; Colle, 2000, p. 374, no. 92; M. Olin, "Disegni romani per mobili barocchi nella collezione Tessin del Museo Nazionale di Stoccolma", in *Studi sul Settecento romano*, no. 25, Rome, 2009 (currently being published).

II.24

Nanda Vigo
(Milan, 1934)
Maya mirror
made by: Glas Italia, 2007
diptych composed of a mirror
with shiny ground edge and
an overlapping transparent extra-light
tempered glass slab, in the centre
of which is placed a mirror that
is white on the front and coloured
on the rear
200 x 100 x 29 cm
Macherio, Glas Italia property

II.25

Joe Colombo
(Milan, 1930–1971)
Elda armchair, 1963
made by: Comfort, 1963
fibreglass frame with leather upholstery
92 x 92 x 92 cm
Meda, F.lli Longhi - Collezione Loveluxe property

II.26

Circle of the Pianta
Prie-dieu, second half
of the seventeenth century
incised boxwood
70 x 57 x 114 cm
Turin, Museo d'Arte Antica

The prie-dieu in the Turin Museo d'Antica, formerly attributed by Mallè to Andrea Brustolon, has been recently given by Enrico Colle to the circle of Francesco Pianta on its similarity in both stylistic and thematic terms with the work that is most emblematic of the artist's work, the sculptural decoration on three walls of the Sala grande

superiore at the Scuola di San Rocco in Venice.
The lower part of the prie-dieu reveals a base incised with the motif of a imitation drapery, partially covering a scene showing *Moses and the bronze serpent*—the same subject was painted by Tintoretto in the same Sala di San Rocco—terminating beneath with a scroll whose inscription is illegible today. The upper part shows a top on which lie two books, partly covered by a drape tumbling over the allegorical figure between two putti representing Time, realised to provide a scenographic support for the top and books.
The figure of Time may have been freely adapted from Ripa's *Iconologia*, given that the text—as demonstrated by Paola Rossi through the mention of the inventory of the artist's library—was used recurrently by him, making him, as the scholar notes "a sort of standard bearer atop a castle built of his muddled reasoning" (P. Rossi, 1999, p. 16). For Ripa describes Time as an "Old winged man, holding a circle in hand", while here he holds an hourglass and a stick.
As far as the interpretation of the bas-relief with the *Moses* is concerned, the reference to Tintoretto's version of the same subject, initially conceived as "single" might be pertinent as it contains in a nutshell the entire programme of the decoration of the Sala grande superiore of San Rocco. In it, the salvation and healing of suffering humanity—which was alluded to through the miracle of the *Raising of the bronze serpent*—was seen as prefiguring the redemption of mankind through the sacrifice of Christ on the cross (De Tolnay, 1960, in De Vecchi, 1978, p. 117). In Tintoretto's scene, the biblical episode became a prophetic vision of the Crucifixion, in conformity with the original Christian comment of the Old Testament present in the Gospel of Saint John, in which we read "And just as Moses lifted up the serpent in the wilderness, so must the Son of Man be lifted up, that whoever believes in him may have eternal life" (John, III, 14–15, in De Vecchi, 1978, p. 117).
Perhaps, but it is only a supposition, the presence of Time alongside the biblical scene might allude to a common interpretation of the two texts given that, as Ripa affirms, time "has nought save the past and the future, the present being an indivisible moment".
From a stylistic point of view, the prie-dieu has been defined an intelligent synthesis between the scenes illustrated by Pianta on the beams in San Rocco from which derive the layout of drapes and the idea of placing the two books on the top, and the work of two other artists working in Venice, Pietro Morando and Giacomo Piazzetta, from whom the anonymous artist borrowed the pose of Time (Colle, 2000, p. 298). [V.G.]
Bibliography: Mallè, 1972, pp. 146–147, fig. 211; Colle, 2000, p. 298, no. 71.

montata da una cimasa a girali e foglie d'acanto.

L'autore mostra di essere a conoscenza delle novità ornamentali irradiatesi da Roma verso i principali centri artistici della penisola, e concepisce questa sua opera sulla scorta di quelle rielaborazioni barocche dello stile veneto, intraprese da artisti come Baldassare Longhena, qui citato a confronto per alcune sue articolate architetture e in particolare per un disegno attribuitogli, raffigurante uno scenografico decoro a intaglio per la cassa d'organo nella chiesa dell'Ospedaletto a Venezia, che Colle propone come estremamente affine alla cornice del museo di Pesaro. Nel corso del Seicento la cornice veneta si orienta infatti verso una forma sempre più esuberante caratterizzata da motivi ad altorilievo e ininterrotti intrecci di fogliami e volute, per poi culminare, nel primo Settecento, in un insieme scenografico con sagome traforate – progressivamente esasperate in motivi a *rocaille* –, e animate da figure a tutto tondo, trofei d'armi, amorini, aquile e draghi araldici (Alberici 1980, pp. 217, 218)

Fra i repertori di cornici da prendersi qui a confronto si rimanderà all'esuberante produzione di ambito bellunese messa a punto sulla base della produzione grafica del più importante scultore ligneo del barocco veneto, Andrea Brustolon (Colle 2000, pp. 314-316, n. 76; si vedano anche gli esempi di specchiere riportati in Santini 1999, nn. 523-524-525, p. 249); tenendo presente anche la tipologia d'ornato, a volute ampie e dilatate, dei mobili d'arredo della rocca di Soragna, eseguiti da artisti pressoché ignoti ma di sicure origini venete (Colle 2000, pp. 73-74, 77). [B.M.]
Bibliografia: Colle 2000, pp. 312-313, n. 75.

II.22

Fontana Arte
Specchio circolare, circa 1958
cristalli colorati
Ø 65 x 3 cm
Milano, proprietà Galleria Esempi del Novecento

II.23

Bottega di Andrea Fantoni
Specchiera celebrativa, circa 1693-1698
legno intagliato e dipinto, 160 x 260 cm
Fondazione Fantoni - Rovetta
Inventario: n. 289

La fastosa cornice da specchio è costituita da un ricco panno bordato da frangia, drappeggiato da quattro puttini alati e impreziosito da cordoni e nappe. Lo sorreggono due tritoni contrapposti che innalzano, intrecciandole, due conchiglie e portano un rigoglioso serto di foglie, fiori e frutta. Sulla cimasa una figura femminile alata, che rappresenta la Fama, reca due trombe con vessillo e suona in volo lo strumento che esibisce le insegne araldiche del nobile casato dei Barzizza di Alzano Lombardo.

I Fantoni realizzarono un numero rilevante di arredi per i Barzizza, così come per molte famiglie alzanesi, blasonate o arricchite nei commerci, tra il 1680 e il 1710, sulla scia della grande notorietà conseguita in loco con l'esecuzione della prima (1679-1680) e della seconda (1691-1698) sagrestia nella basilica di San Martino.

La esecuzione della specchiera è da ascrivere all'ultimo decennio del Seicento – e probabilmente al quinquennio centrale degli anni novanta – per la cifra stilistica e in considerazione della frequenza della produzione documentata per i Barzizza (A.F.F.R. LF32, 1r. e Alzo 35 e Alzo 76). Ne fu artefice la bottega di Andrea Fantoni (1659-1734), che era da poco subentrato al padre Grazioso il Vecchio (1630-1693) nella conduzione dell'attività di famiglia.

La specchiera rimane presso i Barzizza sino al 1798, anno in cui viene alienata con altri arredi fantoniani, proposti per l'acquisto, senza esito, anche all'allora capo bottega Donato Andrea Fantoni (F.F.R., Alzo 114 e Alzo 155). Nel febbraio del 1846 l'avvocato Luigi Fantoni, nel corso di appassionate ricerche di opere degli antenati, nel tentativo di dare forma e ordinamento a una *Raccolta di scultura e d'intaglio* fantoniana che non verrà mai ufficialmente costituita, riesce a recuperare notizia della "specchiera de' Barzisi", che a quella data era parte degli arredi di casa Bogni ad Alzano, e a farne acquisto.

Nel 1875, a un anno dalla morte di Luigi Fantoni, l'arredo viene presentato in una sezione fantoniana dell'Esposizione di Arte Antica tenutasi a Bergamo.

Nel 1968, all'atto della costituzione della Fondazione Fantoni, il dottor Giuseppe Fantoni, ultimo discendente degli scultori, dona parte del suo patrimonio d'arte, e con esso la specchiera, al neo riconosciuto ente.

L'arredo fantoniano riprende, rielaborandolo, un progetto di specchiera eseguito nel 1662 da Gian Lorenzo Bernini per la regina Cristina di Svezia (Colle 2000, p. 374, n. 92), del quale si conserva un disegno preparatorio a Windsor e una variazione di fantasia a Stoccolma, attribuita dubitativamente a Nicodemus Tessin il Giovane. Dell'arredo, andato perduto, esistono anche due descrizioni di Tessin, che aveva avuto modo di ammirarlo a palazzo Riario, nella residenza romana della regina.

Lo specchio di Rovetta segue lo schema compositivo dell'arredo berniniano e ne recupera il tema marino, con i due tritoni contrapposti che innalzano le conchiglie incrociandole. L'invenzione fantoniana si applica alla cornice vera e propria. Adotta dello specchio romano il motivo del panno drappeggiato, stretto da cordoni nappati, e colloca a far capolino dalle sue pieghe quattro putti alati. Sostituisce la figura allegorica del Tempo, nell'atto di disvelare la realtà, con quella di una giovane donna alata, personificazione della Fama, chiamata a celebrare il fasto dei committenti.

Nelle collezioni della fondazione Fantoni di Rovetta, che raccolgono buona parte del patrimonio progettuale della bottega e dei suoi repertori grafici, non sono conservate riproduzioni dell'arredo romano. I Fantoni ebbero però modo di conoscerlo nella sua completezza. La prova è fornita dalla esistenza di un piccolo foglio di studio (F.F.R., A 2861) sul quale è riprodotta, con alcune modifiche, la figura del Tempo con gli attributi dell'orologio e della falce, così come è descritta da Tessin e come è raffigurata nella variazione di Stoccolma. La diversa posizione del corpo del vecchio alato, nella versione fantoniana, anticipa l'intenzione compositiva sottesa alla rappresentazione distesa e compostamente inneggiante della figura della Fama nella specchiera di Rovetta.

La personificazione della Fama, così concepita, e il suo impiego emblematico, richiamano formule del barocco romano riproposte sino al Settecento inoltrato – si pensi agli apparati decorativi delle carrozze delle manifatture locali (Colle 2000, p. 114) – che i Fantoni, probabilmente in maniera indiretta, attraverso le riproduzioni o con l'acquisto di modelli esterni, avevano conosciuto e assimilato. La presenza nei loro repertori del disegno di *Carrozza seconda dorata, detta la Fama* (F.F.R., A 974), di probabile provenienza emiliana, che riproduce un fastoso treno posteriore, composto intorno a due giovinette alate che suonano trombe celebrative, testimonia l'esigenza da parte della bottega di un aggiornamento in questa direzione. [L.R.]
Bibliografia: *Esposizione...* 1875, p. 14; Rigon, Terzi 1988, p. 38; Colle 2000, p. 374, n. 92; Olin 2009 (in corso di stampa).

II.24

Nanda Vigo
(Milano, 1934)
Specchio *Maya*
produzione Glas Italia, 2007
dittico composto da uno specchio molato sovrapposto a una lastra di cristallo trasparente extralight temperato, al cui centro è posizionato uno specchio bianco sul fronte e uno specchio colorato sul retro
200 x 100 x 29 cm
Macherio, proprietà Glas Italia

II.25

Joe Colombo
(Milano, 1930-1971)
Poltrona *Elda*
produzione Comfort, 1963
struttura in fibra di vetro
e imbottitura in pelle
92 x 92 x 92 cm
Meda, proprietà F.lli Longhi - Collezione Loveluxe

II.26

Ambito dei Pianta
Inginocchiatoio, seconda metà del XVII secolo
legno di bosso intagliato
70 x 57 x 114 cm
Torino, Museo d'Arte Antica

L'inginocchiatoio del Museo Civico di Torino, già attribuito da Mallè ad Andrea Brustolon, è stato recentemente restituito da Enrico Colle all'ambito di Francesco Pianta per affinità, sia stilistiche sia tematiche, con l'opera alla quale principalmente si lega il nome dell'artista, ovvero la decorazione scultorea di tre pareti della Sala grande superiore di San Rocco.

L'inginocchiatoio ligneo è composto, nella parte inferiore, da una base intagliata a motivo di finto drappo che copre parzialmente una scena raffigurante *Mosè e il serpente di bronzo* – si ricorda che il medesimo soggetto era stato illustrato da Tintoretto nella stessa sala di San Rocco – terminante in basso con un cartiglio la cui iscrizione risulta oggi illeggibile, e, nella parte superiore, da un piano su cui poggiano due libri in parte coperti da un panno che ricade sulla figura allegorica inginocchiata fra due putti, rappresentante il Tempo, realizzata per fare scenograficamente da supporto al piano con i libri.

La figura del Tempo potrebbe essere stata liberamente tratta dalla *Iconologia* di Ripa, giacché il testo – come è stato dimostrato da Paola Rossi attraverso la citazione dell'inventario della biblioteca dell'artista – fu con ricorrenza utilizzato da questi che ne fece, come osserva la studiosa, "una sorta di bandiera innalzata sul castello costruito dai suoi farraginosi ragionamenti" (Rossi 1999, p. 16). Ripa, difatti, descrive il Tempo come un "Huomo vecchio alato, il quale tiene un cerchio in mano", mentre qui egli ha in mano una clessidra e un bastone.

Per quanto concerne, invece, l'interpretazione della scena del bassorilievo con *Mosè* potrebbe essere pertinente la rievocazione della scena tintorettiana di analogo soggetto che fu concepita inizialmente come "unico", contenente *in nuce* l'intero programma della decorazione della Sala grande superiore di San Rocco. In essa la salvazione e la guarigione dell'umanità sofferente – a cui si alludeva attraverso il miracolo dell'*Erezione del serpente di bronzo* – si facevano prefigurazione della redenzione dell'umanità attraverso il sacrificio di Cristo sulla croce (De Tolnay 1960, in De Vecchi 1978, p. 117). L'episodio biblico nella scena di Tintoretto diveniva, quindi, visione profetica della Crocifissione, secondo il commento cristiano originale del Vecchio Testamento, presente nel Vangelo di Giovanni, nel quale si legge: "Come Mosè ha innalzato il serpente nel deserto, così è necessario che il Figliuol dell'uomo sia innalzato, affinché chiunque crede in lui non perisca" (Giovanni, III, 14-15, in De Vecchi 1978, p. 117). Forse, ma è solo una supposizione, la presenza del Tempo, accanto alla scena biblica, potrebbe alludere a un momento d'interpretazione comune dei due testi, poiché, come afferma Ripa, il tempo "non hà se non il preterito, e il futuro, essendo il presente un momento indivisibile".

Da un punto di vista stilistico l'inginocchiatoio è stato definito un'intelligente sintesi tra le scene illustrate da Pianta nei dossali di San Rocco, da cui derivano la disposizione dei panneggi e l'idea di porre i due libri sul piano, e l'opera di altri due artisti attivi a Venezia, Pietro Morando e Giacomo Piazzetta, da cui invece l'anonimo artista trasse l'articolata posa della figura del Tempo (Colle 2000, p. 298). [V.G.]
Bibliografia: Mallè 1972, pp. 146-147, fig. 211; Colle 2000, p. 298, n. 71.

III

Ebony and Gilded Bronze

III.1

Botteghe Granducali after a drawing
by Giovan Battista Foggini
Prie-dieu, 1706
ebony, pietra dura and gilt bronze
92 x 68 x 52 cm
Firenze, Galleria Palatina, Palazzo Pitti,
Camera del Re
Inventory: ODA 1911, no. 836, room 185,
Camera del Re

A masterpiece of Florentine baroque, made during the last years of the Medici family's regency, the prie-dieu currently in the Camera del Re (King's Chamber) in the Royal Apartments in Palazzo Pitti was made in the Grand Ducal workshops, the Galleria dei Lavori, after a drawing by Giovan Battista Foggini, in 1706. It must have constituted a gift from Cosimo III to his daughter, Maria Luisa, wife to the Elector Palatine, who brought it back from Düsseldorf to the Palazzo Pitti after being widowed in 1716, following her return to Florence.
A note dated 1706 lists the names of those involved in making this prie-dieu. These were Adamo Suster, a cabinet-maker, who was also responsible for assembling the various parts of the piece (GM 1123, c.13v), Giuseppe Antonio Torricelli, one of the most renowned incisers of pietra dura then in Florence, who was given the three heads of cherubim in Volterra chalcedony, Giovan Battista Foggini, who made the bronze feet and wings, and Pietro Motti, a bronze worker and gilder, responsible for the rest of the bronzes and the gilding (GM 1122, c.26). As can be evinced from the Palazzo's inventory, the piece on display, which in 1761 was in the Appartamento del Volterrano (Volterrano's Apartment - MPP, 1761, c.40v), was moved at the end of the eighteenth century to the Camera della Granduchessa (the Granduchess's Chamber - MPP 1791, no. 768), and finally to the Camera del Re by 1911, year of the most recent inventory, and on the basis of which the current layout of the Appartamenti Reali (Royal Apartments - ODA 1911, no. 836) is based.
Giovan Battista Foggini was director of the works undertaken in the Grand Ducal workshops. This activity, as Lucia Monaci points out, was recalled by Francesco Saverio Baldinucci, who affirmed: ""[...] it is impossible to say how many drawings and people are required to suggest and make items for the workers in pietra dura who, as is noted, total more than one hundred on the stipends of his Serene Highness; whence the particular worth of this our city, that in no other part of the world, be there another that can equal it in the working of gems" (cit. in Monaci, 1977, p. 15). [V.G.]
Bibliography: A. Zobi, 1853, pp. 275–276; Lankheit, 1962, p. 64, doc. nos. 608–609; Aschengreen Piacenti, González-Palacios, 1974, p. 348, no. 194; Idem, 1977c, 1, p. 58; Giusti, 1979, p. 279, no. 81; González-Palacios, 1986, pp. 50–51; Colle, Giusti, 1988, p. 182, no. 48; Giusti, 1992,
p. 110, fig. 45; Colle, 1993, p. 289, no. XI.22; Massinelli, 1993, p. 76, fig. 128; Colle, 1997, pp. 233–234, no. 73; Giusti, 2008, pp. 200–201, no. 55.

III.2

Venetian workshop
Prie-dieu, first quarter of the eighteenth century
carved and painted wood with applications of mother-of-pearl
117 x 96 x 52 cm
Rome, Apolloni collection

This sumptuous prie-dieu—conceived as an elaborate mesh of volutes encrusted with mother-of-pearl which, from beneath, support the base on which to kneel and then, having folded to set a heart of black paint, form the support for the upper part—may be considered one of the masterpieces of Venetian furniture of baroque taste. The exceptional structural and decorative solutions adopted, the singular interpretation of the monstrous Auricular scrolls, typical of Germanic late-Mannerist style, are peculiar to a group of pieces of furniture made in Venice between the end of the seventeenth and the first decades of the following century. A period of time, therefore, in which Andrea Brustolon was active in the Veneto.
The ideas of the Bellunese sculptor were used for the small throne of the Virgin in the church of the Gesuati in Venice (Colle, 2000, p. 332, no. 82), for which a preparatory drawing in the master's hand exists. This was used by him for the execution of the project, according to Carlo Maria Lazaroni in his manuscript history of the church dated 1727, by Francesco Bernardoni, while the dark-painted surfaces and inlays of tortoiseshell and mother-of-pearl was undertaken by one of the most skilled craftsmen in this field, Domenico Rossetti, architect, engraver and master of inlay and incising. Born in Venice in 1650, he was employed by doge Francesco Morosini to design fortresses and strongholds, before following monsignor Francesco Barbarigo to Verona, in which city Rossetti died on 13 April 1736, after having been to Düsseldorf in the service of the Elector Palatine as engraver in copper (Alberici, 1980, pp. 144–145). Before definitively leaving Venice, according to Diego Zannandreis (1891, p. 349), the eclectic artist had worked on "a room in the house of Angelo Nicolosi, grand chancellor, with various works in the Chinese style, painting, carving and inlay of mother-of-pearl: an admirable work for the rarity of the invention and execution". This is the first mention of work done in a medium that would be widely used in the eighteenth century and which established itself in Venice, as noted by Alvar González-Palacios (1986, p. 314) and other scholars who have examined this type of decoration. They claim it was first used in the late seventeenth century as documented, for instance, by a group of pieces among which the ceremonial chairs of the church of Possagno and an elaborate
writing desk in the Museo Sartorio in Trieste, all decorated with these sorts of inlay on a painted dark-brown ground or on imitation painted tortoise-shell (Colle, 2009, currently being published).
Among the Venetian artisans in inlay active during the first 30 years of the eighteenth century, namely in the period of the full artistic maturity of Andrea Brustolon, are to be remembered the above-mentioned Francesco Bernardoni, born in Venice on 4 October 1669, belonging to a family of craftsmen associated with the Pianta family; Michele Fanoli, who was born in 1659 into a large family of artisans, and who produced the panels with the figures of Neptune, Galatea and a Nereid for the Meli Lupi of Soragna in 1701 (Colle, 2000, p. 304, no. 73), and then worked on the new Bucintoro; and Giovan Gattista Gaggia, who was active in Venice in the first half of the eighteenth century. Between 1738 and 1740, this last produced the decorations for the "arms inlaid with stones" at the Scuola Grande di San Rocco, rendered all the more precious with the inclusion of 24 bas-reliefs depicting episodes from the life and miracles of San Rocco, executed between 1741 and 1743 by a pupil of Giuseppe Fanoli, Giovanni Marchiori of Belluno (1696–1778), who continued the taste for the baroque into the second half of the century. The decorators Simone Da Par, Angelo Busi and Ottavio and Matteo Calderoni fall within this same stylistic ambit; their carved furnishings attracted the attention of important patrons beyond the borders of the republic, including Vincenzo Bargellini of Bologna, the Meli Lupi of Soragna and Carlo Emanuele III of Savoy. [E.C.]
Bibliografia: unpublished work.

III.3

Superstudio
(Adolfo Natalini, Cristiano Toraldo di Francia, Pietro Frassinelli, Roberto Magris, Alessandro Poli)
Bazaar seating environment
made by: Giovannetti, 1968
fibreglass shells, expanded polyurethane padding, upholstered in synthetic fabric
149 x 84 x 90 cm
Milan, Spazio 900 Modernariato e Design property

III.4

Martino Gamper
(Merano, 1971)
Console
Nilufar edition, 2007
two-coloured plywood structure;
a collection designed on the basis of the furnishings by Gio Ponti
for the Hotel Parco dei Principi in Sorrento
140 x 170 x 50 cm
Milan, Galleria Nilufar property

III.5

Genoese workshop
Console, second half of the seventeenth century

III

Ebano e bronzo dorato

III.1

Botteghe Granducali su disegno
di Giovan Battista Foggini
Inginocchiatoio, 1706
ebano, pietre dure e bronzo dorato
92 x 68 x 52 cm
Firenze, Galleria Palatina, Palazzo Pitti,
Camera del Re
Inventario: ODA 1911, n. 836,
sala 185, Camera del Re

Capolavoro del barocco fiorentino, realizzato durante gli ultimi anni di reggenza del casato mediceo, l'inginocchiatoio attualmente collocato nella Camera del Re degli Appartamenti Reali di Palazzo Pitti fu eseguito nella Galleria dei Lavori delle Botteghe Granducali su disegno di Giovan Battista Foggini, nel 1706. Esso doveva costituire un dono che Cosimo III faceva alla figlia Maria Luisa, moglie dell'Elettore Palatino, la quale da Düsseldorf lo avrebbe, poi, riportato a palazzo Pitti quando nel 1917, rimasta vedova, fissò nuovamente la sua dimora a Firenze.
Proprio del 1706 è, infatti, una nota dalla quale si evincono i nomi di tutti gli esecutori dell'opera in questione. Nella realizzazione dell'inginocchiatoio furono coinvolti Adamo Suster in qualità di ebanista, al quale spettò anche il compito di assemblare le varie parti dell'oggetto (GM 1123, c. 13v), Giuseppe Antonio Torricelli, uno dei più rinomati intagliatori di pietre dure allora a Firenze, al quale furono date da eseguire le tre teste di cherubini in calcedonio di Volterra, Giovan Battista Foggini, che doveva realizzare piedi e ali in bronzo, e Pietro Motti, bronzista e doratore, che doveva occuparsi del resto dei bronzi e della doratura (GM 1122, c. 26).
Come si evince dagli inventari di palazzo, l'esemplare qui esaminato, che nel 1761 si trovava nell'Appartamento del Volterrano (MPP, 1761, c. 40v), fu spostato, alla fine del Settecento, nella Camera della Granduchessa (MPP 1791, n. 768), per trovarsi, infine, nella Camera del Re certamente già nel 1911, anno dell'inventario più recente, sulla base del quale è stato pensato l'attuale allestimento degli Appartamenti Reali (ODA 1911, n. 836).
Giovan Battista Foggini fu direttore dei lavori che si svolgevano nelle Botteghe Granducali. Tale attività, come ha messo in evidenza Lucia Monaci, era ricordata da Francesco Saverio Baldinucci, che affermava: "[...] non può mai dirsi quanti disegni e quanti gli occorresse proporre e mettere in opera per impiegare i lavoranti delle pietre dure le quali, come è noto, agli stipendi dell'Altezza Serenissima mantengono più di cento uomini: di che ne è derivato il pregio particolare di questa nostra città ed in non esservi, in veruna parte del mondo, chi la possa uguagliare in lavori in pietre commesse"(cit. in Monaci 1977, p. 15). [V.G.]
Bibliografia: Zobi 1853, pp. 275-276; Lankheit 1962, p. 64, docc. nn. 608-609; Aschengren Piacenti, González-Palacios 1974, p. 348, n. 194; González-Palacios 1977c, 1, p. 58; Giusti 1979, p. 279, n. 81; González-Palacios 1986, pp. 50-51; Colle, Giusti 1988, p. 182, n. 48; Giusti 1992, p. 110, tav. 45; Colle 1993, p. 289, n. XI.22; Massinelli 1993, p. 76, fig. 128; Colle 1997, pp. 233-234, n. 73; Giusti 2008, pp. 200-201, n. 55.

III.2

Manifattura veneziana
Inginocchiatoio, primo quarto
del XVIII secolo
legno intagliato e dipinto con applicazioni
di madreperla
117 x 96 x 52 cm
collezione privata

Questo fastoso inginocchiatoio – concepito come un elaborato intreccio di volute incrostate di madreperla che, partendo dal basso, sorreggono la base per inginocchiarsi e poi, dopo essersi piegate per incastonare un cuore di lacca nera, formano il supporto del piano d'appoggio – può essere considerato come uno dei capolavori della mobilia veneziana di gusto barocco. Tale eccezionale soluzione strutturale e decorativa, singolare interpretazione dei mostruosi cartigli auricolari, tipici del gusto tardomanierista di matrice germanica, risulta peculiare di un gruppo di mobili realizzati a Venezia tra la fine del Seicento e i primi decenni del secolo successivo. In un arco cronologico, quindi, durante il quale era attivo in Veneto Andrea Brustolon. Dalle idee dello scultore bellunese dipende infatti la realizzazione del tronetto della Vergine della chiesa dei Gesuati a Venezia (Colle 2000, p. 332, n. 82), di cui esiste un disegno preparatorio di mano del maestro stesso che si servì per l'esecuzione del progetto, secondo quanto riportato da Carlo Maria Lazaroni nella sua storia manoscritta della chiesa datata al 1727, dell'intagliatore Francesco Bernardoni, mentre per ciò che riguardò la parte laccata di scuro e ravvivata dagli intarsi in tartaruga e madreperla ci si dovette rivolgere a uno degli abili artigiani specializzati in questo settore come quel Domenico Rossetti, architetto, incisore, intarsiatore e intagliatore, che, nato a Venezia nel 1650, fu impegnato dal doge Francesco Morosini per disegnare fortezze e piazzaforti per poi seguire, nel 1698, monsignor Francesco Barbarigo a Verona, città nella quale Rossetti morì il 13 aprile 1736, dopo essere stato a Düsseldorf al servizio dell'Elettore Palatino in qualità di incisore in rame (Alberici 1980, pp. 144-145). Prima di lasciare definitivamente Venezia, l'eclettico artista aveva eseguito – stando a quanto narrato da Diego Zannandreis (1891, p. 349) – "una stanza nella casa di Angelo Nicolosi cancelier grande, con diversi lavori alla chinese, vernici, intagli e rimessi di madreperla: opera mirabile per la rarità dell'invenzione e della esecuzione". Si tratta dunque della prima menzione di lavori realizzati in una tecnica che avrà largo impiego durante il Settecento e che si affermò a Venezia, come ravvisano Alvar González-Palacios (1986, p. 314) e gli studiosi che si sono occupati di questo genere di decorazione, a partire dalla fine del XVII secolo: lo documentano infatti un gruppo di arredi, tra i quali si segnalano i seggioloni da parata della chiesa di Possagno e un elaborato scrittoio del Museo Sartorio di Trieste, tutti impreziositi con tale genere d'intarsi disposti sui fondi bruni della lacca o su quelli marezzati della pittura a imitazione della tartaruga (Colle 2009, in corso di stampa).
Tra gli intagliatori veneziani attivi durante i primi trent'anni del Settecento, nel periodo quindi della piena maturità artistica di Andrea Brustolon, si possono ricordare, oltre al menzionato Francesco Bernardoni, nato a Venezia il 4 ottobre 1669, e appartenente a una famiglia di artigiani legati ai Pianta, Michele Fanoli che – venuto alla luce nel 1659 all'interno di una numerosa famiglia di intagliatori – realizzò nel 1701 i tavoli con le figure di Nettuno, Galatea e una Nereide per i Meli Lupi di Soragna (Colle 2000, p. 304, n. 73) per prendere poi parte ai lavori per il nuovo Bucintoro, e Giovan Battista Gaggia, operoso nella Serenissima nel corso della prima metà del Settecento. Quest'ultimo fu l'autore, tra il 1738 e il 1740, degli ornati per gli "armeri intagliati di perer" della Scuola Grande di San Rocco, poi ulteriormente impreziositi con l'inserimento dei ventiquattro bassorilievi raffiguranti gli episodi della vita e i miracoli di san Rocco eseguiti, dal 1741 al 1743, da un allievo di Giuseppe Fanoli, il bellunese Giovanni Marchiori (1696-1778), cui spettò il compito di tramandare, fin oltre la metà del secolo, il gusto per l'ornato barocco. Sempre in questo ambito stilistico si collocano infine anche gli intagliatori Simone Da Par, Angelo Busi e Ottavio e Matteo Calderoni la cui mobilia intagliata suscitò l'attenzione di importanti committenti al di fuori dei confini della repubblica, come il bolognese Vincenzo Bargellini, i Meli Lupi di Soragna e Carlo Emanuele III di Savoia. [E.C.]
Bibliografia: inedito.

III.3

Superstudio
(Adolfo Natalini, Cristiano Toraldo di Francia, Pietro Frassinelli, Roberto Magris, Alessandro Poli)
Seduta *Bazaar*
produzione Giovannetti, 1968
conchiglie in fiberglas, imbottitura in poliuretano espanso, rivestimento in tessuto sintetico
149 x 84 x 90 cm
Milano, proprietà Spazio 900
Modernariato e Design

III.4

Martino Gamper
(Merano, 1971)
Console
edizione Nilufar, 2007
struttura in compensato laminato bicolore.
Collezione progettata a partire dagli arredi di Gio Ponti per l'Hotel Parco dei Principi di Sorrento
140 x 170 x 50 cm
Milano, proprietà Galleria Nilufar

carved and partly painted and gilt wood, the top of white and black Aquitania marble
103 x 180 x 53 cm
Rome, private collection

This monumental table was probably made in the second half of the seventeenth century together with another two examples realised as supports for cabinets. The piece here shares with these tables, formerly in the castle of Arenzano owned by the Durazzo Pallavicini family (González-Palacios, 1996, p. 120, fig. 133), an identical disposition with the broad scrolls of the base including a lush volute of acanthus leaves at the centre surmounted in turn by a garland of flowers. The only difference is that the present piece has the original decorative solution of the two eagles with outspread wings on the corner holding up the fine Aquitania marble. The console must therefore have been conceived as the visual fulcrum of a scenographic setting with the majestic table with winged eagles at the centre of a wall with the two cabinets on either side, as could be seen in the latest Roman interiors designed in conformity with the dictates of baroque fashion; a taste well known also in Genoa, where contacts with artists working in Rome during the second half of the seventeenth century became increasingly common, and where the members of the finest local aristocracy competed in importing furniture of various kinds to decorate the rooms on their new houses decorated by Piola's team. Families such as the Doria, according to historian Carlo Giuseppe Ratti, who decorated the interiors of their palaces in line with the sumptuous baroque style that was spreading through Rome thanks to the skilled pupils of Bernini. Filippo Parodi himself stayed in the capital of the Pontificate States a first time before 1667 and then in 1671, when he was employed to make the nuptial carriage "in the form of a triumph" for Giovanni Andrea Doria and Anna Pamphilj, for which a drawing exists. In this, at the top of a complex mesh of volutes, one can make out an eagle with open wings holding a twig of laurel in its beak. Not only, for the drawing also reveals the decorative solution in the decoration around the base of the thick mass of acanthus leaves designed to link the scrolls, a solution adopted at the centre of the piece on display here.
The eagle was the heraldic symbol of the Doria family and for this reason we find it carved into the bases of two small tables of the second half of the seventeenth century now in Doria Pamphilj in Rome (attributed to the Genoa area by González-Palacios, 1996, fig. 109), but the same symbol was also used variously as a decorative element by Roman carvers—or example in a pair of consoles in palazzo Spada, made in 1695, for which tables Cosimo Fancelli, a marble cutter, was paid for the Sicilian jasper tops he made for them (González-Palacios, 2004, p. 122)—and in Genoa by sculptor Massimiliano Soldani Benzi, who in 1699 used

the eagle to decorate the main altar in the church of Nostra Signora Assunta in Carignano (Colle, 2000, p. 220).
In the wake of the information provided by Alvar González-Palacios, who published the two supports for cabinets that used to accompany our table, we can state that these pieces, carefully carved with volutes, leaves and flowers, were made in Genoa in the second half of the seventeenth century by an able artist who, through the use of black and gold, was able to achieve a "severe elegance" that was the result of a careful interpretation of the typical stylemes of the Roman baroque. [E.C.]
Bibliografia: unpublished work.

III.6

Pier Tommaso Campani
and Francesco Trevisani
Night clock with the *Flight into Egypt*,
ca 1680–1690
ebony-veneered wood, oil on copper,
gilt bronze and polychrome marble
160 x 115 x 47 cm
Rome, Pinacoteca Capitolina
Inventory: Cini 584

The article is formed of a case, the architectural shape of which recalls an altar surmounted by a kiosk with an unusual lantern, and with the central part marked by four columns, two of which on the front frame the picture attributed to Francesco Trevisani; and of an internal mechanism, a clock, attributed to Pier Tommaso Campani.
For the realisation of objects such as these, which were machines above all, but contained within pieces of furniture, a collaboration between different skills was needed: the technical and scientific skill of the clockmakers was combined with the excellence of craftsmen specialising in cabinets, bronzes, gilding and sometimes even painting, commissioned to decorated the front of the cases, as here, where the dial bears a depiction of the *Flight into Egypt*.
Pier Tommaso, Matteo and Giuseppe Campani were clockmakers to Pope Alexander VI Chigi (1655–1667), and were famous for devising innovative mechanisms. In 1660 Pier Tommaso and Giuseppe Campani published two tracts in which both attributed to themselves the invention of the night clock (Walker, 1999, p. 197). From these documents, we learn that in October 1655 the Pope, afflicted by continual insomnia, asked the two Campani brothers to create a mechanism able to tell the time without making any noise. The solution adopted was to modify the dial with the invention of a device comprising a semicircular aperture through which a revolving disc could be seen bearing the hours. On the front, on the part above the semicircular aperture, there were three numbers indicating the quarters, next to which appeared the number indicating the hour, which moved from left to right. A small oil lamp inside the case shone the light through the Roman numerals of the pierced dial. In this example of night clock, some

painted mirrors were placed inside the case to increase the intensity of the light source (Walker, 1999, p. 197).
In late eighteenth-century Rome, these night clocks were a great attraction and became a symbol of opulence and wealth. The Campani brothers became famous and produced clocks not only for Alexander VII, but also for Ferdinando III, Grand Duke of Tuscany, and for the kings of Spain and Poland.
The high value of these clocks is stressed by the presence of such a painter as Francesco Trevisani for the decoration. According to an appealing hypothesis put forward by Stefanie Walker, the subject of the *Flight into Egypt* and the elegiac interpretation of the scene by the artist are particularly appropriate for decorating a night clock, given that the episode took place in the late evening, and the sparkling numbers, inserted in the scene, would have looked like shining stars in the sky (Walker, 1999, p. 198). [V.G.]
Bibliography: Walker, 1999, pp. 197–198, no. 62.

III.7

Angelo Mangiarotti
(Milan, 1921)
Secticon clock
made by: The Universal Escapement Ltd, 1956
a single unit of plastic, with brass dial
25 x 12 x 10 cm
Milan, Spazio 900 - Modernariato e Design property

III.5

Manifattura genovese
Tavolo parietale, seconda metà
del XVII secolo
legno intagliato, in parte dorato
e dipinto, piano di marmo bianco
e nero d'Aquitania
103 x 180 x 53 cm
Roma, collezione privata

Il monumentale tavolo fu probabilmente eseguito nella seconda metà del Seicento insieme ad altri due esemplari realizzati come supporti per stipi. Il nostro arredo condivide infatti con i citati tavoli, già nel castello di Arenzano di proprietà della famiglia Durazzo Pallavicini (González-Palacios 1996, p. 120, fig. 133), l'identica disposizione degli ampi cartocci della base includenti al centro una rigogliosa voluta di foglia d'acanto sormontata, a sua volta, da una ghirlanda di fiori; con la differenza che il nostro arredo presenta agli angoli l'originale soluzione decorativa delle due aquile che, con le ali spiegate, sostengono il prezioso piano di marmo d'Aquitania.
Il mobile doveva quindi essere stato concepito come fulcro visivo di uno scenografico allestimento, che prevedeva il maestoso tavolo con le aquile dorate al centro di una parete con i due stipi ai lati, come si poteva vedere nei più aggiornati interni romani progettati secondo i dettami del gusto barocco, ben conosciuto anche a Genova, dove i contatti con gli artisti operosi nell'Urbe durante la seconda metà del XVII secolo si erano fatti sempre più fitti, e dove i componenti della migliore aristocrazia cittadina avevano fatto a gara per importare mobili di vario genere da disporre nelle sale delle nuove residenze decorate dall'équipe dei Piola. Famiglie come i Doria, secondo quanto riportato dallo storico Carlo Giuseppe Ratti, avevano infatti approntato gli interni dei loro palazzi in linea col fastoso stile barocco che a Roma trovava allora abili interpreti negli allievi di Bernini. Lo stesso Filippo Parodi soggiornò nella capitale degli Stati Pontifici una prima volta entro il 1667 e poi nel 1671, quando fu ingaggiato per eseguire la carrozza nuziale, "a forma di trionfo", di Giovanni Andrea Doria e Anna Pamphilj, della quale esiste un disegno dove si vede, alla sommità di un complesso intreccio di volute, un'aquila che con le ali aperte tiene nel becco un serto d'alloro. Non solo, nel progetto si scorge anche, tra gli ornati della base, la soluzione decorativa del turgido cespo di foglie d'acanto pensata come motivo di raccordo dei cartocci, adottata anche al centro del nostro arredo.
L'aquila, come è noto, è il simbolo araldico della famiglia Doria e per questo la troviamo intagliata sulle basi di due tavolini della seconda metà del XVII secolo ora in palazzo Doria Pamphilj a Roma (attribuiti all'area genovese da González-Palacios 1996, fig. 109), ma fu pure variamente utilizzata come elemento decorativo dagli intagliatori romani – ad esempio in una coppia di consoles di palazzo Spada eseguite nel

1695, allorché venne saldato il conto del marmista Cosimo Fancelli per i rispettivi piani di diaspro di Sicilia (González-Palacios 2004, p. 122) – e, a Genova, dallo scultore Massimiliano Soldani Benzi, che nel 1699 lo impiegò per ornare la mensa dell'altar maggiore della chiesa di Nostra Signora Assunta in Carignano (Colle 2000, p. 220).
Sulla scorta di quanto esposto da Alvar González-Palacios, che ha reso noti i due supporti per stipi che si accompagnavano al nostro tavolo, i mobili, doviziosamente intagliati a motivi di volute, di foglie e fiori, furono dunque creati a Genova durante la seconda metà del Seicento da un abile artista che seppe ottenere, attraverso la bicromia nero e oro, una "castigata eleganza" frutto dell'attenta interpretazione degli stilemi tipici del barocco romano. [E.C.]
Bibliografia: inedito.

III.6

Pier Tommaso Campani e Francesco
Trevisani
Orologio notturno con la *Fuga in Egitto*,
circa 1680-1690
legno impiallacciato di ebano, olio su rame,
bronzo dorato e marmi policromi
160 x 115 x 47 cm
Roma, Pinacoteca Capitolina
Inventario: Cini 584

L'oggetto si compone di un mobile, il cui andamento architettonico ricorda un altare sovrastato da una edicola con una lanterna apicale, il cui corpo centrale è scandito da quattro colonne, due delle quali, sul fronte, incorniciano il dipinto attribuito a Francesco Trevisani; e di un meccanismo interno, un orologio, attribuito a Pier Tommaso Campani.
Per la realizzazione di oggetti come questo, innanzitutto macchinari ma contenuti in mobili veri e propri, era necessaria la collaborazione fra maestranze diverse: alla competenza tecnica e scientifica degli orologiai era unita l'eccellenza di artigiani ebanisti, bronzisti, doratori e talvolta anche di pittori, chiamati a decorare con raffigurazioni il fronte delle casse, come nel nostro caso, dove il quadrante è abbellito da una scena rappresentante *La fuga in Egitto*.
Pier Tommaso, Matteo e Giuseppe Campani furono gli orologiai di papa Alessandro VII Chigi (1655-1667), resi celebri, all'epoca, per la messa a punto di meccanismi innovativi. Nel 1660 Pier Tommaso e Giuseppe Campani pubblicarono due trattati nei quali ambedue si attribuivano l'invenzione dell'orologio notturno (Walker 1999, p. 197). Da questi documenti apprendiamo che nell'ottobre del 1655 il pontefice, afflitto da una grave insonnia, chiese ai due fratelli Campani di mettere a punto un meccanismo che fosse in grado di scandire il tempo senza produrre alcun rumore. La soluzione adottata fu quella di modificare il quadrante attraverso l'invenzione di un congegno composto da una fessura ad arco di cerchio, dietro la quale era posto un disco con le ore che risultava visibile nelle sue diverse porzioni, grazie al movimento di rota-

zione cui era sottoposto. Sul fronte, nella parte soprastante il segmento ad arco di cerchio, erano poi stati posti tre numeri, indicanti i quarti, in corrispondenza dei quali si poneva il numero indicante l'ora che, muovendosi da sinistra verso destra, completava il suo passaggio. Una piccola lampada a olio, inserita all'interno, irradiava la sua luce attraverso i numeri romani del quadrante, eseguiti a traforo. In questo esemplare di orologio notturno all'interno della cassa furono montati degli specchi dipinti per potenziare l'intensità della sorgente luminosa (Walker 1999, p. 197).
Gli orologi notturni rappresentarono, nella Roma della seconda metà del Seicento, una vera e propria attrattiva, tanto da diventare simbolo di opulenza e benessere. I Campani, infatti, raggiunsero una grande notorietà e misero a punto orologi, oltre che per Alessandro VII Chigi, per Ferdinando III Granduca di Toscana e per i reali di Spagna e Polonia. Ad attestare l'alto valore di tali oggetti si aggiunge l'evidenza della collaborazione di un pittore come Francesco Trevisani. Secondo una suggestiva ipotesi avanzata da Stefanie Walker il soggetto della *Fuga in Egitto* e la interpretazione elegiaca fornita dall'artista nel realizzare la scena sarebbero particolarmente appropriate a decorare un orologio notturno, dal momento che l'episodio ebbe luogo al calare della sera, e i numeri sfavillanti, inseriti in tale contesto, avrebbero dovuto apparire come astri incastonati sulla volta celeste (Walker 1999, p. 198). [V.G.]
Bibliografia: Walker 1999, pp. 197-198, n. 62.

III.7

Angelo Mangiarotti
(Milano, 1921)
Orologio *Secticon*
produzione The Universal
Escapement Ltd, 1956
corpo unico in materiale plastico,
quadrante in ottone
25 x 12 x 10 cm
Milano, proprietà Spazio
900 - Modernariato e Design

IV.1

Leonardo van der Vinne
Table, ca 1664
ebony-veneered wood with inlays
of coloured woods and ivory; gilt metal
78 x 117 x 79 cm
Florence, Palazzo Pitti, Museo
degli Argenti
Inventory: IMA, no. 753; IS 1890,
no. 454

The table, which arrived in the Museo degli Argenti at the Uffizi in 1925, has been unanimously attributed to Leonardo van der Vinne, a Flemish cabinet-maker active in Florence in the late seventeenth century. His is a cabinet, made in 1667, which is also preserved in the same museum in Palazzo Pitti; its stylistic affinity helped support the attribution of the table exhibited even before the discovery of a document in the Florence state archives by Cristina Aschengreen Piacenti making it possible to date it to 1664. From this document, we learn that "a small inlaid table 2 b.a long by 1 ? b.a wide by 1 ? b.a high with an incised ivory frame and drawers for pulling out, the whole with flowers, butterflies, Birds of Prey and Serpents and feet of gilt bronze balls and gilt Circlets with inlaid masks and flowers and a stretcher, itself decorated, and bearing the arms of H.S.H" was delivered to the custodian of the Galleria, Giovanni Bianchi, by the housekeeper, Zanobi Betti (ASF GM 670, c. 220r). Already active in Florence in 1659 at the court of Ferdinando II, Leonardo van der Vinne is considered one of the finest cabinet-makers of his time. His specialisation appears to have been flowery inlays, a decorative element from which derives his nickname "il Tarsia", a name that appears in documents alongside that of "Maestro", which reveals the high position attained by the craftsman in his work (González-Palacios, 1986, p. 21). He was one of the very few furniture makers to be recorded in a voyage notebook, that of Maximilien Misson, who in his *Voyage d'Italie* defined Van der Vinne as "one of the leading craftsmen" of those "works that we call inlays of Florence" (cit. in González-Palacios, 1986, p. 21). Other examples of this taste for floral decoration spread by Flemish cabinet-makers from the 1730s and 1740s were also produced by Van der Vinne's workshop: the inlaid tops of two tables preserved in the Villa della Petraia (Colle, 1997, pp. 153–154, no. 35), identical to another two in private collections (González-Palacios, 1997, p. 33, figs 4–5); one from the Sienese Chigi Saracini collection (Colle, 1993a, p. 19, fig. 16), the decoration on the wooden surfaces of the door of the alcove belonging to prince Ferdinando, executed by Riccardo Bruni in 1686 (Colle, 1997, p. 235, no. 74) and the decoration of a desk in the Museo Civico di Torino (Corrado, 1989, pp. 154–155, no. 162).
From a stylistic point of view, the particularly Tuscan form of floral intarsia, defined "tulipomania", can be seen as a continuation and derivation of Ligozzi's naturalism interpreted, in the examples above, by transforming the detailed forms into "monumental" arrangements of the decoration (Colle, 2000, pp. 165–167). [V.G.]
Bibliography: Aschengreen Piacenti, 1967, p. 174, no. 808; Aschengreen Piacenti, 1969, p. 151, no. 148; González-Palacios, 1969, p. 64; Aschengreen Piacenti 1972, pp. 152–153; Aschengreen Piacenti, González-Palacios, 1974, p. 390, no. 222b; Aschengreen Piacenti, 1976, pp. 52–55; González-Palacios, 1977a, pp. 37–68; González-Palacios, 1977b, pp. 168–181; González-Palacios, 1977c, pp. 57–64; González-Palacios, 1986b, p. 21, figs 16–18; Colle, 1997, pp. 148–149, no. 34; Colle, 2000, pp. 165–167, no. 37.

IV.2

Franco Albini
(Robbiate, 1905 – Milan, 1977)
TL2 table
made by: Poggi, 1952
rosewood easel with entirely jointed
structure and steel ribs
70 x 180 x 70 cm
Milan, Luca Cipelletti collection

IV.3

Alberto Meda
(Tremezzina, 1945)
X Light table
made by: Alias, 1989
satin-finished natural aluminium; the top
in sandwich structure of fibreglass
and carbon fibre in epoxy resin, aluminium
honeycomb and edging of aluminium
72 x 210 x 90 cm
Milan, private collection

IV.4

Lucio De Lucci
Table, late seventeenth century
inlaid, carved and gilt wood
190 x 171 x 88 cm
Mr and Mrs Mcconnell

In 1993 Alvar González-Palacios recalled having seen this table for the first time, together with its matching pair, in a saleroom in London in 1971 (Christie's, London, 11 March 1971, lot 53) and subsequently finding one of these two in Rome, minus the original base. In both cases, they were decorated with exuberant plant motifs with triumphs of arms, volutes and two serpents wrapped around the stretcher (González-Palacios, 1993, p. 338).
The decoration of the top comprises a background of swirls containing flowers and animals enclosed within ebony beading that turns into a ribbon motif—a type of ribbon with woven volutes that combines the orientalising motif of the arabesque with the classical repertory of the acanthus swirls—outlining four curved panels with figurative details: the two lateral ones with battle scenes, the central one with an architectural view of a loggia, the one beneath with a stag-hunting scene.

Our example belongs to a group of furnishings comprising four tables which, for size and workmanship, were part of a single series, two of which (today still with their bases) were made by Lucio De Lucci, while the other two are by Antonio De Luccio who dated both of them "1686". The inlay of one of the two by Antonio was used in Prussia in 1764 by German artisans to cover the outer surface of a flap-front desk in a manner similar to the recycling of fine fabrics: in other words, the inlay was divided into panels and then recomposed over the surface of the new piece of furniture, today in a private collection (Di Castro, 2004, p. 21, fig. 1).
Awareness and analysis of the four examples has induced Alvar González-Palacios, who has attributed them to a single series, to reconsider the quality of Venetian baroque intarsia of the second half of the eighteenth century. He believes these examples reveal awareness of the great virtuoso cabinet-makers the Grand Duke employed in Florence, Leonardo van der Vinne *in primis*, whose style was spreading through the Venice area and encouraging artisans such as Lucio De Lucci and Antonio De Luccio to abandon the characteristic division of the surface into squares in favour of a more complex and free disposition of the floral motifs (González-Palacios, 1993, pp. 337–338).
Unfortunately, nothing is known of the two cabinet-makers, except the hypothesis that they were related and worked in the same workshop, although our knowledge of Florentine baroque intarsia, the realisation of these complex architectural views within the central panels and of refined ornamental sections suggest a cultural training open to many influences and one that was certainly complex and varied. It has been noted, indeed, that while the views might derive from Hans Vredeman de Vries' *Variae Architecturae Formae*, a repertory that was widely used throughout Europe, the curved ribbons are similar to works from a French background close to the manner of André-Charles Boulle, while the acanthus leaves are similar in style to those of Van der Vinne and Pierre Gole (Di Castro, 2004, p. 22). [V.G.]
Bibliography: González-Palacios, 1993, pp. 337–339, 595; Colle, 2000, p. 322; Di Castro, 2004, pp. 21–25.

IV.5

Pierre Daneau
Table, 1731
veneered wood inlaid with coloured
woods and ivory
91 x 185 x 87 cm
Barberini collection

This table, one of a pair that are identical in structure but slightly different in terms of the inlaid decoration, was published for the first time by Alvar González-Palacios in 1991, who identified its maker and date of manufacture thanks to the originals labels on both pieces, and the probable Barberini commission, suggested as a result of the

I maestri dell'intarsio

IV.1

Leonardo van der Vinne
Tavolo, circa 1664
legno impiallacciato di ebano con intarsi
in legni colorati e avorio; metallo dorato
78 x 117 x 79 cm
Firenze, palazzo Pitti, Museo degli Argenti
Inventario: IMA, n. 753; IS 1890, n. 454

Il tavolo, pervenuto nel 1925 al Museo degli Argenti dagli Uffizi è stato, all'unanimità, incluso nel *corpus* di Leonardo van der Vinne, ebanista fiammingo attivo a Firenze nel tardo Seicento, autore di uno stipo, realizzato nel 1667, anch'esso conservato nel medesimo museo di palazzo Pitti, che per affinità stilistiche ha aiutato a sostenere l'attribuzione del tavolo in mostra anche prima del ritrovamento, da parte di Cristina Aschengreen Piacenti, presso l'Archivio di Stato di Firenze, di un documento che ha consentito, quindi, di datarlo al 1664. Da tale documento si apprende, infatti, che il 6 giugno 1664 era consegnato al custode della Galleria, Giovanni Bianchi, dal guardarobiere del taglio, Zanobi Betti "un tavolino lavorato di Tarsia lungo b.a 2 largo b.a 1 1/4 alto b.a 1 1/3 con cornice d'avorio intagliato con cassette da tirare fuori il tutto con fiorami farfalle Uccelli Rabeschi e Serpenti con piede con palle di bronzo dorato che posano e Cerchietti dorati con maschere e fiorami di tarsia con traversa pur lavorata e con arme del Ser.mo Grand.a" (ASF GM 670, c. 220r).
Leonardo van der Vinne, già attivo a Firenze nel 1659, presso la corte di Ferdinando II, è considerato uno dei maggiori ebanisti del suo tempo. La sua specializzazione pare essere stata la tarsia floreale, elemento decorativo da cui deriva il nomignolo dell'artefice, "il Tarsia", appellativo che compare nei documenti alternato a quello di "Maestro" col quale si palesa, d'altronde, l'alta posizione raggiunta nell'ambito della sua attività (González-Palacios 1986b, p. 21). Egli fu uno dei pochissimi mobilieri a essere ricordato in un taccuino di viaggio, quello di Maximilien Misson, che nel suo *Voyage d'Italie* definisce Van der Vinne "uno dei maggiori artefici" di quei "lavori che noi chiamiamo tarsie di Firenze" (cit. in González-Palacios 1986b, p. 21).
Appartengono al gusto per gli ornati floreali diffusi dagli ebanisti fiamminghi a partire dagli anni trenta e quaranta del Seicento, oltre al tavolo oggetto della scheda e allo stipo del 1667, altri esemplari, certamente usciti dalla bottega di Van der Vinne: i piani intarsiati di due tavoli conservati nella villa della Petraia (Colle 1997, pp. 153-154, n. 35) identici ad altri due in collezione privata (González-Palacios 1997, p. 33, figg. 4-5); quello della collezione senese Chigi Saracini (Colle 1993a, p. 19, fig. 16), i motivi eseguiti sulle superfici lignee della porta dell'alcova del gran principe Ferdinando, eseguita da Riccardo Bruni nel 1686 (Colle 1997, p. 235, n. 74) e le decorazioni di una scrivania del Museo Civico di Torino (Corrado 1989, pp. 154-155, n. 162).

Da un punto di vista stilistico, la particolare declinazione toscana della tarsia floreale, definita "tulipomania", può essere letta come un approfondimento e una derivazione del naturalismo ligozziano interpretato, negli esemplari sopra elencati, traslando le analisi minuziose in "monumentali" organizzazioni degli ornati (Colle 2000, pp. 165-167). [V.G.]
Bibliografia: Aschengreen Piacenti 1967, p. 174, n. 808; Aschengreen Piacenti 1969, p. 151, n. 148; González-Palacios 1969, p. 64; Aschengreen Piacenti 1972, pp. 152-153; Aschengreen Piacenti, González-Palacios 1974, p. 390, n. 222b; Aschengreen Piacenti 1976, pp. 52-55; González-Palacios 1977a, pp. 37-68; González-Palacios 1977b, pp. 168-181; González-Palacios 1977c, pp. 57-64; González-Palacios 1986B, p. 21, figg. 16-18; Colle 1997, pp. 148-149, n. 34; Colle 2000, pp. 165-167, n. 37.

IV.2

Franco Albini
(Robbiate, 1905 - Milano, 1977)
Tavolo *TL2*
produzione Poggi, 1952
cavalletto in legno di palissandro
con struttura interamente smontabile,
barre di controventatura in acciaio
70 x 180 x 70 cm
Milano, collezione Luca Cipelletti

IV.3

Alberto Meda
(Tremezzina, 1945)
Tavolo *X Light*
produzione Alias, 1989
gambe in alluminio naturale satinato.
Piano in struttura sandwich costituita
da tessuti di vetro e di carbonio
in matrice di resina epossidica,
nido d'ape in alluminio e bordatura
perimetrale in alluminio
72 x 210 x 90 cm
Milano, collezione privata

IV.4

Lucio De Lucci
Tavolo, fine del XVII secolo
legno intarsiato, scolpito e dorato
190 x 171 x 88 cm
Mr and Mrs Mcconnell

Alvar González-Palacios ricordava, nel 1993, di aver veduto per la prima volta il tavolo in esame, assieme al suo *pendant*, nel 1971 a un'asta londinese (Christhie's, Londra, 11 marzo 1971, lotto 53) e di avere in seguito ritrovato uno dei due esemplari a Roma privato del piede originale, composto, in ambedue i casi, da esuberanti motivi vegetali accostati a trionfi d'armi, volute e due serpi intrecciate sulla traversa (González-Palacios 1993, p. 338).
L'ornato del piano è costituito da un fondo a girali contenenti fiori e animali racchiusi entro filettature eburnee che si risolvono in un motivo a nastro – secondo un tipo di nastro a volute intrecciato che unisce il motivo orientaleggiante dell'arabesco e quello del reper-

torio classico dei girali di acanto – che delimita quattro pannelli mistilinei con figurazioni: i due laterali con scene di battaglia, quello centrale con la veduta architettonica di un loggiato, mentre quello sottostante con una scena di caccia al cervo.
Il nostro esemplare appartiene a un gruppo di arredi composto da quattro tavoli che per dimensioni e fattura facevano parte di una stessa serie, due dei quali, oggi completi della base, furono realizzati da Lucio De Lucci, mentre gli altri due da Antonio De Luccio, che li datò entrambi 1686. La tarsia di uno dei due mobili di Antonio venne poi reimpiegata nel 1764 in Prussia da maestranze tedesche per rivestire la superficie esterna di uno scrittoio con calatoia, secondo un procedimento simile a quello del riutilizzo dei tessuti pregiati: la tarsia fu, cioè, suddivisa in pannelli per poi essere ricomposta sulla superficie del nuovo mobile, oggi in collezione privata (Di Castro 2004, p. 21, fig. 1).
La conoscenza e l'analisi dei quattro esemplari ha indotto Alvar González-Palacios, che li ha ricondotti a un gruppo unitario, a riconsiderare la qualità della tarsia barocca veneziana della seconda metà del XVII secolo. Secondo lo studioso, in questi esemplari si palesa la conoscenza dei grandi virtuosi ebanisti che aveva il granduca a Firenze, primo fra tutti Leonardo van der Vinne, il cui gusto si andava diffondendo nella Laguna inducendo artefici come Lucio De Lucci e Antonio De Luccio ad abbandonare la caratteristica divisione delle superfici in riquadri, in favore di una più complessa e libera disposizione dei motivi floreali (González-Palacios 1993, pp. 337-338).
Purtroppo, sui due ebanisti, salvo l'ipotesi che fossero parenti e che lavorassero nella medesima bottega, non si hanno notizie biografiche, sebbene la conoscenza della tarsia barocca fiorentina, la realizzazione delle complesse vedute architettoniche nei riquadri centrali e dei raffinati partiti ornamentali lascino intuire una formazione culturale aperta a molteplici influenze, decisamente complessa e multiforme. È stato, infatti, notato che mentre le vedute prospettiche potrebbero derivare dalle *Variae Architecturae Formae* di Hans Vredeman de Vries, repertorio largamente utilizzato in tutta Europa, i nastri mistilinei presentano assonanze con opere di ambito francese vicine alla maniera di André-Charles Boulle, mentre i fogliami di acanto possono ritrovare riscontri stilistici in quelli di Van der Vinne e di Pierre Gole (Di Castro 2004, p. 22). [V.G.]
Bibliografia: González-Palacios 1993, pp. 337-339, 595; Colle 2000, p. 322; Di Castro 2004, pp. 21-25.

IV.5

Pierre Daneau
Tavolo, 1731
legno impiallacciato e intarsiato
in legni colorati e avorio
91 x 185 x 87 cm
collezione Barberini

arms present on the table on show here.

The top of our table rests on legs the shape of an upturned obelisk, joined by a curved framework and ending in onion feet. Beneath the top, there is an apron with mask depicted in tarsia and a hollowed, shaped section with two large drawers with locks. The top has curved sides—concave on the sides and *bombé* on the front—and is richly decorated with inlaid work depicting swirls of acanthus, flowers and leaves, double-handled vases, fantastic animals and volutes and shells. At top left, there are a knife, a pen and a sheet of paper, the latter with the Barberini arms at the centre.

The table is signed by a label attached to the underside of the top, on which can be read: "Fait par Moy Pierre/ Da[neau] Parisien a Rome/ Lan De Grase 1731". Despite the gap, the surname has been unequivocally deduced as the label on the second table is clearer.

As pointed out by both Enrico Colle and Alvar González-Palacios, such a complex floral intarsia was not usual in Rome, while the structure and form of the table are instead similar to contemporary Roman works such as, for example, those mentioned by Colle (Colle, 2003, pp. 114): a console and small table formerly in the Patrizi collection in Rome (Lizzani, 1970, p. 78, no. 122), a desk from the collections of Palazzo Ricci in Macerata (Vitali, 2000, pp. 112–113, no. 5) and a desk belonging to the Odescalchi family (Lizzani, 1966, fig. XIII, p. 18, no. 29).

The type of inlay used on the top and apron of the table instead recalls what had been done in France under the reign of Louis XIV by such cabinet-makers as Pierre Gole and André-Charles Boulle (González-Palacios, 2004, p. 170), or the work done in the court of Cosimo III in Florence by the great Flemish cabinet-maker, Leonardo van der Vinne, and, still in Florence, by another Frenchman, Richard Lebrun, also known as Riccardo Bruni (González-Palacios, Colle, 1997, pp. 31–43).

Further complicating the picture, as González-Palacios points out, is the consideration of some tables attributed to Pietro Piffetti, which he believes show close ties with the two by Daneau. In particular, Piffetti's table in the Museo Civico d'Arte Antica in Turin (González-Palacios, 2004, p. 170; illustrated in Ferraris, González-Palacios, 1992, pp. 111–112, no. 40), which seems almost a second version of the companion to the table here (Colle, 2003, pp. 114–115, no. 19), since it adopts the same decorative motif of the loose sheets of paper rendered in illusionistic manner in a corner of the top. And we know that Pietro Piffetti is documented in Rome in 1731, where he produced a few works—two small tables, the foot of a cross and a clock case—for the Marchese d'Ormea, the Kingdom's prime minister (Ferraris, González-Palacios, 1992, p. 13 and doc. p. 197, nos. 2–5). On the basis of these facts, González-Palacios has advanced an extremely appealing hypothesis: that the two cabinet-makers

worked in the same workshop in Rome in 1731, or that Piffetti frequented the workshop of the Parisian, who had perhaps already been in Rome for a few years. Sadly, we know next to nothing about Daneau, except that, perhaps, he was born in Paris, that he was working in Rome in the year in which he made the only two works known, and that he was the son of a cabinet-maker, also called Pierre Daneau, who worked in Paris at the beginning of the eighteenth century. And finally, we know from a deed dated 3 July 1751, that Pierre Daneau fils had been away from Paris for 26 years, since 1725, when he was 16 years old (González-Palacios, 2004, p. 170). [V.G.]

Bibliography: González-Palacios, 1991, pp. 161–162, nos. 92–93; González-Palacios, Colle, 1997, pp. 31–43; Colle, 2003, p. 114; González-Palacios, 2004, pp. 170–171.

IV.6

Andrea Branzi
(Florence, 1938)
Animali Domestici table
made by: Zabro, 1985
metal frame and wooden top
with inlays
80 x 200 x 90 cm
Milan, Galleria Rossella Colombari
property

IV.7

Petro Piffetti
Bureau cabinet, 1731–1733
wood inlaid with coloured woods,
mother-of-pearl and ivory, gilt-bronze
decoration
235 x 118 x 70 cm
Turin, Palazzo Reale

Identified by Vittorio Viale (Viale, 1963, III, p. 12 and entry 30) as the "cofano forte" forming part of the "grande fornimento" intended for the rooms of the sovereigns in the Palazzo Reale of Turin, this bureau cabinet has been further studied by Giancarlo Ferraris who, in his monograph dedicated to Piffetti, published a register showing that the Savoyard authorities began paying for the ornament and carcass of this piece in June 1732, it being defined in the document as a "table with shelves above" (Ferraris, González-Palacios, 1992, pp. 199–200, nos. 16–19, 21, 26, 29). Originally, it was perhaps intended to decorated the room with stucco decoration by Bononcelli, whose mother-of-pearl forms, executed by Piffetti himself, have the same shape as those adorning the item on display.

The piece in question comprises a console resting on two curved legs and with a flowery tuft on the top, and a higher part that is bare-sided as the whole was intended to fit into a niche whose dimensions are those of the gap in the above-mentioned room; this, therefore, is the best hypothesis for the original location of the cabinet. The central part has inlaid doors depicting two still lifes framed by mother-of-pearl, and divided hor-

izontally by two volutes in relief; it is broader than the concave lateral uprights, decorated with rhombus-shaped motifs and bands with cascades of flowers.

The floral decorations of the doors have led Alvar González-Palacios to suggest the Piedmontese cabinet-maker was directly aware of the works of Pierre Daneau, the French-born cabinet-maker active in Rome in the early decades of the eighteenth century; this hypothesis is supported by the fact that the recent updating of Piffetti's biography by the same scholar has made it possible to show he was in Rome in 1731, where he produced a few works—two small tables, the foot of a cross and a clock case—for the marchese d'Ormea, the Kingdom's prime minister (Ferraris, González-Palacios 1992, p. 13 and doc. p. 197, nos. 2–5). Addressing conte Gros "Resident of Sardinia in Rome" at the Papacy, the marchese d'Ormea asked him to inform Piffetti that His Majesty Carlo Emanuele III wanted him back in Turin where, writes the marchese, "H.M. will make him lack for neither employment nor for money" (Ferraris, González-Palacios, 1992, doc. p. 197, no. 2).

The masterly decoration of the late-baroque-style bunches of flowers depend stylistically not only from the work of Daneau, but also from that of Leonardo van der Vinne, a cabinet-maker employed in Florence's Grand Ducal workshops and an exemplary master of this style before Daneau (Colle, 2000, pp. 164–171, nos. 37–38). [V.G.]

Bibliography: Rovere, 1858, p. 159; Chierici, 1971, fig. 95; Trionfi Honorati, 1977, figs 2, 3; Antonetto, 1985, pp. 280–281; Ferraris, González-Palacios, 1992, pp. 28–31, no. 7; Colle, 2003, pp. 436–437, no. 101.

IV.8

Ettore Sottsass
(Innsbruck, 1917 – Milan, 2007)
Casablanca cabinet
made by: Memphis, 1981
wooden structure with plastic
covering, the painted wooden base
on wheels
190 x 90 x 30 cm
Pregnana Milanese, Memphis property

Il tavolo, facente parte di una coppia formata da un altro mobile identico per struttura ma leggermente differente nella decorazione a tarsia, è stato pubblicato per la prima volta nel 1991 da Alvar González-Palacios, che ha individuato l'autore e la data d'esecuzione grazie a cartellini originali – posti su ambedue i mobili – e la probabile commissione Barberini, ipotizzata per lo stemma presente sull'esemplare in mostra. Il piano del nostro tavolo poggia su zampe a forma di obelisco rovesciato, unite da una crociera mistilinea, e terminanti in piedi a cipolla. Sotto il piano s'inserisce un grembiule con un mascherone realizzato a intarsio e una cintura spezzata e svasata verso l'alto, entro cui s'inseriscono due grandi cassetti con serratura. Il piano ha lati curvi, concavi sui fianchi e bombati sul fronte, e presenta una ricca decorazione a tarsia raffigurante intrecci di girali, fiori e foglie, vasi biansati, animali fantastici, volute e conchiglie. In alto a sinistra sono rappresentati un coltello, una penna e un foglio; quest'ultimo reca al centro lo stemma Barberini.

Il mobile è firmato su un cartellino posto sotto il piano d'appoggio, sul quale si legge: "Fait par Moy Pierre/ Da[neau] Parisien a Rome/ Lan De Grase 1731". Il cognome, nonostante la lacuna, è stato decifrato con certezza, poiché sul cartellino del secondo tavolo esso è meglio leggibile.

Come hanno puntualizzato sia Enrico Colle sia Alvar González-Palacios, una tarsia floreale così complessa non era consueta a Roma, mentre la struttura e la forma del tavolo trovano molti riscontri in opere romane coeve, come ad esempio quelle citate dallo stesso Colle come opere di confronto (Colle 2003, pp. 114): una console e un tavolino già nella collezione Patrizi di Roma (Lizzani 1970, p. 78, n. 122), una scrivania delle raccolte di palazzo Ricci a Macerata (Vitali 2000, pp. 112-113, n. 5) e una scrivania della famiglia Odescalchi (Lizzani 1966, tav. XIII, p. 18, n. 29).

Il tipo di tarsia realizzato sul piano e sul grembiule fa invece pensare a quanto si era fatto in Francia sotto il regno di Luigi XIV da ebanisti come Pierre Gole e André-Charles Boulle (González-Palacios 2004, p. 170), oppure ai lavori eseguiti presso la corte di Cosimo III a Firenze dal grande ebanista fiammingo Leonardo van der Vinne e, sempre a Firenze, da un altro francese, Richard Lebrun, noto anche come Riccardo Bruni (González-Palacios, Colle 1997, pp. 31-43).

A complicare ulteriormente il quadro, come ha fatto notare González-Palacios, giunge la considerazione di alcuni tavoli, attribuiti a Pietro Piffetti, che secondo lo studioso mostrano stretti legami con i due di Daneau. In particolare, fra quelli di Piffetti, ci riferiamo al tavolo conservato a Torino nella collezione del Museo Civico d'Arte Antica (González-Palacios 2004, p. 170; illustrato in G. Ferraris, González-Palacios 1992, pp. 111-112, n. 40), che sembra quasi una traduzione del compagno di quello esposto in mostra (Colle 2003, pp. 114-115, n. 19), poiché vi si ritrova lo stesso motivo decora-

tivo delle carte sparse e rese in modo illusionistico in uno degli angoli del piano. Sappiamo, infatti, che Pietro Piffetti è documentato a Roma, proprio nel 1731, dove eseguì alcune opere – due tavolini, il piede di una croce e una cassa di orologio – per il marchese d'Ormea, primo ministro del Regno (Ferraris, González-Palacios 1992, p. 13 e docc. p. 197, nn. 2-5). Sulla base di questi dati, González-Palacios avanza una ipotesi molto accattivante: che i due ebanisti abbiano lavorato nella stessa bottega a Roma nel 1731, ovvero che Piffetti abbia frequentato la bottega del parigino, forse già a Roma da qualche anno. Purtroppo sulla biografia di Daneau non sappiamo quasi niente, salvo che, forse, nacque a Parigi, che fu attivo a Roma nell'anno in cui eseguì le due uniche opere note e che era figlio di un ebanista, anche lui chiamato Pierre Daneau, attivo a Parigi all'inizio del Settecento. Sappiamo, infine, da un atto del 3 luglio 1751 che Pierre Daneau figlio mancava da Parigi da ben ventisei anni, dal 1725, dall'età, cioè, di sedici anni (González-Palacios 2004, p. 170). [V.G.]

Bibliografia: González-Palacios 1991, pp. 161-162, nn. 92-93; González-Palacios, Colle 1997, pp. 31-43; Colle 2003, p. 114; González-Palacios 2004, pp. 170-171.

IV.6

Andrea Branzi
(Firenze, 1938)
Tavolo Animali Domestici
produzione Zabro, 1985
struttura in metallo e piano in legno
con intarsi
80 x 200 x 90 cm
Milano, proprietà Galleria Rossella Colombari

IV.7

Petro Piffetti
Mobile a due corpi, 1731-1733
legno intarsiato di essenze colorate,
madreperla e avorio, applicazioni
di bronzo dorato
235 x 118 x 70 cm
Torino, Palazzo Reale

Identificato da Vittorio Viale (Viale 1963, III, p. 12 e scheda 30) con il "cofano forte" facente parte del "grande fornimento" destinato alle stanze dei sovrani nel Palazzo Reale di Torino, il mobile a due corpi è stato oggetto di un ulteriore approfondimento grazie agli studi condotti da Giancarlo Ferraris che ha pubblicato, nella monografia dedicata a Piffetti, un regesto che consente di apprendere che a partire dal giugno del 1932 l'amministrazione sabauda iniziò a versare i pagamenti per l'ornamento e l'ossatura del nostro mobile, definito nei documenti come "tavolino e scansia sopra" (Ferraris, González-Palacios 1992, pp. 199-200, nn. 16-19, 21, 26, 29), forse, in origine, destinato a ornare la stanza con stucchi del Bononcelli i cui profili madreperlacei, eseguiti dallo stesso Piffetti, presentano la medesima foggia di quelli che ornano il mobile.

L'oggetto in esame si compone di una console che poggia su due zampe incurvate e ospita sul piano un cespo fiorito, e di un corpo soprastante che ha fianchi disadorni, poiché era stato progettato per essere incassato in una nicchia le cui misure corrisponderebbero alla rientranza ancora oggi presente nella stanza sopra indicata, che sarebbe, quindi, la migliore deputata per la ipotesi della ubicazione originaria dell'oggetto. Il corpo centrale ha sportelli intarsiati raffiguranti due nature morte incorniciate di madreperla ed è diviso, in orizzontale, da due volute a risalto; esso fuoriesce rispetto alle concavità dei montanti laterali, ornati con motivi a rombi e fasce con cascate di fiori.

Le decorazioni floreali degli sportelli hanno indotto Alvar González-Palacios a ritenere possibile la diretta conoscenza da parte dell'ebanista piemontese delle opere di Pierre Daneau, ebanista di origine francese attivo a Roma nei primi decenni del Settecento; ipotesi, questa, avvalorata dal fatto che la recente messa a punto della biografia di Piffetti da parte dello studioso ha consentito di documentarlo a Roma, proprio nel 1731, dove eseguì alcune opere – due tavolini, il piede di una croce e una cassa di orologio – per il marchese d'Ormea, primo ministro del Regno (Ferraris, González-Palacios 1992, p. 13 e docc. p. 197, nn. 2-5). Il marchese d'Ormea, rivolgendosi al conte Gros "Residente di Sardegna a Roma" presso il Papa, lo pregava, infatti, di far sapere a Piffetti che Sua Maestà Carlo Emanuele III lo avrebbe rivoluto a Torino dove, scrive il marchese, "S.M. non lo lascierà mancare né d'occupazione, né di ricompenza". (Ferraris, González-Palacios 1992, doc. p. 197, n. 2).

Le magistrali decorazioni a mazzi di fiori di gusto tardobarocco dipendono stilisticamente, oltre che dai lavori di Daneau, anche da quelli di Leonardo van der Vinne, ebanista attivo nelle Botteghe Granducali fiorentine, che di questi elementi fu interprete magistrale ancor prima di Daneau (Colle 2000, pp. 164-171, nn. 37-38). [V.G.]

Bibliografia: Rovere 1858, p. 159; Chierici 1971, tav. 95; Trionfi Honorati 1977, figg. 2, 3; Antonetto 1985, pp. 280-281; Ferraris, González-Palacios 1992, pp. 28-31, n. 7; Colle 2003, pp. 436-437, n. 101.

IV.8

Ettore Sottsass
(Innsbruck, 1917 - Milano, 2007)
Mobile Casablanca
produzione Memphis, 1981
struttura in legno rivestito
di laminato plastico, base in legno
verniciato su ruote
190 x 90 x 30 cm
Pregnana Milanese, proprietà Memphis

Late Baroque Variations and Rococo

V.1

Ico Parisi
(Palermo, 1916 – Como, 1996)
Console table
made by: Singer and Sons, 1952
walnut frame, the feet and joints of brass
80 x 180 x 40 cm
Milan, Stefano Fazzini collection

V.2

Unknown Genoese artist
Console, 1730–1740
carved, incised and gilt wood
97 x 205 x 87 cm
private collection

Made by an unknown artisan working in Genoa around the 1730s, this console was made just as the shift towards rococo style of French derivation was beginning to appear, causing the abandonment, as far as the decoration of interiors was concerned, of the large figurative cycles appealing to baroque patrons. These were replaced by lighter, more lively decoration, prevalently made with stucco and destined to adorn the walls and ceilings of small, private, comfortable and welcoming rooms, often built in the mezzanine floors of sumptuous residences, following what was happening in France at the same time.

The table in question does not, however, fall into this context, as this still lay in the future, but its evident qualities of elegance and lightness anticipate its arrival. If we compare it to the flourishing feet of Filippo Parodi's feet, characterised by an obsession for sculpture and designed as veritable groups in which mythological figures and decorative elements blend to create an explosion of fantasy, reflecting the ornamental novelties of the artists of baroque Rome, this seventeenth-century piece instead stands out for its marked difference in taste. The first point to emerge is the tendency to create a continuity between one decorative element and the next, and this makes it possible to place this table in a wholly new movement.

The incised feet present some plant elements constituting the body of masks and small dragons similar to those made by Niccolò Lagaggio for the sconces set in the corners of the first drawing room on the second floor of Palazzo Spinola. There are also serpents twisted around the legs while, at the centre, in the part immediately beneath the top, there is a medallion in bas-relief with a nereid, supported by a shell, a motif which is itself repeated on the curved stretcher.

It has been observed that this is a piece which, in the design of the legs with broad volutes, shows itself to have some elements in common with the forms of the consoles made in 1736 for Palazzo Spinola by Francesco Maria Mongiardino (Colle, 2003, pp. 262–263, no. 61), and also with a table made by an anonymous craftsman around the end of the 1730s, preserved in the Gallery of Palazzo Rosso, which greatly resembles the one under examination here (Colle, 2003, p. 264, no. 62). On the oth-

er hand, this type of example would be re-proposed in many variations that would form the large series of tables to be set against the walls of rooms, which in the second half of the century would surrender definitively to a taste for rocailles at the expense of the allegorical figures that had decorated Genoese consoles until the 1730s, and hence including the table here. [V.G.]
Bibliography: González-Palacios, 1996, pp. 140–141; Boccardo, Cataldi Gallo, 2000, p. 246, no. 119; Colle, 2003, p. 262.

V.3

Mario Bellini
(Milan, 1935)
Teneride armchair
made by: Cassina, 1968
a cylindrical membrane of corrugated bellows-like self-skinning polyurethane, set on a turning and load-bearing ring of fibreglass
80 x 62 x 68 cm
Meda, Archivio storico Cassina collection

V.4

Lucca workshop
Armchair, before 1750
veneered and gilt wood, the seat and back upholstered in red velvet framed by a strip of silver and gilt copper
158 x 85 x 65 cm
Florence, Palazzo Pitti, Museo degli Argenti
Inventory: MPP 1911, nos. 68–69, room 20, "of Giovanni da San Giovanni"

The armchair, datable to around the middle of the eighteenth century, was probably made by a craftsman from Lucca, and forms one of a pair sent to Palazzo Pitti from Lucca on 31 December 1865. In the inventories of Palazzo Pubblico in Lucca from before 1848, however, there is not mention of them, since the furniture listed there bears no numbers of descriptions to make it identifiable. This armchair was transferred on that occasion by the Savoy with the intention of decorating the rooms of the Palazzo Pitti, which with the Italian unification took on a heterogeneous look reflecting the taste of the new royals.

The skilled carver—who a century earlier had made the wooden parts and decorated them with masks, monstrous figures and lions' paws—had referred both to Roman models and to the ornamental repertories used in Dutch and English furniture in the early eighteenth century. In the light of the above, it is possible to put forward the name of Silvestro Giannotti, a carver and sculptor of statues, perhaps of Tuscan origin but active in many parts of Italy, including Bologna, Rome and Reggio Emilia (Colle, 2003, pp. 482–483). [V.G.]
Bibliography: González-Palacios, 1966, I, p. 267; Colle, 1992b, pp. 160–161, no. 95.

V.5

Emilian workshop
Armchair, third quarter of the eighteenth century

carved and gilt wood, the seat upholstered and lined in fabric
164 x 84 x 65 cm
Piacenza, Collegio Opera Pia Alberoni

The chair is of gilt wood with carving running along the frame of the back and on the legs ending in volutes, and also along the grooved arms. The scroll on the upper central part of the back in form evokes a *masque radié*, a typical element of Louis XIV style, and to be found in an Emilian context in an armchair preserved at the Galleria Nazionale di Parma (Bandera, 1972, p. 115, nos. 125, 126).

The armchair interprets French models, representing an Emilian version of the so-called "à la reine" chairs, a variation on the slender Parisian chairs through elaborate carved ornament based on late-baroque models.

A similar fusion of local features and French prototypes is documented in an extremely similar armchair to the present one, but with vase legs and gable end with shield motif (Cirillo, Godi, 1983, p. 95, no. 217). During the second half of the eighteenth century, a sense of what was happening in Parma began to be felt in aristocratic circles in Piacenza: in the 1750s, the culture had been strongly permeated by French influences and this had had an effect on the fashions adopted by the local aristocracy of piacenza, formed prevalently of families of Ligurian and Lombard origin which replaced the court in setting the tone for the taste of the times and creating their own original rococo style (Colle, 2003, p. 287). [V.G.]
Bibliography: Colle, 2003, p. 296.

V.6

Carlo Mollino
(Turin, 1905–1973)
Armchair for Casa Minola, 1944
black wood structure and yellow-green velvet upholsters
130 x 70 x 110 cm
Turin, private collection

V.7

Genoese or Emilian (?) workshop
Pair of micro-carving works
carved, incised and gilt wood with micro-carving in boxwood
100 x 85 x 20 cm
private collection

An eagle with open wings, perhaps alluding to the arms of the Doria family, stands atop the frame in carved and gilt wood, made to enclose a fragile carving in boxwood. On either side, there are a pair of putti standard bearers while, in the lower part, surmounted by a seashell amid plentiful leaves, there is a charming head with the face surrounded by flowers. Regarding this last feature, Alvar González-Palacios notes an affinity in style with the marble sculptures of Domenico Parodi at San Filippo Neri in Genoa (González-Palacios, 1996, p. 139).

The tiny carving contained within the wooden frame is one of those articles that required

V

Variazioni
tardobarocche
e rococò

V.1

Ico Parisi
(Palermo, 1916 - Como, 1996)
Tavolo console
produzione Singer and Sons, 1952
struttura in noce, puntali e giunti in ottone
80 x 180 x 40 cm
Milano, collezione Stefano Fazzini

V.2

Ignoto intagliatore genovese
Tavolo parietale, quarto decennio
del XVIII secolo
legno scolpito, intagliato e dorato
97 x 205 x 87 cm
collezione privata

Realizzato da un anonimo intagliatore, attivo a Genova intorno al quarto decennio del XVIII secolo, il tavolo da muro si colloca in un momento in cui inizia a prefigurarsi il passaggio verso la stagione rococò di matrice francese che implicherà l'abbandono, nell'ambito della decorazione d'interni, dei grandi cicli figurati tanto amati dalla committenza barocca in favore di decorazioni più esili e scattanti, prevalentemente realizzate a stucco, destinate ad adornare le pareti e i soffitti di piccoli ambienti privati, comodi e accoglienti, spesso allestiti nei mezzanini delle sontuose residenze, sulla scia di quanto stava avvenendo in Francia nello stesso periodo.

Il tavolo in esame non si colloca, tuttavia, in tale contesto, ancora di là da venire, ma nelle sue evidenti qualità di eleganza e leggerezza ne lascia presagire l'arrivo. Se lo confrontiamo, infatti, con i rigogliosi piedi dei tavoli di Filippo Parodi – caratterizzati da un'ossessione scultorea, studiati come veri e propri gruppi nei quali figure mitologiche ed elementi decorativi si fondono realizzando una esplosione fastosa, memore delle novità ornamentali proposte dagli artisti della Roma barocca – si palesa, nel nostro pezzo settecentesco, una sostanziale differenza di gusto, in cui emerge, per prima cosa, la tendenza a creare una continuità tra un elemento decorativo e l'altro, che consente di collocare il nostro tavolo in una stagione del tutto nuova.

Sui piedi lavorati a intaglio sono visibili elementi fitomorfi che costituiscono il corpo di maschere e draghetti alati simili a quelli realizzati da Niccolò Lagaggio per i bracci per candele posti agli angoli del primo salotto del secondo piano di palazzo Spinola. Vi sono, poi, serpenti attorcigliati alle gambe mentre, al centro, nella parte immediatamente sottostante il piano del tavolo, è presente un medaglione a bassorilievo con una nereide, sorretto da una valva, motivo, quello della conchiglia, che si ripete sulla fantasiosa traversa mistilinea.

È stato osservato che si tratta di un mobile che nel disegno delle gambe dalle ampie volute mostra di avere tratti in comune con le forme dei tavoli da muro eseguiti nel 1736 per palazzo Spinola da Francesco Maria Mongiardino (Colle 2003, pp. 262-263, n. 61), ma anche con un tavolo ese-

guito da un anonimo intagliatore intorno alla fine degli anni trenta del Seicento, conservato nella Galleria di Palazzo Rosso, che assomiglia molto a quello qui preso in esame (Colle 2003, p. 264, n. 62). D'altro canto, questo tipo di esemplari sarà riproposto in molte varianti che andranno a costituire l'ampia serie di tavoli da distribuire lungo le pareti delle sale, i quali nella seconda metà del secolo aderiranno definitivamente al gusto *rocaille* a scapito delle figurazioni allegoriche che fino agli anni trenta, e quindi ancora nel nostro esemplare, avevano costituito la foggia dei tavoli parietali genovesi. [V.G.]
Bibliografia: González-Palacios 1996, pp. 140-141; Boccardo, Cataldi Gallo 2000, p. 246, n. 119; Colle 2003, p. 262

V.3

Mario Bellini
(Milano, 1935)
Poltrona *Teneride*
produzione Cassina, 1968
membrana cilindrica in poliuretano
espanso integrale, corrugata a soffietto
e incastrata su un anello girevole
e portante in fiberglass
80 x 62 x 68 cm
Meda, collezione Archivio storico Cassina

V.4

Manifattura lucchese
Poltrona, anteriore al 1750
legno impiallacciato e dorato,
sedile e spalliera rivestiti di velluto
rosso contornato di gallone in argento
e rame dorato
158 x 85 x 65 cm
Firenze, palazzo Pitti, Museo degli Argenti
Inventario: MPP 1911, nn. 68-69,
sala 20, "di Giovanni da San Giovanni"

La poltrona, databile intorno alla metà del Settecento, probabilmente realizzata da un artigiano lucchese, fa parte di una coppia inviata a palazzo Pitti da Lucca il 31 dicembre 1865. Negli inventari del Palazzo Pubblico di Lucca anteriori al 1848 esse non sono tuttavia riscontrabili, poiché i mobili lì elencati non recano una numerazione o una descrizione che li renda identificabili.

Il nostro arredo fu trasferito dai Savoia col fine di adornare le stanze di Palazzo Pitti, che assunsero con l'Unità d'Italia un aspetto eterogeneo che rispecchiava il gusto dei nuovi regnanti.

L'abile intagliatore – che un secolo prima aveva realizzato le parti lignee decorate con mascheroni, figure mostruose e zampe di leone – si era riferito sia a modelli romani sia a repertori ornamentali utilizzati negli arredi olandesi e inglesi della prima metà del Settecento. Alla luce di quanto esposto si potrebbe proporre il nome di Silvestro Giannotti, intagliatore e statuario, forse di origine toscana, ma attivo in molte zone d'Italia fra cui Bologna, Roma e Reggio Emilia (Colle 2003, pp. 482-483). [V.G.]
Bibliografia: González-Palacios 1966, I, p. 267; Colle 1992b, pp. 160-161, n. 95.

V.5

Manifattura emiliana
Poltrona, terzo quarto del XVIII secolo
legno intagliato e dorato, sedile imbottito
e rivestito in stoffa
164 x 84 x 65 cm
Piacenza, Collegio Opera Pia Alberoni

La sedia è in legno dorato con intagli che corrono lungo tutta la cornice dello schienale e sulle gambe terminanti a volute, come anche sui braccioli scanalati. Il cartoccio sulla parte alta centrale dello schienale può evocare, nella foggia, una *masque radié*, elemento tipico dello stile Luigi XIV, presente in un altro esemplare emiliano di poltrona conservato presso la Galleria Nazionale di Parma (Bandera 1972, p. 115, nn. 125, 126). La poltrona sviluppa modelli francesi, rappresentando una declinazione emiliana delle cosiddette sedie "à la reine", secondo una variante che rivisita le slanciate poltrone parigine attraverso elaborate ornamentazioni a intaglio che seguono, invece, moduli stilistici tardobarocchi.

Un'analoga fusione di caratteri locali a prototipi francesi è documentata anche in un seggio assai simile al nostro, che però presenta gambe a vaso e fastigio con motivo a scudetto (Cirillo, Godi 1983, p. 95, n. 217). Durante la seconda metà del Settecento nell'ambiente aristocratico piacentino si faceva sentire l'eco di quanto avveniva a Parma: lì, durante i primi anni della seconda metà del secolo, la cultura era stata fortemente permeata da influenze francesi che, di riflesso, si riversarono sulle mode adottate dalla locale nobiltà piacentina, formata, in prevalenza, da famiglie di origine ligure e lombarda che sostituirono la corte nell'orientare il gusto dell'epoca, creando un proprio originale stile rococò (Colle 2003, p. 287). [V.G.]
Bibliografia: Colle 2003, p. 296.

V.6

Carlo Mollino
(Torino, 1905-1973)
Poltrona per casa Minola, 1944
130 x 70 x 110 cm
Torino, collezione privata

V.7

Manifattura genovese o emiliana (?)
Coppia di microintagli
legno scolpito, intagliato e dorato
e microintaglio in legno di bosso
100 x 85 x 20 cm
collezione privata

Sulla cornice realizzata in legno intagliato e dorato, eseguita per racchiudere un fragile intaglio in pregiato legno di bosso, si erge un'aquila ad ali spiegate, che forse potrebbe alludere all'insegna della famiglia Doria. Ai lati vi è una coppia di putti reggistendardo mentre, nella parte bassa, sovrastata da una valva di conchiglia fra ampie foglie, è una vezzosa testina col capo cinto di fiori, a proposito della quale Alvar González-Palacios riscontra delle affinità di stile con le sculture marmoree di Domenico Parodi a San Fi-

great skill to make and were highly popular in baroque collecting circles as they conformed to the tradition of stimulating curiosity and wonder, a tradition that reached its peak in the German *Wunderkammer*.

The present micro-carving is formed of a central scene and a complex frame with variously interwoven leaves and flowers. In both the plant part of the internal oval and in some flowers of the garland, it resembles an intaglio attributed to Antonio Bonini, depicting a *Hunting scene*, preserved at the Pinacoteca Nazionale di Bologna, and datable to between the end of the seventeenth and start of the eighteenth century (Colle, 2001a, p. 18). Another maker of tiny works who was famous in his own time and cited in sources, was Filippo Santacroce, head of a family of carvers originating from Urbino but active in Genoa from the end of the sixteenth century. Filippo Santacroce had worked for the Doria family, delighting "especially in sculpting tiny subjects on top of the smallest nuts" (Finocchietti, 1873, p. 153, cit. in Colle, 2001a, p. 8, note 4 p. 30). Certainly of later date, the micro-carving in question might nevertheless have been made in Liguria, given that the celebrated Santacroce dynasty, which worked there for much of the eighteenth century (González-Palacios, 1996, pp. 44–45), contributed to spreading a taste for this kind of work in Genoese circles. [V.G.]
Bibliography: González-Palacios, 1996, pp. 121, 139, fig. 144; Colle, 2001a, p. 22.

V.8

Fausto Melotti
(Rovereto, 1901 – Milan, 1986)
Photograph frame, 1957
ceramic
24 x 20 x 5 cm
Milan, Wanda Baia Curioni collection

V.9

Trapani workshop
Cabinet, first half of the seventeenth century
embossed and chased gilt copper, coral, enamel and ivory
109 x 72,5 x 35,5 cm
Rome, Terruzzi collection

This precious coin cabinet used to belong to the collection of John Alexander, fourth marquis of Bath (1831–1896), who probably bought it during a stay in Italy for his home at Longleat in Wiltshire, where it is recorded in the inventory of 1859 and 1896. The cabinet could still be admired in the Drawing Room in the nineteenth century, as documented by an illustration in *The Illustrated London News* of 10 December 1881 (Colle, 2007, no. VI.1, p. 472).

It is distinguished by the architectural complexity of the structure which, resting on four feet of multiple scrolls, depicts in reduced scale a two-floor building with a raised central part surmounted by a clock tower and cupola with lantern lined in a scale motif; the two side parts terminate with a balustrade decorated with a globe motif and coral twigs

simulating flames. The ornamentation is principally constituted of shells and *bugne* of encrusted coral, covering the structural elements—the oblique doors, cornices, architraves, columns to the sides of the two central elements—and the secondary elements, such as the pods of the spheres on the plaques and the fish-scale tiles on the roof. In our piece, the prevalent technique is "retroincastro", whereby the pieces of coral, cut according to varied designs and forms, were placed into matching pods on the back of the metal, so that they would appear in relief with regard to the metal structure containing them. Alongside this technique, we find a more summary technique, noticeable in the drawers and side of the structure, for example, in which the coral is applied over the whole area but simply sewn together with a metal thread and adjusted to more rough-and-ready holes.

Overall, this decorative solution bears witness to the origin of this piece—Trapani—given that this town was the centre of coral working, and during the course of the seventeenth century saw a massive increase in the working of this material. Local craftsmen were required to satisfy the taste of an increasingly demanding and cultured clientele from throughout Europe, including sovereigns and leading nobility. The cabinet exhibited falls within this cultural context, one in which the working of coral had reached the greatest heights, especially when combined with other materials, such as enamel, ivory and copper, which were fundamental for creating pictorial effects of particular beauty (Ascione, 2001, p. 107). A strong impulse to the applied arts and the production of articles such as this one came from the architecture and rich decorative repertory of Giuseppe Amato, who between the end of the seventeenth century and the start of the following one, made a series of antependia for various churches in Palermo, marked by an eclectic style between baroque and rococo. As Enrico Colle has observed, the adornment of this piece seems to have derived from the projects for vases and other liturgical instruments by Orazio Scoppa, executed between 1642 and 1643; the decorative motifs seem to reappear above all in the supports of the cabinet, in the caryatids to the sides of the central niche and in the female figures emerging from the volutes of the tympanum (Colle, 2007, VI, p. 472). The church of the Annunziata in Trapani represented another important figurative model for the coral artisan who made this piece: the decoration of the tiles on the cabinet are certainly inspired by the intarsia by Giuseppe Orlando, laid out in similar manner "like a carpet" in the cappella dei Marinai, while for the rich decorative repertory of rosettes, cherubim and various heads, the artist looked to similar motifs present in the bell tower of the church in Trapani, built around 1640 (González-Palacios, 1984, pp. 129–130).

In the light of these observations, a comparison can be made with other cabinets, also richly decorated with plaques of copper

and coral, such as the one in the Fondazione Piccolo di Capo d'Orlando and others from a private collection in Catania, made during a period running from the late sixteenth century to the first half of the following century. A later date has instead been proposed for the present cabinet, between 1655 and 1670, based on the simultaneous presence of the sewn technique and the "retroincastro" one; this combined technique is considered by scholars to date from the period indicated (Daneu, 1964, p. 67). [E.M.]
Bibliography: Daneu, 1964, p. 67; González-Palacios, 1984 no. 70, pp. 129–130, fig. 26; p. 67; Colle, 2007, no. V.1, p. 472.

V.10

Enzo Mari
(Novara, 1931)

Sumatra mail tray, 1976
polystyrene
6,5 x 28 x 33 cm

Flores box, 1992
technopolymer
7,6 x 31 x 15 cm

Mastaba penholder, 1973
bakelite
9 x 20,5 x 7,5 cm

Colleoni paper clip holder, 1970
melamine
8 x Ø 10 cm

made by: Danese, 1970–1992
Milan, Danese srl property

V.11

Neapolitan workshop
Frame, second quarter of the eighteenth century
silver and gilt-bronze
100 x 90 cm

Francesco Solimena
(Canale di Serino, 1637 – Barra, 1747)
Education of the Virgin
oil on copper
56 x 47,5 cm

Florenze, Palazzo Pitti,
Museo degli Argenti
Inventory: OdA 1911, no. 535

This rare example of Neapolitan silversmithing has, since it was made, enclosed a well-known painting on copper by Francesco Solimena, copied several times and datable to the 1720s (Spinosa, 1994, p. 262). The picture, together with its silver frame, is mentioned as being at Palazzo Pitti since 1761, located in the Apartments where had been home to Anna Maria Luisa de' Medici, as emerges from an inventory of the time: "Solimena. St Anna teaching the Virgin to read, with silver frame", ASF Guardaroba, appendix 94, c. 282 v., doc. cited in González-Palacios, 1984, I, p. 297). Concerning Solimena, we know that he paint-

lippo Neri a Genova (González-Palacios 1996, p. 139).

Il minuto intaglio contenuto all'interno della cornice lignea rientra fra quegli oggetti la cui fattura richiedeva un'altissima abilità d'esecuzione e che tanta fortuna ebbero nell'ambito del collezionismo barocco, costellato di oggetti la cui funzione, secondo una tradizione che aveva raggiunto il suo apice nelle *Wunderkammern* tedesche, era quella di suscitare curiosità e stupore.

Il nostro microintaglio si compone di una scena centrale e di una complessa incorniciatura con foglie e fiori variamente intrecciati. Esso assomiglia, sia nelle parti vegetali dell'interno ovale sia in alcuni fiori della ghirlanda, a un intaglio attribuito ad Antonio Bonini, raffigurante una scena di *Caccia*, conservato presso la Pinacoteca Nazionale di Bologna, databile fra la fine del Seicento e l'inizio del Settecento (Colle 2001a, p. 18). Altro esecutore di minute opere, famoso ai suoi tempi e citato dalle fonti, fu Filippo Santacroce, capostipite di una famiglia di intagliatori, di origine urbinate, ma attivi a Genova a partire dalla fine del Cinquecento. Filippo Santacroce aveva lavorato per la famiglia Doria dilettandosi "specialmente nello scolpire minuti soggetti sopra i più piccoli noccioli di frutte" (Finocchietti 1873, p. 153, cit. in Colle 2001a, p. 8, nota 4 p. 30). Sicuramente posteriore, il microintaglio in esame potrebbe tuttavia essere stato realizzato in Liguria, dal momento che la famosa dinastia dei Santacroce, che lì operò per buona parte del XVII secolo (González-Palacios 1996, pp. 44-45), contribuì a diffondere nell'ambiente genovese il gusto per questo genere di lavori. [V.G.]

Bibliografia: González-Palacios 1996, pp. 121, 139, fig. 144; Colle 2001a, p. 22.

V.8

Fausto Melotti
(Rovereto, 1901 - Milano, 1986)
Cornice per fotografia, 1957
ceramica
24 x 20 x 5 cm
Milano, collezione Wanda Baia Curioni

V.9

Manifattura trapanese
Stipo, prima metà del XVII secolo
rame dorato, sbalzato e cesellato,
corallo, smalto e avorio
109 x 72,5 x 35,5 cm
Roma, collezione Terruzzi

Questo prezioso monetario apparteneva alla collezione di John Alexander, quarto marchese di Bath (1831-1896), che lo acquistò probabilmente durante un soggiorno in Italia per la sua dimora di Longleat nel Wiltshire, dove è ricordato negli inventari del 1859 e del 1896. Il mobile si poteva ancora ammirare nella Drawing Room, come documenta un'illustrazione a stampa apparsa sulla rivista londinese "The Illustrated London News" del 10 dicembre 1881 (Colle 2007, n. VI.1, p. 472). Esso si caratterizza per la complessità architettonica della struttura, che,

poggiante su quattro piedi a cartocci multipli, rappresenta in scala ridotta la facciata di un edificio a due piani con il corpo centrale sopraelevato e sormontato da una torretta con orologio sulla quale s'innesta una cupola a lanterna rivestita da un motivo a squame; i due corpi laterali terminano con una balaustra decorata da un motivo a globi e spicchi di corallo che simulano fiamme. L'ornamentazione è principalmente costituita da conci e bugne di corallo incrostato, che rivestono gli elementi strutturali – il portone strombato, le cornici, le trabeazioni, le colonne ai lati dei due corpi centrali – e le parti secondarie, quali i baccelli delle sfere sui piastrini e le tegole a squame che ricoprono il tetto. Nel nostro mobile la tecnica prevalente è quella del retroincastro, consistente nell'inserire i pezzetti di corallo, opportunamente intagliati secondo disegni e forme variegate, in appositi alveoli posti sul retro della lamina, in modo che risultino in rilievo rispetto alla struttura metallica che li contiene. Accanto all'incastonatura troviamo anche una tecnica più sommaria, rilevabile ad esempio nei cassetti e nei fianchi della struttura, dove gli elementi corallini sono applicati "a tappeto", semplicemente cuciti con un filo metallico e adattati ad incavi più approssimativi.

Nell'insieme, una simile soluzione decorativa attesta l'origine trapanese dell'arredo, dato che proprio Trapani deteneva il primato nella lavorazione del corallo, e nel corso del XVII secolo conobbe un massiccio incremento di questa particolare manifattura. Gli artigiani locali erano infatti chiamati a soddisfare i gusti di una committenza sempre più esigente e colta, proveniente da tutta Europa, che annoverava anche sovrani ed esponenti di nobili casate. Lo stipo in mostra rientra in questo contesto culturale, in cui la lavorazione del corallo era giunta a esiti di altissimo livello, soprattutto combinandosi con l'impiego di materiali diversi, come smalto, avorio e rame, determinanti per creare effetti pittorici di particolare bellezza (Ascione 2001, p. 107). Un forte impulso allo sviluppo delle arti applicate e in particolare alla realizzazione di arredi come questo venne dalle architetture e dal ricco repertorio decorativo di Giuseppe Amato, autore, tra la fine del Seicento e l'inizio del secolo successivo, di paliotti d'altari per varie chiese palermitane, caratterizzati da uno stile eclettico, tra barocco e rococò. Come ha osservato Enrico Colle, l'ornamentazione di questo mobile sembra derivare ulteriori spunti dai progetti per vasi e altri arredi liturgici di Orazio Scoppa, incisi tra il 1642 e il 1643, i cui motivi decorativi sono echeggiati in particolare nei supporti dello stipo, nelle cariatidi presenti ai lati della nicchia centrale e nelle figure femminili emergenti dalle volute del timpano (Colle 2007, VI, p. 472). La chiesa dell'Annunziata a Trapani rappresentò un altro modello figurativo importante per l'orafo-corallaio che allestì questo arredo: infatti nella decorazione delle formelle dello stipo egli si ispirò certamente alle tarsie disegnate da Giuseppe Orlando, similmente

disposte secondo uno schema "a tappeto" nella cappella dei Marinai, mentre per il ricco repertorio decorativo costituito da rosette, cherubini e testine varie, guardò agli analoghi motivi presenti nel campanile della stessa chiesa trapanese, edificato intorno al 1640 (González-Palacios 1984, pp. 129-130).

Alla luce di queste osservazioni, si può stabilire un confronto con altri stipi, anch'essi riccamente ornati con placche di rame e corallo, come quello presso la Fondazione Piccolo di Capo d'Orlando e altri appartenenti a una collezione privata catanese, realizzati entro un arco di tempo che va dalla fine del XVI secolo alla prima metà del secolo successivo. Per il nostro stipo è stata invece proposta una datazione più avanzata, in un'epoca compresa tra il 1655 e il 1670, ipotesi fondata sulla compresenza della tecnica a cucitura accanto a quella a retroincastro, una lavorazione mista che gli studiosi ritengono propria del periodo indicato (Daneu 1964, p. 67). [E.M.]

Bibliografia: Daneu 1964, p. 67; González-Palacios 1984, n. 70, pp. 129-130, tav. 26, p. 67; Colle 2007, n. V.1, p. 472.

V.10

Enzo Mari
(Novara, 1931)

Vaschetta per corrispondenza
Sumatra, 1976
polistirolo
6,5 x 28 x 33

Scatola *Flores*, 1992
tecnopolimero
7,6 x 31 x 15

Portamatite *Mastaba*, 1973
bachelite
9 x 20,5 x 7,5

Portafermagli *Colleoni*, 1970
melamina
8 x Ø 10 cm

produzione Danese, 1970-1992
Milano, proprietà Danese srl

V.11

Manifattura napoletana
Cornice, secondo quarto del XVIII secolo
argento e bronzo dorato
100 x 90 cm

Francesco Solimena
(Canale di Serino, 1637 - Barra, 1747)
Educazione della Vergine
olio su rame
56 x 47,5 cm

Firenze, palazzo Pitti, Museo degli Argenti
Inventario: OdA 1911, n. 535

Questo raro esempio di arte argentaria napoletana racchiude fin dall'origine un ben noto dipinto su rame di Francesco Solimena, più volte replicato e databile al terzo de-

ed a "St Anna with the Blessed Virgin and various fine little angels" for "marchese Rinuccini of Florence" (De Dominici, 1742–1745, ed. 1840–1846, IV, 1846, p. 440). As a consequence, it has been supposed that both picture and frame were commissioned by Carlo Rinuccini, who, apart from holding important posts in the grand ducal court, was also ambassador in 1717 in Neuberg to negotiate the return to Florence of Anna Maria Luisa de' Medici upon request of her father. Rinuccini received several indications of favour from the Elector Palatine, who even nominated him executor to his will (Catello, 2006, p. 278). It is thus not too far-fetched to imagine that the marquis wished to express his gratitude towards the Elector through an appropriate gift, and so contacted his brother, Alessandro Rinuccini, who lived in Naples, where he was director of the Medicean bank, to act as go-between for the purchase of the silver frame, which was probably made by a Neapolitan silversmith. As for the period in which it was made, a date subsequent to the return to Florence of Maria Luisa de' Medici has been convincingly proposed, which took place in 1717, and before 1737, when Folco Rinuccini, Carlo's son, was sent to Vienna as ambassador of the princess (Catello, 2006, p. 278). The subject of the painting, which combines both first names of Maria Luisa de' Medici must have been particularly appealing to her, but the frame too fully matched her own aesthetic preferences, as she was a great collector of silver articles, or of other precious materials such as bronze and pietra dura, as witnessed by the celebrated prie-dieu made for by Giovan Battista Foggini. The frame presented in the exhibition, originally preserved in a fine octagonal wooden case, incised with small leaves and gilt, and "closed by eight crystals around the case and one in front" (Inv. MPP 1109, doc. cited in Catello, 2006, p. 278), constitutes an extremely fine example of an artistic genre that had a consolidated tradition in Naples, and which underwent a particular period of splendour under the reign of Charles III, Duke of Bourbon. The floral composition is developed along the broad outer frame made of pear wood and framed by two outlines of gilt bronze; among the various species of flowers, modelled with naturalistic sensitivity, it is possible to recognise hollyhocks, orange flowers, buttercups, tulips, rosa centifolia, double anemones, citrus flowers and the so-called Crysanthenum parthenium, symbol of chastity. The mimetic precision in the rendering of the single elements in embossed silver reveals a considerable botanical culture on the part of the artist, which might well have been increased by resort to the so-called florilegia, atlases illustrating the rarest and most curious species of flowers, published from the first half of the seventeenth century and used as practical repertories by painters of still lifes. In this regard, the article here shows close iconographic affinities with the garlands of flowers painted around paintings of a devotional subject, and seems indeed to be the sculpted version of this painterly genre, which is of Flemish origin, but was common in Naples. Generally, it was the result of a collaboration between a painter of figures and one of flowers, as in the case of Luca Giordano and Abraham Brueghel (cf. *Fiori. Cinque secoli* 2004, no. 96, p. 245). In this regard, it is useful here to recall how Francesco Solimena himself worked in similar fashion with Andrea Belvedere, a Neapolitan flower painter noted for the naturalistic appearance of his compositions (De Dominici, 1742–1745, IV, pp. 570–575). This can lead us to hypothesise—although with a few question marks—whether the author of the frame might not be Belvedere, who in this case would have supplied the drawing or sculptural model subsequently used by the silversmith. However, one cannot exclude the possibility that the design of the floral crown was by Solimena himself (Catello, 2006), who was praised by his contemporaries both for his ability in painting "fruit, flowers, game and every other thing that makes up a great universal painter" (De Dominici, IV, p. 441), and for his qualities as "excellent sculptor", the author of plaster and clay models ready to be made "into silver, bronze and marble" (De Dominici, 1742–1745, IV, p. 442). For example, the Neapolitan artist produced the drawings for the busts of *Saint Anthony Abbot and Saint Francis of Paola* in the Holland collection in Richmond, and sources attribute the model for a *Dead Christ* preserved in the crypt of Capua cathedral to him (Catello, 2000, p. 14). As further proof of a close relationship between the painting and its frame, or even of the two being made to a common plan even if not designed by the same artist, we can add a note of an iconological nature: the flowers depicted are for the most part cultivated species and symbolically linked with the figure of the Virgin as emblems of virtue that are traditionally attributed to her.

As far as sculptural precedents are concerned, scholars have compared the Medicean frame with other, similar silver articles of a analogous floral subjects, such as those preserved in the Palazzo Reale in Madrid, which is almost certainly Neapolitan (González-Palacios, 1980, p. 82; idem 1984, II, p. 297), or the bunches of flowers shown in the silver busts for which Naples was also renowned (E. and C. Catello 2000, *passim*). [E.M.]

Bibliography: Walpole-Mann, 1740–1756, XVIII, p. 171; De Dominici, 1742–1745, ed. 1840–1846, IV, 1846, p. 440; González-Palacios, 1980, p. 82; Idem, 1984, I, p. 297, II, fig. 510, p. 223; Catello, 2006, no. 245, pp. 278–280.

V.12

Gio Ponti
(Milan, 1891–1979)
Small nude, ca 1953
wall or table-top work on painted glass,
the painted frame with design by Gio Ponti
32,5 x 23,5 x 7,5 cm
Milan, private collection

cennio del Settecento (Spinosa 1994, p. 262). Il quadro, unitamente alla sua cornice d'argento, è menzionato a palazzo Pitti fin dal 1761, collocato negli appartamenti dove era vissuta Anna Maria Luisa de' Medici, come risulta dal relativo inventario: "Solimena. S. Anna che insegna a leggere alla Vergine con cornice d'argento…" (ASF Guardaroba, appendice 94, c. 282 v., doc. cit. in Gonzáles-Palacios 1984, I, p. 297). Dalla vita di Solimena sappiamo che egli eseguì un dipinto rappresentante "S. Anna con la Beata Vergine e vari belli angioletti" per il marchese "marchese Rinuccini fiorentino" (De Dominici 1742-1745, ed. 1840-1846, IV, 1846, p. 440). Di conseguenza è stato supposto che sia il quadro sia la cornice siano stati commissionati da Carlo Rinuccini, il quale, oltre a rivestire importanti cariche per la corte granducale, nel 1717 fu ambasciatore a Neuberg presso Anna Maria Luisa de' Medici, per trattarne il ritorno a Firenze su richiesta del padre. Rinuccini ebbe diversi attestati di benevolenza dall'Elettrice Palatina, che giunse a nominarlo suo esecutore testamentario (Catello 2006, p. 278). Non è quindi azzardato supporre che il marchese Carlo abbia desiderato esprimere la propria gratitudine verso l'Elettrice attraverso un dono adeguato e che quindi si sia rivolto al fratello Alessandro Rinuccini, che viveva a Napoli, dove ricopriva la carica di responsabile del banco mediceo, perché gli facesse da tramite per l'acquisto della cornice d'argento, probabilmente fatta eseguire da un maestro napoletano. Per quanto concerne il periodo di esecuzione, è stata convincentemente proposta una datazione successiva al ritorno a Firenze dell'Elettrice Palatina, avvenuto nel 1717, e anteriore al 1737, quando Folco Rinuccini, figlio di Carlo, fu inviato a Vienna come ambasciatore della principessa (Catello 2006, p. 278). Se il soggetto del dipinto, che riunisce entrambi i nomi di battesimo di Maria Luisa de' Medici, dovette risultare particolarmente gradito all'Elettrice, anche la cornice rispondeva pienamente alle preferenze estetiche della principessa, grande collezionista di manufatti d'argento, o in materiali preziosi quali il bronzo e le pietre dure, come attesta il celebre inginocchiatoio realizzato per lei da Giovan Battista Foggini. La cornice presentata in mostra, originariamente conservata in una preziosa custodia ottagonale in legno, intagliata a piccole foglie e dorata, "chiusa da otto cristalli in giro e un cristallo sul davanti" (Inv. MPP 1109, doc. cit. in Catello 2006, p. 278), costituisce una testimonianza di altissimo livello di un genere artistico che nella città partenopea aveva una consolidata tradizione e che durante il regno di Carlo III di Borbone conobbe un periodo di particolare splendore. La composizione floreale si svolge lungo l'ampia fascia di contorno, in legno di pero, delimitata da due incorniciature di bronzo dorato; tra le varie qualità di fiori, modellati con sensibilità naturalistica, si riconoscono altee, zagare, ranuncoli, tulipani, rose *centifoliae*, anemoni doppi, fiori d'agrumi e il cosiddetto *Crysanthemum*

parthenium, simbolo di castità. La precisione mimetica nella resa dei singoli elementi vegetali, lavorati a sbalzo, rivela, da parte dell'artista, una notevole cultura botanica, che certamente poteva essere approfondita anche attraverso lo studio dei cosiddetti florilegi, atlanti che illustrano le più rare e curiose specie di fiori, pubblicati a partire dalla prima metà del XVII e impiegati anche come utili repertori dai pittori di nature morte. A tale proposito, il nostro manufatto manifesta strette affinità iconografiche con le ghirlande di fiori dipinte attorno a quadri di soggetto devozionale, e anzi sembra addirittura la versione plastica di questo genere pittorico di origine fiamminga, ma ampiamente diffuso nella città partenopea, che generalmente era il frutto della collaborazione tra un pittore di figura e un fiorante, come nel caso di Luca Giordano e Abraham Brueghel (cfr. *Fiori. Cinque secoli* 2004, n. 96, p. 245).
In quest'ambito figurativo sarà opportuno ricordare come lo stesso Francesco Solimena avesse stabilito un analogo sodalizio con Andrea Belvedere, fiorante napoletano celebrato per l'efficacia naturalistica delle sue composizioni (De Dominici 1742-1745, IV, pp. 570-575). Ciò può indurre a ipotizzare – sia pure in via dubitativa – che l'autore della cornice possa essere Belvedere, che in questo caso avrebbe fornito il disegno o il modello scultoreo da tradurre poi a opera del maestro argentiere. Non si può tuttavia escludere che il disegno della corona floreale risalga allo stesso Solimena (Catello 2006), elogiato dai contemporanei sia per l'abilità nel dipingere "frutta, fiori, cacciagione e ogni altra cosa che può costituire un gran pittore universale" (De Dominici 1742-1745, IV, p. 441), sia per le qualità di "eccellente scultore", autore di gessi e modelli in creta destinati a essere tradotti "in argento, in bronzo e in marmo" (De Dominici 1742-1745, IV, p. 442). L'artista napoletano realizzò ad esempio i disegni per i busti di *Sant'Antonio Abate e San Francesco di Paola* in collezione Holland a Richmond, e le fonti gli attribuiscono il modello per un *Cristo morto* conservato nella cripta della cattedrale di Capua (Catello 2000, p. 14). A ulteriore riprova di una stretta relazione tra il dipinto e la sua cornice, se non addirittura concepiti dal medesimo artista, almeno realizzati secondo un pensiero comune, si può aggiungere una nota di carattere iconologico: i fiori raffigurati sono per lo più specie coltivate, e simbolicamente attinenti alla figura della Vergine, come emblemi di virtù a lei tradizionalmente attribuite. Per quanto invece concerne i precedenti scultorei, gli studiosi hanno confrontato la cornice medicea con altri argenti simili di analogo soggetto floreale, come quelli conservati nel Palazzo Reale di Madrid, di quasi certa provenienza partenopea (Gonzáles-Palacios 1980, p. 82; Idem 1984, II, p. 297), o i mazzetti di fiori raffigurati nei busti d'argento per cui Napoli era molto rinomata (E. e C. Catello 2000, *passim*). [E.M.]
Bibliografia: Walpole-Mann 1740-1756, XVIII, p. 171; De Dominici 1742-1745 (ed.

1840-1846), IV, 1846, p. 440; González-Palacios 1980, p. 82; González-Palacios 1984, I, p. 297, II, fig. 510, p. 223; Catello 2006, n. 245, pp. 278-280.

V.12

Gio Ponti
(Milano, 1891-1979)
Nudino, circa 1953
opera da parete o da tavolo su vetro
dipinto, cornice in legno verniciato
su disegno di Gio Ponti
32,5 x 23,5 x 7,5 cm
Milano, collezione privata

247

Rococo:
the Pleasures
of Surprise

VI.1
Roman workshop
Commode, 1750–1775
veneered and inlaid wood with applications
of gilt bronze, the top of verde antico
wooden part: 90 x 184 x 78 cm
marble top: 6 x 172 x 74 cm
private collection

Seen, together with its pendant, as one of the finest pieces of European furniture of the eighteenth century (González-Palacios, 2007, p. 26, fig. 10), this commode stands on legs encased in bronze bull's-hoof legs, with rocailles motifs and scrolls with vines and volutes ending, beneath the top, with bulls' heads at the corners. The same bull-shaped protomes, with vine leaves and bunches of grapes decorate the front, with handles the shape of interwoven cornucopia. The *bombé* front is lined with a panel inlaid with a lozenge motif outlined by a slender frame of oval shapes. The same lozenge motif in rosewood covers the sides with, at the centre, a mask with ring. The curved top is made with veneer of verde antico and edge of leaves and oval shapes with ground worked over with a burin; this creates a further outline running along the part underneath resting on the main body of the commode, this frame designed as a procession of half corollas.

The commode has an impressive and imposing appearance that is typical of Roman commodes of the seventeenth and eighteenth century and which, in the oldest examples found so far, derives from from pieces that have been grouped into a corpus attributed to the so-called " Barberini Cabinet-maker") – since one of these belonged to Principe Don Ubaldo Barberini (González-Palacios, 2007, p. 8, fig. 1). In the wake of these, it is possible to note a wide distribution of geometric intarsia used to form the background motif and, above all, the repetition of the shapes in the lateral hollows, helping to accentuate the upper part of the commodes, which are wide than the surface of the tops. According to Alvar González-Palacios and Enrico Colle (Colle, 2003, p. 128, n. 24; Colle, 2007, p. 472, n. V.9), this solution derives from a drawing included in Giovan Battista Piranesi's *Diverse maniere d'adornare i cammini* of 1769 which, perhaps, was the model for a series of variants; it presents a lozenge decoration on the front and legs ending in goats' heads.

According to Colle, the two commodes—ours and its pendant—might have been made from a drawing by Piranesi, given that they could have been part of those items of furniture that the artist himself designed and which belonged to scnatore Abbondio Rezzonico (1741–1810), Pope Clement XIII's nephew, who took up his post in Rome in 1765, residing in the Campidoglio. This suggestion is supported by the fact that an inventory of Villa Rezzonico at Bassano del Grappa, drawn up in 1821, mentions "2 commodes with gilt bronze appliqués and with verde antico stone top", which could be identified with the commodes in question. Alvar González-Palacios, on the other hand, believes this to be a commission from the last Polish king, Stanis?aw II Poniatowski, whose heraldic emblem was the head of a bull, as visible in the corners of our commode (González-Palacios, 1986a, p. 43, 50).

Another important question was recently discussed by González-Palacios: the possibility that in both cases the bronzes are by Luigi Valadier, the greatest craftsman in bronze of his period, whose intervention here would render the history of the two commodes even more interesting and extraordinary. As González-Palacios states, "given the importance and cost of such furniture", we can exclude the possibility that it might have been offered to a second customer (González-Palacios, 2007, p. 27). [V.G.]
Bibliography: González-Palacios, 2007, pp. 8–31.

VI.2
Gio Ponti
(Milan, 1891–1979)
Small chest of drawers for the Xth Triennale
made by: Roncoroni Cantù, 1954
walnut framework, drawers and top in white Formica, with metal feet
80 x 100 x 47 cm
Milan, Anna Patrassi collection

VI.3
Angelo Mangiarotti
(Milan, 1921)
Eros coffee tables
made by: Skipper, 1971
the top and supporting column of marble
42 x 54 x 47 cm
Paris, Galleria Scagliola property

VI.4
Veneto workshop
Pair of *guéridons*, mid-eighteenth century
carved and painted wood
87 x 42 x 30,5 cm
private collection

These two small guéridons from the Venetian collection of contessa Morosini, are marked by the extravagant form of the double leg, which bend to simulate volutes, and with inserts of vines and other plant motifs, meeting at the base, formed of a curved tripod in the most typical Veneto rococo style, marked by light, flowing forms tending to favour sinuous lines. This imaginative originality, notable also in the forms of chairs and tables, reflects the exuberant taste of the Venetian artisans who, in the furnishings produced around the middle of the eighteenth century, favoured broken and serpentine lines, shaped to imitate roots, scrolls, flowering or grape-filled branches, or ready to transform themselves into shells, fruit, volutes, bands, putti or fantastic animals (Morazzoni, 1958). This kind of perch, called *guéridon*, was light and easily moved, comprising a small top and generally supported by slender legs ending on a tripod base. They are often illustrated in the painting of Pietro Longhi, where it can be noted how they were frequently used by members of high society of the time for placing their gloves or fan, mask of tobacco-box, coffee or chocolate cup.

These pieces came in the most varied of shapes and because of their characteristics, allowed free rein to the Venetian makers' imagination, allowing them to carve the most imaginative decorations. Common features to be found in some examples similar to tours include tops painted with little Oriental scenes, or decorated with beaded edging and gilt masks inserted at the point in which top and support meet (cf. Alberici, 1980, figs 333–335). However, the guéridons on show seem to be inspired by a slightly more sober taste, far removed from the decorative exuberance betrayed by the perches of Andrea Brustolon, whose ornamentation is decidedly more complex, as it also includes fully-rounded statues along the supports and base. Our pair of guéridons may rather be compared to a gilt wood perch in the Cini collection in Venice, similar, in terms of type of decoration and the similar structure of the top, highlighting its use as a movable perch to be placed against a wall, on which to place vases, mirrors or candlesticks (González-Palacios, 1979a, I, p. 167).

The polished effect, similar to that of the gilt bronze characterising the pieces here, is a result of lacquering that was particularly popular in Venice, especially in the eighteenth century, when it spread at the same time as the fashion for chinoiserie.

The task of painting the curved forms of the table, chairs and consoles was generally undertaken by the so-called "depentori", usually working alongside the gilders, and who would lay several coats of a special paint obtained from sandarac, which gave an extremely splendid and smooth finish (Alberici, 1980, p. 189). As observed by Giuseppe Morazzoni, the two examples on show can be dated to the mid-eighteenth century, a period in which artisans of high level were at work in Venice, including two brothers from Bassano, Marc'Antonio and Agostino Vanini, invited by the Serenissima to work on figures and ornaments for the Bucintoro, thanks to their skills in carving; alongside them were such craftsmen as Daniele Bisson and Giovan Battista Costanza, called Il Fratin, both of whom specialised in carving wood (Colle, 2003, p. 322). [E.M.]
Bibliography: Morazzoni, 1958, fig. CCII; Lorenzetti, 1938, fig. 38.

VI.5
Giovan Battista Galletti
Bureau, 1775
wood, veneered and inlaid with ivory,
boxwood and mother-of-pearl,
gilt bronze mounts
95 x 65 x 32 cm
Fondazione Ordine Mauriziano
Stupinigi, Palazzina di Caccia

The bureau with two drawers, flap front and shaped apron stands on bronze deer's feet. The stylised decorative motifs are in part

Rococò, ovvero i piaceri della sorpresa

VI.1

Manifattura romana
Cassettone, terzo quarto del XVIII secolo
legno impiallacciato e intarsiato
con applicazioni di bronzo dorato,
piano in verde antico
parte lignea: 90 x 184 x 78 cm
piano marmoreo: 6 x 172 x 7 4 cm
collezione privata

Definito, assieme al suo *pendant*, uno dei più bei mobili europei del Settecento (González-Palacios 2007, p. 26, fig. 10), il comò poggia su sostegni inguainati da rifiniture bronzee a forma di zampa taurina, su cui salgono motivi a *rocailles* e cartigli con tralci di vite ed elementi a voluta che terminano agli spigoli, sotto il piano, con teste di toro. Medesime protomi taurine, con pampini e grappoli, decorano il grembiule, le cui maniglie sono a forma di cornucopie intrecciate. La fronte, bombata, è rivestita da un pannello intarsiato con motivo a losanghe profilato da una sottile cornice a ovoli. Lo stesso motivo a losanghe in palissandro e legno rosa riveste i fianchi, dove, al centro, è applicato un mascherone con anello. Il piano mistilineo è realizzato a impiallacciatura di verde antico ed è profilato da un ciglio a foglie e ovoli con fondo lavorato a bulino; esso presenta una ulteriore profilatura che corre sulla parte sottostante che poggia sul corpo del mobile, profilatura concepita come una teoria di mezze corolle.

Il mobile possiede un aspetto imponente e solido che è tipico dei cassettoni romani dei secoli XVII e XVIII e che deriva, nei modelli più antichi sinora rintracciati, da opere che sono state raggruppate in un *corpus* attribuito al cosiddetto "Ebanista Barberini" – poiché uno di quegli esemplari è appartenuto al principe Don Ubaldo Barberini (González-Palacios 2007, p. 8, fig. 1) –, dopo le quali si riscontra una notevole diffusione delle tarsie geometriche a comporre il motivo degli sfondi, ma soprattutto il ripetersi nelle fogge della cavità laterali che contribuisce ad accentuare la parte alta dei cassettoni che fuoriesce rispetto alle superfici dei piani. Questa soluzione, secondo Alvar González-Palacios ed Enrico Colle (Colle 2003, p. 128, n. 4; Idem 2007, p. 473, n. V.9), dipenderebbe da un disegno incluso nelle *Diverse maniere d'adornare i cammini* di Giovan Battista Piranesi del 1769 che, forse, poté costituire il modello – infatti presenta una decorazione a losanghe sul fronte e sostegni terminanti in teste di ariete – dal quale furono sviluppate molteplici varianti.

Secondo Colle le due *commodes*, la nostra e il suo *pendant*, potrebbero essere esse stesse state realizzate su progetto di Piranesi, dal momento che potrebbero aver fatto parte proprio di quegli arredi progettati dall'artista, appartenuti al senatore Abbondio Rezzonico (1741-1810), nipote di Papa Clemente XIII, che a Roma ricoprì la più alta carica cittadina nel 1765, risiedendo in Campidoglio. L'ipotesi è avvalorata anche dal fatto che in un inventario della Villa Rezzonico a Bassano del Grappa, stilato nel 1821, sono citati "2 comò con riporti di bronzo dorato e con pietra di ver-

de antico", i quali potrebbero essere identificati con le *commodes* in esame, mentre per Alvar González-Palacios si tratterebbe di una commissione dell'ultimo re polacco Stanislao Poniatowki, il cui emblema araldico era appunto quello della testa di toro visibile negli angolo del nostro cassettone (González-Palacios 1986a, p. 43, 50)

Un'altra questione di primaria rilevanza è stata di recente discussa da González-Palacios: ovvero la possibilità che in entrambi i casi i bronzi siano di mano di Luigi Valadier, il più grande bronzista della sua epoca, il cui intervento renderebbe ancora più interessante e straordinario il caso dei due esemplari, caso per il quale – afferma lo studioso – proprio per "l'importanza e il costo di un tale arredo" è possibile escludere che esso possa essere stato riproposto a un secondo cliente (González-Palacios 2007, p. 27). [V.G.]
Bibliografia: González-Palacios, 2007, pp. 8-31.

VI.2

Gio Ponti
(Milano, 1891-1979)
Cassettoncino per la X Triennale
esecuzione Roncoroni Cantù, 1954
struttura in noce, cassetti e piano superiore
in formica bianca, piedini metallici
80 x 100 x 47 cm
Milano, collezione Anna Patrassi

VI.3.

Angelo Mangiarotti
(Milano, 1921)
Tavolini *Eros*
produzione Skipper, 1971
piano e colonna di supporto in marmo
42 x 54 x 47 cm
Parigi, proprietà Galleria Scagliola

VI.4

Manifattura veneta
Coppia di *guéridons*, metà del secolo XVIII
legno scolpito, intagliato e laccato
87 x 42 x 30,5 cm
collezione privata

A caratterizzare queste due mensole mobili, provenienti dalla raccolta veneziana della contessa Morosini, è il capriccioso andamento della doppia gamba, che s'incurva simulando volute, con inserti di rametti d'uva e altri motivi vegetali, accordandosi poi con la base terminante a treppiede ricurvo, secondo il più tipico stile rococò lagunare, caratterizzato appunto da forme leggere e mosse, tendenti a privilegiare linee sinuose. Questa fantasiosa originalità, riscontrabile anche nelle forme di sedie e tavoli, rispecchia il gusto spregiudicato degli artigiani veneziani, i quali, negli arredi prodotti intorno alla metà del Settecento, erano soliti ricorrere a linee spezzate e serpentine, plasmate in modo da mutarsi in racemi vegetali, in cartigli, in rami fioriti o d'uva, o addirittura pronte a trasformarsi in conchiglie, frutti, volute, cartocci, putti o animali fantastici (Morazzoni 1958). Questo genere di trespoli, detti "ghiridoni", leggeri e facilmente trasportabili, formati da un piccolo piano d'ap-

poggio e generalmente sorretti da esili asticelle che poggiavano su basi a treppiede, si trovano spesso illustrati nei dipinti di Pietro Longhi, dove si nota come venissero impiegati molto frequentemente dai membri della buona società del tempo, ora per appoggiarvi i guanti o il ventaglio, ora la maschera o la tabacchiera, le tazze del caffè e della cioccolata. Generalmente presentavano le fogge più varie e per le loro caratteristiche si prestavano all'estro dei mobilieri veneziani, in grado di sbizzarrirsi in fantasiose decorazioni. Caratteri comuni si riscontrano in alcuni esemplari simili ai nostri, alcuni con piani d'appoggio dipinti con scenette orientaleggianti, o arricchiti da bordure centinate e da mascheroni dorati inseriti nel punto di raccordo tra piano e sostegno (cfr. Alberici 1980, figg. 333-335). Tuttavia, i *guéridon* in mostra sembrano ispirati a un gusto leggermente più sobrio, distante dall'esuberanza decorativa manifestata dai trespoli di Andrea Brustolon, la cui ornamentazione appare decisamente più complessa, essendo costituita addirittura da statue a tutto tondo lungo i sostegni e alla base d'appoggio. Alla nostra coppia di tavolini si può accostare piuttosto un trespolo in legno dorato, presso la collezione Cini a Venezia, simile, sia per la tipologia della decorazione, sia per l'analoga struttura del piano d'appoggio, che ne evidenzia l'impiego come mensola mobile da muro, utilizzata come portavasi, portaspecchi o per sorreggere lumi (González-Palacios 1979a, I, p. 167).

L'effetto lucido, assimilabile a quello del bronzo dorato che caratterizza i mobili qui esposti, è dovuto alla tecnica della laccatura, particolarmente in voga a Venezia soprattutto nel XVIII secolo, quando si diffuse grazie alla moda delle cineserie. Il compito di dipingere le sinuose sagome di tavoli, sedie e *consoles* spettava in genere ai cosiddetti "depentori", solitamente attivi assieme ai doratori, i quali stendevano varie mani di una particolare vernice ottenuta dalla sandracca, con esiti di estremo splendore e levigatezza (Alberici 1980, p. 189). Secondo quanto ha osservato Giuseppe Morazzoni, i due esemplari in mostra si possono assegnare alla metà del XVIII secolo, periodo in cui nella capitale veneta erano attivi artigiani di alto livello, come i fratelli bassanesi Marc'Antonio e Agostino Vanini, meritevoli di essere chiamati dalla Serenissima a eseguire figure e ornamenti del Bucintoro, grazie alla loro abilità nell'intaglio; a questi nomi si possono affiancare quelli di Daniele Bisson e Giovan Battista Costanza, detto il Fratin, entrambi specialisti nell'arte di lavorare il legno (Colle 2003, p. 322). [E.M.]
Bibliografia: Morazzoni 1958, tav. CCII; Lorenzetti 1938, fig. 38.

VI.5

Giovan Battista Galletti
Scrivania, 1775
legno impiallacciato e intarsiato
di avorio, bosso e madreperla,
applicazioni di bronzo dorato
95 x 65 x 32 cm
Fondazione Ordine Mauriziano
Stupinigi, Palazzina di Caccia

formed of intarsia limited to small floral inserts laid over the surface, but without crowding it. The background is itself effected in exotic veneers in honey-coloured tones; thanks to the delicacy of the chromatic tones, they create a sinuous effect on the surface. Because of the excellent workmanship and its elegance, this piece has always been considered the work of Pietro Piffetti, and defined a work in which the art of the cabinet-maker had reached creative heights that "bring it close to the finest French craftsmen working in Louis XVI style" (Aprà, 1972, p. 4, no. 3). As studies progressed, however, and thanks to the research of Giancarlo Ferraris, numerous archives have been found that shed some light not only on the activity of Piffetti, but also on that of other artisans working at court, including Giovan Battista Galletti, who made the bureau preserved in the Palazzina di Caccia of Stupinigi.

In a document in the artist's hand, containing an invoice presented to the Savoyard administration, the object in question is described in a detailed manner, as a bureau "with deer's feet […] veneered inside and out with purple ebony and rosewood, and with compartments of boxwood and enamelled ivory leaves and flowers of dar wood" (Ferraris, González-Palacios, 1992, p. 179, no. 2).

As has been noted (Colle, 2003, pp. 446–447, no. 106), this work stands apart from the elaborate production by Piffetti, although the excellent quality of workmanship that had induced historians to suggest the hand of a master is not diminished by the new attribution. Indeed, we know that on 30 May 1777, by the will of the king, Giovan Battista Galletti became the royal cabinet-maker, succeeding Pietro Piffetti. He intensified his production in the years that followed until 1818, when his accounts come to an abrupt halt (Ferraris, González-Palacios, 1992, p. 175). While before, therefore, little or nothing was known of this excellent cabinet-maker who lived between the end of the eighteenth and the start of the nineteenth century, today scholars are able to attribute numerous pieces of various dimensions to him, including a secretaire in Genoa Genova (Ferraris, González-Palacios, 1992, pp. 182–183, no. 4), two pries-dieu (Ferraris, González-Palacios, 1992, pp. 184–186, no. 5) and (Ferraris, González-Palacios, 1992, p. 187, no. 6) and other items made for members of the royal family. [V.G.]

Bibliography: Midana, 1924, fig. 142; Il Settecento italiano, 1929, p. 171, no. 6; Barbantini, 1932, fig. 140; Rava, 1956, fig. 125; Dragone, 1961, fig. 12; Aprà, 1963, fig 197; Viale, 1963, cat. 38; Gabrielli, 1966, fig. 70; Quaglino, 1966, p. 120; Mallè, 1968, p. 250; Bernardi, 1969, fig. 69; González-Palacios, 1969, II, fig. 76; Honour, 1969, p. 101; Mallè, 1971, fig. 699; Aprà, 1972, pp. 9–17; González-Palacios, 1973, fig. 289; Antonetto, 1985, pp. 347; Ferraris, 1992, pp. 175, 178–179, no. 2; Colle, 2003, pp. 446–447, no. 106.

VI.6

Denis Santachiara
(Campagnola, 1951)
Angel secretaire
made by: Naos, 2007
base in satin-finish steel, crystal top, and locking system with sliding flaps in heat-moulded methacrylate
150 x 100 (closed) / 127 (open) x 100 cm
Figline Valdarno, Naos - La casa animata property

VI.7

Ico Parisi
(Palermo, 1916 – Como, 1996)
Desk for Casa Rizzi
made by: Fratelli Rizzi di Intimiano, 1952
tubular metal structure, the unit of bleached walnut, plastic feet, twin-coloured Formica drawers
76 x 160 x 61 cm
Erba, Doreno Pontiggia collection

VI.8

Piedmontese workshop
Writing desks, mid-eighteenth century
wood with inlaid marble and gilt bronze mounts
79,5 x 108 x 55 cm
79,5 x 107 x 52 cm
Turin, Palazzo Reale

These light desks with slender curved legs seem to reflect a typically rocaille style recalling similar items made by Piedmontese cabinet-makers around the middle of the eighteenth century. However, at the same time they stand apart from the most widespread local production for the unusual nature of the precious inlaid marble decoration embellishing the surfaces of these pieces. The marble panels are laid out in a geometric design that seems to draw direct inspiration from the compositions to be found in liturgical furnishings in the region's churches. Similar marble decoration and squares of pietra dura adorn the main altar of the church of Santa Maria Nuova in Asti, dated 1735; remaining in the same Piedmontese town, the reliefs and intarsia of Santissima Trinità also present some features similar to these desks. The introduction of decorative elements, which in the case of the churches mentioned here were made by the Diamante brothers and by Giacomo and Tommaso Pelagatta, received a further stimulus thanks to the initiatives of the new sovereign, Carlo Emanuele III. Not only was he personally interested in cabinet-making, an activity to which he dedicated himself in person, but he clearly intended increasing the use of marbles and pietra dura, given that, according to Clemente Rovere, "he promoted the productivity of the marble quarries in Piedmont" through the construction of new access roads (Rovere, 1858, p. 45). Moreover, he encouraged the opening of workshops for working stones, and the building of warehouses for storing slabs of marble (Colle, 2003, p. 448; Pedrini, 1953).

Both desks were part of the furnishings of the Palazzo Reale in Turin, where they are still kept, and were most probably made by order of the king, as suggested not only by the refinement of th gilt bronze mounts and use of fine woods, but also the motif of Savoyard arms visible beneath the drawer (Viale, 1963, III, fig. 92a). The year 1738 marked the changing of the guard for the court architects, from Filippo Juvarra, who had left for Spain, and Benedetto Alfieri, who was given the vacant post by Carlo Emanuele III. The year also marked a shift in style in contrast with the exuberance of Juvarra's vision, and this led to a renewal of interior settings in favour of a more composed elegance. Within this context of moderate architectural renewal, such items of furniture as the two desks here are perfectly adapted and suited to the ordered elegance of the rooms designed by Alfieri; they harmonised perfectly with the decoration of the walls, decorated with carved panels and painted with rare materials (Colle, 2003, p. 417). In this regard, the writings desks seem to represent an alternative line to the floral late-baroque decorative forms of Piffetti and instead recall a precious piece preserved at the Palazzina di Caccia of Stupinigi in terms of the characteristic structure and in particular, the long legs that arch over where they meet the body of the desk with two drawers. This piece is a side desk with flap front, richly decorated in ivory, boxwood and mother-of-pearl dated to 1775 on the basis of the documentation, which provides a useful date also for our present desks. [E.M.]

Bibliography: Viale, 1963, III, fig. 92a; González-Palacios, 1969, II, p. 62, fig. 86; Ferraris, González-Palacios, 1992, no. 2, p. 179; Colle, 2003, pp. 448–449, no. 107.

VI.9

Galleria dei Lavori after models by Giuseppe Zocchi and Giovan Battista Jacopucci
Commode top with *The triumph of Europa* and *The four seasons*, 1771
inlaid pietra dura (agate, jasper, chalcedony) on lapis lazuli ground, within gilt bronze frame
73 x 171 cm
Florence, Palazzo Pitti, Galleria Palatina, Appartamenti Reali, Camera del Re
Inventory: OdA 1911, 835

Upon his arrival in the residence of Palazzo Pitti in 173, the new Grand Duke of Tuscany, Pietro Leopoldo, immediately began modernising the palace with decorations and furnishings more attuned to the incipient taste for rocaille (Giusti, 1979, p. 280). This gave new impetus to the activities of the Galleria dei Lavori which, under its director, Luigi Siries, applied a more modern style also to the intarsia of pietra dura. This renewal, which began in 1748, affected not only the iconographic programme of the mosaic works, but also the range of colours of the stones: black jasper as a background was progressively abandoned and replaced with cloudy alabaster or dazzling lapis lazuli. This last was especially suited to the lively rocaille forms, and brought to the fore by Giuseppe Zocchi in his model for a console with shells and corals of 1760 (González-Palacios, 1979, p. 115; Giusti 2006, p. 164). In 1769, with the post of "painter and chooser of stones" becoming vacant following the death of Zocchi, Siries decided to recycle a series of pictures supplied some time before by the painter and already copied in inlaid decoration for the Viennese court of Franz I (Giusti, 2006, p. 164), for the top of a commode. The centre depicts *The triumph of Europa*, which scene—soon rebaptised *The triumph of Etruria* in homage to its grand ducal destination—was taken from the series of the Four Continents, already copied in pietra dura in 1758 and sent in April of that year to Vienna, while for the scrolls surrounding it use was made of *The four seasons*, also taken from models by Zocchi, dated 1756–1757 (Giusti, 2006, pp. 162–163). The top was actually made by Giovan Battista Jacopucci, with work beginning in August 1769, as attested by a payment made to this, the "chooser of stones for the Galleria dei Lavori": the document, transcribed by González-Palacios, records the payment for "5 drawings executed in inl, with a large one depicting the Triumph of Europa, and the pther four the Four Seasons […] to be applied in pietra dura to a table that is being made […]" (González-Palacios, 1979, p. 115).

The allegories illustrated by Zocchi, depicted in lively genre scenes, were ideal for being "petrified" by the skilled hands of the Galleria, able to compete with the lively pictorial sense of the original pictures: the compositions were simple and the figures shown depicted with spontaneous movements (Giusti, 2006, pp. 162–163). The work on the precious article must have finished after the summer of 1771, given that Jacopucci was paid for "lo spartito" ("score") of a second commode top in July, conceived as a pendant to that with *The triumph of Europa* (Giusti, 1979, p. 280). Evidently, Jacopucci worked exclusively on the purely ornamental panels, since the commission for the drawings for the new table were given in April 1773 to a painter, Antonio Cioci, who had worked for the Galleria dei Lavori for two years already in the post formerly held by Zocchi, that of supplier of cartoons for inlaid pietra dura. Cioci provided five compositions depicting "views with every sort of insect" (ASF, IRCL 2404, doc. cited in González-Palacios, 1979, p. 115). Three oils on canvas have been found in the Archive of the Opificio delle Pietre Dure, two with exotic birds and two with insects within frames of scrolls, identified as being Cioci's models (Giusti, 2006, p. 164). At the current state of research, this second table, carefully described in the 1775 inventory of Palazzo Pitti (ASF, IRCL., 1389, c. 158, doc. cited in Giusti, 1979, p. 280) is lost. From the documents, we know that both the tops were

La scrivania con corpo a due cassetti, ribalta e grembiule sagomato poggia su piedi di cervo. I motivi decorativi stilizzati e scattanti sono formati da parti a intarsio limitate ai piccoli inserti floreali che si dispongono, senza affollarla, sulla superficie di fondo, la quale è risolta con impiallacciature di legni esotici dalle tonalità mielate che, grazie alla delicatezza degli accostamenti cromatici, creano un effetto sinuoso sulla superficie.

Per la sua eccellente esecuzione e per la sua eleganza questo arredo è stato per anni considerato opera di Pietro Piffetti, e definito un'opera in cui l'arte dell'ebanista aveva raggiunto un'altezza creativa che "lo apparenta ai migliori artefici francesi dello stile Luigi XVI" (Aprà 1972, p. 4, n. 3). Poi, col progredire degli studi, grazie alle ricerche di Giancarlo Ferraris sono stati rinvenuti numerosi documenti d'archivio che hanno consentito di fare miglior luce non solo sull'attività di Piffetti, ma anche su quella di altri artigiani attivi a corte fra i quali, appunto, Giovan Battista Galletti, autore della scrivania conservata nella Palazzina di Caccia di Stupinigi.

In un documento di mano dell'autore, che contiene un conto presentato dall'artigiano alla amministrazione sabauda, l'oggetto in questione è descritto in maniera dettagliata, come una scrivania "a piè di cervo [...] placata dentro e fuori d'ebano violetto e rosato con comparti di busso e fogliami d'avorio smaltato e fiori di legno ombreggiato" (Ferraris, González-Palacios 1992, p. 179, n. 2).

Come è stato notato (Colle 2003, pp. 446-447, n. 106), questa opera si distacca dalle elaborate realizzazioni piffettiane, anche se l'eccellente qualità dell'oggetto che aveva indotto la critica a ritenerla di un'alta maestranza non risulta sminuita dalla nuova attribuzione. Sappiamo, infatti, che il 30 maggio del 1977, per volere del re, Giovan Battista Galletti divenne regio ebanista, succedendo a Pietro Piffetti, e intensificando la sua produzione negli anni a venire, sino al 1818, anno in cui i suoi conti si arrestano bruscamente (Ferraris, González-Palacios 1992, p. 175). Se prima, quindi, nulla o quasi si conosceva di questo eccellente ebanista vissuto a cavallo tra Sette e Ottocento, oggi gli studiosi sono in grado di riconoscergli la paternità di numerosi oggetti, di dimensioni varie, fra i quali, un *secrétaire* oggi a Genova (Ferraris, González-Palacios 1992, pp. 182-183, n. 4), un pregadio (Ferraris, González-Palacios 1992, pp. 184-186, n. 5), un inginocchiatoio (Ferraris, González-Palacios 1992, p. 187, n. 6) e altri lavori destinati ai membri della famiglia reale. [V.G.]

Bibliografia: Midana 1924, fig. 142; *Il Settecento italiano* 1929, p. 171, n. 6; Barbantini 1932, fig. 140; Rava 1956, fig. 125; Dragone 1961, fig. 12; Aprà 1963, fig. 197; Viale 1963, cat. 38; Gabrielli 1966, fig. 70; Quaglino 1966, p. 120; Mallè 1968, p. 250; Bernardi 1969, tav. 69; González-Palacios 1969, II, fig. 76; Honour 1969, p. 101; Mallè 1971, fig. 699; Aprà 1972, pp. 9-17; González-Palacios 1973, fig. 289; Antonetto 1985, pp. 347; Ferraris 1992, pp. 175, 178-179, n. 2; Colle 2003, pp. 446-447, n. 106.

VI.6

Denis Santachiara
(Campagnola, 1951)
Secretaire *Angel*
produzione Naos, 2007
base in acciaio satinato, piano in cristallo, sistema di chiusura ad ali scorrevoli in metacrilato termomodellato
150 x 100 (chiuso) / 127 (aperto)
x 100 cm
Figline Valdarno, proprietà Naos - La casa animata

VI.7

Ico Parisi
(Palermo, 1916 - Como, 1996)
Scrivania per casa Rizzi
produzione Fratelli Rizzi di Intimiano, 1952
struttura in tubolare di ferro, corpo in noce biondo, terminali in puntali in plastica, cassetti in formica bicolore
76 x 160 x 61 cm
Erba, collezione Doreno Pontiggia

VI.8

Manifattura piemontese
Scrittoi, metà del XVIII secolo
legno rivestito con marmi commessi e applicazioni in bronzo dorato
79,5 x 108 x 55 cm
79,5 x 107 x 52 cm
Torino, Palazzo Reale

Queste scrivanie, dalla struttura leggera e dalle esili zampe ondulate, sembrano corrispondere a uno stile tipicamente *rocaille,* che ricorda analoghi arredi realizzati da ebanisti piemontesi intorno alla metà del Settecento. Tuttavia, allo stesso tempo, esse si distinguono dalla produzione più diffusa in ambito locale, per la peculiarità dei preziosi intarsi di marmi colorati che abbelliscono le superfici dei mobili. I pannelli marmorei sono disposti tra il ripiano secondo un disegno geometrico che sembra essere ispirarsi a soluzioni compositive presenti in arredi liturgici delle chiese del territorio. Analoghe specchiature marmoree e riquadri di pietre dure ornano infatti l'altar maggiore della chiesa di Santa Maria Nuova ad Asti, del 1735; mentre, rimanendo nella stessa città piemontese, anche i rilievi e gli intarsi della Santissima Trinità presentano caratteristiche simili ai nostri mobili. L'introduzione di tali elementi decorativi, che nel caso dei santuari qui ricordati dipese dall'attività dei fratelli Diamante e di Giacomo e Tommaso Pelagatta, ricevette un ulteriore impulso grazie alle iniziative prese dal nuovo sovrano, Carlo Emanuele III. Quest'ultimo, infatti, oltre a nutrire un personale interesse per l'ebanisteria, attività alla quale si dedicò anche in prima persona, lavorando egli stesso il legno, evidentemente intendeva incrementare la lavorazione di marmi e pietre dure, dato che, secondo quanto riporta Clemente Rovere, "promosse la coltivazione delle cave marmoree in Piemonte" con la costruzione di nuove strade di accesso (Rovere 1858, p. 45), e inoltre favorì l'apertura di laboratori per la lavorazione delle pietre dure, nonché magazzini destinati alla conservazione delle lastre di marmo (Colle 2003, pp. 448; Pedrini 1953).

Entrambi gli scrittoi facevano parte dell'arredamento del Palazzo Reale di Torino, dove si trovano tuttora, in tutta evidenza realizzati per ordine del sovrano, come attesta, oltre alla raffinatezza delle rifiniture in bronzo dorato e l'impiego di legni pregiati, il motivo di nodi sabaudi intarsiati visibile sotto il cassetto (Viale 1963, III, tav. 92a). Il 1738 aveva segnato il passaggio di consegne del ruolo di architetto di corte, da Filippo Juvarra – partito per la Spagna –, a Benedetto Alfieri, che assunse quell'incarico da Carlo Emanuele III. Una svolta anche stilistica, rispetto all'esuberanza scenografica juvarriana, che comportò un rinnovamento degli ambienti secondo una più composta eleganza. In tale contesto di moderato rinnovamento architettonico ben si inseriscono arredi come quelli qui esposti, perfettamente consoni agli ambienti di ordinata eleganza disegnati dall'Alfieri, dove ben armonizzavano con i decori delle pareti, impreziosite con pannelli intagliati e dipinti con materie rare (Colle 2003, p. 417). In questo senso, gli scrittoi sembrano rappresentare una linea alternativa al decorativismo floreale tardobarocco di Piffetti e richiamano piuttosto, nella caratteristica struttura, dalle zampe allungate, che s'inarcano all'attacco col corpo dei due cassetti, un prezioso arredo conservato alla Palazzina di Caccia di Stupinigi. Si tratta di una scrivania parietale a ribalta, riccamente ornata in avorio, bosso e madreperla, datata al 1775 su base documentaria, il che ci permette di ricondurre a questa epoca anche i nostri mobili. [E.M.]

Bibliografia: Viale 1963, III, tav. 92a; González-Palacios 1969, II, p. 62, fig. 86; Ferraris, González-Palacios 1992, n. 2, p. 179; Colle 2003, pp. 448-449, n. 107.

VI.9

Galleria dei Lavori su modelli di Giuseppe Zocchi e Giovan Battista Jacopucci
Piano raffigurante *Il trionfo di Europa e le Quattro Stagioni*, 1771
commesso di pietre dure (agate, diaspri, calcedoni) su fondo di lapislazzuli, entro cornice di bronzo dorato
73 x 171 cm
Firenze, palazzo Pitti, Galleria Palatina, Appartamenti Reali, Camera del Re
Inventario: OdA 1911, 835

Al suo arrivo nella residenza di palazzo Pitti nel 1763 il nuovo granduca di Toscana Pietro Leopoldo si mostrò subito incline a riammodernare la reggia con decorazioni e oggetti di arredamento più in linea con l'incipiente gusto *rocaille* (Giusti 1979, p. 280). Ciò diede un nuovo incremento all'attività della Galleria dei lavori, che, sotto la guida del direttore, Luigi Siries, applicò uno stile più moderno anche alle opere in commesso di pietre dure: tale opera di rinnovamento, iniziata già a partire dal 1748, interessò sia il programma iconografico dei lavori a mosaico, sia la gamma cromatica delle pietre, per cui si abbandonò progressivamente l'impiego della pietra nera di paragone per i fondi, opportunamente sostituita da alabastri nuvolati o smaglianti lapislazzuli, materiale, quest'ultimo, più adatto alle briose forme *rocaille* e riportato in auge da Giuseppe Zocchi nel suo modello per *console* con conchiglie e coralli del 1760 (González-Palacios 1979, p. 115; Giusti 2006, p. 164). Nel 1769, divenuto vacante il ruolo di "pittore e scegliatore di pietre", in seguito alla scomparsa di Zocchi, Siries ritenne opportuno riutilizzare, anche per il piano di comò qui presentato, un gruppo di dipinti forniti a suo tempo dal pittore e già tradotti in commesso per la corte viennese di Francesco I (Giusti 2006, p. 164). Al centro del piano è infatti raffigurato *Il trionfo d'Europa*, scena – presto ribattezzata *Trionfo dell'Etruria* in omaggio alla sua destinazione granducale – estrapolata dalla serie dei Quattro Continenti, già tradotta in pietre dure nel 1758 e inviata nell'aprile di quell'anno a Vienna mentre, per i cartigli che la circondano, si scelsero le *Quattro Stagioni*, anch'esse tratte da modelli di Zocchi, risalenti al 1756-1757 (Giusti 2006, pp. 162-163). L'effettiva realizzazione del piano, la cui genesi risale all'agosto del 1769, spettò a Giovan Battista Jacopucci, come attesta un saldo a favore di questo artigiano, che aveva il ruolo di "scegliatore di pietre per la Galleria dei Lavori": il documento, trascritto da González-Palacios, registra il pagamento per "n. 5 disegni tocchi in penna che uno grande di quale rappresenta il Trionfo d'Europa, negli altri quattro le 4 stagioni [...] per farsi in pietre dure in una tavola che si sta facendo [...]" (González-Palacios 1979, p. 115).

Le allegorie illustrate da Zocchi, risolte in briose scenette di genere, ben si prestavano, per la semplicità delle composizioni e la spontanea gestualità dei personaggi, a essere "pietrificate" dalle abili maestranze della Galleria, in grado di competere con il vivace pittoricismo dei dipinti originali (Giusti 2006, pp. 162-163). La lavorazione del prezioso arredo dovette concludersi dopo l'estate del 1771, dato che nel luglio venne saldato a Jacopucci il disegno "dello spartito" per un secondo piano, concepito a *pendant* di quello con *Il trionfo d'Europa* (Giusti 1979, p. 280). Evidentemente Jacopucci si occupò esclusivamente degli scomparti puramente ornamentali, se poi l'incarico di fornire i disegni per questo nuovo tavolo fu affidato, nell'aprile del 1773, al pittore Antonio Cioci, già da due anni attivo per la Galleria dei lavori nel ruolo già ricoperto da Zocchi, di fornitore di cartoni per commessi. Quest'ultimo ideò cinque composizioni raffiguranti "paesi con ogni specie d'insetti" (ASF, IRCL 2404, doc. citato in González-Palacios 1979, p. 115). Presso l'archivio dell'Opificio delle Pietre Dure sono stati rintracciati tre dipinti su tela, due con uccelli esotici e due con insetti entro profilature di cartigli, identificati con i modellini di Cioci (Giusti 2006, p. 164). Allo stato attuale delle ricerche, questa seconda tavola, peraltro accuratamente descritta nell'inventario di palazzo Pitti del 1775 (ASF, IRCL., 1389, c. 158, doc. cit. in Giusti 1979, p. 280) risulta dispersa. Dalla documentazione d'archivio sappiamo infatti che entrambi i piani furono trafugati e trasferiti in Francia, assieme ad al-

looted and taken to France together with other precious pietra dura works, following the invasion of Napoleon's troops, but only the one with *The triumph of Europa* was returned in 1816. According to the hypothesis of González-Palacios, the lost table was in the apartments of Louis XVIII in 1814 and was probably destroyed in the fires at the Tuileries during the fall of the Second Empire (González-Palacios, 1979, p. 115). The surviving example presents a dazzling lapis lazuli ground against which scenographically stand out some elegant *cartouches* in rocaille taste, outlining the figurative scenes drawn by Zocchi, and the lively groups of flowers, made with jasper, chalcedony and polychrome agate. According to an opinion posited by González-Palacios and shared by other scholars (González-Palacios, 1979, p. 115; Colle, 1988, p. 196; Giusti, 2006, p. 164), the decorative schema linking the medallions, involving light plant volutes, ribbons and drapes, might have been drawn by Jacopucci himself. Strengthening this hypothesis is the discovery of a preparatory drawing with wash for the decoration preserved in the Archive of the Museo dell'Opificio, and attributed with reasonable certainty to this artist (González-Palacios, 1986, I, p. 84; II, fig. 220). [E.M.]

Bibliography: González-Palacios, 1979, no. 34, p. 115; Giusti, 1979, no. 82, p. 280; González-Palacios, 1986 I, p. 84; II, fig. 220; Colle, 1988, no. 54, p. 196; Giusti, 2006, nos. 59, p. 130, 85, pp. 162–163, 86, p. 164.

VI.10

Galleria dei Lavori
Chest of drawers, ca 1771
veneered and inlaid wood, grey marble top
93 x 166 x 70 cm
Florence, Palazzo Pitti, Galleria Palatina
Inventory: MPP 1911, no. 19232

The present chest, made with intarsia of fine woods by cabinet-makers working in the Galleria dei Lavori, has been identified as the support for the pietra dura top depicting *The triumph of Europa* and *The four seasons* (cat. VI.9). The chest was amongst the pieces in the second room of the "Apartment of Pietro da Cortona in Palazzo Pitti" (Colle, 1992, p. 69) and was probably finished by 1771. In 1775, a new chest of drawers was finished, planned as a pendant to the first, with its own top. With inlaid pietra dura top decorated with landscapes and insects of various species, for which a painter, Antonio Cioci, had provided the drawings, this second table was moved to Paris following the French invasion and is now lost. This second piece, identical to the one displayed here, has been traced to the Storage Units of the Soprintendenza per i Beni Ambientali, thanks to the precise description contained in the additional notes to the 1771 inventory of Palazzo Pitti, added following delivery on 10 July 1775: "a commode, veneered on the curved front and on the sides with purple ebony, with transverse veneer squares of holly and veneered corners of strips of various woods

with small frames at the feet of gilt metal, and two front drawers, the pulls of brass and with keys, long foliate decoration" (ASF, IRCL, 1389, c. 158, doc. cited in González-Palacios, 1979, no. 34, p. 115). The corners of this chest are adorned "in the manner of marble", with an evident suggestion from the "mischi" ("inlaid") marble tops. The refined look of the decoration has made some look to a craftsman of high quality, probably someone from the Landi team, comprising the fateher, Salvatore, and the sons, Pietro and Giuseppe, who worked for the Lorena dynasty in the Real Galleria in those years. [E.M.]

Bibliography: Colle 1991a, pp. 56–74; Colle 1992, p. 69, no. 5.

VI.11

Piero Fornasetti
(Milan, 1913–1988)
Gran Coromandel chest of drawers
made by: Fornasetti, 1958
curved chest in lithograph-printed wood on leather-coloured sponged base
86 x 100 x 56 cm
Milan, Fornasetti archive

VI.12

Gennaro Sarao (?) (documented in Naples from 1730 to 1770)
Table top, 1750–1775
tortoiseshell, mother-of-pearl and gold
Ø 61 cm
Roma, Terruzzi collection

The table top exhibited here, currently without its support, presents an intarsia decoration with small putti and detailed figures, inspired by the antique grotesque figures recently found in the excavations at Herculaneum and Pompeii, together with other stylised motifs of a Chinese taste dear to *rocaille* taste and often lifted from the repertories of prints that began to travel from the middle of the seventeenth century (Colle, 2007, p. 473, no. V.5; Arbace, 1994, p. 30). The typology of the ornaments, distributed into curved compartments, and above all the use of precious materials such as tortoiseshell, mother-of-pearl, gold and silver affixed using the *piqué* technique to assure perfect adherence, has led scholars to consider this top to be the work of craftsmen in Naples, who were highly skilled in making these luxurious articles, often on behalf of the Bourbon court. They also turned themselves to making smaller items, such as writing sets, combs, handles for fans, tobacco boxes, toiletry sets, mirrors, boxes, small purses, and these were highly appreciated in the eighteenth century, to the point of drawing the attention of illustrious visitors to the city, such as Robert Adam and Luigi Vanvitelli, who loved to collect these refined souvenirs. Among the "tartarugai magnifici" ("magnificent tortoiseshell artisans") to influence this flourishing industry most with their creations was Gennaro Sarao, who signed various works in gold and mother-of-pearl inlaid with rocaille motifs. During his intense activity

working with tortoiseshell for the Bourbon court, documented from 1768 to 1772, Sarao laboured alongside another craftsman, Gennaro Savino, who later remained the only artisan to work in this field (Arbace, 1994, p. 32). Among the masterpieces to emerge from the workshop of Gennaro Sarao, are a *toilette* belonging to the queen of Denmark, dated 1731 and preserved in the castle of Rosemborg in Copenhagen (González-Palacios, 1984, p. 324) and, as regards a sort of object similar to ours, a tray decorated with *The triumph of Apollo* and *Signs of the Zodiac* in *piqué brodé* with gold and mother-of-pearl (private collection). And above all, a table top with *chinoiserie* motifs, today at the Hermitage Museum in Saint Petersburg, but originally made for John V of Portugal and his consort, Mary Anne of Austria (Arbace, 1994, p. 30). This last work shows close similarities with the table presented in the exhibition, both in the form of the compartments outlining the various scenes, and in the decorative layout running along the edge of the top in the form of a line of arches under which putti and marine animals alternate. However, compared to the above-mentioned examples, the table from the Terruzzi collection seems geared more to a neoclassical taste, which has led scholars to suggest a later date, corresponding to the last period of activity of the famous artisan. There is one piece from this same period, made by anonymous Neapolitan craftsmen and today in the Royal Apartments of Palazzo Pitti: this is a table tope, finely decorated with elegant arabesques and Oriental scenes, probably given to Leopold II by Ferdinand IV of Bourbon (Colle, 2003, p. 86). Like the top here, this article also seems the result of a figurative culture able to harmonise rocaille elements, such as the *chinoiseries*, and motifs drawn from the archaeological-style repertoire—busts framed by amorini and harpies—which seem to anticipate the nascent neoclassical taste (González-Palacios 1979, p. 116). [E.M.]

Bibliography: González-Palacios, 1979, p. 116, no. 35; Idem, 1984, pp. 323–325; Colle, 2007, p. 473, no. V.5.

VI.13

Gio Ponti
(Milan, 1891–1979)
Small table for casa Trunfio, Milan
made by hand, 1954
mahogany structure and brass with cloth top painted by Gio Ponti and tempered glass
84 x Ø 120 cm
Milan, Stefano Fazzini collection

VI.14

Lombard workshop
Sofa, 1750–1775
Carved and gilt walnut, the seat and headboard padded and upholstered in fabric
98 x 174 x 54 cm
Milan, Castello Sforzesco,
Civiche Raccolte d'Arte Applicata
Inventory: 196/92

The sofa, one of an identical pair, is part of a series of seats that used to furnish the rooms of Palazzo Sormani. They were made around the middle of the eighteenth century by anonymous Lombard craftsmen who, in the curved form of the legs and back, reinterpreted similar French and German examples known in Italy thanks to the circulation of repertories of ornamentation, such as those by Juste-Aurèle Meissonnier (1695–1750), Johann-Michael Hoppenhaupt II (1709–1755) and Franx Xaver Habermann (1721–1796); these were highly appreciated by Milanese furniture makers (Colle, 1992, pp. 78–84).

As for the interiors of Palazzo Sormani, whose facade was built in 1756 by Benedetto Alfieri (1700–1767), these were probably undertaken by architect Francesco Croce (1696–1773) around 1760, on the occasion of the wedding between conte Pier Paolo Andreani and Cecilia Sormani: at a time, that is, during which the Milanese aristocracy had adopted an exuberant local variation of rocaille style for the decoration and furnishing of its palaces.

Examples of splendid interiors can still be seen in the drawing rooms of Palazzo Litta and of Palazzo Clerici; in this last, the carvings decorating the walls and part of the furnishings were made by Giacomo and Angelo Cavanna of Lodi. Alongside these skilled artisans in Milan, there were also Giuseppe Antignati, documented from 1749 to 1777, Giovanni Rossi, who was paid in 1758 for the carving of the cornice around the altarpiece in the chapel of San Carlo in Santo Sepolcro; Giovanni Viarana, who in 1763 made some works for Milanese churches; Francesco Ritagliati, who was commissioned in 1765 to make the stalls for the chorus of San Nazaro Maggiore; and, finally, Gaetano Rovida, who worked for the Borromeo household between 1769 and 1784 (Colle, 2003, p. 402, n. 94).

Another example of how rococo decoration spread through Lombardy comes from the presence, around the mid-eighteenth century, of artists working in bronze, producing decoration for liturgical furnishings. Of particular interest in this regard are the bronze decorations of the two main altars, respectively of the Milanese churches of Sant'Alessandro and of San Francesco di Paola, the first from drawings by Giovanni Battista Riccardi, the second to designs by Giuseppe Buzzi (cf. Colle, 2001b, pp. 132–143). [V.G.]

Bibliography: Rosa, 1963, no. 304; Colle, 1996, p. 256, no. 396.

VI.15

Marco Zanuso
(Milan, 1916–2001)
Lombrico sofa
made by: B&B 1967
structure of modular moulded fibreglass elements, aligned and screwed together; upholstery of expanded polyurethane
76 x 206 x 90 cm (module)
Novedrate, B&B Italia property

tri preziosi lavori in pietre dure, in seguito all'invasione delle truppe napoleoniche, ma soltanto quello col *Trionfo d'Europa* fu riportato in patria nel 1816. Secondo l'ipotesi di González-Palacios il mobile perduto si trovava nel quartiere del sovrano Luigi XVIII nel 1814 e potrebbe essere andato distrutto durante gli incendi alle Tuileries alla caduta del Secondo Impero (González-Palacios 1979, p. 115). L'esemplare superstite presenta uno smagliante sfondo in lapislazzuli, sul quale si aprono, con effetto scenografico, eleganti *cartouches* di gusto *rocaille*, che delimitano le scene figurate, ideate da Zocchi, e i vivaci serti floreali, realizzati con diaspri, calcedoni e agate policrome. Secondo l'opinione avanzata da Gonzáles-Palacios e condivisa anche da altri studiosi (González-Palacios 1979, p. 115; Colle 1988, p. 196; Giusti 2006, p. 164), la partitura decorativa di raccordo tra i medaglioni, articolata in leggere volute vegetali, con nastri e drappi, potrebbe essere stata ideata dello stesso Jacopucci. Ad avvalorare tale ipotesi è il ritrovamento di un disegno acquerellato preparatorio per l'ornamentazione, conservato presso l'archivio del Museo dell'Opificio, e attribuito con ragionevole certezza a questo artista (González-Palacios 1986, I, p. 84; II, fig. 220). [E.M.]

Bibliografia: González-Palacios 1979, n. 34, p. 115; Giusti 1979, n. 82, p. 280; González-Palacios 1986 I, p. 84; II, fig. 220; Colle 1988, n. 54, p. 196; Giusti 2006, nn. 59, p. 130, 85, pp. 162-163, 86, p. 164.

VI.10

Galleria dei Lavori
Cassettone, circa 1771
legno impiallacciato e intarsiato di legni vari; piano di marmo grigio
93 x 166 x 70 cm
Firenze, palazzo Pitti, Galleria Palatina
Inventario: MPP 1911, n. 19232

Il cassettone in esame, eseguito con intarsi di legni pregiati dagli ebanisti attivi nella Galleria dei lavori, è stato identificato come sostegno per il piano in pietre dure raffigurante *Il trionfo d'Europa e le Quattro Stagioni* (cat. VI.9). Il mobile figurava tra gli arredi della seconda sala dell'"Appartamento di Pietro da Cortona a Palazzo Pitti" (Colle 1992, p. 69) e fu terminato probabilmente entro il 1771. Nel 1775 fu invece ultimato un nuovo cassettone, ideato a *pendant* del primo, con il relativo piano – trasferito a Parigi in seguito all'invasione francese e oggi disperso –, realizzato a commesso e decorato con paesaggi e insetti di varie specie, per il quale aveva fornito i disegni il pittore Antonio Cioci. Questo secondo mobile, identico all'esemplare qui esposto, è stato rintracciato nei depositi della Soprintendenza per i Beni Ambientali, grazie alla precisa descrizione contenuta nelle Aggiunte all'inventario di Palazzo Pitti del 1771 e stilata in occasione della consegna, il 10 luglio 1775: "comod impiallacciato per davanti tutto centinato, e dalle parti laterali di ebano rosato, con intraversatura a scacchi d'agrifoglio e cantonate impiallacciate di barbe di diversi legni con cornicette ai piedi di metallo

dorato, e due cassette per davanti a tirella, con toppe di ottone e sue chiavi, brocchetta alla cappuccina" (ASF, IRCL, 1389, c. 158, doc. cit. in González-Palacios 1979, n. 34, p. 115). Gli angoli del nostro cassettone sono ornati "a foggia di marmo", con un'evidente suggestione dai piani di marmi "mischi". Questo raffinato aspetto della partitura decorativa ha fatto pensare a un'opera condotta da artigiani di alto livello, probabilmente dall'équipe dei Landi – composta dal padre Salvatore e dai figli Pietro e Gaspero –, attiva per la dinastia lorenese nella Real Galleria in quel periodo. [E.M.]

Bibliografia: Colle 1991a, pp. 56-74; Colle 1992, p. 69, n. 5.

VI.11

Piero Fornasetti
(Milano, 1913-1988)
Cassettone *Gran Coromandel*
produzione Fornasetti, 1958
mobile curvo in legno litografato
su fondo spugnato color cuoio
86 x 100 x 56 cm
Milano, Archivio Fornasetti

VI.12

Gennaro Sarao (?) (documentato a Napoli dal 1730 al 1770)
Piano di tavolino, terzo quarto del XVIII secolo
tartaruga, madreperla e oro
Ø 61 cm
Roma, collezione Terruzzi

Il piano di tavolo qui esposto, attualmente privo del suo supporto, presenta una decorazione a intarsi con puttini e figure minute, ispirata alle antiche grottesche allora da poco rinvenute durante gli scavi compiuti a Ercolano e Pompei, combinata con altri motivi stilizzati di gusto cinese cari allo stile *rocaille* e spesso desunti dai repertori di incisioni diffusi a partire dalla metà del XVII secolo (Colle 2007, p. 473, n. V.5; Arbace 1994, p. 30). La tipologia degli ornamenti, distribuiti entro scomparti mistilinei, e soprattutto l'impiego di materiali preziosi quali la tartaruga, la madreperla, l'oro e l'argento, fissati a caldo mediante la tecnica del *piqué* per ottenere un'aderenza perfetta, ha indotto gli studiosi a considerare questo piano opera di maestranze attive a Napoli, abilissime nel realizzare simili lussuosi manufatti, spesso destinati alla corte borbonica, ma anche oggetti di dimensioni più ridotte, quali set da scrivania, pettini, manici di ventagli, tabacchiere, toilette, specchi, scatole, piccoli portafogli, particolarmente apprezzati nel corso del Settecento, al punto da suscitare l'attenzione di illustri personaggi di passaggio nella capitale partenopea, come Robert Adam o Luigi Vanvitelli, che amavano collezionare tali raffinati souvenir. Tra i "tartarugai magnifici" che influenzarono maggiormente con le loro creazioni questa fiorente industria, figura il nome di Gennaro Sarao, il quale appose la sua firma a vari oggetti intarsiati con motivi a *rocaille* in oro e madreperla. Durante la sua intensa attività di tartarugaio presso la corte borbonica, documentata dal 1768 al 1772, Sarao

fu affiancato da un altro artigiano, Gennaro Savino, il quale in seguito rimase il solo artefice a ricoprire l'incarico (Arbace 1994, p. 32). Tra i capolavori licenziati dalla bottega di Gennaro Sarao si possono indicare la *toilette* appartenuta alla regina di Danimarca siglata nel 1731 e conservata nel castello di Rosenborg a Copenaghen (González-Palacios 1984, p. 324) e, per quanto riguarda una tipologia di oggetti simili al nostro, un vassoio decorato con *Il trionfo di Apollo* e *Segni zodiacali* in *piqué brodé* d'oro e madreperla (collezione privata) e soprattutto un piano di tavolino con motivi a *chinoiserie*, oggi conservato al museo dell'Ermitage di San Pietroburgo, ma originariamente realizzato per Giovanni V del Portogallo e la consorte Maria Anna d'Austria (Arbace 1994, p. 30). Proprio quest'ultimo lavoro presenta strette affinità con il tavolo presentato in mostra, sia nella foggia degli scomparti che delimitano le varie scenette, sia nella partitura decorativa che corre lungo il bordo dell'oggetto, articolata in file di archetti entro i quali si inseriscono alternativamente putti e animali marini. Tuttavia, rispetto agli esempi citati, l'arredo della collezione Terruzzi sembra orientato verso un gusto più vicino allo stile neoclassico, il che ha indotto gli studiosi a proporre una datazione più avanzata, corrispondente all'ultimo periodo di attività del celebre artigiano. Di questo stesso periodo è un arredo, realizzato da anonimi artefici napoletani e conservato negli Appartamenti Reali di palazzo Pitti: si tratta di un piano di tavolo, finemente ornato di eleganti arabeschi e scenette orientaleggianti, probabilmente donato a Pietro Leopoldo di Lorena da Ferdinando IV di Borbone (Colle 2003, p. 86). Come il piano finora esaminato, anche questo manufatto sembra frutto di una cultura figurativa in grado di armonizzare elementi *rocaille*, come appunto le cineserie, e motivi tratti dal repertorio archeologizzante – busti incorniciati da amorini e arpie –, che sembrano già preludere al nascente gusto neoclassico (González-Palacios 1979, p. 116). [E.M.]

Bibliografia: González-Palacios 1979, p. 116, n. 35; González-Palacios 1984, pp. 323-325; Colle 2007, p. 473, n. V.5.

VI.13

Gio Ponti
(Milano, 1891-1979)
Tavolino per casa Trunfio, Milano
realizzazione artigianale, 1954
struttura in legno di mogano e ottone
con piano in panno dipinto da Gio Ponti
e vetro temperato
84 x Ø 120 cm
Milano, collezione Stefano Fazzini

VI.14

Manifattura lombarda
Divano, terzo quarto del XVIII secolo
legno di noce intagliato e dorato, sedile
e spalliera imbottiti e rivestiti di stoffa
98 x 174 x 54 cm
Milano, Castello Sforzesco, Civiche
Raccolte d'Arte Applicata
Inventario: 196/92

Il divano, in coppia con un esemplare uguale, fa parte di una serie di sedili che arredavano le sale di palazzo Sormani. Tali arredi furono realizzati intorno alla metà del Settecento da anonimi artigiani lombardi che reinterpretarono, nella forma mossa delle gambe e dello schienale, analoghi esemplare francesi e tedeschi conosciuti anche in Italia grazie alla circolazione di repertori d'ornato come quelli di Juste Aurèle Meissonnier (1695-1750), di Johan-Michael Hoppenhaupt II (1709-1755) o di Franz Xaver Habermann (1721-1796) assai apprezzati dai mobilieri milanesi (Colle 1992, pp. 78-84).

Per quanto riguarda l'allestimento degli ambienti di Palazzo Sormani, la cui facciata fu realizzata nel 1756 da Benedetto Alfieri (1700-1767), essi furono probabilmente condotti a termine dall'architetto Francesco Croce (1696-1773) intorno al 1760, in occasione delle nozze tra il conte Pier Paolo Andreani e Cecilia Sormani: in un periodo, cioè, durante il quale l'aristocrazia milanese aveva adottato per le decorazioni e il mobilio dei propri palazzi una esuberante declinazione dello stile *rocaille*.

Esempi di tali fastosi allestimenti si possono ancora oggi vedere nei saloni di palazzo Litta e di palazzo Clerici; in quest'ultima residenza gli intagli che decorano le pareti e parte degli arredi furono eseguiti dai lodigiani Giacomo e Angelo Cavanna. Accanto a questi abili artigiani a Milano erano pure attivi gli intagliatori Giuseppe Antignati, documentato dal 1749 al 1777, Giovanni Rossi, che fu pagato nel 1758 per gli intagli alla cornice dell'ancona della cappella di San Carlo in Santo Sepolcro, Giovanni Viarana, autore di alcune opere, nel 1763, per le chiese milanesi, Francesco Ritagliati, cui nel 1765 furono commissionati gli stalli del coro di San Nazaro Maggiore e, infine, Gaetano Rovida, attivo per i Borromeo tra il 1769 e il 1784 (Colle 2003, p. 402, n. 94). Altra testimonianza di come la decorazione rococò si diffuse nell'ambiente lombardo è rappresentata dalla presenza, intorno alla metà del Settecento, di bronzisti attivi nell'ambito della decorazione di arredi liturgici. Di particolare interesse sono, a questo riguardo, gli ornati in bronzo dei due altari maggiori, rispettivamente delle chiese milanesi di Sant'Alessandro e di San Francesco di Paola, i primi su disegni di Giovanni Battista Riccardi, mentre i secondi su progetti di Giuseppe Buzzi (cfr. Colle 2001b, pp. 132-143). [V.G.]

Bibliografia: Rosa 1963, n. 304; Colle 1996, p. 256, n. 396.

VI.15

Marco Zanuso
(Milano, 1916-2001)
Divano *Lombrico*
produzione B&B, 1967
struttura in elementi modulari stampati
in fiberglass, allineati e avvitati tra loro;
imbottitura in poliuretano espanso
76 x 206 x 90 cm
Novedrate, proprietà B&B Italia

VII

Neoclassical Taste

VII.1

Ignazio Marchetti (Parma, 1715–1800)
Console, circa 1769
carved and gilt wood
93 x 115 x 55,5 cm
Parma, Pinacoteca Nazionale

This richly decorated console is part of a coherent nucleus of furniture, together with another two consoles, currently divided between the Palazzina di Caccia at Stupinigi and the Palazzo Ducale at Colorno. The items are documented and dated to 1769, thanks to a note signed by the maker, Ignazio Marchetti of Parma, who on that date declared he had delivered "two tables with sheep's heads, garlands of laurel with ribbons for the Cabinet of H.E. the Minister" (ASP, Comp. Farnes. and Borb. Spese of Parma 1769, b. 17a). The description supplied corresponds exactly with the example on show and with its pendant, today at Stupinigi, while the console preserved at Colorno constitutes a variant on the other two given that, while maintaining the same range of decorations and an almost identical structure, replaces the sumptuous garland of laurel linking the two corners of the piece with a series of broad vines that support the table top and end in rams' heads. These are small differences when compared to the motifs that are the same in the three pieces: the idea of decoration some parts with broad bands carved "in the Greek fashion", or the tendency to emphasise the curve of the legs, decorating them with goats' hooves, elements that we also find in other furniture from Parma, probably also made by Marchetti, such as the console that is preserved today at the Fondazione Cassa di Risparmio di Parma (Colle, 2002, pp. 497–498, no. XI.3). For the most part, these are ornamental solutions inspired by Piranesi: one need only consider the inventions contained in his famous collection of prints, *Diverse maniere d'adornare i cammini*, published in 1769. The evidence suggests that it was Ennemond Alexandre Petitot to supply Marchetti with the drawings for these pieces, which evoke the incised and stucco decorations executed under the direction of the court architect: both those of the Sala Grande in the Palazzo Ducale of Colorno, finished between 1755 and 1756 (Colle, 2005, pp. 248–249, no. 34), and above all those, of a more severe form, of the shelves in the Biblioteca Palatina, enriched with garlands and laurel leaves, the latter being a collaborative task between Petitot and two other wood carvers, Ignazio Marchetti and Odoardo Panini. Confirming the hand of Petitot in the making of the present console is also the circumstance of Marchetti's above-mentioned delivery note, countersigned by the famous architect (Colle, 2005, no. 34, pp. 248–249). Our console is an important example of the renewal of the Parmesan taste at court towards a neoclassical style implemented by Petitot, thanks the elaboration of an ornamental grammar that borrowed carelessly from antiquity and from the observation of sixteenth-century

decor, with quotations also from Piranesi's outlandish repertoire. It is within this context that appears the collaboration between Petitot and Ignazio Marchetti who, from 1765, was the court wood carver and in this role put into practice the neoclassical touches introduced by Petitot, supplying admirable examples of his technical virtuosity such as the one here, destined to adorn the ducal residences or to decorate religious buildings such as the church of San Liborio at Colorno, on whose wooden furnishings he worked several times between 1775 and 1792 (Colle, 2002, pp. 300). [E.M.]
Bibliography: Bandera, 1972, pp. 164–165, nos. 213, 215; Bertini, 1975, pp. 202–203; (Cirillo, 1997, pp. 291–292); Colle, 2002, p. 409, no. 1.13; Colle, 2005, pp. 248–249, no. 34.

VII.2

Andrea Branzi
(Florence, 1938)
Tillus console
made by: Zanotta, 1986
painted steel structure and painted
wood top
95 x 180 x 40 cm
Nova Milanese, Zanotta Spa property

VII.3-3a

Giuseppe Maria Bonzanigo
(Asti, 1745 – Turin, 1820)
Tripod, 1787
carved and gilt wood with two tones
of gold
72 x 52 cm; Ø int. 45 cm
Turin, Palazzo Reale, Appartamento
dei Duchi d'Aosta
Inventory: 4564

Triumphal temple with the bust
of Vittorio Amedeo III
1787 or ca 1790
41 x 29 x 47 cm
Turin, Museo Civico d'Arte antica
Inventory: 791

The *Triumphal temple* exhibited here and its twin, an article showing an *Allegorical vase with the personifications of the Po and Dora rivers*, both originally set atop two gilt tripods created for them, used to constitute, with their bases, a single group of furnishings, although today divided between the Palazzo Reale in Turin and the Museo Civico di Arte Antica. These pieces are striking for their monumental tone, despite their tiny size and consummate technical ability, and were made by Giuseppe Maria Bonzanigo, an Asti-born sculptor continuously active in the Savoyard court at least from 1775 (Viale, 1963, pp. 25–26). He produced numerous works to satisfy the court's collecting habits and in 1787 was awarded a royal patent nominating him wood carver to Vittorio Amedeo III, with an annual stipend of L. 200. This recognition was motivated by the royal household for "the particular ability and skill shown [...] in the execution of various projects over many years ordered for our ser-

vice" (Archivio Storico Comunale di Asti, Cassetta 10, f.12, doc. cited in *Giuseppe Maria Bonzanigo* 1989, fig. 1, p. 18). The pieces present here were offered as a gift to Vittorio Amedeo III, probably in recognition for this prestigious position, and were made around 1787, on the basis of the documentation published by Giancarlo Ferraris, in which for the month of July, we read that Bonzanigo was paid for the "two sculptures made by him". This text is accompanied by another request for payment written by the sculptor a few days later for a series of works, including "for the drawing and assistance to the small articles maker for the execution of two cases with tripods with temple and vase made by myself, for having spent much time in constructing the same, all inclusive" (documents cited in Ferraris, 1991, nos. 33–34). All these works were once placed, with their supports, in the Palazzo Reale in Turin, where they were inventoried several times, in 1805, 1807, 1811 and 1815, as being in the private cabinet of the king's summer apartment, a room that no longer exists as it has been swallowed up by the present dining room, while in the 1823 inventory, it appears they had been moved to the room called "della Duchessa di Borgogna" (Ferraris, 1991, pp. 72–73). Today, instead, the temple and vase are in the Museo Civico d'arte antica in Turin, sent there as a gift by king Vittorio Emanuele II in 1863 (Mallè, 1972, pp. 211–212) and the tripods are on the second floor of the Savoy residence. These tripods, more recently transformed into flower stands, reveal slender, harmonious lines with sober classicising decorations along the edge, with the trifoliate motif alternating with small and delicately worked rosettes, while the stretcher between the legs and the central part are adorned with a frieze with small geometric motifs *à la grecque*; these last elements confirm the considerable contribution made by Bonzanigo in spreading the *goût grec* in Piedmont at the end of the eighteenth century. On these gilt supports rested what scholars deem to have been the first two micro-sculpture works referable with certainty to the Asti-born sculptor (Bertolotto, 1989, p. 34): the little temple in the Museo Civico boasts a sumptuous architectural structure despite its tiny size, surmounted by a cornice with a balustrade enriched with plinths decorated finely with trophies of arms above which perch pyramidal pinnacles. The art of carving reaches a peak in the cupola with its cloister dome alternatively filled with imitation pierced volutes, and in the triumphal arch, which leads solemnly to the bust of Vittorio Amedeo, raised atop a column and resting on a trophy composed by drapes, sceptre, crowns, olive and surmounted by an eagle (Mallè, 1972, pp. 211–212). The bust of the sovereign, still linked to rocaille models, seems to anticipate the genre of the celebratory portrait translated into micro-sculpture that would be particularly popular with the Savoy household, as witnessed by the numerous profiles and silhouettes of princes and sov-

VII.1

Ignazio Marchetti (Parma, 1715-1800)
Console, circa 1769
legno intagliato e dorato
93 x 115 x 55,5 cm
Parma, Pinacoteca Nazionale

Questa *console* riccamente decorata fa parte di un nucleo coerente di arredi assieme ad altri due tavoli da muro, attualmente divisi tra la Palazzina di Caccia di Stupinigi e il Palazzo Ducale di Colorno. I mobili risultano infatti documentati e risalenti al 1769, grazie a una nota firmata dall'autore, l'intagliatore parmense Ignazio Marchetti, il quale a quella data dichiarava di aver consegnato "due tavole con teste di montone, ghirlande di alloro con nastri per il Gabinetto di S.E. Signor Ministro" (ASP, Comp. Farnes. e Borb. Spese di Parma 1769, b. 17a). La descrizione fornita corrisponde esattamente all'esemplare in mostra, e al suo *pendant* oggi a Stupinigi, mentre la *console* conservata a Colorno costituisce una variante delle altre due, dato che, pur mantenendo lo stesso repertorio di ornati e una struttura pressoché identica, sostituisce alla sontuosa ghirlanda d'alloro che raccorda i due angoli del mobile, una serie di ampi girali posti a sostegno del piano del tavolo e terminanti con teste di ariete. Si tratta di varianti minime, rispetto ai motivi concepiti in stretta analogia nei tre arredi: l'uso di decorare alcune parti con ampie fasce intagliate "alla greca" o la tendenza a enfatizzare la curvatura dei supporti decorandoli con zoccoli di caprone, elementi che peraltro si ritrovano anche in altri mobili di manifattura parmense, probabilmente anch'essi realizzati da Marchetti, come la *console* oggi presso la Fondazione Cassa di Risparmio di Parma (Colle 2002, pp. 497-498, n. XI.3). Si tratta per lo più di soluzioni ornamentali di ispirazione piranesiana, basti pensare alle invenzioni contenute nella celebre raccolta di stampe *Diverse maniere d'adornare i cammini*, edita proprio nel 1769. Su tutta evidenza fu Ennemond Alexandre Petitot a fornire a Marchetti i disegni per questi arredi, che evocano le decorazioni a intaglio e stucco eseguite sotto la direzione del celebre architetto di corte: sia quelle della Sala Grande del Palazzo Ducale di Colorno, compiute tra il 1755 e il 1756 (Colle 2005, pp. 248-249, n. 34), sia soprattutto quelle, di forme più severe, degli scaffali della Biblioteca Palatina, arricchite a ghirlande e foglie d'alloro, queste ultime frutto della collaborazione tra Petitot e i due intagliatori Ignazio Marchetti e Odoardo Panini. Ad avvalorare in via definitiva l'intervento di Petitot per la *console* presentata in mostra, è anche la circostanza che la citata nota di consegna del Marchetti è controfirmata dal celebre architetto (Colle 2005, pp. 248-249, n. 34). Il nostro arredo è una preziosa testimonianza del rinnovamento in senso neoclassico portato da Petitot al gusto parmense di corte, grazie all'elaborazione di una sintassi ornamentale che fondeva con spregiudicatezza elementi desunti dall'antico, e dall'osservazione dei decori cinquecenteschi, con citazioni dal bizzarro repertorio piranesiano. In tale contesto culturale si inseriva il duraturo sodalizio tra Petitot e Ignazio Marchetti, il quale a partire dal 1765 ricoprì la carica di scultore in legno di corte e in questo veste mise in pratica i precoci spunti neoclassici di Petitot fornendo mirabili esempi del suo virtuosismo tecnico come quello qui presentato, destinati ad abbellire le residenze ducali, oppure a ornare edifici religiosi come la chiesa di San Liborio a Colorno, ai cui arredi lignei lavorò a più riprese a partire dal 1775 fino al 1792 (Colle 2002, p. 300). [E.M.]

Bibliografia: Bandera 1972, pp. 164-165, nn. 213, 215; Bertini 1975, pp. 202-203; Cirillo 1997, pp. 291-292; Colle 2002, p. 409, n. 1.13; Colle 2005, pp. 248-249, n. 34.

VII.2

Andrea Branzi
(Firenze, 1938)
Console *Tillus*
produzione Zanotta, 1986
struttura in acciaio verniciato
e piano in legno laccato
95 x 180 x 40 cm
Nova Milanese, proprietà Zanotta Spa

VII.3-3a

Giuseppe Maria Bonzanigo
(Asti, 1745 - Torino, 1820)
Tripode, 1787
legno intagliato e dorato su due toni d'oro
72 x 52 cm
Ø int. 45 cm
Torino, Palazzo Reale, Appartamento dei Duchi d'Aosta
Inventario: 4564

Tempietto trionfale con il busto
di Vittorio Amedeo III
1787 o circa 1790
41 x 29 x 47 cm
Torino, Museo Civico d'Arte Antica
Inventario: 791

Il *Tempietto trionfale* qui esposto e il suo manufatto gemello, raffigurante un *Vaso allegorico con le personificazioni del Po e della Dora*, entrambi in origine sistemati sopra due tripodi dorati creati appositamente per reggere tali opere, formavano con i loro sostegni un unico insieme di arredi, oggi diviso tra il Palazzo Reale di Torino e il Museo Civico di Arte Antica. Questi mobili, che colpiscono per il tono monumentale, a dispetto delle proporzioni minute e per la consumata abilità tecnica, sono dovuti alla mano di Giuseppe Maria Bonzanigo, scultore astigiano attivo in modo continuo presso la corte sabauda almeno a partire dal 1775 (Viale 1963, pp. 25-26). In quell'ambito di collezionismo di corte egli eseguì numerosi lavori, fino a ottenere, nel 1787, una regia patente che lo nominava scultore in legno di Vittorio Amedeo III, con uno stipendio annuo di L. 200. Tale riconoscimento era motivato dalla Real Casa con "la particolare abilità e perizia dimostrata [...] nell'eseguimento de' diversi travagli da parecchi anni a questa parte ordinati per nostro servizio" (Archivio Storico Comunale di Asti, Cassetta 10, f.12, doc. cit. in *Giuseppe Maria Bonzanigo* 1989, fig. 1, p. 18). Gli arredi qui presentati furono offerti in dono a Vittorio Amedeo III, verosimilmente in segno di riconoscenza per quel prestigioso incarico, e furono infatti realizzati intorno allo stesso 1787, in base alla documentazione pubblicata da Giancarlo Ferraris, dove, nel luglio di quell'anno, si registra il saldo al Bonzanigo per le "due opere di scultura, da lui eseguite", scrittura che si integra con una nuova richiesta di pagamento stilata dallo scultore pochi giorni dopo, per una serie di lavori, tra i quali, "per disegno, ed assistenza al Minutiere per l'eseguimento delle due custodie dei tripodi col tempio e vaso da me formati, col aver impiegato molto tempo nel combinare la costruzione delle med. e tutto compreso" (documenti citati in Ferraris 1991, nn. 33-34).

Tutte queste opere erano collocate, coi relativi sostegni, al Palazzo Reale di Torino, dove risultano inventariate a più riprese, nel 1805, 1807, 1811 e 1815, precisamente nel gabinetto di toeletta dell'appartamento d'estate del re, ambiente non più esistente perché inglobato all'attuale sala da pranzo, mentre nell'inventario del 1823, esse risultano trasferite nella camera detta della duchessa di Borgogna (Ferraris 1991, pp. 72-73). Invece attualmente il tempio e il vaso si trovano presso il Museo Civico d'Arte Antica di Torino, ivi giunti per dono del re Vittorio Emanuele II nel 1863 (Mallè 1972, pp. 211-212), e i tripodi sono al secondo piano della reggia sabauda. Questi ultimi, la cui trasformazione in fioriere risale a un'epoca più recente, presentano linee snelle e armoniose arricchite da sobrie decorazioni classicheggianti lungo il bordo, dove il motivo a triglifo si alterna a piccole rosette delicatamente lavorate, mentre i raccordi tra le zampe e la parte centrale sono ornati da un fregio a piccole greche, elementi questi ultimi che confermano il notevole contributo svolto da Bonzanigo nella diffusione del *goût grec* in Piemonte alla fine del Settecento. Su tali sostegni dorati poggiavano quelle che la critica ritiene le prime due opere di microscultura riferibili con certezza allo scultore astigiano (Bertolotto 1989, p. 34): il tempietto del Museo Civico presenta, pur nelle proporzioni miniaturizzate, una sontuosa struttura architettonica, sormontata da un cornicione con una balaustra arricchita da plinti decorati finemente con trofei d'armi su cui poggiano guglie piramidali. L'arte dell'intaglio si esprime soprattutto nella cupola a volte alternativamente riempite da finte volutine lavorate a traforo e nell'arcone trionfale, che introduce con solennità al busto di Vittorio Amedeo, elevato sopra una colonna, e poggiante su un trofeo composto da drappi, scettro, corone, ulivo, sormontato da un'aquila (Mallè 1972, pp. 211-212). Il busto del sovrano, ancora legato a modelli *rocaille*, sembra preludere a un genere, quello della ritrattistica aulica tradotta in microscultura, che avrà particolare fortuna presso la committenza dei Savoia, come attestano i numerosi profili e le *silhouettes* di principi e sovrani intagliati in avorio e legno su quadretti di ebano (cfr. ad es. *Giuseppe Maria Bonza-*

ereigns carved in ivory and wood on little ebony panels (cf. for example, *Giuseppe Maria Bonzanigo* 1989, no. 10, figs 15–16, p. 48). The other ornamental vase, signed "Jos. M. Bonzenigus", is its equal in the virtuosity of its carving, with the personifications of the two rivers carved on the central doors, both reclining alongside aquatic plants reproduced with microscopic care. As Angela Griseri has noted, the extremely fine carving of the flowers might depend on the artist having seen some still lifes being painted in those same years by Michele Antonio Rapous, while other decorative repertories for these micro-sculptures could be deduced from French embroideries and fabrics (Griseri, 1989, no. 56, p. 82).

Bonzanigo's varied activity has been examined in recent studies, highlighting the development of a coherent style that is recognisable in the different applications of carving techniques, in the delicate architraves made for the interiors of Stupinigi and the Palazzo Reale in Turin, in the furniture made for the royal residences and in the micro-sculptures made for Savoy household patrons, such as those displayed here.

The aspect that all these productions share is a sober and meditated distribution of the ornamental elements, in lined with the principles broadcast by the encyclopedists, like Diderot, a supporter of architectural and ornamental beauty founded on five principles: "la variété, l'unité, la régularité, l'ordre, la proportion": faithful to these maxims, the style of Bonzanigo showed that it aspired to be useful and adorned functionality (Griseri 1989, p. 139), which foresaw a definitive replacement of *rocaille* redundancies in favour of an early innovation of a neoclassical nature (Idem, p. 142). [E.M.]

Bibliography: Viale, 1963, III, fig. 103; Mallé, 1972, pp. 210–211, no. 313–314; Ruotolo, 1981, p. 47, fig. 2; Bertolotto, 1989, ill. 2; Ferraris, 1991, p. 50, docc. 33–34 and pp. 72–73; Colle, 2005, p. 440, no. 103.

VII.4

Achille Castiglioni
(Milan, 1918–2002)
Cumano small folding table
made by: Zanotta, 1978
steel rod structure with painted laminate top, the sliding joint of ABS
70 x Ø 55 cm
Nova Milanese, Zanotta Spa property

VII.5

Aldo Rossi
(Milan, 1931-1997)
Tea and Coffee Piazza set
made by: Alessi, 1983
stainless steel 18/10 and base in copper
64 x 43,5 x 29 cm
Crusinallo, Alessi Museum

VII.6

Sicilian workshop
Chair, late eighteenth century
gilt wood with painted glass to imitate agate, and with bronze mounts
1790–1800
100 x 55 x 50 cm
private collection

This chair, together with others of identical workmanship, is part of a series including sofas and other pieces of certain Sicilian provenance currently dispersed in various European and American museums and in private collections (in Palermo, Sarasota, Frankfurt, Chicago, Château de Castille). What all these pieces share is the decorative technique, consisting of a number of panes of glass painted on the rear and attached to the wooden structure using carved wooden frames. The chairs bear the same monogram on the back, PPT, of doubtful identification (González-Palacios, 1984, p. 385). Traditionally, these glass items were believed to have come from Villa Pelagonia at Bagheria. According to the careful description made by an Scotsman, Patrick Brydone, in 1770, in that "enchanted castle", populated by statues depicting monstrous creatures, Don Ferdinando Francesco Gravina had decorated the interiors with multiplying mirrors on the ceiling and lining the walls with panels of glass painted on the rear in imitation of marble and pietra dura. Likewise the doors, covered with "little engraved mirrors in the most amusing forms and intermingled with crystals and glass of every type of colour" (Scianna, 1977). Among the illustrious travellers who, attracted by the fame of that bizarre house, paid a visit, there was also Wolfgang Goethe, who despite censuring the follies of the principe di Pelagonia, was favourably struck by that particular invention of the local artisans, which he judged "A perfect imitation of these agates, obtained on the rear of thin panes of glass using coloured paints" [...] which he deemed "the only reasonable thing" he had admired during his visit to the "Pellagonian madhouse". Indeed, he showed he preferred those "little panels" to real agate, "since this had to be made up of many small pieces", while the glass panels could have the dimensions "desired by the architect". To his mind, they constituted "an example of decorative art" worth "finding imitators" (Goethe, 1786–1788, p. 89). In general, the chronicles of travellers do not describe the appearance of the furniture that Villa Pelagonia once boasted, but tend to stress some of the extravagance of the old owner, such as his habit of putting nails in the backs of the armchairs, or of cutting a leg off a chair (Scianna, 1977). However, we might easily imagine the prince using glass decoration for his furniture too, as some recent publications have indeed confirmed (Scaduto, 2007). Besides, the use of glass to imitate variegated marbles was a fairly common skill amongst Sicilian artisans, who could draw inspiration from the liturgical furnishings present in various parts of the island, such as the altar in the church of Santa Chiara in Enna, of that of the Duomo di San Giorgio at Ragusa Ibla (Colle, 2005, pp. 56–57). [E.M.]

Bibliography: Scianna, 1977; González-Palacios, 1984, pp. 385–387; Colle, 2005, pp. 56–57, no. 3; Scaduto, 2007.

VII.7

Alessandro Mendini
(Milan, 1931)
Ollo chair
made by: Alchimia, 1985
stamped plywood structure
80 x 50 x 50 cm
Milan, Spazio 900 - Modernariato e Design property

VII.8

Giovanni Uldrich
Multiple book-rest, 1792
ebony with brass mounts
252 x 101 x 122 cm
Naples, Biblioteca Nazionale Vittorio Emanuele III

This rotating book-rest, one of a pair which is also preserved in the Palatine section of the Biblioteca Nazionale in Naples, is a rare example of an eighteenth-century mechanical piece of furniture. It is a neoclassical-style version of the originally medieval *Bücherlesemaschinen* that were widespread in monastic libraries of Central Europe.

Both pieces have been identified thanks to a small publication of 1826 that describes them in detail and states they belonged to Maria Carolina of Austria, who would use it during her readings in her private library at the Reggia di Caserta. According to the nineteenth-century source, they comprised a "fine round table of a diameter of 12 palms, all worked in foreign woods" and possessed a rotating mechanism consisting of "a fine little machine, also of mahogany, resembling a large vertical wheel resting on two graceful legs, with many small book-rest around it on which to place books without inconvenience", enabling the sovereign to remain seated to reach the other volumes (Patturelli, 1826 [facsimile reprinting 1972], p. 85). The pieces in question have maintained their complex gearing which is put into motion via a handle on the right side of the table top; this sets off a sort of two-wheeled mill from which hand eight shelves to hold the books. In her study of the subject, Annalisa Porzio has noted not just the technical and mechanical aspects of the pair of book-rests, but has also stressed the elegance of the structure, beautified by small Doric columns and finely carved capitals, inspired by the neoclassical discipline which saw the division of the various architectural orders.

The two book-rests were made by Giovanni Uldrich, a cabinet-maker of German or Austrian origins, who also worked in Maria Carolina's library. He signed both pieces on small brass plates, dating them respectively 1792 and 1794. Given that Uldrich is not mentioned in the documents concerning cabinet-makers active at the Reggia di Caserta until the early 1790s, and given that his name does not appear even in the series of Despatches and Accounts for 1792, the

nigo 1989, n. 10, figg. 15-16, p. 48). Da menzionare per il virtuosismo nell'arte dell'intaglio è anche l'altro vaso ornamentale firmato "Jos. M. Bonzenigus", con le personificazioni dei due fiumi scolpite sugli sportelli centrali, entrambe sdraiate presso piante acquatiche riprodotte con lenticolare minuzia. Come ha notato Angela Griseri, l'estrema finezza nell'esecuzione degli inserti fioriti poteva dipendere dalla visione delle nature morte illusive, elaborate in quegli stessi anni da Michele Antonio Rapous, mentre ulteriori repertori decorativi per queste microsculture, potevano essere desunti da ricami e stoffe di provenienza francese (Griseri 1989, n. 56, p. 82).

La multiforme attività di Bonzanigo è stata esaminata in studi recenti che ne hanno posto in evidenza l'elaborazione di uno stile coerente, riconoscibile nelle diverse applicazioni della tecnica dell'intaglio, dalle delicate sovrapporte ideate per gli interni di Stupinigi e del Palazzo Reale di Torino, ai mobili realizzati per le residenze di corte, fino agli arredi di microscultura destinati alla committenza sabauda, come quelli esposti. Ad accomunare queste produzioni è appunto la sobria e meditata distribuzione degli elementi ornamentali, in linea con i principi divulgati dagli enciclopedisti, come Diderot, sostenitore di un bello architettonico e ornamentale fondato su cinque principi: "la variété, l'unité, la regularité, l'ordre, la proportion": fedele a tali massime, lo stile di Bonzanigo mostrava di aspirare all'utile e a una funzionalità ornata (Griseri 1989, p. 139), sulla via di un definitivo superamento delle ridondanze *rocaille* per approdare a una precoce innovazione di matrice neoclassica (Idem, p. 142). [E.M.]

Bibliografia: Viale 1963, III, tav. 103; Mallé 1972, pp. 210-211, n. 313-314; Ruotolo 1981, p. 47, fig. 2; Bertolotto 1989, ill. 2; Ferraris 1991, p. 50, docc. 33-34 e pp. 72-73; Colle 2005, n. 103, p. 440.

VII.4

Achille Castiglioni
(Milano, 1918-2002)
Tavolino pieghevole *Cumano*
produzione Zanotta, 1978
struttura in tondino di acciaio con piano in lamiera verniciata, giunto di chiusura scorrevole in ABS
70 x Ø 55 cm
Nova Milanese, proprietà Zanotta Spa

VII.5

Aldo Rossi
(Milano, 1931-1997)
Servizio da tè e caffè *Tea and Coffee Piazza*
produzione Alessi, 1983
acciaio inox 18/10 e fondo in rame
64 x 43,5 x 29 cm
Crusinallo, Museo Alessi

VII.6

Manifattura siciliana
Sedia, seconda metà secolo XVIII
legno dorato con vetri dipinti

a imitazione dell'agata e finiture in bronzo
1790-1800
100 x 55 x 50 cm
collezione privata

Questa sedia, assieme ad altre di identica fattura, fa parte di una serie comprendente divani e mobili di sicura provenienza siciliana, attualmente sparsi in vari musei europei e statunitensi e in collezioni private (a Palermo, Sarasota, Francoforte, Chicago, Château de Castille). Ad accomunare questi arredi è la tecnica decorativa, consistente in una partitura di lastre di vetro dipinte sul retro e incollate alla struttura di legno mediante cornici lignee intagliate. Le sedie presentano sullo schienale lo stesso monogramma PPT, di dubbia identificazione (González-Palacios 1984, p. 385). Tradizionalmente questi mobili vitrei si ritengono provenienti da villa Pelagonia a Bagheria. Secondo la puntuale descrizione riportata nel 1770 dall'inglese Patrick Brydone, in quel "castello incantato", popolato di statue raffiguranti creature mostruose, don Ferdinando Francesco Gravina aveva allestito gli ambienti interni decorandone i soffitti con specchi moltiplicatori e rivestendone le pareti di pannelli di vetri dipinti sul retro, a imitazione di marmi e pietre dure, così come le porte, anch'esse analogamente ricoperte "con specchietti intagliati nelle fogge più ridicole e intrammezzati con cristalli e vetri di ogni tipo di colore" (Scianna 1977). Tra gli illustri viaggiatori che, attratti dalla fama di quella bizzarra dimora, vi fecero sosta, figura anche il nome di Wolfgang Goethe, il quale, malgrado biasimasse le follie del principe di Pelagonia, rimase favorevolmente colpito da quella particolare invenzione delle maestranze locali, che giudicava "Un'imitazione perfetta di queste agate, ottenuta sul verso di sottili lastre di vetro mediante vernice colorate" e "l'unica cosa ragionevole", ammirata durante la sua visita al "manicomio pellagoniano". Anzi, egli mostrava di preferire quelle "tavolette" all'agata genuina, "dovendo questa esser composta di molti pezzetti", mentre i pannelli vitrei potevano assumere le dimensioni "volute dall'architetto" e costituivano a suo avviso "un esempio d'arte decorativa", che meritava "di trovare imitatori" (Goethe 1786-1788, p. 89). In generale, le cronache dei viaggiatori non descrivono l'aspetto degli arredi contenuti un tempo a villa Pelagonia, ma tendono a porre l'accento su alcune stravaganze dell'antico proprietario, come l'abitudine di conficcare punte di ferro negli schienali delle poltrone, o di tagliare una gamba alle sedie (Scianna 1977). Tuttavia, si può facilmente immaginare che il principe usasse applicare decorazioni in vetro anche ai mobili, come hanno confermato peraltro recenti pubblicazioni (Scaduto 2007). Del resto l'applicazione di vetri a simulare marmi variegati era una tecnica piuttosto comune fra le maestranze siciliane, che potevano trarne ispirazione dagli arredi liturgici presenti in vari centri dell'isola, come l'altare della chiesa di Santa Chiara a Enna, o quello del duomo di San Giorgio a Ragusa Ibla (Colle, 2005, pp. 56-57). [E.M.]

Bibliografia: Scianna 1977; González-Palacios 1984, pp. 385-387; Colle 2005, pp. 56-57, n. 3; Scaduto 2007.

VII.7

Alessandro Mendini
(Milano, 1931)
Sedia *Ollo*
produzione Alchimia, 1985
struttura in legno di compensato
laminato serigrafato
80 x 50 x 50 cm
Milano, proprietà Spazio 900 - Modernariato e Design

VII.8

Giovanni Uldrich
Leggio multiplo, 1792
legno di ebano con inserti di ottone
252 x 101 x 122 cm
Napoli, Biblioteca Nazionale Vittorio Emanuele III

Questo leggio rotante, in coppia con il suo *pendant* anch'esso conservato nella sezione Palatina della Biblioteca Nazionale di Napoli, è un raro esempio di mobile meccanico settecentesco, che rinnova in stile neoclassico la tipologia delle *Bücherlesemaschinen* di origine medievale, particolarmente diffuse nelle biblioteche monastiche dell'Europa centrale.

Entrambi i mobili sono stati identificati grazie a un opuscolo del 1826, che li descrive accuratamente, come appartenenti a Maria Carolina d'Asburgo, la quale era solita utilizzarli durante le sue letture nella sua biblioteca privata nella Reggia di Caserta. Secondo la fonte ottocentesca, essi erano costituiti di "una bellissima tavola rotonda di diametro di circa palmi 12, tutta lavorata di legni stranieri", e possedevano un meccanismo girevole, consistente in "una bellissima macchinetta anche di mogano a somiglianza di una gran ruota verticale poggiante sopra due graziosi piedi con tanti piccoli leggii attorno, per situarci senza incommodo i libri", così da consentire alla sovrana di non doversi alzare per poter accedere ai volumi (Patturelli 1826 [rist. anast. 1972], p. 85).

I mobili in esame mantengono intatto il loro complesso ingranaggio, che viene azionato tramite una maniglia posta sulla destra del piano di appoggio, che innesca una sorta di mulino a due ruote alle quali sono sospese otto ripiani a sostegno dei libri. Annalisa Porzio, nel suo studio sull'argomento, oltre a rilevare gli aspetti tecnici e meccanici della coppia di leggii, ne ha sottolineato l'eleganza della struttura, abbellita da colonnine doriche e capitelli finemente lavorati, elementi questi ispirati alla disciplina neoclassica della divisione degli ordini architettonici.

L'autore dei due mobili è Giovanni Uldrich, ebanista di origine tedesca o austriaca, attivo anche per la Biblioteca di Maria Carolina, che li firma entrambi su placchette di ottone, rispettivamente datandoli 1792 e 1794. Visto che Uldrich non risulta menzionato nei documenti relativi agli ebanisti attivi nella Reggia di Caserta fino ai primi anni novanta, e dato che il suo nome non compare nep-

scholar supposed that the older book-rest must have been made in Vienna and given to the queen, and only two years later did he move to Naples. This suggestion gains support from the mention of "Naples" repeated twice on the 1794 model. We also know that Uldrich's contacts with the Neapolitan court were not sporadic but that, given his specialisation of cabinet-making applied to machines, he continued his activity as maker of pianos. [E.M.]

Bibliography: Patturelli, 1826 (facsimile reprinting 1972), p. 85; Guerrieri, undated (1957), p. 12; Tresoldi, 1972, pp. 51–61, fig. XII; Porzio, 1988.

VII.9

Achille Castiglioni
(Milan, 1918–2002)
Joy bookcase
made by: Zanotta, 1990
vertical and horizontal planes in medium
density with an internal corner unit
with steel reinforcement, painted
with scratch-proof embossed paint.
The load-bearing joints of painted steel
190 x 96 x 30 cm
Nova Milanese, Zanotta Spa property

VII.10

Giuseppe Maggiolini
Dressing table, 1794–1796
wood veneered in rosewood and inlaid
with Oriental woods
81 x 100 x 52,5 cm
private collection

The model for this fine piece of furniture, veneered in rosewood and inlaid with various coloured woods to obtain pictorial effects and complex tones, seems to be that of the mechanical writing desks typical of international neoclassicism, French above all, built in conformity with those criteria of functionality and comfort recommended by the theoreticians of the Encyclopédie, passionate supporters of technology applied to art. This approach enabled these articles to off unusual versatility, as in the case of the present table, which on the front has an extractable panel; pulled towards the user according to need, it revealed a mirror hidden within the structure. A double use was thus achieved for this table: as desk or as dressing table, using a mechanism used several times by Giuseppe Maggiolini and his workshop, as demonstrated by two other examples with an extremely similar structure, one belonging to the Civiche Raccolte d'Arte Applicata del Castello Sforzesco (Beretti, 1994, fig. VI) and the other formerly in the Brunelli collection (Morazzoni, 1953, fig. XXV). This second desk, which Giuseppe Morazzoni believes can be dated to between 1780 and 1790, has further analogies with our example, both in the form of the legs, turned and slender, and in the identical motif of the cornucopias with flowers facing each other and bound with a swirling ribbon; this was a decorative element repeated several times by the cabinet-maker, as for example in the secre-

taire formerly in the Parrocchetti-Melzi collection (Morazzoni, 1953, fig. XXXII; Beretti, 1994, fig. 197, p. 157). This intarsia, inserted at the centre of the rear panel of the table displayed here, has rightly been compared to a sketch in the hand of the court artisan (Morazzoni, 1953, fig. C), and the earlier one may perhaps be associated with the commemorative print of the wedding between the archduke Ferdinand and Maria Beatrice d'Este (Colle, 1992, pp. 78–84, here p. 82, fig. 8). Similarly, the other inlaid panels adorning the piece derive from a series of drawing formerly kept in the craftsman's workshop as a repertory and subsequently acquired by the Gabinetto dei Disegni di Castello Sforzesco. In particular, the inlaid motif on the panel supporting the mirror, depicting an altar to Jove, derives from a pencil and wash study by Andrea Appiani, who was in turn inspired by the collection of Antichità di Ercolano that Maggiolini inlaid for the first time in 1794 (Alberici, 1969, p. 189) and subsequently reused in various compositional contexts, as in the decoration of the secretaire in the Palazzo Reale in Milan (Beretti, 1994, p. 115, fig. 141). The intarsia at the centre of the oval on the top, depicting an atlas of the world with compass, ruler, board, trumpet and a laurel twig, is the result of an idea by Giuseppe Levati, a decorator. A variant of this same composition, also made on a desk and formerly in the Subert collection in Milan (Morazzoni, 1953, fig. XXIV), appears in another preparatory sheet, bearing the words "made in the desk of the Minister for Foreign Affairs 98 V.S.". That date might therefore be taken as the last possible one for the execution of the present piece (Colle, 2002, p. 512), but the presence of the scroll with signature and the qualification as intarsia craftsman to the Royal Highnesses leads one to move the date for the making of the dressing table within a period running from 1794 to 1796, the year in which the archducal family abandoned Milan following the arrival of the French in Lombardy. [E.M.]

Bibliography: Colle, 2001, figs 35–36, p. 556; Colle, 2002, pp. 511–512, no. XII.27; Colle, 2005, p. 314, no. 65.

VII.11

Osvaldo Borsani
(Varedo, 1911 – Milan, 1986)
Dressing table
made by: Arbo, 1938
structure of crystal panel, etched glass,
metal decoration, mirrors
75 x 150 x 55 cm
Varedo, Arbo S.p.A. collection

VII.12

Workshop of Lucia Landucci
Chair, 1784
97,5 x 60,5 x 57 cm
Rome, Villa Borghese, Stanza
di Unterperger

This chair, defined by Alvar González-Palacios as being "perhaps the finest neoclassi-

cal Roman chair and certainly the most elegant model to be made for the Villa [Borghese]", is one of ten to emerge from the workshop of Lucia Landucci in 1784 for the room of Monsù Cristofano (Unterperger), described in his hand in the Quaderno delle spese: "ten chairs alla crusca or in the Gothic manner in the room of Monsù Cristofano at the Villa, comprising a frame with Back and Legs and Curved Seat with a circle in the middle containing squares with a star in the manner of the School of Raphael, and Incised with flat panels and shells and full and empty scrolls and with three orders of carving, which is to say the first order with spherical forms, the second order with vines and the third order with vacarelle, and with a row of leaves in the rear legs, and the middle horizontal of the back carved with full and empty shells and bacelli, and all together […] costing s. 85" (Landucci, Quaderno delle spese, nos. 463 e 469, cit. in González-Palacios, 1993, I, pp. 241–242).

Concerning the history of Lucia Landucci, González-Palacios has published a paper in which he sheds some light on the unusual story of the female eighteenth-century entrepreneur, who came from a family of carvers and was, perhaps, herself an artisan. Lucia, whose first husband was another carver, Giuseppe Corsini, in the wake of his death married Antonio Landucci, who had worked for years in her workshop, so as to be able to regain her dowry from her first husband's bequest and so keep the workshop in business with her new consort. The latter became manager of current projects (González-Palacios, 2004, p. 244). González-Palacios believes that the position of Lucia Landucci, whose maiden name was Barbarossa, is still not clear today. He is rather disposed to consider her the administrator of the workshop rather than a skilled artisan in her own right, although her name appears in the accounts of the Borghese family with regard to a series of works, years after the death of Giuseppe Corsini, her first husband (González-Palacios, 2004, pp. 244–245). [V.G.]

Bibliography: González-Palacios, 1993, I, pp. 241–242; II, p. 238; Colle, 2005, p. 158.

VII.13

Alberto Meda
(Tremezzina, 1945)
Soft Light chair
made by: Alias, 1989
sandwich structure formed of carbon
fibre cloth in a matrix of epoxy resin,
aluminium honeycomb
and unidirectional carbon fibre cloth.
The seat and back of Symetrol fabric
74 x 39 x 49 cm
Milan, private collection

VII.14

Luigi Righetti (Rome, 1780–1852)
Tripod, ca 1815
gilt and satin-finish bronze, mosaic top
88 cm x Ø 35 cm
Naples, Galleria Nazionale di Capodimonte
Inventory: 1907 no. 1785

pure nella serie di Dispacci e nei Conti dell'anno 1792, la studiosa suppone che il leggio più antico sia stato prodotto a Vienna dall'artigiano, per essere donato alla regina, e che soltanto due anni dopo egli si sia stabilito nella città partenopea, ipotesi peraltro avvalorata dalla scritta "Napoli" ripetuta due volte nel mobile del 1794. Sappiamo inoltre che i contatti di Uldrich con la corte napoletana non furono sporadici, ma che egli, evidentemente data la sua specializzazione nel settore dell'ebanisteria applicata alle macchine, continuò la sua attività come costruttore di pianoforti. [E.M.]

Bibliografia: Patturelli 1826 (rist. anast. 1972), p. 85; Guerrieri s.d. (1957), p. 12; Tresoldi 1972, pp. 51-61, fig. XII; Porzio 1988.

VII.9

Achille Castiglioni
(Milano, 1918-2002)
Libreria *Joy*
produzione Zanotta, 1990
piani verticali e orizzontali in medium
density con elemento angolare interno
di rinforzo in acciaio, verniciatura
goffrata antigraffio. Snodi portanti
in acciaio verniciato
190 x 96 x 30 cm
Nova Milanese, proprietà Zanotta Spa

VII.10

Giuseppe Maggiolini
Toilette, 1794-1796
legno impiallacciato di palissandro
e intarsiato in legni orientali
81 x 100 x 52,5 cm
collezione privata

Il modello di questo raffinato mobile impiallacciato di palissandro e intarsiato con varie essenze colorate per ottenere effetti pittorici e complesse sfumature sembra essere quello degli scrittoi meccanici tipici del neoclassicismo internazionale, soprattutto francese, costruiti secondo quei criteri di funzionalità e *comfort* raccomandati dai teorici dell'*Encyclopédie*, caldi fautori della tecnologia applicata all'arte. Ciò consentiva a tali manufatti una particolare versatilità, come nel caso del presente tavolo, dotato, sul davanti, di un pannello estraibile che, tirandolo a sé, rivela, secondo la necessità, uno specchio nascosto all'interno della struttura. Si ottiene così per questo mobile un duplice impiego: come scrivania o come tavolo da toilette, grazie a un meccanismo più volte sperimentato da Giuseppe Maggiolini e dalla sua bottega, come mostrano due esemplari dalla struttura molto simile, l'uno appartenente alle Civiche Raccolte d'Arte Applicata del Castello Sforzesco (Beretti 1994, tav. VI), e l'altro già in collezione Brunelli (Morazzoni 1953, tav. XXV). Questa seconda scrivania, secondo Giuseppe Morazzoni databile tra il 1780 e il 1790, presenta, tra l'altro, ulteriori analogie con il nostro esemplare, sia nella forma delle gambe, tornite e affusolate, sia nell'identico motivo delle cornucopie con fiori raffrontate e legate da un nastro svolazzante, elemento decorativo più volte replicato dall'ebanista,

come ad esempio nel *secrétaire* già in collezione Parrocchetti-Melzi (Morazzoni 1953, tav. XXXII; Beretti 1994, fig. 197, p. 157). Questa tarsia, inserita al centro del pannello posteriore dell'arredo qui esposto, è stata giustamente ricondotta a uno schizzo di mano dell'artigiano di corte (Morazzoni 1953, tav. C), e il precedente può forse essere individuato nell'incisione commemorativa del matrimonio tra l'arciduca Ferdinando e Maria Beatrice d'Este (Colle 1992, pp. 78-84, qui p. 82, fig. 8). Analogamente, anche gli altri pannelli intarsiati che ornano il mobile derivano da altrettanti disegni già conservati, in funzione di utile repertorio, nella bottega dell'intarsiatore e in seguito acquisiti dal Gabinetto dei Disegni del Castello Sforzesco. In particolare, il motivo intarsiato sul contropiano che sostiene lo specchio, raffigurante un'ara dedicata a Giove, ricalca un progetto a matita e acquarello di Andrea Appiani, a sua volta ispirato alla raccolta delle *Antichità di Ercolano*, che Maggiolini intarsiò per prima volta nel 1794 (Alberici 1969, p. 189) e poi riutilizzò nei più diversi contesti compositivi, come nella decorazione del *secrétaire* conservato presso il Palazzo Reale di Milano (Beretti 1994, p. 115, fig. 141).

Frutto di un'idea elaborata dall'ornatista Giuseppe Levati è invece la tarsia collocata al centro dell'ovale del piano d'appoggio, che raffigura un mappamondo con compasso, un righello, una tavoletta, una tromba, e un ramoscello d'alloro. Una variante di questa medesima composizione, realizzata anche su di una scrivania già nella collezione Subert di Milano (Morazzoni 1953, tav. XXIV), è raffigurata in un ulteriore foglio preparatorio, e reca la scritta "fac.ta nella Scrivania del Minis.ro degli affari Esteri 98 V.S.". Si potrebbe dunque considerare quella data come termine ultimo per l'esecuzione del presente arredo (Colle 2002, p. 512), tuttavia la presenza del cartiglio di firma con la qualifica di intarsiatore delle Altezze Reali, induce a spostare la realizzazione della scrivania-toilette entro un arco cronologico compreso tra il 1794 e il 1796, anno in cui la famiglia arciducale abbandonò Milano in seguito all'arrivo dei francesi in Lombardia. [E.M.]

Bibliografia: Colle 2001, figg. 35-36, p. 556; Colle 2002, pp. 511-512, n. XIII.27; Colle 2005, p. 314, n. 65.

VII.11

Osvaldo Borsani
(Varedo, 1911 - Milano, 1986)
Toilette
produzione Arbo, 1938
struttura in lastre di cristallo, vetri
serigrafati, decorazioni metalliche, specchi
75 x 150 x 55 cm
Varedo, collezione Arbo S.p.A.

VII.12

Bottega di Lucia Landucci
Sedia, 1784
97,5 x 60,5 x 57 cm
Roma, Villa Borghese, Stanza
di Unterperger

Questa sedia, definita da Alvar González-Palacios "forse la più bella sedia romana neoclassica e certamente il modello più elegante approntato per la Villa [Borghese]", è una delle dieci uscite dalla bottega di Lucia Landucci nel 1784 per la stanza di Monsù Cristofano (Unterperger), descritte di suo pugno nel *Quaderno delle spese*: "[...] dieci sedie alla crusca, o dia Goticha che vanno alla stanza di Monsù Cristofano alla Villa ammanite di fustarolo con Spalletta e Gambe e Sedino Centinate con un tondo nel mezzo con li sui requadri con la stella ad uso di Scola di raffaello, e Intagliate con piani pianettini e gusci e cartelle gusci pieni e voti con trè ordini di intaglio cioè a dire il primo ordine di fusarola, e il secondo ordine di fittuccia, e il terzo ordine di vacarelle con un ordine di foglie à acqua nelle gambe di dietro, c Intagliata la sella di mezzo della spalliera con gusci e bacelli pieni e voti e uquagliate tutte assieme [...] importano s. 85" (Landucci, *Quaderno delle spese*, nn. 463 e 469, cit. in González-Palacios 1993, I, pp. 241-242).

Sulla figura di Lucia Landucci, González-Palacios ha pubblicato un intervento nel quale chiarisce la singolare vicenda biografica di questa donna imprenditrice, vissuta nel Settecento, proveniente da una famiglia d'intagliatori e, forse, anch'essa artigiana. Lucia, che ebbe come primo marito l'intagliatore Giuseppe Corsini, dopo la sua morte si risposò con Antonio Landucci, da anni attivo presso la sua bottega, per potere riprendere la dote dalla eredità del primo marito e quindi portare avanti la bottega con il nuovo consorte che, infatti, divenne responsabile dei lavori in esecuzione (González-Palacios 2004, p. 244). Lo studioso afferma che la posizione di Lucia Landucci, che da nubile portava il nome di Barbarossa, risulta ancora oggi poco chiara. González-Palacios è più propenso a considerarla amministratrice della bottega che artista provetta, sebbene il suo nome compaia nei conti della famiglia Borghese a proposito di una serie di lavori, anni dopo la morte di Giuseppe Corsini, suo primo sposo (González-Palacios 2004, pp. 244-245). [V.G.]

Bibliografia: González-Palacios 1993, I, pp. 241-242; II, p. 238; Colle 2005, p. 158.

VII.13

Alberto Meda
(Tremezzina, 1945)
Sedia *Soft Light*
produzione Alias, 1989
struttura sandwich costituita da tessuti
di carbonio in matrice di resina epossidica,
nido d'ape in alluminio e tessuti
unidirezionali di carbonio. Seduta
e schienale in tessuto Dymetrol
74 x 39 x 49 cm
Milano, collezione privata

VII.14

Luigi Righetti (Roma, 1780-1852)
Tripode, circa 1815 bronzo dorato
e satinato, piano di mosaico
88 x Ø 35 cm
Napoli, Galleria Nazionale di Capodimonte
Inventario: 1907 n. 1785

In his *Memorie enciclopediche sulle anti-chità e belle arti di Roma*, Giuseppe Antonio Guattani supplied a precise description of this refined gilt bronze piece, included in the list of works by Luigi Righetti made around 1815, and stated: "It is a copy of the famous tripod by Portici, of the same size as the original and made of gilt metal, and only some parts with patina for the sake of effect. In this copy, Righetti has not failed to show off some novelty, as a result of which the tripod supports a mosaic top, depicting the Sun with its 11 planets, and introducing the 12 signs of the zodiac in gilt and pierced metal as decoration. Having then added 24 fine carnelian stones, this has rendered th table worthy of that admirable antique support, rich, pleasing and instructive" (cit. in González-Palacios, 1984, I, p. 141). As maintained by González-Palacios who, basing himself on this valuable note, has been able to identify and date the work at the Galleria Nazionale di Capodimonte, Righetti drew inspiration from an important antique found in the temple of Isis at Pompeii and kept first in the Museo di Portici, and later at the Museo Nazionale di Napoli. Ever since it was found, the original attracted a great fortune critique and iconographical attention, having been engraved in 1778 by Giovan Battista Piranesi in his collection of *Vasi, Candelabri, Cippi, Sarcofagi* and newly illustrated by Giuseppe Ceci in 1858 in a plate showing the Roman *Arredi sacri* ("Sacred furnishings") of the Museo Nazionale di Napoli (Cannata, 2008, no. 58, p. 181). As far as the sculptural precedents are concerned, brothers Luigi and Antonio Manfredini faithfully copied the forms of the famous tripod of Pompeii in a sumptuous piece dated 1811 for the Milanese court and today in Vienna at the Schatzkammer der Hoffburg (Colle, Griseri, Valeriani, 2001b, p. 290). However, compared these reproductions, Luigi Righetti foresook any philological faithfulness in favour of some variations such as the mosaic top depicting the sun and its planets. The high quality of this mosaic can be attributed to the hand of one of the mosaicists active in Rome in that period (González-Palacios, 1984, I, p. 141). The astrological theme is elegantly repeated in the grill crowning the piece, finely decorated with the 12 signs of the zodiac, which are a further addition of the antique prototype.

Luigi Righetti was the son of the bronze decorator, Francesco, with whom he directed the Fonderia Vaticana from 1805. He was a well-established artisan by the 1780s, noted above all for his statuettes and candelabras of bronze or other alloys, which were much sought-after by foreign collectors passing through Rome. The fame of the Righetti, *père et fils*, grew thanks to their activity as founders of Canova's colossal statues, and this enabled them to become known in the Neapolitan court, obtaining numerous commissions from Ferdinand IV of Naples. Our tripod fits in with this setting of royal collecting, which includes other objects by the two artisans, also recorded by Guattani, such

as four precious table ornaments of bronze and marble, datable to 1803 (González-Palacios, 1984, I, p. 140). In the article presented here, the technical ability of Righetti *fils* stands out especially in the detailed carving of some details, such as the three supports, decorated with tiny heads of Hercules, and the winged sphinxes, associated with the Egyptian cult of Isis that spread through Augustan Rome, that is, at the time the antique Pompeian bronze was made.

The tripod under examination can be usefully compared with other examples of the same genre, like the one from the Stanza della Marina at Villa Favorita in Naples, made of carved and gilt wood, currently preserved at the Palazzina Cinese. This piece, adapted to use as guéridon, was made in a Neapolitan workshop around 1796–1799, and is associated with that of Righetti through the shared attempt to blend the refined Piranesian lexicon with the widespread archaeological taste and the new dictates of Louis XVI style. Another piece based on the Pompeii tripod in terms of structure and for the presence of the sphinxes, is the mahogany piece at Malmaison, dating to 1802 and adapted to a particular type of washbasin called *saut-de-lit* (González-Palacios, 1966, II, p. 597).

Evidently, the original antique, known throughout Europe through Piranesi's print, must have created a new type of furnishing given that, on top of the early versions mentioned above, there are also some later copies, such as the one in the Victoria and Albert Museum, London, of 1813, another in the Musée Masséna in Nice, and another now at Pavlovsk, which perhaps used to belong to the Bavarian king, Maximilian I Joseph (Colle, Griseri, Valeriani, 2001b, p. 290). [E.M.]

Bibliography: Righetti, 1941, p. 5; González-Palacios, 1976, pp. 36–37; González-Palacios, 1984, I, p. 141, II, figs. 276–277; Colle, 2005, p. 90, no. 16; Cannata, 2008, no. 58, p. 181.

VII.15

Tripod with sphinxes
Eighteenth-century assembly with elements dating from the first century B.C. to the first century A.D.
bronze with silver inlays
94 x 46 cm
Naples, Museo Archeologico Nazionale
Inventory: no. 72995

The three lions' legs of the tripod are decorated with volutes of plant motifs in bas relief, over which appears a small round head of archaicising style in which it is perhaps possible to recognise the image of Zeus Ammon characterised by ram's horns; these are cracked and mended with small plates of copper welded with tin solder. On the legs, one can observe three winged and seated sphinxes supporting a bronze ring decorated with lotus flowers. In turn, this supports a cylindrical upright decorated with bulls' heads.

The cylindrical upright and one of the sphinxes, of lesser quality than the others, seem to be more recent in date.

The three legs, resting on a triangular plinth with curved sides, are joined in the lower part by varied volutes, fitted together with fragments joined by solder. The large central flower at the point where the volutes meet is not aligned with the centre of the tripod. Moreover, the lack of a "centre of gravity" is accentuated by the absence of an element that must have been positioned at the centre of the plinth. The ring does not belong to the tripod and has been adapted to the cylinder and handles.

The laboratory analyses undertaken in 1997 have made it possible to reconstruct the history of the modern assembly of this tripod: the presence of Egyptian-style decorative elements, such as the sphinxes, lotus flower motifs and, above all, the archaicising heads of Zeus Ammon, a divinity associated with Alexander the Great, is therefore of considerable interest. The bulls' head motifs and garlands—both antique and modern—recall a type of decoration much used in architecture in the early years of the Empire for porticos and altars. This detail is probably the factor that mistakenly induced scholars to believe the tripod had a ritual purpose, and the consequent deduction that it might have belonged to a sacred place or temple.

From a piece of information supplied by R. Prisciandaro, it has been possible to establish with a certain probability that the date of discovery was 18 July 1748. The fact that the tripod is not mentioned in the total list of works of similar items in the diary of excavations at Alcubierre (manuscript by R.J. de Alcubierre preserved in the library of the Società Napoletana di Storia Patria; see Pannuti, 1983 in this regard) should not confuse us: at the time of the discovery, the three fragments corresponding to the feet of the work, had not yet been restored; this took place at some time between 1756 and 1757. [M.L.]

Bibliography: Borriello in *La civiltà…*, 1997, pp. 284–285, no. 143; Martinez in *…d'après l'Antique…*, 2000, p. 339, n. 154.

VII.16

Maurizio Peregalli
(Milan, 1957)
Triangolo table
made by: Zeus, 1985
structure of angular steel elements painted with semi-opaque black epoxy paint. The top of black linoleum
70 x 100 x 50 cm
Milan, Zeus property

Nelle sue *Memorie enciclopediche sulle antichità e belle arti di Roma*, Giuseppe Antonio Guattani forniva una precisa descrizione di questo raffinato bronzo dorato, inserito nell'elenco delle opere di Luigi Righetti eseguite intorno al 1815 e su di esso affermava: "È una copia del famoso tripode di Portici, nella grandezza medesima dell'originale eseguito in metallo dorato, e solo per il buon effetto con qualche parte patinata. In questa copia non ha lasciato il Righetti di farvi campeggiare qualche sua novità, con fare che il tripode sostenga una tavola in marmo a mosaico, ove è rappresentato il Sole con i suoi undici pianeti, e coll'introdurvi per ornamento, in metallo dorato a traforo, i dodici segni dello zodiaco. Avendole poi dato il componimento con ventiquattro belle corniole, ha resa questa tavola degna di quell'ammirabile antico sostegno, ricca, piacevole ed istruttiva" (cit. in González-Palacios 1984, I, p. 141). Come sostenuto da González-Palacios, il quale, basandosi su questa preziosa testimonianza, ha potuto identificare e datare l'opera attualmente presso la Galleria Nazionale di Capodimonte, Righetti si ispirò a un importante reperto antico, rinvenuto presso il tempio di Iside a Pompei e conservato prima nel Museo di Portici, in seguito al Museo Nazionale di Napoli. Fin dal suo rinvenimento l'originale godette di una particolare fortuna critica e iconografica, essendo stato inciso nel 1778 da Giovan Battista Piranesi nella sua raccolta di *Vasi, Candelabri, Cippi, Sarcofagi* e nuovamente illustrato da Giuseppe Ceci nel 1858, in una sua tavola raffigurante gli *Arredi sacri* romani del Museo Nazionale di Napoli (Cannata 2008, n. 58, p. 181). Per quanto riguarda invece i precedenti scultorei, anche i fratelli Luigi e Antonio Manfredini ricalcarono con esattezza le forme del famoso tripode pompeiano in un sontuoso arredo firmato nel 1811 per la corte milanese e oggi conservato a Vienna presso lo Schatzkammer der Hoffburg (Colle, Griseri, Valeriani 2001b, p. 290). Tuttavia, rispetto alle citate riproduzioni, Luigi Righetti rinunciò alla fedeltà filologica, per inserire alcune varianti come appunto il piano in mosaico con il sole e i suoi pianeti, opera ascribibile, per la sua raffinata qualità, a uno dei mosaicisti attivi a Roma in quel periodo (González-Palacios, 1984, I, p. 141). Il tema astrologico è poi elegantemente ribadito nella griglia a coronamento del mobile, finemente lavorata a traforo con i dodici segni zodiacali, ulteriore aggiunta rispetto al prototipo antico.

Luigi Righetti, figlio del bronzista Francesco, con il quale diresse dal 1805 la Fonderia Vaticana, era un artigiano affermato fin dagli anni ottanta del XVIII secolo, noto soprattutto per statuette e candelabri in bronzo o in altra lega metallica, molto ricercati dai collezionisti stranieri di passaggio a Roma. La fama dei Righetti, padre e figlio, consolidatasi grazie all'attività di fonditori delle statue colossali di Canova, permise loro di farsi conoscere presso la corte napoletana, ottenendo svariate commissioni da Ferdinando IV di Borbone. Il nostro tripode si inserisce quindi in questo

ambito di collezionismo reale, che include anche altri oggetti siglati dai due artigiani, e ugualmente ricordati da Guattani, come i quattro preziosi ornamenti da tavola in bronzo e marmi, databili al 1803 (González-Palacios 1984, I, p. 140). Nel manufatto qui presentato, l'abilità tecnica di Righetti figlio si rivela soprattutto nell'accurata lavorazione a cesello di alcuni dettagli, come i tre sostegni decorati con minute teste di Ercole, o le sfingi alate, riconducibili al culto egizio della dea Iside, diffuso a Roma in età augustea, cioè all'epoca dell'antico bronzo pompeiano.

Il tripode in esame si può utilmente confrontare con altri esemplari dello stesso genere, come quello proveniente dalla stanza della Marina nella villa Favorita a Napoli, in legno scolpito, intagliato e dorato, attualmente conservato nella Palazzina Cinese (cfr. Colle 2002, n. IX.19). Questo mobile, adattato a *guéridon*, di manifattura napoletana e databile al 1796-1799, si collega a quello di Righetti per il comune tentativo di fondere il raffinato lessico piranesiano con il diffuso gusto archeologizzante e i nuovi dettami dello stile Luigi XVI. Un altro arredo basato sul tripode di Pompei, sia per la struttura sia per la presenza delle sfingi, è il mobile in mogano conservato al castello di Malmaison, risalente al 1802, adattato a una particolare tipologia di lavabo detta *saut-de-lit* (González-Palacios, 1966, II, p. 597). Evidentemente l'originale antico, reso noto in tutta Europa attraverso l'illustrazione piranesiana, dovette creare una nuova tipologia di arredo, dato che, oltre alle precoci versioni sopra citate, si conoscono alcune repliche più tarde, come l'esemplare conservato al Victoria and Albert Museum di Londra, del 1813, quello del Musée Masséna di Nizza, e una versione ora a Pavlovsk, forse già appartenuta al re di Baviera Massimiliano I Giuseppe (Colle, Griseri, Valeriani 2001, p. 290). [E.M.]
Bibliografia: Righetti 1941, p. 5; González-Palacios 1976, pp. 36-37; González-Palacios 1984, I, p. 141, II, figg. 276-277; Colle 2005, p. 90, n. 16; Cannata 2008, n. 58, p. 181.

VII.15

Treppiede con sfingi, montaggio del XVIII secolo con elementi databili dal I secolo a.C. al I secolo d.C.
bronzo con incisioni d'argento
94 x 46 cm
Napoli, Museo Archeologico Nazionale
Inventario: 72995

Le tre gambe di leone del treppiede decorate con volute di motivi vegetali in basso rilievo sul quale appare una testina rotonda di stile arcaizzante in cui può riconoscersi l'immagine di Zeus Ammone, caratterizzata dalle corna di ariete, sono fessurate e ricomposte con placche di rame saldate con stagno. Sulle gambe, sedute, si osservano tre sfingi con le ali che sostengono un anello di bronzo, decorato con fiori di loto, che a sua volta sostiene un supporto cilindrico decorato con ghirlande e teste di toro.

Il supporto cilindrico e una delle sfingi, di

qualità inferiore rispetto alle altre, sembrano di fattura più recente.

Le tre gambe, poggiate su un plinto triangolare dai lati curvi e modanati nella parte inferiore, sono unite da volute diverse tra loro, ricomposte con frammenti saldati con stagno. Il grande fiore centrale, il punto di unione delle volute, non è allineato rispetto al centro del treppiede. Inoltre, la mancanza "di un centro di gravità" viene accentuata dall'assenza di un elemento che doveva essere situato al centro del plinto. L'anello non appartiene al treppiede ed è stato adattato al cilindro e alle anse. Le analisi di laboratorio fatte nell'anno 1997 hanno permesso di ricostruire la storia del montaggio moderno di questo treppiede: risulta pertanto interessante la presenza di elementi di decorazione in stile egiziano come sono le sfingi, i motivi a fiori di loto, e soprattutto, le teste arcaizzanti di Zeus Ammone, divinità in relazione con la personalità di Alessandro il Grande. I motivi a testa di toro e le ghirlande, sia quelli antichi sia quelli moderni, ricordano un tipo di decorazione molto utilizzata nell'architettura dei primi anni dell'impero nei portici e negli altari. Probabilmente questo particolare è quello che ha fatto pensare erroneamente a un uso rituale del treppiede, con la conseguente deduzione che potesse provenire da un luogo sacro o da un tempio.

Da una notizia avuta da R. Prisciandaro si è potuto stabilire con una certa probabilità che la data della scoperta è il 18 luglio 1748. Il fatto che il treppiede non venga citato nell'elenco totale delle opere, simili per tipologia, del diario degli scavi di Alcubierre (manoscritto di R.J. de Alcubierre conservato nella biblioteca della Società Napoletana di Storia Patria; si veda in proposito l'edizione di Pannuti) non ci deve confondere, giacché al momento della scoperta, i tre frammenti corrispondenti ai piedi dell'opera non erano ancora stati restaurati; ciò avvenne nell'arco di tempo compreso tra il 1756 e il 1757. [M.L.]
Bibliografia: Borriello in *La civiltà*... 1997, pp. 284-285, n. 143; Martinez 2000 in *...d'après l'Antique...* , pp. 339, n. 154.

VII.16

Maurizio Peregalli
(Milano, 1957)
Tavolino *Triangolo*
produzione Zeus, 1985
struttura in angolare di acciaio verniciato alle polveri epossidiche nero semiopaco.
Piano in linoleum nero
70 x 100 x 50 cm
Milano, proprietà Zeus

The Italian Empire Style

VIII.1

Milanese workshop
Imperial throne, early nineteenth century
carved and gilt wood, upholstered in velvet
29 x 69 x 70 cm
Florence, Galleria Palatina, Palazzo Pitti
Inventory: M.P.P. 1911, no. 105

This sumptuous carved and gilt throne presents a back of rounded form, upholstered in red velvet, as are the seat and arms. These last are decorated with the winged foreparts of lions whose paws serve as the front legs. The seat, inspired by the prototype drawn by Percier and Fontaine for the Château de Fontainebleau, arrived at Palazzo Pitti on 15 January 1870, sent there from the Palazzo Reale in Milan, together with other similar pieces, one of which apparently came from Parma (Worsdale, 1979, p. 221).

The decoration of this throne, with the same type of winged animals, reflects a taste similar to that of the furnishings drawn, with analogous decorative details, by Luigi Canonica, in charge of the projects for most of the furnishing in the royal Milanese residences from 1807 to 1815. During this period, in his role as court architect for the Beauharnais, Canonica was commissioned to oversee the enlargement of the Palazzo Reale in Milan, as well as the ornamentation and furnishings of the new rooms created as ceremonial chambers. This task was carried forward during the Restoration years by Giacomo Tazzini, who replaces Canonica as royal architect. In 1838, both the furnishings of the rooms and the decorations were complete, ready to receive the new Austrian sovereign, Ferdinand I, in worthy fashion. His coronation ceremony was held that same year. On the occasion of the investiture, Abbondio Sanquirico, a scenographer, designed a complex layout, supplying the drawings of the throne and baldequin with its decorations.

As attested in an inventory drawn up in 1909, some of the chairs forming the imperial layout were still in the storerooms of the Palace, and were carefully described in these terms: "An armchair (the throne) of carved and gilt wood, with square back, flanked by twisted little columns, the centre upholsted with a cushion of spherical form, the seat and arms upholstered, and two eagles in gilt wood on the front [...] Another similar of carved and gilt wood, with a circular back formed of a laurel crown, the arms formed by two lions resting on a base of gilt wood [...] Another of carved and gilt wood, the back with circular form at the centre, upholstered in scarlet silk velvet, embellished with fine golden band, the seat and arms upholstered and covered as above, with feet in the form of winged lions" (doc. cited in Colle, 2001c, pp. 219–220). The last of the thrones mentioned above seems to correspond, although with some variations to the top of the back and upholstering of the seat, to the one preserved today in the Pitti. It would appear to be the same

example as illustrated by Sanquirico in a collection of prints published in 1838 in memory of the coronation of the sovereign (Colle, 2001c, fig. p. 216). These close similarities between the throne under examination and the one recorded in Milan in the early twentieth century, associated with the coronation of the Austrian king, suggests that the Pitti chair might also have been designed for that specific context of court ceremony, and that it later arrived in Florence after unification, while Lombardy retained an almost identical example.

Comparing other chairs that are similar to the one here in terms of provenance and type, it is worth noting that in the Milan offices of the Soprintendenza per i Beni Ambientali ed Architettonici della Lombardia, there are two armchairs identified by scholars as being those designed in 1811 by Canonica for the layout of Napoleon's throne room in Venice. [E.M.]

Bibliography: Worsdale, 1979, p. 221, no. 95; Colle, 1998, no. 82, p. 258; Colle, 2001c, pp. 207–226.

VIII.2

Achille Castiglioni
(Milan, 1918–2002)
Piergiacomo Castiglioni
(Milan, 1913–1968)
Giro armchair
made by: Gavina, 1962
structure of curved plywood on metal base. Swivelling seat on ball bearing race, leather cushions
80 x Ø 74 cm
Milan, Galleria MK - Angelo Moioli collection

VIII.3

Mario Bellini
(Milan, 1935)
Via Lattea pouf
made by: Meritalia, 2008
42 x 90 x 90 cm
Mariano Comense, Meritalia Spa property

VIII.4

Neapolitan workshop
Stool, ca 1814
carved, painted and partly gilt wood, the seat padded and upholstered in damask silk
45 x 104 x 48 cm
Naples, Palazzo Reale
Inventory: IMPR 1907, no. 9840

The stool has the seat supported by a support in the form of crossed sword blades, copying a British model engraved by George Smith and reproduced in *A collection of Designs for Household Furniture and Interior Decoration* of 1808.

It is today part of a series of ten pieces—of which one copied in 1846 by a woodcarver called Angelo Antonio Ferrente—and thanks to the documents found by Enrico Colle, it is possible to reconstruct its history (Colle, 1998, pp. 46–49, no. 7).

Originally, the stool used to belong to a group

of "16 sabre stools" and of "two armchairs upholstered in velvet" made around 1814 for the "Salone dei Ministri" in the Palazzo Reale of Naples. From a note of 2 April 1814, addressed to the court architect, Etienne-Chérubin Lecomte, we learn that the above-mentioned group of furniture had been commissioned to furnish the Sala dei Ministri, from which a series of "chairs" and a "canapé" had recently been taken and moved to the king's "Gabinetto del travaglio" during the furnishing of the Royal Apartment in Palazzo dei Portici (ASN, CAICR, 159, ins. 2248).

In the Palazzo's inventory of 1817 (IMPR 1817, cc. 10v, 18r), the 16 stools are described in these terms for the first time: placed, as mentioned, in the Sala dei Ministri and upholstered in yellow satin "decorated with palmettes of purple and with two rows of yellow and purple silk bands". The unusual X form, a feature that connotes this kind of Empire style furniture, links the piece exhibited here with a rich group of stools from Neapolitan workshops dating from the beginning of the nineteenth century to the fourth decade of the same century. In particular, it is worth recalling the 26 "falcistorio" stools mentioned in the Sala del Trono in 1808 and—still at the Palazzo Reale, but today in the Museo Capodimonte and datable to the years in which the palace was the residence of Murat and his family—a series of carved walnut stools that, as Colle indicates, fit the description in the inventory of 26 "walnut stools" with a scissors support and decorated with laurel leaves, eagles and rosettes, a description the scholar found during his research (ASN, CAICR, 155, ins. 1678). This last series was recorded as being partly gilt—14 of the 26 were gilded—by Francesco Longhetti, one of the leading craftsmen of the time, and in part decorated with gilt carving by Domenico de Sanctis and in various "green and light-blue" colours. [B.M.]

Bibliography: Morazzoni, 1955, fig. CCXLVII; Colle, 1998, pp. 46–49, no. 7.

VIII.5

Giuseppe Casadoro
Armchair, 1812
partly carved and gilt cherry wood
95 x 64 x 54 cm
Strà, Villa Nazionale

This elegant chair, published for the first time by Morazzoni, was mentioned in the invoice presented by Giuseppe Casadoro in August 1812 and has been identified thanks to the description it contains, as a "armchair with griffons, carved columns, the back and top carved with friezes, of a walnut colour with gilt carving" (ASV, IPR, buste 4 e 16, doc. cited in Colle, 1998, no. 74a). Moreover, it is included in the inventory of Villa di Strà under no. 2395 (Colle, 1998, no. 74a). We know that the artisan was able to supply original furniture from his workshop only after 1811, whereas until then he had only been able to repair part of

VIII

Lo stile Impero italiano

VIII.1

Manifattura milanese
Trono imperiale, inizi XIX secolo
legno intagliato e dorato, coperto di velluti
29 x 69 x 70 cm
Firenze, Galleria Palatina, palazzo Pitti
Inventario: M.P.P. 1911, n. 105

Questo sontuoso trono, intagliato e dorato, presenta una spalliera di forma tondeggiante, rivestita di velluto rosso come il sedile e i braccioli. Questi ultimi sono arricchiti da leoni monopodi alati, le cui zampe fungono da piedi anteriori. Il sedile, ispirato al prototipo disegnato da Percier e Fontaine per il castello di Fontainebleau, giunse a palazzo Pitti il 15 gennaio 1870, inviatovi dal Palazzo Reale di Milano, insieme ad altri simili, uno dei quali risulta invece proveniente da Parma (Worsdale 1979, p. 221).
La decorazione del trono in esame, con la stessa tipologia di animali alati, riflette un gusto affine a quello degli arredi disegnati, con particolari decorativi analoghi, da Luigi Canonica, responsabile dei progetti per la maggior parte della mobilia delle residenze reali milanesi negli anni dal 1807 al 1815. In questo periodo infatti, in qualità di architetto per la corte di Beauharnais, Canonica fu incaricato dei lavori di ampliamento del Palazzo Reale di Milano, ma anche dell'ornamentazione e dell'ammobiliamento dei nuovi ambienti allestiti come sale di rappresentanza. Tale incarico venne portato avanti, negli anni della restaurazione, da Giacomo Tazzini, che sostituì Canonica nella carica di architetto regio. Nel 1838 sia l'arredamento delle sale sia le decorazioni risultano completate, pronte per accogliere degnamente il nuovo sovrano austriaco, Ferdinando I, la cui cerimonia di incoronazione si tenne in quell'anno. In occasione di quell'investitura, lo scenografo Abbondio Sanquirico elaborò un complesso arredo, fornendo i disegni del trono e del baldacchino con i suoi addobbi.
Come attesta un inventario redatto nel 1909, alcuni dei sedili che componevano l'allestimento imperiale si trovavano ancora nei magazzini della Guardaroba, dove risultano accuratamente descritti in questi termini: "Una poltrona (per il trono) di legno intagliato e dorato, con schienale quadrangolare, fiancheggiato da colonnette a tortiglioni, col centro fodrinato da cuscino di forma sferica, sedile e braccioli imbottiti, e due aquile in legno dorato, al davanti [...]. Una detta simile, di legno intagliato e dorato, con lo schienale circolare formato da corona d'alloro, braccioli formati da due leoni i quali poggiano sopra basamento di legno dorato [...] Una detta simile, di legno intagliato e dorato, con schienale a fodrina circolare nel centro, coperto in velluto seta cremisi, guernito di gallone d'oro fino, sedile e braccioli imbottiti e coperti come sopra, con piedi a testa di leone alato" (doc. cit. in Colle 2001c, pp. 219-220). L'ultimo dei troni qui sopra citati, sembra corrispondere, sia pure con qualche variante nel coronamento dello schienale e nell'imbottitura del sedile,

a quello oggi conservato a Pitti. Si tratta, in tutta evidenza, dello stesso esemplare riprodotto dal Sanquirico in una raccolta di stampe pubblicata nel 1838 in ricordo dell'incoronazione del sovrano (Colle 2001c, fig. p. 216). Queste profonde affinità, tra il trono in esame e l'arredo ricordato a Milano nei primi del Novecento, legato alla cerimonia di incoronazione del sovrano austriaco, fanno pensare che anche il sedile di Pitti sia stato progettato in quello specifico contesto dallo scenografo di corte e che poi sia giunto a Firenze negli anni postunitari, mentre in Lombardia sarebbe rimasto un esemplare quasi identico.
Sempre confrontando arredi affini a quello in esame, per la provenienza e la tipologia, possiamo dire che presso gli uffici milanesi della Soprintendenza per i Beni Ambientali ed Architettonici della Lombardia sono conservate due poltrone, identificate dagli studiosi con quelle progettate nel 1811 da Canonica per l'allestimento del trono di Napoleone a Venezia. [E.M.]
Bibliografia: Worsdale 1979, p. 221, n. 95; Colle 1998, n. 82, p. 258; Colle 2001c, pp. 207-226.

VIII.2

Achille Castiglioni
(Milano, 1918-2002)
Piergiacomo Castiglioni
(Milano, 1913-1968)
Poltrona *Giro*
80 x Ø 74 cm
produzione Gavina, 1962
struttura in compensato curvato su base metallica. Seduta girevole su cuscinetti a sfere, cuscini in pelle
Milano, collezione Galleria MK - Angelo Moioli

VIII.3

Mario Bellini
(Milano, 1935)
Pouf *Via Lattea*
42 x 90 x 90 cm
produzione Meritalia, 2008
Mariano Comense, proprietà Meritalia Spa

VIII.4

Manifattura napoletana
Sgabello, 1814 circa
legno intagliato, dipinto e in parte dorato, sedile imbottito e rivestito di stoffa in seta damascata
45 x 104 x 48 cm
Napoli, Palazzo Reale
Inventario: IMPR 1907, n. 9840

Lo sgabello si presenta con il sedile sostenuto da un supporto a forma di spade incrociate, secondo un modello anglosassone inciso da George Smith e riprodotto in *A collection of Designs for Household Furniture and Interior Decoration*, del 1808.
Fa oggi parte di una serie composta da dieci esemplari – dei quali uno replicato nel 1846 dall'intagliatore Angelo Antonio Ferrente –, e grazie ai documenti reperiti da Enrico Colle se ne può ricostruire la vicen-

da storica (Colle 1998, pp. 46-49, n. 7).
Lo sgabello apparteneva in origine a un gruppo di "n. 16 tamburetti ricchi a sciabola" e di "due sedie a braccia vestite di velluto" fatti eseguire, intorno al 1814, appositamente per il "Salone dei Ministri" presso il Palazzo Reale di Napoli. Da una memoria del 2 aprile del 1814, indirizzata a Etienne-Chérubin Lecomte, l'architetto di corte, veniamo infatti a sapere che il suddetto gruppo di mobili era stato commissionato per arredare la Stanza dei Ministri da poco spogliata di una serie di "sedie" e di un "canapè", prelevati e spostati nel "Gabinetto del travaglio" del re in occasione dei lavori di ammobiliamento dell'appartamento reale nel palazzo dei Portici (ASN, CAICR, 159, ins. 2248).
Nell'inventario di palazzo del 1817 (IMPR 1817, cc. 10v, 18r) si trovano così descritti per la prima volta i sedici sgabelli: collocati, come detto, nel Salone dei Ministri e dotati di un rivestimento di stoffa di raso giallo "operato a palmette di colore amaranti e con due registri di galloni di seta gialla, ed amarante". La particolare forma a X, elemento connotante questo genere di arredo di stile Impero, accomuna il pezzo qui esposto a un ricco gruppo di sgabelli tutti di manifattura napoletana e databili fra gli inizi e il quarto decennio del XIX secolo. In particolare si possono ricordare i ventisei sgabelli "a falcistorio" rammentati nella sala del Trono nel 1808, e, sempre a Palazzo Reale – oggi però conservati al Museo Capodimonte e databili agli anni in cui la reggia fu residenza dei Murat –, una serie di sgabelli in legno di noce intagliato, accostabili, come indicato da Colle, alla descrizione inventariale dei ventisei "sgabelli di legno di noce" con il sostegno a forbice e decori a foglie di alloro, aquile e rosette, rintracciata dallo studioso durante le sue ricerche documentarie (ASN, CAICR, 155, ins. 1678). Quest'ultima serie veniva ricordata in parte dorata – quattordici dei ventisei pezzi – da Francesco Longhetti, uno dei principali artigiani del tempo, e in parte decorata dagli intagli dorati di Domenico de Sanctis e da varie campiture di colore "verde e azzurro". [B.M.]
Bibliografia: Morazzoni 1955, tav. CCXLVII; Colle 1998, pp. 46-49, n. 7.

VIII.5

Giuseppe Casadoro
Poltrona, 1812
legno di ciliegio in parte intagliato e dorato
95 x 64 x 54 cm
Strà, Villa Nazionale

Questo elegante sedile, pubblicato per la prima volta da Morazzoni, risulta citato nel conto presentato da Giuseppe Casadoro nell'agosto del 1812 ed è stato identificato, grazie alla descrizione ivi contenuta, come "poltrona con grifoni, colonne intagliate schienale e cima intagliati con fregi e tinta noce e dorati gli intagli" (ASV, IPR, buste 4 e 16, doc. cit. in Colle 1998, n. 74a). Inoltre, esso è inserito nell'inventario della villa

the furniture sent to this residence from Milan on a clear mandate given him by the French government in 1808.

In witness of this new, prestigious commission is a group of furniture mentioned in invoices with the artisan's name or listed in the inventories with regard to rooms in the palace and still in the same place today. Among these is a fine secretaire, made of cherry wood like the armchair displayed here, and with "lions' feet, capitals and bases and carving, mahogany colour, gilt metal mount imported from Paris, the capitals and other carvings gilt" (ASV, IPR, dossier 4, 16, doc. cited in Colle, 1998, p. 240, no. 74). Two small commodes and a pair of chests of drawers, decorated "with a *greca* geometric motif around and with the frame of flowers *a guazzo* and with heads of terminals" (Morazzoni, 1955, fig. CCCLXIVb; Colle, 1998, p. 403, no. 74b), date from 1811. The most sumptuous piece of the series also dates from 1811. This is a "large bed made of walnut with turned columns carved with friezes" (Colle, 1998, p. 404, no. 74e). The common feature of all this group of furniture, all attributable to Casadoro, is the co-existence of the figurative elements: one can still recognise echoes of late eighteenth-century style, such as the turned legs or the mother-of-pearl inlay, borrowed from French Louis XVI furniture, but blended with other elements drawn from Empire style, such as the form of the frames and the gilt-metal friezes, or the simple linearity of the structure itself and, finally, the lions' paw legs. [E.M.]

Bibliography: Morazzoni, 1955, fig. CCCLXIX; Colle, 1998, p. 240, no. 74, p. 403, no. 74a.

VIII.6

Ico Parisi
(Palermo, 1916 – Como, 1996)
Model *839* armchair
made by: Cassina, 1955
metal structure with brass feet,
the arms and back of curved oak
plywood supporting a padded cushion
lined in cotton
80 x 62 x 68 cm
Milan, Luca Cipelletti collection

VIII.7

Achille Castiglioni
(Milan, 1918–2002)
Comodo unit
made by: Interflex, 1989
shaped and epoxy-painted metal
structure with parallelogram metal joints
and varnished wooden drawers
92 x 92 x 92 cm
Cantù, Bruno Longoni Atelier
d'arredamento collection

VIII.8

Tuscan workshop
Work table, before 1815
mahogany-veneered, black-painted
and gilt wood with some carving
72 x 36 x 36 cm

Palazzo Pitti, Quartiere d'Inverno,
Studio della Regina
Inventory: MPP 1911, no. 16552

This small table, surmounted by a triangular top in mahogany, supported by three swans with long wings meeting at the tripod base, is part of a series of five examples, three of which from Lucca and currently at the Villa di Poggio at Caiano, while the two from Palazzo Pitti were already inventoried in 1815 in "the passage […] leading to the little bathroom") in the new Quartiere della Meridiana, an apartment furnished for the return to Florence of the Ferdinand III, Grand Duke of Tuscany. The inventory bears a precise description of "a small work table of triangular form, the top and drawer supported by three bronze-coloured and partly gilt swans, forming the legs" (MPP 1815, no. 5833).

As for the three examples from Lucca, instead, they figure amongst the furnishings of Palazzo Ducale from 1820. The inventory states that they were placed in the "Dressing room painted by Catani" in the "Quartiere di S.M. il Re" on the *piano nobile* of the palace (ASF, ML 1820, c.58; cf. Colle, 2005a, p. 157, fig. XI). At the current state of research, it has not been ascertained whether the pieces from Lucca were made by local wood carvers or cabinet-makers, or whether they were made by Florentine artisans on commission of Maria Luisa, Duchess of Lucca. At the time, there was at work under way on the *piano nobile* of the palace in Lucca, undertaken at the behest of the duchess with the aim of renewing the rooms and decorations in like fashion to those being done at the same time in Palazzo Pitti. In the light of this, we might suppose that Maria Luisa, Duchess of Lucca, wanted to have the same fine furnishings as graced the Florentine palace reproduced for her own home. [E.M.]

Bibliography: Colle, 1991, p. 30; Colle, 1998, p. 218 no. 72; Colle, 2000b, p. 162, no. 80.

VIII.9

Giovanni Socci
Writing desk, 1807
carved and gilt mahogany and
elm-veneered wood, gilt-bronze mounts
88,5 x 106 x 82 cm
Florence, Palazzo Pitti,
Galleria Palatina, Quartiere d'Inverno
Inventory: MPP 1911, no. 14138

The richly ornamented structure of this desk is particularly complex, as can be evinced from the comprehensive description contained in the Inventario dei Mobili di Palazzo Pitti (inventory of furniture in Palazzo Pitti) drawn up in 1911, which mentions "an oval top" supported by legs resting on "four mahogany feet terminating in gilt lions' feet on a mahogany pedestal". The desk is fitted with a compartment without lock which, "upon pulling towards one, reveals a three-legged mahogany chair […] fixed to a

pedestal sliding within the pedestal of the desk". On the side, the compartment has two bronze handles which, when turned, enable the oval top to be split and allow a "mahogany upright with drawer" to emerge from the centre, together with a further top which, sliding forward, becomes a book rest and including, on the sides, "two rosewood-veneered hollows for the inkwell" (MPP 1911, no. 14138). Much of the fame for this type of mechanical writing desk must be attributed to a Tuscan cabinet-maker, Giovanni Socci, who signed and dated the example on display here; a label is affixed beneath the top stating "Gio. Socci. Eseguì/Gio. Poggi Primo Guardaroba/Ordinò anno 1807/ Firenze" ("Gio. Socci made me/Gio. Poggo First Housekeeper/ ordered me 1807 / Florence", Chiarugi, 1994, II, p. 546). The desk, mentioned in the inventory of the Florentine palace only from 16 December 1829, with the underside lined in green baize (MPP 1829, no. 9219, doc. cited in Colle, 2000, p. 102), was copied at least four times with identical dimensions and opening device: the first two versions, both on commission from Maria Luisa of Spain in 1807, when she was still Queen of Etruria, have the same oval form but are different for boasting a different veneer and decoration, comprising protemes of a lioness and palmettes in the version that has remained in Palazzo Pitti. This decoration is totally absent in the other copy, enriched with a top of Egyptian Nefrite, and now at the Château de Fointanebleau which it reached after Elisa Baciocchi took it away from the Florentine palace in 1814, following the fall of the empire (Chiarugi, 1994, I, p. 182, fig. 85). Of the other two versions known, one dates from 1820 and was again made for Maria Luisa, who became Duchess of Lucca shortly before, and was taken by her to her Ducal Palace, where it was inventoried that year in the "Eight room painted by Pellandi, with background by del Frate" in the "Quarters of H.M. the Queen" on the *piano nobile* of the palace (ML 1820, c. 48, doc. cited in Colle, 2005, p. 143). Currently, this desk too is in the Pitti, where it was definitively moved in 1863 following the change of furnishings undertaken at the behest of the Savoy household. And finally, a fourth copy, signed "Giovanni Socci and Sons Florence" but known only through a photograph, was sold some years ago in the North American art market. The desk in question might be the one mentioned on 25 April 1815, when Socci was paid "for having made an oval desk with elm top and gilt-bronze frames with pilasters and feet of mahogany and maple plaques and gilt-bronze mounts and gilt lions' heads on a mahogany pedestal […]" (IRC 3960, no. 92). This fourth example of the series was expressly ordered by the Grand Duke, as shown in a noted dated the day after Socci sent his invoice (IRC 3533, c. 112). [E.M.]

Bibliography: Morazzoni, 1955, fig. CCXI; Worsdale 1978 pp. 52–53; Ottani Cavina, 1979, p. 287, note 16; González-Palacios,

di Strà, al n. 2395 (Colle 1998, n. 74a). Sappiamo che soltanto a partire dal 1811 l'artigiano ebbe l'opportunità di fornire arredi originali, provenienti dal suo laboratorio, mentre fino a quel momento egli si era limitato a sistemare parte della mobilia inviata in questa residenza da Milano, su preciso mandato conferitogli dal governo francese nel 1808. A testimoniare questo nuovo e più prestigioso incarico è un nucleo di mobili, citati nelle fatture a nome dell'artigiano o elencati negli inventari relativi alle stanze di quella dimora e tuttora conservati *in situ*. Tra questi è un prezioso *secrétaire*, anch'esso, come la poltrona qui esposta, realizzato in legno di ciliegio, e "con piedi di leone, capitelli e basi e intagli, tinto mogano, metalli dorati importati da Parigi, doratura capitelli e altri intagli" (ASV, IPR, buste 4, 16, doc. cit. in Colle 1998, n. 74, p. 240). Al 1811 risalgono invece due comodini e una coppia di cassettoni (Morazzoni 1955, tav. CCCLXIVb; Colle 1998, n. 74b, p. 403), decorati "con greca all'intorno e con la cornice di foglia a guazzo e teste di termini" (ASV, IPR, busta 16). Infine, sempre al 1811 risale il pezzo più sontuoso della serie, ovvero "un letto grande fatto di Legno di noce con colonne tornite ed intagliate con Fregi" (Colle 1998, n. 74e, p. 404). A caratterizzare complessivamente questo gruppo di mobili, tutti ascrivibili a Giuseppe Casadoro, è la coesistenza degli spunti figurativi: vi si riconoscono infatti suggestioni ancora tardosettecentesche, quali la tipologia delle gambe tornite, o le decorazioni a intarsio in madreperla, desunte dalla mobilia francese Luigi XVI, fuse con altri elementi più aderenti ai dettami dello stile Impero, quali la forma delle cornici e dei fregi in metallo dorato, o la semplice linearità della struttura architettonica, o, infine, i sostegni a zampe di leone. [E.M.]

Bibliografia: Morazzoni 1955, tav. CCCLXIX; Colle 1998, p. 240, n. 74; p. 403, n. 74a.

VIII.6

Ico Parisi
(Palermo, 1916 - Como, 1996)
Poltrona modello *839*
produzione Cassina, 1955
struttura metallica con puntali in ottone, braccioli e schienale in compensato curvato di rovere a supporto di un tappetino imbottito e rivestito di tessuto in cotone
80 x 62 x 68 cm
Milano, collezione Luca Cipelletti

VIII.7

Achille Castiglioni
(Milano, 1918-2002)
Mobiletto *Comodo*
produzione Interflex, 1989
struttura in profilato metallico verniciato con polveri epossidiche, giunti metallici a parallelogramma, cassetti in legno lucidato
92 x 92 x 92 cm
Cantù, collezione Bruno Longoni Atelier d'arredamento

VIII.8

Manifattura toscana
Tavolino da lavoro, ante 1815
legno impiallacciato di mogano in parte intagliato, tinto nero e dorato
72 x 36 x 36 cm
Palazzo Pitti, Quartiere d'Inverno, Studio della Regina
Inventario: MPP 1911, n. 16552

Questo tavolino, sormontato da un piano triangolare in mogano sostenuto da tre cigni dalle lunghe ali che si raccordano alla base a treppiede, fa parte di una serie di cinque esemplari, tre dei provenienti da Lucca e attualmente conservati nella villa di Poggio a Caiano, mentre i due di Palazzo Pitti risultano inventariati fin dal 1815 nel "passare [...] che conduce al piccolo bagno" nel nuovo Quartiere della Meridiana, ambiente che fu arredato in occasione del ritorno a Firenze del granduca Ferdinando III di Lorena. Nell'inventario è infatti accuratamente descritto "un piccolo tavolino d'albero da lavoro di figura triagona con piano e cassetta sostenuta da tre cigni tinti color bronzo, e in parte dorati, e stanno in logo di piedi" (MPP 1815, n. 5833).

Per quanto riguarda invece i tre mobili lucchesi, essi figurano a partire dal 1820 tra gli arredi del Palazzo Ducale e, più precisamente, come testimonia la relativa voce inventariale, nella "Toelette dipinta dal Catani", nel "Quartiere di S.M. il Re" al piano nobile della residenza (ASF, ML 1820, c. 58; cfr. Colle 2005, p. 157, tav. XI). Allo stato attuale delle ricerche, non è stato accertato se i mobili provenienti da Lucca siano stati eseguiti da intagliatori ed ebanisti locali, o se piuttosto siano stati realizzati da artigiani fiorentini, su commissione di Maria Luisa di Borbone. All'epoca, infatti, erano in corso i lavori di allestimento al piano nobile del palazzo lucchese, intrapresi su iniziativa della duchessa borbonica secondo criteri di rinnovamento degli ambienti e delle decorazioni analoghi a quelli contemporaneamente seguiti per rinnovare palazzo Pitti. Alla luce di ciò, si può supporre che Maria Luisa di Borbone desiderasse vedere riprodotti per la propria residenza gli stessi preziosi arredi che abbellivano la reggia fiorentina. [E.M.]

Bibliografia: Colle 1991, p. 30; Colle 1998, p. 218, n. 72; Colle 2000, p. 162, n. 80.

VIII.9

Giovanni Socci
Scrivania, 1807
legno impiallacciato di mogano e radica d'olmo, intagliato e dorato, bronzo dorato
88,5 x 106 x 82 cm
Firenze, palazzo Pitti, Galleria Palatina, Quartiere d'Inverno
Inventario: MPP 1911, n. 14138

La struttura di questa scrivania, dalla ricca ornamentazione, è particolarmente complessa, come si evince dall'accurata descrizione contenuta nell'Inventario dei Mobili di Palazzo Pitti, redatto nel 1911, dove si cita "un piano di forma ovale" sostenuto da un

supporto poggiante su "quattro piedi di mogano terminanti a zampa di leone dorata su pedana di mogano". Il mobile è dotato di uno scompartimento, provvisto di serratura a chiave, che "tirandolo a sé viene fuori una sedia a tre gambe di mogano [...] fissata su pedana la quale scorre nell'interno della pedana dello scrittoio". Lateralmente lo scomparto reca due maniglie di bronzo, che, una volta azionate, consentono al piano ovale di dividersi, per lasciare emergere al centro "un'alzata di mogano con cassettina", e un ulteriore piano che, scorrendo in avanti, si alza a leggio, composto lateralmente da "due incavi impiallacciati di palissandro per il calamaio" (MPP 1911, n. 14138). A questa tipologia di scrittoio meccanico deve gran parte della sua fama l'ebanista toscano Giovanni Socci, che firma e data l'esemplare in mostra, recante, sotto il piano, l'etichetta "Gio. Socci. Eseguì/Gio. Poggi Primo Guardaroba/Ordinò anno 1807/ Firenze" (Chiarugi 1994, II, p. 546). Il mobile, citato negli inventari della reggia fiorentina solo a partire dal 16 dicembre 1829, con il contropiano foderato di panno verde (MPP 1829, n. 9219, doc. cit. in Colle 2000, p. 102), fu ripetuto almeno quattro volte, con uguali dimensioni e identico congegno di apertura: le prime due versioni, eseguite entrambe su commissione di Maria Luisa di Borbone nel 1807, quando era ancora regina d'Etruria, presentano un'analoga struttura ovale, ma si differenziano per la diversa impiallacciatura e per la decorazione, che è composta da protome di leonessa e palmette nell'esemplare rimasto a palazzo Pitti, mentre risulta del tutto assente nella replica, arricchita da un prezioso piano di nefritica d'Egitto, e attualmente presso il castello di Fointanebleau, dove giunse dopo che Elisa Baciocchi lo portò via dalla reggia fiorentina nel 1814, alla caduta dell'impero (Chiarugi 1994, I, p. 182, fig. 85). Delle altre due versioni conosciute, una, risalente al 1820 fu eseguita nuovamente per Maria Luisa di Borbone, nel frattempo divenuta duchessa di Lucca, e da quest'ultima fu portato nel Palazzo Ducale, dove risulta inventariata a partire da quell'anno nella "Ottava Camera dipinta da Pellandi, e sfondo di del Frate", nel "Quartiere di S.M. la Regina" al piano nobile della residenza (ML 1820, c. 48, doc. cit. in Colle 2005, p. 143). Attualmente anche questo scrittoio si trova a Pitti, dove fu definitivamente trasferito nel 1863 in seguito agli spostamenti degli arredi voluti dai Savoia. Infine, una quarta replica, firmata "Giovanni Socci e Figli Firenze", ma nota soltanto attraverso una riproduzione fotografica, è passata da vari anni sul mercato antiquario nordamericano. Lo scrittoio in questione potrebbe essere quello citato il 25 aprile del 1815, quando Socci fu pagato per "aver fatto un mobile ovale con piano di barba d'olmo e cornici di bronzo dorata con pilastri e piedi di magogane e sue formelle di barba d'acero con rapporti in bronzo e teste di leone dorate sua pedana di magogone [...]" (IRC 3960, n. 92). Questo quarto esemplare della serie fu ordinato espressa-

1986, pp. 154–164, fig. 314; Chiarugi, 1994, pp. 102, 546–548, fig. 87; Colle, 1998, no. 36, pp. 132–133; Colle, 2000b, pp. 102–103, no. 27.

VIII.10

Carla Venosta
(Milan, 1940)
Writing desk
made by hand, 1970
wooden structure panelled
in steel-coloured plywood, the doors
of steel and with leather top and
Perspex photograph and card holders
84 x 250 x 120 cm
Milan, Galleria Annamaria Consadori
property

VIII.11

Superstudio
(Adolfo Natalini, Cristiano Toraldo
di Francia, Pietro Frassinelli,
Roberto Magris, Alessandro Poli)
Quaderna writing desk
made by: Zanotta, 1970
honeycomb core structure with white
plastic laminate, silkscreen printed
with black squares at 3 cm intervals
72 x 180 x 81 cm
Nova Milanese, Zanotta Spa property

VIII.12

Jean-Baptiste Youf, Andrea Valadier
Writing desk, 1817–1820
mahogany-veneered wood,
gilt-bronze mounts, velvet top
75 x 103 x 60 cm
Florence, Villa Medicea di Petraia
now Palazzo Pitti, Galleria Palatina
Inventory: MVP 1911, no. 1566

The present article from Villa Petraia, considered to be one of the most original neoclassical pieces, thanks to the invention of the lyre-shaped legs and use of entirely veneered wood decorated with plant motifs alternating with gilt-bronze emblems, comes from the Palazzo Ducale in Lucca, where, from 1820, it was to be found in the "Sofas cabinet painted by Catani", situated in the "Quarters of H.M. the Queen" on the *piano nobile* of the palace. Within the drawer, there is a label stating "Youf Ebéniste de Sa Majesté la Duchesse de Lucques". This precious indication has led scholars to consider 1817 as the *terminus ante quem* for the making of this piece, given that Maria Luisa of Spain acquired the Duchy of Lucca in this year, while maintaining her title as former Queen of Etruria, in accordance with the Congress of Vienna (González-Palacios, 1986, p. 159; Colle, 1998, p. 125) Most probably, Youf finished the desk by 1820, since it was listed in the inventory that year, which described it as having a top lined with "green baize", and included it amongst the furniture of the "Tenth room painted by Salvetti" in the quarters of the Queen in the Palazzo Ducale of Lucca (ML 1820, c.49). The desk displayed here recalls other examples by Youf, many of which

from Lucca, from the Villa di Marlia or from the Palazzo Ducale (cf. González-Palacios, 1986, p. 251, fig. 499). Helping the cabinet-maker with this piece was an artisan who worked in silver and bronze, Andrea Valadier, who made the characteristic bronze mounts. Other pieces made by the two craftsmen together include a splendid round table in Palazzo Pitti, but originally from Lucca; it too is made of mahogany with bronze mounts, and its decorations have a clear affinity with the present desk, especially in the quiver-shaped legs (Chiarugi, 1994, fig. 168).

The activity of the Parisian cabinet-maker in the Duchy of Lucca began under the rule of Elisa Baciocchi, who had commissioned work from him from 1805 in an attempt to renew the court workshops in conformity with principles and techniques more consonant with the official Empire style. Thanks to the protection of the sovereign, Youf had in a few years organised a cabinet-making workshop in the suppressed Carmelite monastery. By 1807, the workshop was successful and employed numerous workmen and apprentices, able to satisfy the numerous commissions for furniture for the ducal palaces. Having remained in the service of Baciocchi after she had moved to Palazzo Pitti as Grand Duchess of Tuscany, Youf passed into the service of Maria Luisa of Spain at Lucca in the wake of the collapse of French domination, and continued to obtain prestigious commissions for the court residences (Chiarugi, 1994, pp. 551–562). [E.M.]

Bibliography: M. Roani Villani, 1976, 321, p. 81, fig. 109 b; Worsdale, 1977, p. 45, fig. 1; González-Palacios, 1986, p. 159, fig. 322–323; Chiarugi, 1994, p. 146 e fig. 167; Colle, 1998. p. 125, no. 33; Colle, 2005a, p. 141, fig. XXV.

mente dal granduca, come attesta una nota del giorno successivo al saldo presentato da Socci (IRC 3533, c. 112). [E.M.]
Bibliografia: Morazzoni 1955, tav. CCXI; Worsdale 1978 pp. 52-53; Ottani Cavina 1979, p. 287, nota 16; González-Palacios 1986, pp. 154-164, fig. 314; Chiarugi 1994, pp. 102, 546-548, fig. 87; Colle 1998, n. 36, pp. 132-133; Colle 2000, pp. 102-103, n. 27.

VIII.10

Carla Venosta
(Milano, 1940)
Scrivania
realizzazione artigianale, 1970
struttura in legno rivestito di laminato
color acciaio, sportelli in acciaio,
piano in pelle, portafotografie
e portacarte in perspex
84 x 250 x 120 cm
Milano, proprietà Galleria Annamaria Consadori

VIII.11

Superstudio
(Adolfo Natalini, Cristiano Toraldo
di Francia, Pietro Frassinelli, Roberto Magris,
Alessandro Poli)
Scrivania *Quaderna*
produzione Zanotta, 1970
struttura in legno tamburato placcato
in laminato Print, stampato in serigrafia
a quadretti neri con interasse
di 3 centimetri
72 x 180 x 81 cm
Nova Milanese, proprietà Zanotta Spa

VIII.12

Jean-Baptiste Youf, Andrea Valadier
Scrivania, 1817-1820
legno impiallacciato di mogano,
bronzo dorato, piano di velluto
75 x 103 x 60 cm
Firenze, villa Medicea di Petraia
ora palazzo Pitti, Galleria Palatina
Inventario: MVP 1911, n. 1566

L'arredo di Villa Petraia, considerato dalla critica uno dei più originali mobili neoclassici per l'invenzione dei piedi a forma di lira e interamente in legno impiallacciato e decorato con motivi vegetali alternati a emblemi in bronzo dorato, proviene dal Palazzo Ducale di Lucca, dove era collocato, a partire dal 1820, nel "Gabinetto dei divani dipinto dal Catani", situato nel "Quartiere di S.M. la Regina" al piano nobile del palazzo. All'interno del cassetto è l'etichetta con la firma "Youf Ebéniste de Sa Majesté la Duchesse de Lucques". Tale preziosa indicazione ha indotto gli studiosi a considerare il 1817 come termine *ante quem* per l'esecuzione dell'opera, dal momento che, a quella data, Maria Luisa di Borbone ottenne il ducato di Lucca, pur mantenendo lo *status* di ex regina d'Etruria, secondo quanto stabilito in seguito al congresso di Vienna (González-Palacios 1986, p. 159; Colle 1998. p. 125). Molto probabilmente Youf ultimò la scrivania entro il 1820, perché

quell'anno risulta citata in un inventario, che la descrive con il piano rivestito di "panno verde", tra i mobili della "Decima Camera dipinta dal Salvetti", nel Quartiere della Regina del Palazzo Ducale di Lucca (ML 1820 c. 49). Il mobile qui esposto richiama altri esemplari firmati da Youf, molti dei quali provenienti a Lucca dalla villa di Marlia o dal Palazzo Ducale (cfr. González-Palacios 1986, p. 251, fig. 499). A coadiuvare l'ebanista nell'esecuzione della scrivania fu l'argentiere e bronzista Andrea Valadier, autore delle caratteristiche *appliques* bronzee. Tra gli altri mobili, frutto della collaborazione di questi due artigiani, si può indicare uno splendido tavolo tondo, oggi a palazzo Pitti ma di provenienza lucchese, anch'esso in legno di mogano con rifiniture in bronzo, la cui preziosa ornamentazione presenta evidenti affinità con il nostro arredo, specie per le gambe a foggia di faretra (Chiarugi 1994, fig. 168).
L'attività dell'ebanista parigino nel ducato di Lucca era cominciata sotto il dominio di Elisa Baciocchi, che lo aveva chiamato a partire dal 1805, nel tentativo di rinnovare la manifattura di corte secondo principi e tecniche più in linea con lo stile ufficiale dell'impero. Grazie alla protezione della sovrana, nel giro di pochi anni Youf aveva organizzato un'officina di ebanisteria nei locali del convento soppresso dei Carmelitani. Già nel 1807 il laboratorio risultava ben avviato, grazie all'impiego di numerosi operai e apprendisti, in grado di portare a compimento le numerose commissioni di mobili destinati ai palazzi ducali. Rimasto al servizio della Baciocchi anche una volta che questa si fu insediata a palazzo Pitti come granduchessa di Toscana, alla caduta del dominio francese Youf passò poi al servizio di Maria Luisa di Borbone a Lucca, continuando a ottenere le commissioni più prestigiose per le residenze di corte (Chiarugi 1994, pp. 551-562). [E.M.]
Bibliografia: Roani Villani 1976, 321, p. 81, fig. 109b; Worsdale 1977, p. 45, fig. 1; González-Palacios 1986, p. 159, fig. 322-323; Chiarugi 1994, p. 146 e fig. 167; Colle 1998, p. 125, n. 33; Colle 2005a, p. 141, tav. XXV.

Bibliografia
Bibliography

A

• V. Abbate, *Le vie del corallo: maestranze, committenti e cultura artistica in Sicilia tra il Sei e il Settecento*, in C. Maltese (a cura di / edited by), *L'arte del corallo in Sicilia*, catalogo della mostra / catalogue of the exhibition (Trapani, Museo Regionale Pepoli), 1986, pp. 51-113.

• C. Alberici, *Il mobile lombardo*, Milano 1969.

• C. Alberici, *Il mobile veneto*, Milano 1980.

• D. Alfter, *Ein neapolitanischer Kabinettschrank des Giacomo Fiammingo (?) und Giovanni Battista De Curtis*, in "Pantheon", XXXVII, aprile-giugno / April–June 1979, pp. 135-141.

• R. Antonetto, *Minusieri ed ebanisti del Piemonte*, Torino 1985.

• N. Aprà, *Cos'è questo stile?*, Milano 1963.

• N. Aprà, *Pietro Piffetti maestro ebanista a Torino*, in "Kalòs", 1972, pp. 9-17.

• L. Arbace, *L'arte della tartaruga a Napoli nel Settecento*, in Idem (a cura di / edited by), *L'arte della tartaruga. Le opere dei Musei napoletani e la donazione Sbriciolo-De Felice*, catalogo della mostra / catalogue of the exhibition (Napoli, Museo Duca di Martina nella Villa Floridiana, 1994-1995), Napoli 1994, pp. 23-37.

• *Art of the Royal Court. Treasures in Pietre Dure from the Places of Europe,* The Metropolitan Museum of Art (New York), New Haven and London 2008.

• C. Aschengreen Piacenti, *Il Museo degli Argenti*, Milano 1967, p. 174, n. 808.

• C. Aschengreen Piacenti, in *Artisti alla Corte granducale*, catalogo della mostra / catalogue of the exhibition, Firenze 1969, p. 151, n. 148.

• C. Aschengreen Piacenti, *Ancora su Leonardo van der Vinne*, in "Antichità Viva", XV, 4, 1976, pp. 52-55.

• C. Aschengreen Piacenti, *Un tavolo granducale del Cinquecento*, in *Le arti del principato mediceo*, Firenze 1980, pp. 365-369.

• C. Aschengreen Piacenti, *Un disegno preparatorio per uno stipo in pietre dure*, in "Arte Illustrata", V, 48, 1972, pp. 152-153.

• C. Aschengreen Piacenti, A. González-Palacios, in *Gli ultimi Medici. Il tardo barocco a Firenze, 1670-1743*, catalogo della mostra / catalogue of the exhibition, Firenze 1974, p. 390, n. 222a.

• G.C. Ascione, *Il corallo a Napoli. Storia di un collezionismo tra viceregno e regno*, in M.C. Di Natale (a cura di / edited by), *Splendori di Sicilia. Arti decorative dal Rinascimento al Barocco*, catalogo della mostra / catalogue of the exhibition (Palermo, Albergo dei Poveri), Milano 2001, pp. 100-108.

• A. Auer, in *Kunsthistorisches Museum Vienna. Guida alle collezioni* (trad. a cura di / trans. by M.N. Plastino), Wien 1989, pp. 182-183.

B

• L. Bandera, *Il mobile emiliano*, Milano 1972.

• N. Barbantini, in *Il Settecento italiano*, II voll., Milano 1932.

• G. Beretti, *Giuseppe e Carlo Francesco Maggiolini. L'officina del Neoclassicismo*, Milano 1994.

• M. Bernardi, *Tesori d'arte antica in Piemonte*, Torino 1969.

• G. Bertini, *Ignazio Marchetti scultore in legno*, in "Arte lombarda", 42-43, 1975, pp. 219-224.

• G. Bertolotto, *Gli intagli minuti di Giuseppe Maria Bonzanigo tra Ancien Régime e Restaurazione*, in G. Ferraris (a cura di / edited by), *Giuseppe Maria Bonzanigo. Intaglio minuto e grande decorazione*, catalogo della mostra / catalogue of the exhibition (Asti, Pinacoteca Civica), Torino 1989, pp. 33-54.

• M. Bohr, *Die Entwicklung der Kabinettschränke in Florenz*, Frankfurt 1993.

• M. Borriello, in *La civiltà dell'Ottocento, le arti a Napoli dai Borboni ai Savoia. Le arti figurative*, catalogo della mostra / catalogue of the exhibition (Capodimonte), Napoli 1997, pp. 284-285, n. 14.3.

• R. Bossaglia (a cura di / edited by), *I Fantoni. Quattro secoli di bottega di scultura in Europa*, catalogo della mostra / catalogue of the exhibition (Bergamo), Vicenza 1978.

C

• P. Cannata, in A. d'Agliano, L. Melegati (a cura di / edited by), *Ricordi dall'antico. Sculture, porcellane e arredi all'epoca del Grand Tour*, catalogo della mostra / catalogue of the exhibition (Roma, Musei Capitolini), Cinisello Balsamo (Milano) 2008, n. 58, p. 181.

• M. Cataldi Gallo (a cura di / edited by), *Arte del lusso e della seta dal '500 al '700*, catalogo della mostra / catalogue of the exhibition, Torino 2000.

• E. Catello, *Serie di diciotto incisioni: Orazio Scoppa; coppia di giare: Gennaro Monte*, in *Civiltà del '600 a Napoli*, catalogo della mostra / catalogue of the exhibition, 2 voll., Napoli 1984.

• E. Catello, *Francesco Solimena. Disegni e modelli per argentieri*, in "Napoli mobilissima", III-IV, 1985.

• E. Catello, *Francesco Solimena e la scultura del suo tempo*, in "Ricerche sul '600 napoletano", Napoli 2000, pp. 7-17.

• E. Catello, in S. Casciu (a cura di / edited by), *La principessa saggia. L'eredità di Anna Maria Luisa de' Medici Elettrice Palatina*, catalogo della mostra / catalogue of the exhibition (Firenze, Palazzo Pitti, Galleria Palatina, 2006-2007), Livorno 2006, n. 245, pp. 278-280.

• E. Catello, C. Catello, *Scultura in argento nel Sei e Settecento a Napoli*, Napoli 2000.

• D. Cattoi, *Per l'attività di Lorenzo Haili a Cremona e a Parma: nuove prospettive di ricerca*, in "Parma per l'Arte", XIII, 2007, pp. 53-74.

• S. Chiarugi, *Botteghe di mobilieri in Toscana 1780-1900*, 2 voll., Firenze 1994.

• U. Chierici, *Il Palazzo Reale di Torino*, Torino 1971.

• A. Cifani, F. Moretti, *Fonti iconografico letterarie e metodologia di lavoro dell'ebanista torinese Pietro Piffetti. Contributi documentari per la sua vita e scoperte per il cassettone a ribalta del Palazzo del Quirinale ed altri mobili*, in "Bollettino d'Arte", 2005, pp. 23-52.

• G. Cirillo, in G. Godi, C. Mingardi (a cura di / edited by), *Petitot un artista del Settecento europeo a Parma*, catalogo della mostra / catalogue of the exhibition (Fondazione Cassa di Risparmio di Parma), Parma 1997, p. 291, n. 21.

• G. Cirillo, G. Godi, *Il mobile a Parma fra Barocco e Romanticismo 1600-1860*, Parma 1983.

• E. Colle, in A.M. Giusti (a cura di / edited by), *Splendori in pietre dure. L'arte di corte nella Firenze dei granduchi*, catalogo della mostra / catalogue of the exhibition (Firenze, Sala Bianca di Palazzo Pitti, 1988-1989), Firenze 1988.

• E. Colle, *Palazzo Pitti. Il Quartiere d'Inverno,* Milano 1991.

• E. Colle, *Traccia per una storia del mobile in Toscana da Pietro Leopoldo a Ferdinando III*, in "Antichità Viva", 4-5, 1991a, pp. 65-74.

• E. Colle, *Modelli d'ornato per Giuseppe Maggiolini*, in "Prospettiva", 65, 1992, pp. 78-84.

• E. Colle, *La cornice italiana dal Rinascimento al Neoclassico*, Milano 1992a.

• E. Colle, *I mobili di Palazzo Pitti. Il primo periodo lorenese 1737-1799*, Firenze 1992b.

• E. Colle, in M. Chiarini, S. Padovani (a cura di / edited by), *Gli Appartamenti Reali di Palazzo Pitti. Una reggia per tre dinastie: Medici, Lorena e Savoia tra Granducato e Regno d'Italia*, Firenze 1993.

• E. Colle, *Arredi dalle dimore medicee*, Firenze 1993a.

• E. Colle, *Museo d'Arti Applicate. Mobili e intagli lignei*, Milano 1996.

• E. Colle, *I mobili di Palazzo Pitti. Il periodo dei Medici 1537-1737*, Firenze 1997.

• E. Colle, *Il mobile Impero in Italia - Arredi e decorazioni d'interni dal 1800 al 1843*, Milano 1998.

• E. Colle, *Il mobile barocco in Italia. Arredi e decorazioni d'interni dal 1600 al 1738*, Milano 2000.

• E. Colle, in C. Sisi (a cura di / edited by), *La collezione Chigi Saracini di Siena. Per una storia del collezionismo italiano*, catalogo della mostra / catalogue

of the exhibition (Mantova-Palermo), Firenze 2000a.
• E. Colle, *I mobili di Palazzo Pitti. Il secondo periodo lorenese 1800-1546*, Firenze 2000b.
• E. Colle, *Le arti decorative*, in F. Mazzocca, A. Morandotti, E. Colle (a cura di), *Milano neoclassica*, Milano 2001, pp. 531-597.
• E. Colle, *Microintagli*, Milano 2001a.
• E. Colle, A. Griseri, R. Valeriani, *Bronzi decorativi in Italia. Bronzisti e fonditori dal Seicento all'Ottocento*, Milano 2001b.
• E. Colle, *L'arredo di Palazzo Reale*, in Idem, F. Mazzocca (a cura di / edited by), *Il Palazzo Reale di Milano*, Milano 2001c, pp. 207-226.
• E. Colle, in *Il Neoclassicismo in Italia. Da Tiepolo a Canova*, catalogo della mostra / catalogue of the exhibition (Milano, Civico Museo d'Arte Contemporanea), Milano 2002, n. IX.19.
• E. Colle, *Il mobile Rococò in Italia - Arredi e decorazioni d'interni dal 1738 al 1775*, Milano 2003.
• E. Colle, *L'arredo*, in S. Schütze (a cura di / edited by), *Palazzo Sacchetti*, Roma 2003a, pp. 132-159.
• E. Colle, *Il mobile neoclassico in Italia. Arredi e decorazioni d'interni dal 1775 al 1800*, Milano 2005.
• E. Colle, *Il mobile di corte a Lucca*, Lucca 2005a.
• E. Colle, in Idem, C. Sisi (a cura di / edited by), *Palazzo Chigi Saracini a Siena. Le stanze e i tesori della collezione. Guida storico-artistica*, Cinisello Balsamo (Mi) 2005b.
• E. Colle, in M. Fileti Mazza, G. Gaeta Bertelà (a cura di / edited by), *Collezione Chigi Saracini nel Palazzo di Siena. Inventario generale A-M*, I, Firenze 2005c.
• E. Colle, in M. Fileti Mazza, G. Gaeta Bertelà (a cura di / edited by), *Collezione Chigi Saracini nel Palazzo di Siena. Inventario generale M-P*, II, Firenze 2006, pp. 100-101, nn. 3816, 3181.
• E. Colle, in *Fascino del bello. Opere d'arte della collezione Terruzzi*, catalogo della mostra / catalogue of the exhibition (Roma, Complesso del Vittoriano), Milano 2007.
• E. Colle, *Fonti decorative per Andrea Brustolon e gli intagliatori veneti d'inizio Settecento*, in *Andrea Brustolon...*, catalogo della mostra / catalogue of the exhibition, Belluno 2009 (in corso di stampa / currently being printed).

D
• A. Daneu, *L'arte trapanese del corallo*, Milano 1964.
• B. de Dominici, *Vite dei pittori, scultori architetti napoletani*, Napoli 1742-1744 (ed. Napoli 1840-1846, 4 voll.).
• Ch. De Tolnay, *L'interpretazione dei cicli pittorici del Tintoretto nella Scuola di San Rocco*, in "Critica d'Arte", 1960.
• P. De Vecchi, *Tintoretto*, Milano 1978.

• Daniela Di Castro, *Una tarsia veneziana del Seicento per un bureau tedesco del Settecento*, in "Decart", febbraio / February 2004, pp. 21-25.
• A. Dragone, *Mobili di ieri ed oggi in Piemonte,* in *Catalogo degli artigiani piemontesi del mobile classico e moderno*, Torino 1961.

E
• *Esposizione d'Arte Antica-Bergamo 1875*, Bergamo 1875.

F
• G. Ferraris (a cura di / edited by), *Giuseppe Maria Bonzanigo. Intaglio minuto e grande decorazione*, catalogo della mostra / catalogue of the exhibition (Asti, Pinacoteca Civica), Torino 1989.
• G. Ferraris, *Giuseppe Maria Bonzanigo e la scultura decorativa in legno a Torino nel periodo neoclassico (1770-1830)*, Cavallermaggiore 1991.
• G. Ferraris, A. González-Palacios, *Pietro Piffetti e gli ebanisti a Torino 1670-1838*, Torino 1992.
• G. Ferri Piccaluga, *La bottega di Donato Andrea Fantoni e la committenza bergamasca: precisazioni sull'alcova per le nozze Sottocasa-Lupi*, in "Arte Lombarda", 49, 1978, pp. 46-51.
• D.C. Finocchietti, *Della scultura e tarsia in legno dagli antichi tempi ad oggi notizie storico-monografiche*, Firenze 1873.
• G. Fusconi (a cura di / edited by), *Disegni decorativi del barocco romano*, catalogo della mostra / catalogue of the exhibition (Roma), Roma 1986.

G
• N. Gabrielli, *Museo dell'arredamento di Stupinigi*, Torino 1966.
• A.M. Giusti, in U. Baldini, A.M. Giusti, A. Pampaloni Martelli (a cura di / edited by), *La cappella dei Principi*, Milano 1979.
• A.M. Giusti, in *Splendori di pietre dure. L'Arte di Corte nella Firenze dei Granduchi*, catalogo della mostra / catalogue of the exhibition (Firenze), Firenze 1988.
• A.M. Giusti, *Pietre dure. L'arte europea del mosaico negli arredi e nelle decorazioni dal 1500 al 1800*, Torino 1992.
• A.M. Giusti, in *Arte e manifattura di corte a Firenze. Dal tramonto dei Medici all'Impero (1732-1815)*, catalogo della mostra / catalogue of the exhibition (Firenze, Palazzo Pitti, Palazzina della Meridiana), Livorno 2006, p. 130, n. 59; pp. 162-163, n. 85; p. 164, n. 86.
• J.-A. Godoy, in Idem, S. Leydi (a cura di / edited by), *Parure Triomphales. Le maniérisme dans l'art de l'armature italienne*, catalogo della mostra / catalogue of the exhibition (Genève), Milano 2003, pp. 501-502, n. 101.
• J.-A. Godoy, *Il manierismo nell'arte dell'armatura italiana*, in *Armature da*

parata del Cinquecento. Un primato dell'arte lombarda, catalogo della mostra / catalogue of the exhibition (Milano), Milano 2003a.
• A. González-Palacios, *Gli stili dei mobili*, II voll., Milano 1966.
• A. González-Palacios, *Il mobile nei secoli*, Milano 1969.
• A. González-Palacios, *I mani del Piranesi*, in "Paragone", 27, 1976, pp. 33-48.
• A. González-Palacios, *Un quadro e un mobile di Don Lorenzo de' Medici*, in "Antologia di Belle Arti", 3, 1977, pp. 301-303.
• A. González-Palacios, *Limiti e contesto di Leonardo van der Vinne*, in "Paragone", 3, 1977a, pp. 37-68.
• A. González-Palacios, *A Grand-Ducal table*, in "Bulletin of the Detroit Institute of Arts", 55, IV, 1977b, pp. 168-181.
• A. González-Palacios,*Taccuino delle pietre dure: attorno al Foggini,* in «Antologia di Belle Arti», 1, 1977c, pp. 57-64.
• A. González-Palacios in K. Aschengreen, C. Piacenti, S. Pinto (a cura di / edited by), *Curiosità di una reggia*, catalogo della mostra / catalogue of the exhibition (Firenze, Palazzo Pitti), Firenze 1979 n. 34, p. 115.
• González-Palacios*, Gli stili dei mobili*, 3 voll., Milano 1979a.
• A. González-Palacios*, Le arti decorative e l'arredamento alla corte di Napoli 1734-1805*, in *Civiltà del '700 a Napoli. 1734-1799*, catalogo della mostra / catalogue of the exhibition (Napoli, Museo e Gallerie Nazionali di Capodimonte, Palazzo Reale), 2 voll., II, Napoli 1980, pp. 76-95.
• A. González-Palacios, *Mobili d'arte. Storia del mobile dal '500 al '900 (1973)*, Milano 1980a.
• A. González-Palacios, *Il tempio del gusto. Le arti decorative in Italia tra classicismo e barocco. Roma e il Regno delle Due Sicilie*, 2 voll., Milano 1984.
• A. González-Palacios, *Il tempio del gusto. Le arti decorative in Italia tra classicismo e barocco. Il Granducato di Toscana e gli Stati settentrionali*, 2 voll., Milano 1986.
• A. González-Palacios, *Fra fiori, rocce e conchiglie. Storia del mobile italiano*, in "Antiquariato", 67, gennaio, 1986a, pp. 36-50.
• A. González-Palacios, *Limiti e contesto di Leonardo van der Vinne*, in *Il tempio del gusto. Le arti decorative in Italia fra classicismo e barocco. Il Granducato di Toscana e gli Stati settentrionali*, Milano 1986b, pp. 16-33.
• A. González-Palacios, in *Fasto romano. Dipinti, sculture, arredi dai palazzi di Roma*, catalogo della mostra / catalogue of the exhibition (Roma), Roma 1991.
• A. González-Palacios, *Il gusto dei Principi. Arte di corte del XVII e XVIII secolo*, II voll., Milano 1993.

• A. González-Palacios, *Il mobile in Liguria*, Genova 1996.

• A. González-Palacios, *Trionfi barocchi a Firenze* in E. Colle, *I mobili di Palazzo Pitti. Il periodo dei Medici. 1537-1737*, Firenze 1997, pp. 15-44.

• A. González-Palacios, in *Gian Lorenzo Bernini. Regista del Barocco*, catalogo della mostra / catalogue of the exhibition (Roma), Milano 1999, pp. 386-387, n. 124.

• A. González-Palacios, *Arredi e ornamenti alla corte di Roma 1560-1795*, Milano 2004.

A. González-Palacios, *Lucia Barbarossa intagliatora e i suoi due mariti*, in *Objets d'Art. Mélanges en l'honneur de Daniel Alcouffe*, Dijon 2004, pp. 243-249.

A. González-Palacios, *Un capolavoro della mobilia europea*, Art Casa d'Aste, Genova, 4 dicembre 2007.

• M. Gregori, R. Ruotolo, L. Bandera Gregori, *Il mobile italiano dal Rinascimento agli anni trenta*, Milano 1981

• A. Griseri, in G. Ferraris (a cura di / edited by), *Giuseppe Maria Bonzanigo. Intaglio minuto e grande decorazione*, catalogo della mostra / catalogue of the exhibition (Asti, Pinacoteca Civica), Torino 1989, n. 56, p. 82.

• G. Guerrieri, *La Biblioteca Nazionale Vittorio Emanuele III*, estratto da "Bollettino del Comune di Napoli", s.d. (ma 1957).

H

• H. Honour, *I grandi mobilieri*, Milano 1969.

L

• K. Lankheit, *Florentinische Barockplastik. Die Kunst am Hofe der letzten Medici 1670-1743*, München 1962.

• S. Leydi, *Gli armaioli milanesi del secondo Cinquecento*, in *Armature da parata del Cinquecento. Un primato dell'arte lombarda*, catalogo della mostra / catalogue of the exhibition (Milano), Milano 2003, pp. 29-46.

• G. Lizzani, *Il mobile e l'artigianato romano del '600 e '700*, catalogo della mostra / catalogue of the exhibition, Zagarolo 1966.

• G. Lizzani, *Il mobile romano*, 1970.

• M. Lorandi, *I profani trionfi dei Fantoni: l'alcova Sottocasa*, in Idem, F. Rossi (a cura d), *L'alcova di Ganimede e i Fantoni in Accademia Carrara*, "Quaderni dell'Accademia Carrara", Milano 1996, pp. 5-31.

• G. Lorenzetti, *Lacche veneziane del '700*, Venezia 1938.

M

• D. Malignaggi, *Influssi berniniani negli apparati di Giacomo Amato*, in M. Fagiolo, M.L. Madonna (a cura di / edited by), *Barocco romano e barocco italiano: il teatro, l'effimero, l'allegoria*, Roma 1985, pp. 283-292.

• D. Malignaggi, *Il disegno decorativo dal Rinascimento al Barocco*, in M.C. Di Natale (a cura di / edited by), *Splendori di Sicilia. Arti decorative dal Rinascimento al Barocco*, catalogo della mostra / catalogue of the exhibition (Palermo), Milano 2001, pp. 74-99.

• L. Mallè, *Stupinigi*, Torino, 1968.

• L. Mallè, *Le arti figurative in Piemonte*, II voll., Torino 1971.

• L. Mallè, *Mobili e arredi lignei, arazzi e bozzetti per arazzi*, catalogo del Museo Civico di Torino, Torino 1972, pp. 146-147, fig. 211.

• L. Mallè, *Museo Civico di Torino. Mobili e arredi lignei - Arazzi e bozzetti per arazzi*, Torino 1972.

• J.L. Martinez, in *...d'après l'Antique, 200 ans de création*, catalogo della mostra / catalogue of the exhibition (Musée du Louvre), Paris 2000, p. 339, n. 154.

• A.M. Massinelli, *Il mobile toscano 1200-1800*, Milano 1993.

• A. Midana, *L'arte del legno in Piemonte nel Sei e nel Settecento*, Torino 1924.

• L. Monaci, in Idem (a cura di / edited by), *Disegni di Giovan Battista Foggini (1652-1725)*, catalogo della mostra / catalogue of the exhibition, Firenze 1977.

• G. Morazzoni, *Il mobile intarsiato di Giuseppe Maggiolini*, Milano 1953.

• G. Morazzoni, *Il mobile neoclassico italiano*, Milano 1955.

G. Morazzoni, *Il mobile veneziano del '700*, Milano 1958.

• A. Morrogh, *Disegni di architetti fiorentini 1540-1640*, Firenze 1985.

• M. Mosco, *Leopoldo de' Medici. Lo stile auricolare. Animismo e zoomorfismo*, in Eadem, *Cornici dei Medici. La fantasia barocca al servizio del potere*, Firenze 2007, pp. 39-50.

N

• M. Newcome Schleier, in Eadem (a cura di / edited by), *Das genuesische Möbel*, in *Kunst der Republik Genua 1528-1815*, catalogo della mostra / catalogue of the exhibition (Frankfurt), Frankfurt 1992, pp. 351-357.

O

• M. Olin, *Disegni romani per mobili barocchi nella collezione Tessin del Museo Nazionale di Stoccolma*, in "Studi sul Settecento Romano", n. 25, Roma 2009 (in corso di stampa / currently being printed).

• M. Olin, *Veritas filia Temporis*, Stockholm 2009 (in corso di stampa / currently being printed).

• A. Ottani Cavina, *Felice Giani e la Francia. La decorazione di palazzo Baciocchi*, in *Florence et la France*, "Rapports sous la Révolution et l'Empire" (Actes du colloque, Florence, 1977), Paris 1979, pp. 273-288.

P

• U. Pannuti, "Il 'Giornale degli Scavi' di Ercolano (1738-1756)", *Atti dell'Accademia Nazionale dei Lincei*, a. CCCLXXX, *Memorie*, s. VIII, vol. XXVI, fasc. 3, Roma 1983.

• F. Patturelli, *Caserta e San Lucia*, Napoli 1826 (rist. anast. Napoli 1972).

• A. Pedrini, *Il mobilio, gli ambienti e le decorazioni nei secoli XVII e XVIII in Piemonte*, Torino 1953.

• F. Petrucci, *Alcuni arredi seicenteschi del Palazzo Chigi di Arizza nei documenti di archivio*, in "Studi Romani", XLVI, 3-4, 1998, pp. 320-336.

• S. Pinto, *La decorazione pittorica*, in *Il Palazzo Pubblico di Lucca*, Lucca 1980, pp. 135-144.

• A. Porzio, *Macchine di corte*, in "Antologia di Belle Arti", nn. 33-34, 1988, pp. 52-53.

Q

• E. Quaglino, *Mobili regionali - Il Piemonte*, Milano 1966.

R

• C.E. Rava, *Il mobile d'arte dal Quattrocento all'Ottocento*, Milano 1956.

• *Relazione in compendio delle cose più notabili nel Palazzo e Galleria Saracini di Siena* [1819], in M. Fileti Mazza, G. Gaeta Bertelà, *Collezione Chigi Saracini nel Palazzo di Siena. Inventario generale A-L*, I, Firenze 2005, pp. 40-112.

• R. Righetti, *Fonditori in bronzo romani del Settecento e dell'Ottocento, i Valadier e i Righetti*, in "L'Urbe", VI, gennaio / January 1941, pp. 2-7.

• L. Rigon, T. Terzi, *La bottega dei Fantoni. Intaglio e scultura tra '400 e '700*, Clusone 1988.

• M. Roani Villani, *Precisazioni sulla provenienza degli arredi della villa della Petraia a Castello* in "Paragone", novembre / November 1976, 321, pp. 78-112.

• G. Rosa, *I mobili nelle civiche raccolte artistiche di Milano*, Milano 1963.

• P. Rossi, *Geroglifici e figure "di pittoresco aspetto" - Francesco Pianta alla Scuola Grande di San Rocco*, Venezia 1999.

• P. Rotondi Briasco, *Filippo Parodi*, Genova 1962.

C. Rovere, *Descrizione del Real Palazzo di Torino*, Torino 1858.

• R. Ruotolo, *Mobili*, in E. Bellucci (a cura di / edited by), *Civiltà del Seicento a Napoli*, catalogo della mostra / catalogue of the exhibition (Napoli), 2 voll., Napoli 1984, II, pp. 363-364.

S

• M. Salmi, *Il palazzo e la collezione Chigi Saracini*, Siena 1967.

• C. Santini, *Mille mobili veneti. L'arredo domestico in Veneto dal sec. XV al sec. XIX. Le province di Vicenza, Treviso e Belluno*, I, Modena 1999.

• C. Santini, *Mille mobili veneti. L'arredo domestico in Veneto dal sec. XV al sec. XIX. Venezia*, III, Modena 2002.

• R. Scaduto, *Villa Palagonia. Storia e restauro*, Bagheria 2007.

• L. Scianna, *La villa dei mostri. Con un'antologia di viaggiatori*, Torino 1977.

• *Il Settecento italiano*, catalogo della mostra / catalogue of the exhibition, Venezia 1929.

• F. Solinas (a cura di / edited by), *Fiori. Cinque secoli di pittura floreale*, catalogo della mostra / catalogue of the exhibition (Biella, Museo del Territorio Biellese), Roma 2004, p. 245, n. 96.

T

• L. Tresoldi, *La biblioteca privata di Maria Carolina d'Austria regina di Napoli. Cenni storici*, Roma 1972, "Appendice", pp. 51-61.

• M. Trionfi Honorati, *Ipotesi sul Piffetti e sul decorativismo del tardo Seicento*, in "Antichità Viva", XVI, I, 1977, pp. 38-47.

V

• V. Viale, in Idem (a cura di / edited by), *Mostra del Barocco Piemontese*, catalogo della mostra / catalogue of the exhibition (Torino), 3 voll. Torino 1963.

• R. Vitali, in *Il filo di Arianna. Raccolte d'arte dalle Fondazioni Casse di Risparmio Marchigiane Jesi. Macerata. Pesaro*, catalogo della mostra / catalogue of the exhibition, Ancona 2000.

W

• S. Walker, in Idem, F. Hammond (a cura di / edited by), in *Life and Arts in the Baroque Palaces of Rome*, catalogo della mostra / catalogue of the exhibition, New York 1999, pp. 197-198, n. 62.

• H. Walpole, H. Mann, *Horace Walpole's Correspondence with Sir Horace Mann (1740-1756)*, ed. a cura di / edited by W. S. Lewis, W. Smith, G. Lam, 27 voll., New Haven 1954-1971.

• D. Worsdale, *Jean-Baptiste Youf ebanista di Elisa Baciocchi e di Maria Luisa di Borbone*, in "Antichità Viva", 2, 1977, pp. 45-52.

• D. Worsdale, *Later neo-classical Florentine furniture at Palazzo Pitti*, in "Furniture History", vol. XVI, 1978, pp. 49-57.

• D. Worsdale, in *Curiosità di una reggia. Vicende della guardaroba di Palazzo Pitti*, catalogo della mostra / catalogue of the exhibition, Firenze 1979, p. 221, n. 95.

Z

• D. Zannandreis, *Le vite di pittori, scultori e architetti veronesi*, Verona 1891.

• A. Zobi, *Notizie storiche sull'origine e progressi dei lavori di commesso in pietre dure nell'I. e R. Stabilimento di Firenze*, Firenze 1853.